冯贤亮 —— 著

河山有誓

明清之际江南士人的生活世界

复旦大学出版社

本书系上海市哲学社会科学规划课题"江南文化研究"
(批准号:2018XAC009)成果

目录

一、重探明清之际的中国社会与政治演替 / 1
- 士人与文人 / 1
- 文人士大夫的意义 / 5
- 晚明印象 / 8
- 17 世纪的危机 / 15
- 清初的乱与治 / 22
- 生活世界的变化 / 26
- 前朝梦忆与归入新朝 / 30

二、青词宰相：顾鼎臣的家庭生活与地方社会 / 35
- 昆山顾鼎臣 / 35
- 家庭生计 / 44
- 家族控制 / 48
- 读书与养生 / 57
- 社会变化与地方关怀 / 64
- 地方事务及公益活动 / 73
- 衣冠阀阅之家的评述 / 78

三、布衣袁仁：地方知识人的生活世界 / 81
- 袁仁的家世 / 81
- 处世态度与城居生活的安排 / 85

姻亲关系中的核心　　　　　　　　　　／ 92
  官场关系与社会地位的呈现　　　　　　／ 100
  士人交游的世界　　　　　　　　　　　／ 104
  布衣生活中的家国情怀　　　　　　　　／ 113

四、乡区生活：乡绅控制与农村社会　　　／ 118
  县域社会的问题　　　　　　　　　　　／ 118
  从陈于王到陈龙正　　　　　　　　　　／ 124
  胥五区的社会实态　　　　　　　　　　／ 130
  家族生活的安排　　　　　　　　　　　／ 137
  乡区行政与吏治问题　　　　　　　　　／ 142
  国计讨论中的地方责任　　　　　　　　／ 144
  北运与均役问题　　　　　　　　　　　／ 148
  乡区救济及其地缘性　　　　　　　　　／ 152
  秩序稳定和治安问题　　　　　　　　　／ 157
  非宗族的乡绅社会　　　　　　　　　　／ 160

五、断裂的逸乐：围绕青楼的生活世界　　／ 165
  由青楼说起　　　　　　　　　　　　　／ 165
  文人忆述中的逸乐世界　　　　　　　　／ 168
  笔记小说中的现实描叙　　　　　　　　／ 178
  苏州山塘的休闲空间　　　　　　　　　／ 185
  社会风尚的刻画　　　　　　　　　　　／ 193
  生活与观念　　　　　　　　　　　　　／ 204
  才子佳人及其时代变迁　　　　　　　　／ 209

六、董含与三冈：地方士人的生活变动　　／ 220
  明清鼎革之际的士人生活　　　　　　　／ 220
  三冈董氏　　　　　　　　　　　　　　／ 223
  乡里的生活世界　　　　　　　　　　　／ 230
  《三冈识略》的文本意义　　　　　　　／ 236

地方的场境与秩序问题　　/ 243
　　社会交游与情怀　　/ 246
　　山川犹是而风俗非故　　/ 252

七、王翚的登场：江南画坛的场境与王朝统治的影响 / 255
　　以丹青闻世的常熟王氏　　/ 255
　　从二王到六大家　　/ 257
　　王翚的登场　　/ 263
　　"不生不熟"的王原祁　　/ 271
　　黄鼎与杨晋　　/ 273
　　画外别有事在　　/ 276

八、赋役故事：一个松江秀才的经历和记忆 / 282
　　被奉入报功祠中的秀才　　/ 282
　　曹家驹与地方豪绅　　/ 285
　　关于《说梦》　　/ 289
　　漕运与赋役问题"三大事"的回忆　　/ 293
　　顺治年间的变革与旷银问题　　/ 300
　　均田均役的评述　　/ 304
　　地方归入新朝的漫长进程　　/ 311

后记　　/ 316

一、重探明清之际的中国社会与政治演替

士人与文人

"画舫笙歌顷刻过,只有菱歌,不拾人间唾。口既如簧眼似簸,几回看得兴亡破。"①

这是明末世家子张岱所撰《隔浦菱歌》的上阕。经历了王朝更迭这样翻天覆地的变化,张岱这个最多只能归入"士人"阶层的纨绔子弟,才高命蹇,在劳碌半生后,表达出他生活中的寥落况味与精神世界。

依照传统社会有关四大阶层"士农工商"的论说,士一直为四民之首,与农、工、商一样,皆属"国之本"。② 在精神与价值观方面,"海内士人共为一家",是个共同体,当然晚至明代万历年间,已有"纲维之务破,不顾主之孤立于上"的不良情形的批评,且已非一日。③ 不过,严格地来说,在明清时期文献的记述中,占据着知识阶层大多数的"士人",是尚未进阶至进士的知识人群体,与传统所谓四民之首的"士",在意涵上存在差异。

明清士人在奋身举业仕途的道路上,有"士人立身,莫高于无求"的言说,就像在仕途中,"当官尤先于风节"④,都有很高的期许。所谓"求",无非是为求捷径或便利,而四处关说请托,一如被欲望驱使的当官者一样,缺乏节操。这在正人君子看来,绝对是不可取的。

在士人们眼中,"乡科"是进身的第一步。有了举人的资格,才有进一步攀升至进士或者转入理想的宦途的可能。但实际上,在士人生活中,"或作气势于乡

---

① 〔明〕张岱:《琅嬛文集》卷六《隔浦菱歌》,岳麓书社1985年版,第305页。
② 〔春秋〕管仲:《管子》卷第二《乘马第五·经言五》,四部丛刊景宋本。
③ 〔明〕安世凤:《墨林快事》卷八,"苏居常州帖"条(天启乙丑正月晦),清钞本。
④ 〔明〕蔡献臣:《清白堂稿》卷四《时务·节俭训示浙江戊午新科》,崇祯刻本。

里,或借居间为生活"的各种表现①,都有泛滥之态。

不论是否有在乡里装气势还是为生活帮人搞关系,主流士人的生活核心,仍在举业的讲习训练。查铎指出,"今世士人,惟以词章日督其子,为青紫计,闻讲学之名,辄訾以为迂"②。或者如明末清初昆山人陈瑚所讲的那样:"有明当隆、万之季,天下治平,其时之文人墨士习帖括之陈言,以博科名而肥妻子,孔、孟之书委诸口耳而已。"③在以举业学习为正常心态或者只是利用科举为进身之途的人看来,热衷于讲学论道的活动,是迂腐的表现。毕竟当时的所谓文人墨士,身处晚明的"太平盛世",读书的主要目的,就是为了博取科第而使妻、子生活优渥。

曾任刑科左给事中、山西参议、广西副使等职的查铎,主要生活于嘉靖、隆庆、万历时期,已是"讲学"盛行的时代,他本人也好"讲学",所以士人生活中对于讲学的排斥与批评,他保持了不同的看法。毕竟,晚明地方上的讲学活动,已成盛行之势。对于士人的文化活动存在不同的看法,也属正常。有人认为:"今人说学,不必讲学,何可不讲? 只如今士人习举业,终日诵读作文,乃场中时艺论策,何尝不是讲学论道,必称孔孟诸子而下不屑也。"④讲学活动与士人举业的习学,其实并不矛盾,科考的核心内容"时艺论策",也属一般而言的"讲学论道"的范畴。

很多人又清楚地意识到,年轻的士人好为诗文,文人气太重,必然对举业有所妨害。对普通人来说,"作诗须称地位"⑤。所谓要有相称的"地位",在注重科举的人士看来,就是在举业上成功并获得仕途的机会后,作诗或好为古文辞,才会被认为是当然之事,而且更显风雅。

洪武时期担任过户部尚书的赵世卿,曾指出:"士人操行,廉耻为先;国家劝惩,风节是重。"⑥后来,乌程县南浔镇人朱国祯(1558—1632)进一步表示,"士人自束发咕哗以来",就应懂得"以直言敢谏为贤"。⑦ 他们所论的,都是士人立身处世的品格,对此他们有较高的要求。

---

① 〔明〕蔡献臣:《清白堂稿》卷四《同安县志·人物志》,"乡科"条。
② 〔明〕查铎:《查先生阐道集》卷七《文类·贺杜孺人八十寿叙》,光绪十六年泾川查氏济阳家塾刻本。
③ 〔清〕陈瑚:《确庵文稿》之古文《读藏书日纪序》,康熙间毛氏汲古阁刻本,收入《四库禁毁书丛刊》集部第184册,北京出版社1997年影印本,第350页。
④ 〔明〕陈师:《禅寄笔谈》卷一《理学》,万历二十一年自刻本。
⑤ 〔清〕曹庭栋:《永宇溪庄识略》卷六《识阅历》,第402页。
⑥ 〔明〕赵世卿:《司农奏议》卷十三《奏辩人言疏》,崇祯七年赵浚初刻本。
⑦ 〔明〕朱国祯:《涌幢小品》卷十六,"黄叔度二诬辨"条,中华书局1959年版,第370页。

实际上,据万历时期陈师的观察:"今士人结交,促膝相与,日酒食征逐,指水旌信,以为平生金石交,一旦临利害,远避不暇,甚或挤而排之,朝欢暮仇者不少也。"①士人生活中趋利避害等不良风习,其实具有广泛性。当然稍好的情形,就如隆庆五年进士、曾因弹劾张居正而被削籍的常熟人赵用贤(1535—1596)所言:"今世士人,一或坎壈于时,往往矫迹栖遁,希恬退之名,一旦徼时之幸,遂不胜其酣豢沉湎,昔山林之托,惟恐其影响之,或反视以为不祥而去之矣。"②运气不好时就比较矫情,就想在社会上博得"恬退"的美誉,可一旦获得荣升的机会,昔日故作姿态而表现的隐逸孤傲,就显得不合时宜,而且生怕影响自己的前途。士人荣辱感受的这类表现,又多少有些不堪。

当然,士人作为社会中坚,应是社会文化的创造者与担纲者。但社会处境与活动毕竟会因时代不同而有较大的差异。明代中期以来,仕途壅塞情形变得相当严重,大多数士人已成了在仕途上完全没有机会的游士,人生的很多时光,都浪掷于无尽的科考途中。晚明汹涌的商业化浪潮对社会的全面促动,更影响了士人尝试转趋不同场域,纵身城市繁华,另创生命的意义。③

清代著名文人包世臣(1775—1855)所谓"士人治生至急,而居官为尤甚"的说法,在士人生活中又是很具代表性的,那种"经理私事与勾当公事并重而常相待"的态度,就因存了点"治生"为急的私念而来。④ 而"士人一入宦途,便失本色"的现象⑤,就成了有识之士的共同感受。未仕之时,支持士人长期的寒窗苦读,溺于科举之学,完全出于高功名的渴望。而一旦正式进入仕途为官,又将饱受刑名、法术、簿书、钱谷之类工作的困缚⑥,读书时代的理想将大打折扣。

所以士人中可称作"君子"的,应当能够很好地平衡"不必仕"与"不必不仕"的问题,"必仕,则忘其身;必不仕,则忘其君",是极有分量和哲理的认识。⑦

总体上,士人在整个知识阶层中的地位并不高,主要是所有以"进士"为目标的读书人,包括举人和州县学的生员,也包括医者。⑧ 被认为士人的,虽然连知县

---

① 〔明〕陈师:《禅寄笔谈》卷四《交与》,万历二十一年自刻本。
② 〔明〕赵用贤:《松石斋集》文集卷八《灵洞山房诗集叙》,万历四十六年赵琦美等刻本。
③ 王鸿泰:《浮游群落——明清间士人的城市交游活动与文艺社交圈》,收入复旦大学文史研究院编:《都市繁华——一千五百年来的东亚城市生活史》,中华书局2010年版,第210—211页。
④ 〔清〕包世臣:《小倦游阁集》卷九正集九文五《答姚伯山书》,清小倦游阁钞本。
⑤ 杨钟羲:《雪桥诗话》卷十二,民国求恕斋丛书本。
⑥ 〔清〕张孝时:《筠心堂存稿》卷首,陶文潞《筠心堂集序》(咸丰四年春三月),光绪五年刻本。
⑦ 〔清〕龚炜:《巢林笔谈续编》卷下,"不必仕不必不仕"条,中华书局1981年版,第224页
⑧ 〔明〕边贡:《华泉集》卷十一《文集·荅周北渚书》,清文渊阁四库全书本。

这样的小父母官,有时也不大肯"屈己去见",若是见了会被认为是件"异事"①,但在身份法层面,他们依然享有减免刑罚的优待。在社会上,士人与乡绅一样,属于领导性质的阶层。②

士人在完成基本的知识训练,即具备阅读与写作能力后,知识活动或文化认同开始出现了歧异,在举业范围外,崇尚"博古""古文词"等,包蕴文人意识的由来,是文人文化的发展根源。③

其实,文人的概念相对宽泛,可以泛指知识分子,重点在诗赋或古文辞方面的修养与追求,当然也兼重艺术技能。

"好古文词"被文人们视为"不朽之业"。在皇甫汸为中山武宁王七世孙徐京所撰的墓志铭中,所述徐京的经历,就是一个放弃科考后专力于"古文词"等文人能事的典型:"后累科不第,辄弃去曰:'此殆非不朽业,奚足困壮夫哉?'遂拟古文词,特闲诗赋,不窥家园者十年矣。"④

再如,出身于嘉善名族的曹庭栋(1700—1785),从有志于显扬、屡败屡考的少年时代,到中年以后绝意仕进,日常醉心于弹琴赋诗、写兰石、摹古篆隶,以抒发闲寂之抱,"得失两忘,荣辱弗及",成了比较纯粹的文人。⑤

生活于康熙至乾隆时期的昆山名士龚炜,少时即能诗,在他比较得意的赋雪景的诗中,有"收纶渔父归舟晚,迷径樵人行路斜"一句,被誉为"仙才"。但他这种学诗之好,因举业的压力而被迫抑制,"未敢露此意"。⑥

纯粹追求文人能事的,会被认为脱离社会,不是迂就是庸,是无用之人。或者如顾炎武引宋人刘挚教训子孙的名言,所谓"士当以器识为先,一号为文人,无足观矣"这样的文人,是为顾炎武所厌恶的。顾氏还指出:"唐、宋以下,何文人之多也!固有不识经术,不通古今,而自命为文人者矣。"⑦

总的来说,文人的生活世界中,多与科举道路的取舍相关联。有"身份"的文

---

① 〔明〕冯梦龙:《醒世恒言》第二十九卷《卢太学诗酒傲王侯》,人民文学出版社1956年版,第628页。
② 〔日〕高桥芳郎:《宋至清代身分法研究》,上海古籍出版社2015年版,第141、144页。
③ 王鸿泰:《迷路的诗——明代士人的习诗情缘与人生选择》,《中研院近代史研究所集刊》2005年第50期,第6页。
④ 〔明〕皇甫汸:《皇甫司勋集》卷五十四《志铭·徐隐君墓志铭》,文渊阁四库全书本。
⑤ 〔清〕曹庭栋:《永宇溪庄识略》卷三《识杂文》,乾隆三十年刻、增修本,收入《四库未收书辑刊》第10辑第21册,北京出版社2000年影印版,第383页。
⑥ 〔清〕龚炜:《巢林笔谈》卷一,"学诗大不易"条,中华书局1981年版,第22页
⑦ 〔清〕顾炎武著、黄汝成集释:《日知录集释》卷二十一,"文人之多"条,花山文艺出版社1990年版,第849页。

人,其威权的获得,主要来自文化、社会与政治,而非经济。

文人士大夫的意义

钱穆指出:"宋、明以下之社会,与隋、唐以前不同。世族门第消灭,社会间日趋于平等,而散漫无组织。社会一切公共事业,均须有主持领导之人。若读书人不管社会事,专务应科举、做官、谋身家富贵,则政治社会事业,势必日趋腐败。其所以犹能支撑造成小康之局者,正惟赖此辈讲学之人来做一个中坚。"① 以知识人为核心建构的中坚力量,是维续一个王朝稳定和发展的基础。

论及士人或文人,自然关乎绅士概念的论说。一般的绅士概念,较具局限性。而且传统时代习用的"绅士",意涵比较笼统。按照清人的定义,就是包括了举监生员及告休家居之大小官员,也是地方官员最应熟悉的社会有力阶层。其中公正廉明的,是所谓的"公正绅士"。②

在根岸佶早期有关"耆老绅士"阶层的研究中,细心观察到清初黄六鸿在《福惠全书》中的定义③,发现笼统的"士绅"概念与"乡绅"的定义,有不少差异。

黄六鸿认为,所谓"本地乡绅"就是指那些"有任京外者、有告假在籍者、有闲废家居者"④,前提条件当然是要有功名。这是有关"乡绅"比较严格的定义,符合明清时代有关"乡绅"身份的言说。至于明清文献中经常出现的"乡官",则与乡绅是同义词。⑤ 这一群体与乡里的结合,是非常深的。即便是在中央官场显达之人,也未因此就成了"首都人",仍把根据地置于乡里,在乡里增殖其资产。即使是现任官吏,在任期期满后就要退下来,而在得到新的官职之前需要一定的时间,这期间就常常在乡里生活。而关于官僚阶层,不查一下其出身地,就难于理解其行动。而年老隐退的,更以乡里生活为常。这种乡居之官,或在广大乡里所见的官僚,也称"乡宦"。⑥

包容范围较广的绅士,本村正一认为,应该包括现任官,退任官,候补官,举

---

① 钱穆:《国史大纲》,商务印书馆1994年版,第812页。
② 〔清〕延昌:《知府须知》卷四《到任事宜》,"公正绅士"条,清钞本。
③ 〔日〕根岸佶:《中国社会に于ける指导层——耆老绅士の研究》,平和书房1947年版。
④ 〔清〕黄六鸿:《福惠全书》卷四《莅任部三·待绅士》,光绪十九年文昌会馆刻本。
⑤ 〔日〕酒井忠夫:《中国善书研究》(增补版),江苏人民出版社2010年版,第87—88、95页。
⑥ 〔日〕宫崎市定:《明代苏松地方的士大夫和民众》,收入《日本学者研究中国史论著选译》第六卷"明清",中华书局1993年版,第229—265页。

人、秀才等未出仕者和有官衔者这五类人。① 天野元之助的定义更有意思,认为士绅是指退休在野的官僚及其子孙。② 萧公权则将现任官等有官衔的归为"绅"类,举人、监生等有功名而未出仕者归为"士"类③,统称"绅士"。傅衣凌认为,在外地任官但仍对故乡基层社会产生影响的官僚、地方上无功名而有权势者,都可纳入士绅或"准士绅"的范围内。④

而笼统的文人士大夫群体,自然可以包容上述各阶层,在知识、权力与社会声望三个方面,可以综合指称那些已出仕与未出仕的读书人,可以分成"大夫"与"士"两大类。这种广义的文人士大夫群体中,尤以"官僚政治精英"阶层最具影响力。⑤

以这一群体最密集的江南地区为例,他们的出身,大多是所谓的"耕读之家",其次有少数来自都市富商阶层,第三则来自更少的都市平民家庭(可能是基层教师,小生意经营者,地方官衙的胥吏,或者依赖乡村富室的赘婿身份,获得向上攀升、立身出世的支撑点)。⑥

成化十一年进士、由翰林院进身至内阁大学士的苏州人王鏊(1450—1524)认为,社会越发展,官绅队伍越显繁杂,在这样的趋势下,"政令纷然,守令欲举其职,难矣",因而也很难产生古代的所谓"循吏"。⑦ 在晚明以来关于地方社会风气败坏的批评中,就涉及地方官员与居乡士大夫这两个关键性的群体。前者"食君之禄,居人之上",本应该"顾念职守,承宣德意,为百姓分忧",然而常有"日务送迎奔走,取办簿书,谀媚上官,以求荐举、图升迁"的情形,自然对于吏弊民隐"恬不经意",对朝廷的政策与要求常有怠慢之举。而作为"乡邦之领袖"的后者,是属于"挂名仕籍"、受国家恩宠的一个群体,更宜表率齐民、奉公守法,却与那些贪图利禄的地方官员们一样,"瘠人肥己,效尤成风,坐享田租之利,而使无田小民

---

① [日]本村正一:《清代社會に於ける紳士の存在》,《史淵》1940年第24期,第61—78页。
② [日]天野元之助:《支那農業經濟論》,东京:改造社1940年版,第307页。
③ 萧公权 Hsiao Kung-chuan, *Rural China: Imperial Control in the Nineteenth Century*, Seattle: University of Washington Press, 1960.
④ 傅衣凌:《中国传统社会:多元的结构》,《中国社会经济史研究》1988年第三期,第3页;傅衣凌《明清封建各阶级的社会构成》,《中国社会经济史研究》1982年第一期,第12页。
⑤ 陈宝良:《明代的士大夫、士大夫家族及其关系网络》,《福建论坛(人文社科版)》2012年第二期,第89页。
⑥ [日]滨岛敦俊:《从〈放生河约〉看明代后期江南士大夫家族》,《明代研究》2011年第十七期,第91—119页。
⑦ 〔明〕王鏊:《震泽长语》卷上《官制》,嘉庆十三年张海鹏辑、借月山房汇钞丛书本。

代其包赔税粮",倘遇官府清查,也敢妄行阻挠,任私情而昧天理。①

所以,如果地方绅士不持公论,对地方社会就会产生极其不良的影响。万历八年进士、吴县人伍袁萃就说:"君子不持公论,将使小人持之乎?荐绅先生不持公论,将使市井细民持之乎?"②社会的重心在"君子",在"荐绅先生"。只有这个绅士阶层能真正主持公论,社会才能得到更好的发展,小民才能获得更多的依靠。嘉定绅士侯峒曾以其地方社会生活的丰富经验,认为"为民请命"是那些"贤豪长者之业",而"导扬圣明,宣悟闾里"则为"乡大夫之事"。③ 康熙初期仍然在世的吴江人陆文衡,是万历四十七年的进士,在他对晚明地方公议的评说中,已透露出对彼时地方绅士关心社会公益、评议行政利弊而又能被官府所敬重及其产生的积极影响的怀念。他说:"往时缙绅有公会雅集,团坐一处,讲求时事得失,咨询地方利弊,凡衙门积蠹大恶,皆耳而目之,谒当事,侃侃指陈,或公函条议,当事虚心采纳,以故上下之情通而梓里蒙福,蠹恶亦有所畏惮而不敢逞。"④

绅士们关心地方公事,重视地方利弊的解决策略,通过公会雅集,或公函官府,使地方社会更形趋利避害。但如果采取过激或暴力的手段,威慑地方有司,就会产生如明末浙江乌程县的生员,"动持吏短长者"而使地方官"凛凛忧炙手"的那般情形⑤,在地方社会生活中不再罕见。

上述这些评说,当然并不能涵括所有地方官员与绅士的面貌,也不否认在一个"国家化"程度很高的地域中(特别是江南)文人士大夫对国家所怀持较强的忠诚度⑥,但存在于地方官与乡居文人士大夫之间互相牵制的弹性关系,确实可以使地方社会趋向良性发展。

士人的文化、生活、政治与社会活动参与,面向多样,内容复杂。即如最繁荣的江南地区,经济上发展的奇迹与城市居民消费及其生活空间的革命性变化⑦,

---

① 〔明〕顾鼎臣:《顾文康公文草》卷二《恳乞天恩伤典宪、拯民命以振举军国大计疏》,中国科学院图书馆藏万历至顺治顾氏家刻本,收入《四库全书存目丛书》集部第55册,齐鲁书社1997年影印版,第292—293页。
② 〔明〕伍袁萃:《林居漫录》别集卷八,明万历间刻本,收入《续修四库全书》子部杂家类第1172册,上海古籍出版社2002年影印版,第190页。
③ 〔明〕侯峒曾:《侯忠节公全集》卷十《壬午复折奏疏序》,民国二十二年铅印本,页12a。
④ 〔清〕陆文衡:《啬庵随笔》卷四《风俗》,光绪二十三年吴江陆同寿刻本,台湾广文书局1969年影印版。
⑤ 崇祯《乌程县志》卷四《风俗》,崇祯十年刻本。
⑥ 参[美]邓尔麟:《嘉定忠臣——17世纪中国士大夫之统治与社会变迁》,宋华丽译,中央编译出版社2012年版。
⑦ 详参巫仁恕:《优游坊厢:明清江南城市的休闲消费与空间变迁》,"中研院"近代史研究所2013年版。

都是由文人士大夫记录。所以,除了思想史、政治史或学术史的角度,还需要从他们的生活空间(城市、园林、山水)、诗酒流连等层面,充实对于明清士大夫文化的建构。①

在晚明清初,士人生活中除了休闲生活的营造、闲雅逸乐的追求与文人文化的涵养外,因身处晚明社会的复杂变局,旋即遭遇明清两代的政权更替,生活中也时刻存在着某种紧张感,甚至更多的是焦虑。不同生活领域或文化处境的士人,从祖父辈到子孙的世代,感受更是不同。如何在家国大义与生活的维持之间,保持必要的平衡,或者作有益于个人命运的抉择,在面临王朝更替的氛围中,对地方精英分子来说,又是困难良多。

晚明印象

在历史上,明王朝被视为汉人复兴的重要时代。明代的中国出现了文化的发展、国土的开拓,在其最后阶段,内部相对稳定,光辉灿烂的传统中国文化越来越成熟,人口有稳步的增长,识字的人数大量增加,社会的整个精英以下各层次的学识有了增长,同时精英的和精英以下的文化形式也繁荣了起来,城市水陆交通体系逐渐充实,东南沿海诸省日益变得重要。这个时代的明代社会,有着无穷的活力。②

值得注意的是,在正德朝前后,思想文化领域发生了许多变异,如董其昌所谓的时文之变与理学之变,都是时代变化的趋势所致。③ 这种分水岭式的变化感觉,到嘉靖朝就更为明晰,无论是社会、文化还是政治,都有着明显转折的感觉。④ 时人对于当时社会的变迁与风俗的奢化,有很深刻的体认:

> 由嘉靖中叶以抵于今,流风愈趋愈下,惯习骄吝,互尚荒佚,以欢宴放饮为豁达,以珍味艳色为盛礼。其流至于市井贩鬻厮隶走卒,亦多缨帽细鞋,纱裙细袴。酒庐茶肆,异调新声,汩汩浸淫,靡焉弗振。甚至娇

---

① 李孝悌:《士大夫的逸乐——王士禛在扬州(1660—1665)》,收入氏著《恋恋红尘:中国的城市、欲望和生活》,上海人民出版社 2007 年版,第 128 页。
② [美]牟复礼、[英]崔瑞德编:《剑桥中国明代史》,"导言",张书生等译,中国社会科学出版社 1992 年版,第 1—2 页。
③ 陈宝良:《明代士大夫的精神世界》,北京师范大学出版社 2017 年版,第 5 页。
④ 郑天挺:《明史讲义》,中华书局 2017 年版,第 11 页。

声充溢于乡曲;别号下延于乞丐。滥觞至此极哉! 然且务本者日消,逐末者日盛,游食者不事生产。呼卢者相率成风,乐放肆,而寡积蓄,营目前而忘身后。是以温饱之户,产无百金,奇美之家,延不再世。此民生之所以日困,而风俗之所以日偷也。①

就官绅队伍的风节而论,总体上在嘉靖以前,崇尚循良,重视名节,几有两汉遗风;嘉靖以后,文人士大夫在为官之际,公然比较官缺的肥瘠,假使为官一任而垂囊而返,没有捞到什么油水的话,会被取笑,认为是"无能"的表现。② 因此也就有万历八年进士、吴县人伍袁萃所感叹的:"今天下人惟利是趋,视仁义若土芥,不复顾惜。"③

明末清初长期流寓江南的唐甄(1630—1704)指出:"吴地胜天下,典籍之所聚也,显名之所出也,四方士大夫之所游也。"④唐甄强调的,是文人士大夫心目中最重要的生活空间,是以苏州为中心的。在这样的空间范围内,生活的奢靡化令人惊叹。

嘉靖十四年进士、杭州府仁和县人张瀚(1510—1593)以其生活时代的感受,表示那时的"民间风俗",早已是"江南侈于江北,而江南之侈尤莫过于三吴",文人雅士们推崇的精巧细玩,达到了"盈握之器,足以当终岁之耕;累寸之华,足以当终岁之耕织"的境地。⑤ 但像谢肇淛(1567—1624)这样的绅士则表示,在物质享受与休闲生活追求上,那种"田园粗足,丘壑可怡;水侣鱼虾,山友麋鹿;耕云钓雪,诵月吟花;同调之友,两两相命;食牛之儿,戏着膝间"的生活状态,已足以令人向往而陶醉,不是寻常的富贵生活可比的。⑥

在一些重要的岁时节庆狂欢活动期间,晚明地方上的生活,足称繁盛。张岱认为,在太湖平原地区最为繁华壮阔的苏州,四时游客从无寂寥。仅虎丘一地,除了当地人,流寓、士夫、眷属、女乐、声伎、曲中名妓、戏婆、民间少妇、好女、崽

---

① 康熙《博平县志》卷四《人道六·民风解》,康熙三年刻本。
② 吴晗:《明代的新仕宦阶级,社会的政治的文化的关系及其生活》,载中国社会科学院历史研究所明史研究室编:《明史研究论丛》第五辑,江苏古籍出版社1991年版,第14—15页。
③〔明〕伍袁萃:《林居漫录》别集卷三,明万历间刻本,收入《续修四库全书》子部杂家类第1172册,上海古籍出版社2002年影印版,第165页。
④〔清〕唐甄:《潜书》上篇上《无助》,中华书局1963年版,第38页。
⑤〔明〕张瀚:《松窗梦语》卷四《百工纪》,中华书局1985年版,第79页。
⑥〔明〕谢肇淛:《五杂组》卷十三《事部一》,中华书局1959年版,第370页。

子、娈童及游冶恶少、清客、帮闲、俣童走空之辈,无不鳞集。① 很多士人的休闲生活中,还有所谓"喜谈天者,放志乎乾坤之表;作小说者,游心于风月之乡"的追求②,这些都是他们品味与情感的表达方式。

唐甄、张瀚、张岱等人所论的内容,基本上都处晚明时期。不管怎样,那种生活景况,仍然是令人向往的。文人雅士们的生活,很有些谢肇淛所概括的,极力追求"宫室之美,妻妾之奉,口厌粱肉,身薄纨绮,通宵歌舞之场,半昼床笫之上"这样一种"闲"的境界,也是世人所谓"名利不如闲"的处世态度。③ 文人士大夫大多喜欢城居。嘉兴地方的上层文人,普遍拥有两处以上居所。至于在外地建造别墅,也十分流行,像沈思孝的溪山堂就建在吴兴。嘉兴士绅最喜欢的大城市是杭州。李日华的老师冯梦祯、好友谭昌言,都寓居杭州。④

当然明代中期以来,城市中的文艺社交已成普遍现象,更契合文人们的精神需求。繁多的城市聚会中,如崇祯十六年进士黄淳耀(1605—1645)所概括的,有文会、酒会、游会、谈会、交会五大类,并以文会最似"正业"。⑤ 这样的社会网络,有着塑造大部分人生活方式的意义,除了在某些特殊时期,国家只能影响这些网络,而不可能重塑这些网络。⑥

在这些耽于承平之世的社会交游活动中,士大夫以儒雅相尚,像评书、品画、沦茗、焚香、弹琴、选石等事,堪称无一不精。骚人墨客们,也都工于鉴别、善于品题,可谓"玉敦珠盘,辉映坛坫"⑦。

从"治生"的角度考虑,以笔砚谋食的士人,会根据市场消费情况来改变创作风格,士商关系空前密切。士商关系中的一个重要面向,就是互惠互利,除此之外多存竞争性。士人阶层不可能漠视商人阶层在文化上压倒他们的优势地位,所以在推动奢侈消费和文化消费方面,强化品位,标榜自我,以期建立一道区分雅、俗的界限。所以才会有沈德符所谓的,玩好之物滥于江南好事缙绅,并很快

---

① 〔明〕张岱:《陶庵梦忆》卷五,"虎丘中秋夜"条,上海古籍出版社1982年版,第46—47页。
② 〔明〕西湖渔隐主人:《欢喜冤家》,"序",春风文艺出版社1989年版,第1页。
③ 〔明〕谢肇淛:《五杂组》卷十三《事部一》,第374页。
④ 万木春:《味水轩里的闲居者:万历末年嘉兴的书画世界》,中国美术学院出版社2008年版,第19—20页。
⑤ 王鸿泰:《浮游群落——明清间士人的城市交游活动与文艺社交圈》,收入复旦大学文史研究院编:《都市繁华——一千五百年来的东亚城市生活史》,中华书局2010年版,第204页。
⑥ [加拿大]卜正民:《明代的社会与国家》,陈时龙译,黄山书社2009年版,第18页。
⑦ 〔明〕文震亨著、陈植校注:《长物志校注》,伍绍棠"跋"(同治十三年),江苏科学技术出版社1984年版,第423页。

为商人们所仿效实践。① 虽然早在元明之际,江南地区已经出现了一批具有隐逸色彩的文人社群,但直到明代中后期,社会上才更为明确地涌现一批有别于学士大夫而别具普遍性社会意义的"文人",他们致力于美感生活的经营,形成了一套"雅"文化。这种以赏玩为主旨的文化的发展,则一直处在市场化、商品化力量的包围下,文化内容的拓宽,与市场机能交互作用,推动了社会文化的整体变化。②

至于地方官场之中,就像做过长兴知县的归有光所谓的,那些在财赋乐土江南为官为吏的,"以期会鞭笞,集赋税",号称庶政严切;同时因吏治烦剧,衙门杂务多是"以意穿凿",专求声名政绩,号称"振举"。③ 万历二年进士、曾任户部主事、吏部考功、文选员外郎的赵南星,在万历十七年十一月上疏,直言当时官员政治生活中的不少弊害④,因而触犯了很多人的忌讳。赵南星认为,当时社会已是"世道日颓,人皆趋时以苟富贵,以奔竞为常事,以狥私为无伤,以畏愞为老成,以模棱为妙用,彼此相欺,无所愧畏",就是有心忠于朝廷也"孤力难施"。⑤

所以明末清初人钱澄之就以江南人为例,批评文人士大夫们急于进取,务虚名,尚奔竞,而且重视门户、私交之类,从而形成的关系网络。长兴人、万历十四年进士丁元荐将上述情况概括为以"势"为党、以"情"为党与以"利"为党三大类。⑥

《金瓶梅》就是在这样的时代产生的一部小说,它所描写的主要是万历中期的社会情形,内容充斥着市井社会的侈靡鄙俚的生活描述,甚至还隐含着政治斗争的言说,指斥"时事"。而且,也只有那样一个时代,那样一个社会,才能产生《金瓶梅》这样一部作品。⑦

从宏观上看,明朝的政治,从大明祖制奠立以来,虽然久苦因循,但至晚从弘治朝后期的 16 世纪以来,与世界的大变动基本相应和。这个时期,也就是人或

---

① 叶康宁:《风雅之好——明代嘉万年间的书画消费》,商务印书馆 2017 年版,第 173—174 页。
② 王鸿泰:《雅俗的辩证——明代赏玩文化的流行与士商关系的交错》,《新史学》2006 年第四期,第 73—141 页。
③ 〔明〕归有光:《震川先生集》卷九《送太仓守熊侯之任光州序》、卷十《送许子云之任分宜序》,上海古籍出版社 1981 年版,第 202、236 页。
④ 〔明〕吴亮:《万历疏钞》卷六《国是类》,万历三十七年刻本。
⑤ 〔明〕赵南星:《赵忠毅公诗文集》卷十九《总宪疏·敬循职掌、剖露良心疏》,崇祯十一年范景文等刻本。
⑥ 陈宝良:《明代的士大夫、士大夫家族及其关系网络》,《福建论坛(人文社科版)》2012 年第二期,第 88—94 页。
⑦ 吴晗:《〈清明上河图〉与〈金瓶梅〉的故事及其衍变》(1931 年)、《〈金瓶梅〉的著作时代及其社会背景》(1934 年),收入北京市历史学会主编:《吴晗史学论著选集》第一卷,人民出版社 1984 年版,第 37—54、334—370 页。

商品、货币流动迅速地活跃化,旧的体制趋于崩坏,新的体制尚未形成,经济上、政治上以及宗教、思想上都有重大的变化。① 万历初期,张居正能实行严厉的政治,下一纸书,使万里之外不敢不奉行惟谨,以致吏治大有起色。可惜他当政只有十年,为期太短。② 后人在重修万历朝历史时,说张居正"以长驾远驭之才,当主少国疑之际,卒能不顾诽誉,独揽大权,综核吏治,厘剔奸弊,十年来民安其业,吏称其职"③,不可谓评价不高。

在张居正改革以后,万历初期的政治、财政形势都有所好转。但是,这场改革因触动了大官僚地主的既得利益,遭到他们强烈的反对。张居正死后,改革措施渐遭废止。

到万历四十八年,自幼即由张居正教育成长的万历帝,也走到了人生尽头,终年只有58岁。后人评价说:"神宗冲龄践阼,江陵秉政,综核名实,国势几于富强。继乃因循牵制,晏处深宫,纲纪废弛,君臣否隔。于是小人好权趋利者驰骛追逐,与名节之士为仇雠,门户纷然角立。"几于富强的国势日趋消退,朝廷纲纪日渐废弛,"小人"与君子们各立门派,党争不断。此后国事遂至不可为,所以有论者称,"明之亡,实亡于神宗"。④

清代钦定《明史》中的这个论说,几乎成了判定晚明特质的权威观点。在这样的论说中,其实也应该注意到,东北建州女真部的领袖努尔哈赤,就是在万历朝前期兴起的。到万历十七年(1589),他成了当地的都指挥使,这等于明政府承认了他在鸭绿江流域的最高权位。在军事上,他开始了对其他部落集团的征服或吞并,最后于万历四十四年宣布建立"后金"政权,向着征服天下迈出了重要的一步。⑤

从此,"攘外"成了明末王朝的一大要务,同时因北方农民军的兴起,内忧外患之感遍布朝野。攘外与安内的问题,日益困扰着整个明王朝。陈龙正即指出,"攘外"必先"安内",所谓"夷狄叛服不恒,虽极盛之世不能无;而中国百姓自相煽动,则土崩之祸,有识者深忧之"。⑥ 可惜的是,崇祯朝政府长期陷于"攘外"和"安

---

① 岸本美绪:《"后十六世纪问题"与清朝》,《清史研究》2005年第2期,第81页。
② 吕思勉:《中国通史》,华东师范大学出版社1992年版,第456页。
③ 《明神宗实录》卷一百五十二,"万历十二年八月乙卯"条。
④ 《明史》卷二十一《神宗本纪二》。
⑤ [美]魏斐德:《洪业——清朝开国史》,陈苏镇、薄小莹等译,江苏人民出版社1998年版,第45—49页。
⑥ 〔明〕陈龙正:《几亭续文录》卷五《奴寇策》,崇祯间刻本。

内"的两难选择之中,最终错失了"安内"的良机。①

黄仁宇的《万历十五年》,选择所讲述的万历皇帝朱翊钧、大学士张居正、申时行,以及海瑞、戚继光、李贽,甚至冯保、高拱、郑贵妃、俞大猷、刘绽等人,都没有一个好结果,那个时代是"一个大失败的总记录",充满悲观色彩②,也非客观全面之论。

史景迁则认为,在万历二十八年(1600),明朝仍是世界上所有统一国家中疆域最为广袤,统治经验最为丰富的国家,一亿二千万的人口远远超过所有欧洲国家人口的总和。当时世界上最好的大城市,如京都、布拉格、德里、巴黎等,都无法与北京媲美。中国庞大的官僚系统已臻于成熟,千年的传统使其能协调运行,丰富而稳定的律令体系将官僚系统紧密地结合在一起,也足以解决民众日常生活中可能出现的任何问题。《西游记》《金瓶梅》等小说与各种绘画、戏剧,以及宫廷生活的概貌与官僚机构的运作,无不显示出晚明帝国的辉煌和富庶。豪族大户拥有大量的土地,兴办义学,赈济同宗,由他们经营的巨大而精巧的花园,不仅使人享受装饰的美感,供人休闲娱乐,而且为花园的主人及其家人出产水果、食物和鲜花。中国人生活中肃穆而美好的氛围,都尽现于文人们的笔下。③ 晚明,是中国史上文化最繁盛的时期之一。④

可以说,晚明政治上的昏乱确属事实,而文化生活上的繁庶也是事实,否则就不会有后来人对于万历朝生活无比向往的记述。⑤ 而且在清初,文人对万历朝多存怀恋,并形诸笔端,似乎有着普遍之态。

清初的小说中,将万历时代描绘成一个极乐世界,足令后人感叹思慕:

> 且说明朝洪武皇帝定鼎南京,永乐皇帝迁都北京,四海宾服,五方熙皞,真个是极乐世界。说什么神农尧舜稷契皋夔,传至万历,不要说别的好处,只说柴米油盐鸡鹅鱼肉诸般食用之类,那一件不贱。假如数口之家,每日大鱼大肉,所费不过二三钱,这是极算丰富的了。还有那

---

① 樊树志:《崇祯传》,人民出版社1997年版,第356—425页。
② 黄仁宇:《万历十五年》,"自序",读书·生活·新知三联书店1997年版,第4页。
③ [美]史景迁:《追寻现代中国:1600—1912年的中国历史》,上海远东出版社2005年版,第6—9页。
④ [美]史景迁:《前朝梦忆:张岱的浮华与苍凉》,温洽溢译,广西师范大学出版社2010年版,第2页。
⑤ 这方面的论述,参杜车别:《明冤——毛文龙、袁崇焕与明末中国的历史走向》,三联书店2013年版,第312—319页。

小户人家,肩挑步担的,每日赚得二三十文,就可过得一日了,到晚还要吃些酒,醉薰薰说笑话,唱吴歌,听说书,冬天烘火,夏天乘凉,百顽要要。那时节,大家小户好不快活,南北两京十三省皆然。皇帝不常常坐朝,大小官员都上本激聒也不震怒。人都说神宗皇帝真是个尧舜了。一时贤相如张居正,去位后有申时行、王锡爵一班儿,肯做事,又不生事,有权柄又不弄权柄的,坐镇太平。至今父老说到那时节,好不感叹思慕。①

明末清初著名诗人顾梦游(1599—1660),生平任侠好义,喜欢结交四方名士贤豪,他对南京冶游生活的描画中,对万历朝的太平盛世之生活景象,一直恋怀不已。作为清初遗民的他,在其古体诗《秦淮感旧》中讲道:"游子皆言风景殊,居人倍感河山异。余生曾作太平民,及见神宗全盛治。城内连云百万家,临流争傱笙歌次。一夜扁舟价十千,但恨招呼不能致。佳人向晚倾城来,只贵天然薄珠翠。不知芗泽自谁边,楼上舟中互流视。"②

对于顾氏这句"余生曾作太平民,及见神宗全盛治",在同时代的文坛领袖吴伟业那里,也有相近的感受表达。吴伟业同样觉得万历朝的生活确实令人向往:"余生也晚,犹及见神宗皇帝之世,江南土安俗阜,风习最为近古。士大夫入为卿相,出作方牧,其归而老于乡也。东阡西陌,杖履相存。巨人长德,沾被闾巷。"③

清初被查禁的《明史钞略》中,这样写道:"当万历朝,天下方全盛",天下久安而长治,必须是财赡而兵强,而这样的前提就在于人主能够知人与善听言。④ 不过知人善听这一点,在万历朝后期的表现,已大不如前了,各种政治变乱则接踵而至。

从万历朝以降,官场吏治日坏,地方民生更受困扰。⑤ 明末地方社会的总体情形,可以刘献廷(1648—1695)对元末状况的概括相比拟。他说:

> 元朝末年,官贪吏污,因蒙古色目人罔然不知廉耻为何物。其间人

---

① 〔清〕江左樵子:《樵史演义》卷一·第一回《幼君初政望太平,奸珰密谋通奉圣》,清初写刻本。
② 〔明〕顾梦游:《顾与治诗》卷二《七言古体·秦淮感旧》,清初书林毛氏所刻本。
③ 〔清〕吴伟业:《梅村家藏稿》卷三十七《文集十五·丁石莱七十序》,《四部丛刊》景清宣统武进董氏本。
④ 〔清〕庄廷钺:《明史钞略》显皇帝纪四,《四部丛刊三编》景旧钞本。
⑤ 《明史》卷二八一《循吏传》。

讨钱,皆有名目。所属始参,曰拜见钱;无事白要,曰撒花钱;逢节曰追节钱;生辰曰生日钱;管事而索,曰常例钱;送迎曰人情钱;勾追曰赍发钱;论诉曰公事钱。觅得钱多曰得手,除得州美曰好地分,补得职近曰好窠窟,漫不知忠君报国之为何事矣。刘继庄曰:"若明初,吾不知也。明季耳目之所睹记,何一不然耶?"①

刘氏认为,那些贪官污吏向地方需索的拜见钱、撒花钱、追节钱、生日钱、常例钱、人情钱、赍发钱、公事钱等,在其了解的明末社会中是普遍存在的。明末清初的吴江人陆文衡也有类似的评论:"近来贪淫之风日炽,贪而犯盗,淫而犯奸者屡见,告既败露矣,而处之怡然。噫,何其无愧耻也!通国之人,亦无一公论,有群起而攻之者以索贿,即有群起而袒之者亦以索贿,此诚世道之大可忧矣!"②

17世纪的危机

从全球史的视域着眼,16至17世纪确实属于一个"大变局"的时代,类似的王朝更替也发生于其他国家,社会动荡,战争不断。到17世纪,可以说进入了全球性的危机时代。③ 在中国,这两百年间,则契合了中国历史上又一个王朝更替的大时代,历史上没有一个王朝的更迭能像这个时段一样被赋予如许浓墨重彩。

就王朝的更替史而论,旧王朝的终结至新王朝统治秩序的稳固并赢得社会认同,其实有一个较长的过程。尤其对于地方知识阶层或精英群体而言,这个过程在其日常生活与心理容受层面,更显曲折而漫长。倘从这样的思考出发,对于17世纪中叶以来地方社会的变动和王朝统治在底层社会的渗透,就十分值得重新检讨。

17世纪中国的富庶、官僚系统的成熟与社会的复杂变化④,使这一时期的历史地位变得十分重要,司徒琳认为在整个中国历史中,"十七世纪是头等重要的时期之一"。⑤ 魏斐德指出,此际明朝政治的衰败与清朝政权的兴起,是中国历史

---

① 〔清〕刘献廷:《广阳杂记》卷三,中华书局1957年版,第139页。
② 〔清〕陆文衡:《啬庵随笔》卷四《风俗》,光绪二十三年吴江陆同寿刻本,台湾广文书局1969年影印版。
③ 李伯重:《不可能发生的事件?——全球史视野中的明朝灭亡》,《历史教学》2017年第3期,第6—15页。
④ [美]史景迁:《追寻现代中国:1600—1912年的中国历史》,上海:上海远东出版社,2005年,第9—15页。
⑤ [美]司徒琳:《南明史(1644—1662)》,上海古籍出版社,1992年,"英文版序言",第3页。

上最具浓墨重彩、最富戏剧性的朝代更替。① 这一时期的中国,正处政治、经济、社会及思想文化诸方面都产生巨变的16与17世纪,正是因政府的腐败、商业经济的迅猛发展、农村中旧的等级关系的瓦解、对正统理学的普遍怀疑,使明清之际既面临着巨大的机遇,又充满着极大的不安。② 从崇祯十年(1637)开始,江南的太仓、宝山、上海、南翔、大场、昆山、嘉定、常熟、金坛、溧阳、宜兴、武进、石门等地方社会生活中,以奴仆反抗地主为主的运动,此起彼伏。③ 当时有人惊呼这是"千年未有之变"④。崇祯末直到清初的"奴变",发生于江南的大部分地区⑤,直到康熙初年才得以逐渐平息下去。⑥

随着李自成农民军的兴起,北方社会中有着重要影响力的士绅阶层,开始倒向了农民军。北方地区士绅的收入和生活状况远不及江南的优裕,在天灾人祸的打击下,有许多举人、进士、贡生以及相当一批地方行政官员参加了农民军,牛金星(天启丁卯举人)、宋企郊(崇祯戊辰进士)等就是其中的代表。⑦ 当然,没有顺从农民军的士绅们自然会受到一些很屈辱的待遇。⑧

北方战乱的威胁,使大量流民南逃。张岱说他亲眼目睹流民饿死,曝尸杭州街头,堆积如山,等待火化。崇祯十一年他再游南京时,在长江边的破庙落脚。他观察出王朝败象已露。崇祯十五年,无能的官吏为重建南京皇陵光华,竟用古木焚烧,挖掘深达三尺的土坑,将皇陵毓秀之气破坏殆尽。而且皇家祭礼十分草率,礼品相当简陋,七月份在飨殿上供奉的牛羊牲礼,已经臭不可闻。这是王朝明显衰败的预兆。⑨

崇祯十七年三月十八日,李自成的农民军攻破北京城,崇祯帝自缢于煤山。由于受战乱的影响,这一消息通过大运河传递至长江以北的城市如皋时,已是四

---

① [美]魏斐德:《中国与17世纪的危机》,收入氏著《讲述中国历史》,北京:东方出版社,2008年,第36页。
② [美]包筠雅:《功过格:明清社会的道德秩序》,浙江人民出版社,1999年,"序论",第1页。
③ 傅衣凌:《明清封建土地所有制论纲》,上海人民出版社1992年版,第114—125页。
④ 乾隆《宝山县志》卷一风俗,上海图书馆藏乾隆十一年刻本。
⑤ [日]西村かずよ:《明末清初の奴僕について》,收入[日]小野和子编《明清时代の政治と社会》,京都大学人文科学研究所,1983年,第233—275页。
⑥ 谢国桢:《明末农民大起义在江南的影响——"削鼻班"和"乌龙会"》,收入氏著《明末清初的学风》,人民出版社1982年版,第249页。
⑦ [日]山根幸夫:《明末農民反乱と紳士層の対応》,收入《中島敏先生古稀記念論集》(下卷),汲古书院1981年版,第359—388页。
⑧ 〔明〕程源:《孤臣纪哭》,收入〔明〕冯梦龙编撰《甲申纪事》卷三,上海古籍出版社1993年影印本。
⑨ [美]史景迁:《前朝梦忆:张岱的浮华与苍凉》,温洽溢译,广西师范大学出版社2010年版,第133—134页。

月十五日了。① 长江以北的士民百姓,特别是那些绅衿大户,如鸟兽骇散一般,纷纷逃往长江以南地方。② 崇祯帝死难的消息正式传到浙江的嘉善县时,是五月初一日,令时人感觉天崩地塌一般。一个月后,即六月初一日,弘光帝在南京登极的诏书下达到地方,人心从而得以安定。③

而且,清人入关后迅即在北京建立新政权,已使万历以后欲在中国传教而屡不受欢迎的西方世界,产生了新观念,即中华帝国是能够被摧毁的,看上去如此强大的明朝,政府组织又似乎是完美无缺,结果却被"北方的野蛮人"摧毁了。④

士人的家国情怀与命运变幻,在那个时代,显得特别激荡人心。

聚合文人士大夫精英的党社活动,从嘉靖到万历时期的以文会友,崇祯年间的由诗文的结合而变为政治运动,到弘光以后由政治运动而变为社会革命意味的活动了。⑤

本来,弘光朝的建立,给江南官绅们带来了新希望,如顾炎武所谓的"诚枕戈待旦之秋、卧薪尝胆之会也"。⑥ 民间的恐慌因此得以暂时平息,像上海地方的官绅们准备按照要求,为崇祯帝哭灵戴孝。⑦

但弘光帝质性暗弱、荒淫太过,江南地方买官鬻爵成风,民间有所谓"都督满街走,职方贱如狗"之谣,政治十分昏暗。沿江一带很快失守,士民百姓不是洟泗偷生,就是望风惊窜。⑧ 长期生活于江南优裕环境的士人们,感到了末世社会变乱的危险。⑨

---

① 〔日〕岸本美绪:《崇祯十七年的江南社会与关于北京的信息》,《清史研究》1999年第二期,第25—32页。
② 〔清〕冒襄:《影梅庵忆语》,收入《美化文学名著丛刊》,上海书店1982年据国学整理社1936年版复印本,第15页。
③ 〔明〕陈龙正:《几亭全书》卷二十六《政书·乡筹四》,"甲申弭变蠲赈事宜"条,康熙云书阁刻本,收入《四库禁毁书丛刊》集部第12册,北京出版社1997年影印版,第204—205页;〔清〕佚名:《武塘野史》,不分卷,"崇祯十七年甲申"条,清抄本。
④ 〔美〕史景迁:《文化类同与文化利用——世界文化总体对话中的中国形象》,北京大学出版社1990年版,第22页。
⑤ 谢国桢:《明清之际党社运动考》,中华书局1982年版,第10页。
⑥ 〔清〕顾炎武:《圣安本纪》,"自序",收入《台湾文献史料丛刊》第三辑第53册,台湾大通书局1984年印行本,第31页。
⑦ 〔清〕姚廷遴:《历年记》,"历年记上",稿本,收入上海人民出版社编:《清代日记汇抄》,上海人民出版社1982年版,第54页。
⑧ 〔清〕董含:《三冈识略》卷一,"弘光改元"、"江左称号"条,清钞本,收入《四库未收书辑刊》第4辑第29册,第616—617页。
⑨ 〔清〕吴伟业:《吴梅村全集》卷一《诗前集一·避乱六首》,上海古籍出版社1990年版,第7—10页。

维时仅一年的弘光朝,在1645年上半年即骤然瓦解,使江南士绅百姓措手不及。在苏州,听闻清兵南下,城内居民大为惊恐,纷纷携家带口,逃往乡间避难。①

大难避乡,是当时的普遍情态。这种带有全社会逃难的经历,主要出现在崇祯末年北京城陷落、弘光小朝廷的灭亡以及清兵南侵下达剃发令后,这三个重要的时段。虽然如李渔所言,无论大乱还是小乱,总是避乡的为好,可是很多人逃离城市,还存在着较多的困难。即使能避处乡间,社会的混乱以及可能出现的各种威胁,也是他们需要时刻面对的。②

但总体上,如很多府县城的绅民那样,听说"清兵厉害",都是弃城而逃。③ 处于这样的乱世,正如归庄所言:"乱世风俗恶,凡事皆逆施,臣则卖其君,主亦受奴欺。"④佚名的《崇祯记闻录》记载道,此时人心大都思乱,像苏州枫桥的地方,无赖们结盟聚众,远近呼应,欲为不轨,而居民们惶惧不安,唯恐身家不保。⑤

在吴江县,绅士陆文衡家在清兵入侵时,"阖门惊窜,男女仳离",而且群盗四起,家中都被洗劫一空。⑥

在嘉定县,有无赖贼啸聚乡里,县城中有奸宄之徒与之呼应,乘机欺侮邑丞,准备造反。侯峒曾亲赴公庭,以其威望令群众解散,并说知县已经准备丁勇,要缉治奸宄,县城秩序因而暂时得以稳定。⑦

在松江府,经历兵燹之后,府城东部的察院至秀野桥一带被火焚烧,"昔日繁华,已减十分之七"⑧,很长时间里呈现的是"屋无完栋,瓦砾如山"的惨象。⑨

面临清兵南下的威胁,城市居民纷纷在门上书写"顺民"二字,并争持羊酒迎

---

① 〔清〕佚名:《吴城日记》卷上,江苏古籍出版社1999年版,第205页。
② 巫仁恕:《逃离城市:明清之际江南城居士人的逃难经历》,《中研院近代史研究所集刊》2014年第83期,第1—46页。
③ 〔清〕姚廷遴:《历年记》,"历年记上",稿本,收入上海人民出版社编:《清代日记汇抄》,上海人民出版社1982年版,第58页。
④ 〔清〕归庄:《归庄集》卷一《诗词·避乱》,上海古籍出版社1984年版,第45页。
⑤ 〔明〕佚名:《崇祯记闻录》卷三,收入《台湾文献史料丛刊》第三辑第52册,台湾大通书局1984年印行本,第34页。
⑥ 〔清〕陆文衡:《啬庵随笔》卷二《自述》,光绪二十三年吴江陆同寿刻本,台湾广文书局1969年影印版。
⑦ 〔明〕侯峒曾著、〔清〕侯玄瀞编:《侯忠节公全集》卷三《年谱下》,民国二十二年铅印本。
⑧ 〔清〕曾羽王:《乙酉笔记》,旧抄本,收入上海人民出版社编:《清代日记汇抄》,上海人民出版社1982年版,第14页。
⑨ 〔清〕曹家驹:《说梦》,道光八年醉沤居士钞本,收入《四库未收书辑刊》第10辑第12册,北京出版社2000年影印版,第255页。

候。 没有任何依靠的小民,当然只有"投顺以苟全性命";更有甚者,他们还想让地方缙绅出面投顺,一遭拒绝,就打毁其家。苏州等地方颇为积极,城乡百姓按区域派代表手执一面黄旗,上写"某图民投顺大清国",争相往清军大营纳款;有的乡绅甚至亲率地方百姓,一起"投揭往见"。② 上海等地的村间,在清兵南下之际,都竖起了降旗,上写"大清顺治二年顺民",都剃发编头。有趣的是,在听闻抗清明兵要来后,城乡百姓粘于门上的"大清顺民"黄纸被很快扯下,但忽然又传闻清兵复来,又被粘上。如此反反复复了很久。周浦镇的大户店铺凑出银两,买好猪羊米面等物送到县城,向已降清的总兵李成栋表示"感荷天恩""情愿归顺"等语。③ 在江南的其他地方,如嘉兴等地,也出现了类似的情况。④

被视为执掌宇内文章之柄的"一代伟人"、常熟人钱谦益⑤,早已降清,据说"降表"有千余字,大半是骂明朝诸帝的,其余就是歌颂清朝皇帝。⑥

顺治二年(1645)五月二十六日,钱谦益致书苏州官绅,劝谕投降,信中有所谓"名正言顺,天与人归"等语。苏城官员像巡抚霍达、巡按周元泰、知府陈师泰、同知文王辅、推官万适、长洲知县李实、吴县知县吴梦白等人早已逃走。清兵入城时,百姓们都执香案以迎,没有大的冲突。留在城内的"大姓",也有设香案于外者。到六月初六日,城内外百姓,相约每图安排一人,手拿黄旗一面,上写"某图民投顺大清国",其他人则各执线香,争往清兵大营纳款。由于乡绅们的"归顺",地方上自然鸡犬不惊,暂时可以各安生业。而在附近的昆山县,当地大族甚多,都愿意出钱死守,起来抗清。在城破后,乡绅士民死难者数以万计。嘉定县的抵抗同样悲壮,在籍左通政侯峒曾、进士黄淳耀等,皆因抗清死难。⑦ 城内外死于"嘉定三屠"的,有二万余人。此后,城乡地区都开始剃发,称"大清顺

---

① 〔清〕顾公燮:《丹午笔记》,江苏古籍出版社1985年版,第53—55页:"平定姑苏始末"条。
② 〔清〕叶廷琯辑:《吴城日记》卷上,江苏古籍出版社1985年版,第201—202页。
③ 〔清〕姚廷遴:《历年记》,"历年记上",第61—62页。
④ 陈生玺:《明清易代史独见》,中州古籍出版社1991年版,第179页。
⑤ 〔清〕董含:《三冈识略》卷一,"诗讽"条,第627页。
⑥ 〔明〕徐树丕:《识小录》卷四,"再记钱事"条,稿本,收入孙毓修编:《涵芬楼秘笈》第一集,北京图书馆出版社2000年影印版,第1036页。
⑦ 〔明〕佚名:《崇祯记闻录》卷五,收入《台湾文献史料丛刊》第三辑第52册,台湾大通书局1984年印行本,第62页;〔清〕顾炎武:《圣安本纪》卷六,收入《台湾文献史料丛刊》第三辑第53册,台湾大通书局1984年印行本,第187、194页。

民"。①

关于剃发的具体要求,在侯峒曾的弟弟岐曾遗存的日记中,记载得比较清楚。当时,官府设有"清发道",按"五等"定罪。所谓"五等",就是"一寸免罪,二寸打罪,三寸戍罪,留鬓不留耳,留发不留头",另外"顶大者与留发者同罪"。②

尽管那些仍为隆武、绍武、永历等南明政权满怀希望的士人,如归有光的曾孙归庄那般,还存着几分"愿提一剑荡中原,再造皇明如后汉"的豪气③,而且与侯岐曾暗中勾连的反清人士,散布太湖东南部城乡地区,有的还是一代名士,可是,他们短暂的抵抗活动,随着清政权的全面渗透太湖地区,渐趋减退。④

像侯家几代人生活过的紫隄村这样"三凤蜚名,六龙著族"的士族聚居地,在鼎革之后,已是"风景在而山河殊,繁华歇而沧桑易"。⑤ 村庄需要向新政权的衙役、讼师或者兜售士人特权的人寻求庇护,城镇需要通过秘密会社组织寻求保护,士人则向帝国特权求得保护,这样一来,地方社会就无法被真正动员起来。⑥ 所谓"每一王兴,有附而至荣者,即有拒而死烈者",生易死难之叹,在明清交替之际更让人感怀至深。⑦

在1647年左右,怀着最后复明希望的江南士人,已趋于绝望,如归庄那样,发出了"宫阙山河千古壮,可怜不是旧京华"的感叹。⑧

当年的五月初十日中午,侯岐曾家的仆人侯驯回到嘉定乡间他们新的躲藏地厂头的恭寿庄,向侯岐曾汇报由于道路不通,陈子龙无法从海上撤走而被迫暂避于侯岐曾的女婿、昆山顾天逵家,但第二天,陈子龙就被捕了。⑨ 子龙的儿子才

---

① 〔清〕朱子素:《嘉定屠城惨史》,宣统三年嘉定旅沪同乡会刊本。
② 〔明〕侯岐曾:《侯岐曾日记》,丙戌二月廿九日、丙戌三月初一日,收入《明清上海稀见文献五种》,人民文学出版社2006年版,第504页。
③ 〔清〕归庄:《归庄集》卷一《诗词·夏日陈秀才池馆读书》,上海古籍出版社1984年版,第56页。
④ 冯贤亮:《清初嘉定侯氏的"抗清"生活与江南社会》,《学术月刊》2011年第八期,第123—134页。
⑤ 〔清〕汪永安:《紫隄村小志》卷之前《近村》,康熙五十七年辑录稿,收入上海市地方志办公室编:《上海乡镇旧志丛书》第13册,上海社会科学院出版社2006年版,第5页。
⑥ [美]邓尔麟:《嘉定忠臣——17世纪中国士大夫之统治与社会变迁》,宋华丽译,中央编译出版社2012年版,第318页。
⑦ 〔清〕计六奇:《明季南略》卷四,"总论江南诸臣"条,中华书局1984年版,第277页。
⑧ 〔清〕归庄:《归庄集》卷一《诗词·寄怀顾宁人》,上海古籍出版社1984年版,第141页。
⑨ 〔明〕侯岐曾:《侯岐曾日记》,侯玄汸《附记》,收入《明清上海稀见文献五种》,人民文学出版社2006年版,第642页;〔清〕汪永安原纂、侯承庆续纂、沈葵增补:《紫隄村志》卷五《人物》,康熙五十七年修、咸丰六年增修,上海图书馆藏传抄本;〔清〕汪永安:《紫隄小志》卷二《人物》,收入上海市地方志办公室编:《上海乡镇旧志丛书》第13册,第54页。

五岁,也同时被捕杀。① 在清兵搜捕侯岐曾时,侯驯还故意将清兵引到别处,但岐曾仍被抓获了,侯驯大呼:藏匿陈子龙的是我,与我主人无关!② 押送子龙的船开到松江西门跨塘桥下,子龙乘清兵不注意,跃入水中而死。③

在夏完淳的岳父钱栴(万历四十四年状元钱士升的侄儿)被捕后,完淳也在岳父家的嘉善别业半村被抓。将被押往南京时,完淳作了《别云间》诗,十分悲怆:"三年羁旅客,今日又南冠。无限河山泪,谁言天地宽!已知泉路近,欲别故乡难。毅魄归来日,灵旗空际看。"④这被海宁人、著名史学家谈迁误认为是完淳最后的绝笔之作。⑤

七月间,在被押往南京的途中,经过松江的细林山(旧名神山,松江九峰之一),完淳写下了《细林野哭》诗,其中有"君臣地下会相见,泪洒阊阖生悲风"等句,是为悼念其老师陈子龙而作。⑥ 在南京狱中,完淳并未度过人生中最后的秋天就被杀了。他最后写道:"淳固知生不如死久矣。特以国难家仇未能图报,忠臣孝子自当笑人,故饮恨吞声,苟全性命。……今生已矣,来世为期。"⑦临刑前,完淳还对人说:"我辈未尽之志,慎毋相忘!"⑧

而侯岐曾遗存的有关地下抗清生活的日记,仅记了一年半,内容皆如清代人讲的那样,所谓"忠孝之言,缠绵悱恻,几使人不忍卒读"⑨。

时代变幻的悲凉感,就似陈子龙遁迹侯家的紫隄村时留下的遗诗所言:"泪尽人间世,天涯何处逢。"⑩遗存于世的人,或如夏完淳的表妹、与侯峒曾之子玄洁订而未婚的松江名族之女盛韫贞(或作盛蕴真,在玄洁死后誓不嫁人,遁入空门后曾称"寄笠道人")写的《春草堂诗》所言:"玉树人俱尽,金庭事已非。何须闻短

---

① 〔清〕顾公燮:《消夏闲记摘抄》卷上,"陈子龙侯岐曾死事"条,旧抄本,收入孙毓修编:《涵芬楼秘笈》第二集,北京图书馆出版社 2000 年影印版,第 668 页。
② 〔清〕汪永安原纂、侯承庆续纂、沈葵增补:《紫隄村志》卷五《人物》,康熙十七年修、咸丰六年增修,上海图书馆藏传抄本。
③ 〔清〕温睿临、李瑶:《南疆绎史》卷十四《陈子龙传》,清傅氏长恩阁钞本。
④ 〔明〕夏完淳著、白坚笺校:《夏完淳集笺校》卷五《五言律诗·别云间》,上海古籍出版社 2016 年版,第 317—318 页。
⑤ 〔明〕谈迁:《枣林杂俎》仁集《逸典》,"群忠备遗"条,中华书局 2006 年点校版,第 145 页。
⑥ 〔明〕夏完淳著、白坚笺校:《夏完淳集笺校》卷四《七言古诗·细林野哭》,第 263—266 页。
⑦ 〔明〕夏完淳著、白坚笺校:《夏完淳集笺校》卷九《土室余论》,第 495—496 页。
⑧ 〔清〕陈去病:《五石脂》,江苏古籍出版社 1999 年版,第 290 页。
⑨ 〔明〕侯岐曾:《侯岐曾日记》,金元钰"题跋"(嘉庆十五年重阳日),收入《明清上海稀见文献五种》,人民文学出版社 2006 年版,第 482 页。
⑩ 〔明〕陈子龙:《避地》,收入〔清〕汪永安:《紫隄小志》续二《诗词》,收入上海市地方志办公室编:《上海乡镇旧志丛书》第 13 册,第 105 页。

笛,独立自沾衣。"①在那样一个动荡不安而危难叵测的时代,"冀无望之福,必招无望之祸"。②

清初的乱与治

政治上虽出现了断裂,但社会生活仍在延续。

在下层民众或士人的记忆中,清初社会可能是危险而多难的。后来流行一则"改《千家诗》"的"笑话",讽刺的是当时落魄的教书先生,实际上是在批评当时政治:顺治二年(1645),夏秋之交,一般人家都已避居山野。塾师都无馆可寻,没有活可干了。有人改《千家诗》道:"清明时节乱纷纷,城里先生欲断魂。借问主人何处去,馆童遥指在乡村。"③

顺治二年六月初四日,清兵进至苏州,委任王镆为苏州知府。因城居绅士们已避乱躲于各乡,官府就发帖要求他们回城,并限定时间,还派兵下乡搜索,于是有不少绅士陆续返城。秀才顾公燮在此际正流寓乡镇,有终焉之志。面对新政权的严令,母亲命他回城免祸,顾公燮遂于六月十五日回到城中的家里,不料很快因陈墓人陆兆鱼、戴务公等倡义兴师,相随他们抗清的"乱民"以万计,"民心汹汹"。顾公燮认为这些人轻率举事,必有后患,他不得已再次陪着母亲及家眷到高垫村旧寓住下。当时的情形可谓"乱民飙起,乡井不宁",顾氏等到初十日再进城后,次日白昼城门即关闭,并下达了剃发令。十二日中午,传言白头兵将攻城,到晚上城内还有人举火作内应,一时之间衙门公署焚毁殆尽。官军将士驰集南城扎营,按兵不动。到十三日,与抗清乡兵相结援的吴淞总兵吴志葵被清兵侦知,兵士哗乱,惧不敢出。各地乡兵大失所望,居然各自解散了。顾公燮十分恐慌,马上雇船带着家人快速避至蠡口塘,再到陆墓。后来碰到攻杀官吏的乡民,都是托名义师的荡口一带的"乱兵"。十四日他们坐船到水仓,晚上住在王培兰庄内。顾公燮与友人蒋元钦等人遥望府城内外,只见火光连亘二十余里,他们感叹不已。城内房子是否被祸,已经顾不上了。几天后,官府又出告示,要求回城,并开放齐、闾二门,士民们相率赴领旗号,各携家眷入城,人心渐安。顾公燮一家

---
① 〔清〕董含:《三冈识略》卷二,"春草堂诗"条,第635页。
② 〔清〕曹家驹:《说梦》,道光八年醉沤居士钞本,收入《四库未收书辑刊》第10辑第12册,第257页。
③ 〔清〕独逸窝退士辑:《笑笑录》(不分卷),"改《千家诗》"条,上海大达图书公司1934年再版本,第135页。

直到七月初七才坐船回城,居于荇溪。这时,顾公燮才三十三岁,已决定放弃科举,并自号"南园人"。①

到顺治三年二月间,剃发虽非人心所愿,但不剃者已然大大减少,从二月底至三月上旬,出城市者都已剪发,乡间剃发的也多了起来。②

顺治十年闰六月,海宁人谈迁"北游"来到苏州,看到过去十分繁华的苏州荇门、盘门、胥门三个地方,多是丘墟瓦砾;而在阊门,繁丽居然不减于昔。在这里,他有了浏览书肆的机会,居然买到四十余部书。这已是十分难得,因为在当时,除苏、杭、金陵而外,已极少有书肆了。数日后,当地适逢赛"司疫之神","士女骈舟如溱洧",所赛多为"角觝之戏"。③ 这是明清易代兵燹后,江南最为繁华城市日常生活的真实写照。

据说鼎革绥靖后,各地仍有"文社如林"的景象,且各标名目。其中,复社生童五百人曾经聚会于虎丘千人石会课,敦请太仓人吴伟业任主持。次日清晨,吴伟业再次游览至千人石时,见有诗题于石壁云:"千人石上坐千人,不仕清兮不仕明,只有娄东吴太史,一朝天子两朝臣。"据说吴伟业看到后,废然而返。④ 吴伟业病殁前,留下的"绝命词"中,有这样一句:"忍死偷生甘载余,而今罪孽怎消除?"⑤ 大概可以反映晚年吴伟业的处境与心态。

至于较吴伟业文名更盛的常熟人钱谦益,则被时人讥为"有文无行",显然不是因其对女色(特别是柳如是)的爱好,而是降清一节。⑥

著名理学家、桐乡文人张履祥(1611—1674)在明亡后隐居不仕,生活寒素,却曾想在湖州府首县乌程县邻近太湖的地方,建造一座"别墅",设计十分优雅。康熙元年(1662),他向友人展示了他绘制的设计图,以具体表达其旨趣:"筑室五间,七架者二进二过,过各二间,前场圃,后竹木,旁树桑。池之北为牧室三小间,圃丁居之。沟之东,旁室穿井。如此规置,置产凿池,约需百金矣。少亦需六、七十金。"⑦然而,即使是这样,不超过100两白银的造价非张履祥这样的贫困文人

---

① 〔清〕顾公燮:《丹午笔记》,"南都变略"条,江苏古籍出版社1999年版,第146—147页。
② 〔明〕佚名:《崇祯记闻录》卷六,收入《台湾文献史料丛刊》第三辑第52册,台湾大通书局1984年印行本,第86—87页。
③ 〔清〕谈迁:《北游录》"纪程",中华书局1960年版,第3—4页。
④ 〔清〕顾公燮:《丹午笔记》,"吴梅村被嘲"条,第56—57页。
⑤ 〔清〕王士禛:《池北偶谈》卷十一《谈艺一》,"梅村病中诗"条,中华书局1982年,第265页。
⑥ 〔清〕顾公燮:《丹午笔记》,"钱牧斋"条,第92—93页。
⑦ 〔清〕张履祥:《杨园先生全集》卷五《与何商隐书·别楮》,同治十年江苏书局影印《重订杨园先生全集》本。

力所能及,所以至死都未实现。

张履祥的好友、决定隐居为遗民的海宁名士陈确(1604—1677),最后也颇无奈,被迫剃发,并自谓是"变计从俗"。他为父亲所撰的祭文中,作了这样的告白:

> "身体发肤,受之父母,不敢毁伤",此言自童时习闻之。故剃发则亏体,亏体则辱亲,亏体辱亲,又何以为人!去秋新令:不剃发者以违制论斩。……近闻不剃发而见执者,法未必死,而大僇辱之,终亦不免于剃发。……故确亦思变计从俗也。①

在广泛的农村社会中,出现了与以往不同的情况,多了一些像张履祥那般隐居的"遗民"。如太仓人陈瑚,在明亡后隐于昆山蔚村,专意于乡村教化的工作,尝于每年元夕前后在村中的尉迟公庙召集村人,听他宣讲孔孟的"孝悌""力田""为善"等村规乡约,并且指出这是"圣谕"的道理。② 类似的例子还有很多,而他们的这些工作,却十分有利于新王朝在江南重建稳定的生活秩序。

不过,由于天灾人祸的影响,那时城乡的景况仍然令人感到不安。康熙元年(1662)春天,因旧年大小熟全荒,米价暴涨,饥民被迫四处流离就食。在"明史案"发生后不到五个月,江南开始流行疫疠。据当时人云"十家九病",民间"献神化纸并送鬼神者满路",景象凄惨。③ 康熙二年春天,气候显得有些反常,几十天都在下雨,到夏天却很凉快。九月间,松江府发生大疫。除府城之外,从浦西起直到浦东,疫病流传极快,几乎没有一家得以幸免,由此导致棺铺业的兴盛。据说这些店家的生意极好,棺椁供不应求,制棺工匠忙得夜不成寐。有人死后六七日,因没有棺材而不能下葬。④

当然,清初政府比较注重吸取明末衰时弊政的教训,调整赋役政策,以减缓民困。明末清初人陈俶在崇祯十五年拟的《蠲赋清狱群臣谢表》中,提出"民穷则盗起,为民清盗,而驱民于盗者多"的观点,就颇受时人重视。⑤ 在施行乡村教化、

---

① 〔清〕陈确:《陈确集》文集卷十三《祭文一·告先府君文》,中华书局1979年版,第310页。
② 〔清〕陈瑚:《蔚村三约》,收入向燕南等编注:《劝孝——仁者的回报、俗约——教化的基础》,中央民族大学出版社1996年版,第242—244页。
③ 〔清〕姚廷遴:《历年记》,"历年记中",第84—85页。
④ 〔清〕姚廷遴:《历年记》,"历年记中",第85页;〔清〕曾羽王:《乙酉笔记》,旧抄本,载上海人民出版社编《清代日记汇抄》,上海人民出版社1982年版,第13页。
⑤ 〔清〕方浚师:《蕉轩笔录》卷八,"谢表沈痛"条,中华书局1995年版,第303—304页。

整顿秩序的过程中,很注重治安,强调推行保甲之制对于消弭盗贼的重要性。要求城市乡村严行保甲之法,遇有"不务恒业、群饮聚博、斗鸡走狗、夜集晓散,以及履历不明、踪迹可疑者",都要立即纠举,不许暂容甲内。①

如何解决"穷"的问题,可能是关键所在。

康熙六年间,经过朝廷讨论批准,松江府也按嘉兴、湖州等地的做法,将原来的北运白粮改为官收官解,细布改官买官解,漕粮改官收官兑,总催白银改为自封投柜,总甲、分催、公正、图书、塘长、排年等项也一并被革除。② 同时,政府通过"顺庄法"在乡村的推行,期望从基层体系的层面,永除保甲之弊、里书之弊、吏蠹需索之弊、重耗之弊等社会问题。③ 而"摊丁入地"制度的实施,则确定了民间"富民为贫民出身赋,贫民为富民供耕作"。清人认为,这对输纳赋税来说,是"两利相资,益昭简便"的重要举措。④

不过,地方社会中仍然会出现对抗官府的零星活动。在康熙五年四月间,松江地区发生一桩大案,官方所获打着明室正统旗号的抗清军兵,其中的所谓"将军"等人,都是所谓"市井卖菜佣"。⑤ 康熙十三年四月,又出现一名叫朱胡子的大盗,利用滇、闽、粤三省连连告变之机,诡称自己是前明宗室,纠合一些流民暴徒横掳江南地方,昼夜焚劫。后来他又与山贼李成龙、海宁地方大盗羊子佳等一起,聚抢桐乡、乌程两县边境的乌墩、青墩两镇,声势汹涌,使两镇驻节将领十分害怕。最后,地方政府通过诱捕朱氏党羽顾祥等,联合嘉、湖、杭三府力量,将这股盗匪剿灭。⑥

上述社会变乱,就像后来曾国藩对太平天国战争的感想一样:"军兴以来,士与工商生计或未尽绝,惟农夫则无一人不苦,无一处不苦。农夫受苦太久,则必荒田不耕。军无粮则必扰民,民无粮则必从贼,贼无粮则必变流贼,而大乱无了日矣。"⑦这种感觉如果置于清初战乱未息时节,倒也比较符合。

到康熙帝开始南巡的时候,一直是全国财赋重地的江南,在他眼中已经是"市镇通衢,似觉充盈"的感受了,地方社会的生活中又有了"粉饰奢华"的意味。⑧

---

① 〔清〕清圣祖:《圣谕广训》,载"近代中国史料丛刊"续编第七辑。
② 〔清〕姚廷遴:《历年记》卷五《记事拾遗》,第163页。
③ 雍正九年十一月二十二日湖州府《奉行顺庄条议》,收入同治《安吉县志》卷四《户口》,同治十二年刊本。
④ 〔清〕张培仁:《静娱亭笔记》卷一,"明代苛敛之重"条,清刻本。
⑤ 〔清〕董含:《三冈识略》卷五,"松郡大狱"条,第689页。
⑥ 光绪《桐乡县志》卷二十《兵事》,光绪十三年刊本。
⑦ 〔清〕曾国藩:《劝诫浅语·劝诫州县四条》,收入〔清〕盛康辑:《皇朝经世文续编》卷十八《吏政一·吏论上》,光绪二十三年思补楼刊本。
⑧ 乾隆《江南通志》首卷二之一《圣祖仁皇帝诏谕》,乾隆二年重修本。

康熙朝晚期进入的18世纪,可能是欧洲历史上最倾慕中国的时期,中国社会已被认为值得欧洲各国效仿,中国文化或中国产品变成了在欧洲人生活中带有装饰性的、理想化的东西,传统园林及其艺术表现,导致了洛可可艺术风格的基本观念,英国、法国与德国从此进了所谓的园林时代,而想生产最佳中国式产品(如瓷器、毛毯、各式绘画作品等)的激情,在某种程度上促使了欧洲工业生产突飞猛进地发展起来。①

生活世界的变化

至于生活世界的表达,虽无明确的定义,但可说是日常生活的总和,关注日常的经验与记忆,也包括权力关系和文化网络。

本书中所论述的事例中,据不同身份的士人及其生活场境所需,而有士人、知识人、乡绅或秀才等指称。所谓"士人",当取最宽泛的士、农、工、商这一传统社会分层中的"士"之意。它包括了官僚、士大夫、绅士与知识分子,在本质上是一体的。士大夫与知识分子有着密切的关联,而官僚是士大夫在官位时的称呼,绅士则是士大夫的社会身份。② 在具体论述的展开中,本书择取了几个方面,或者说是不同的身份处境,以初步呈现包括了布衣、秀才、乡绅、官僚以及与他们家庭生活相关的青楼女性的生活世界。由此,不同的身份、不同的视域以及不同的场境得以交互呈现。

特别是在由明入清的进程中,旧王朝在士人们的生活世界中如何逝去,新王朝如何稳固,秩序的维护与重建过程又有怎样的体验,将是本书考察的重点。在这样的思考意识下,可以进一步阐释对于文人士大夫生活世界的揭示、内心情感的表达、社会参与的形象以及精英身份的意义。

所论述的明清之际,基本指晚明至清代康熙年间。这一时段,被海内外很多学者认为是中国历史上最具浓墨重彩的王朝更替。当中的政治、经济、社会生活与思想文化都在发生着多方面的变革,并对那个时代掌握主流叙述的士人的生活产生着深远的影响。

本书从弘治十八年(1505)成为状元的昆山人顾鼎臣的人生历程开始,以人

---

① [美]史景迁:《文化类同与文化利用——世界文化总体对话中的中国形象》,北京大学出版社1990年版,第45—47页。
② 吴晗:《论士大夫》,收入费孝通、吴晗等:《皇权与绅权》,岳麓书社2012年版,第60页。

物故事与活动为主线,对明末至康熙年间漫长的王朝更替进程中,那些内阁重臣、大乡绅、布衣、艺坛领袖、小秀才以及青楼杰出女性等人的命运遭际,予以重点勾画。基本内容分成七个侧面的主题论述。

首先,在远离王朝统治中心的江南昆山,出身于一个小商贩之家、由婢女所生的顾鼎臣,从弘治十八年科考成功后,开始了在北京漫长的仕宦生涯,最终晋官至内阁重臣。他通过族人、师友等关系,不仅强化家人子弟在地方的生活规范,而且将政治上的影响力持续渗透到地方政府那里。顾鼎臣及其子孙所处的大时代,即从弘治、正德以降至万历朝前期,是明代中国历史发展的重要时期。王朝发展的社会经济层面,呈现出繁荣发展的态势。同时,产生了明朝人所谓的各种时弊与社会危机,包括赋税积弊、灾荒打击、盐盗猖獗以及倭乱爆发等内容,也有所谓从"北虏南倭"到"东奴西贼"的危机变化阶段。这些变化,都与明代政权的衰替、地方民生的危机以及普通士民家庭的生活日常息息相关。作为昆山顾氏家族中的杰出代表,顾鼎臣上呈朝廷的许多奏疏以及寄往昆山的家书中,多侧面地呈现出在政治地位攀升的过程中,他对于官场关系处理的谨慎态度、家庭生计的安排与家族控制、家庭教育中对读书与养生的重视以及对于江南地方社会的关怀与公益事业的热心。

其次,较顾鼎臣稍晚离开人世的嘉善县布衣文人袁仁,从正德时期以来,与王守仁、文徵明、唐伯虎、王宠、顾璘、何良俊等当时的社会卓越分子,有着广泛的交往与深厚的情谊,在地方上营建起密切的文化交游网络,注重姻亲关系的联结、家族子弟的科举事业,为袁家到袁黄时代的鼎盛,奠立了重要的基础。虽然,明代嘉善县的袁氏家族因后来袁黄而出名,但从明初以来,袁家代有闻人。由于受祖训的影响,家族的很多卓越成员放弃科举,以医为业,优游于城市生活,醉心于文人士大夫生活圈中的文化活动。在袁仁这一世代及上世袁祥时期,他们已为袁家建立了重要的姻亲关系。袁家于县城中开始经营并完善的生活空间,属于后来地方势族聚居的核心区。袁仁一直是布衣文人,既无政治上的显贵身份,更乏庞大的财力。但作为一名出色的医者或无身份的杰出知识人,袁仁有行善积德之心,常怀救世济民的期盼,也保持了与官场各类人物的密切交往,有一定的政治关怀。袁仁很多诗文作品中呈现出来的人际关系,型塑了明代嘉善文人社会活动中的重要内容与文化网络中的地位。城居生活与人际关系的描画,可以使布衣袁仁的生活及其时代图景,包括家族、姻亲、师友、文人、官场、庶民生活等,得到很好的再现。

第三,在袁仁的孙辈同乡中,具有代表性的杰出人物,是陈于王的儿子陈龙正。然而在陈龙正时代,明朝的政治正发生着巨变。在嘉善这样的蕞尔之邑,从万历朝以降,陈于王、袁黄、丁宾、吴志远、曹勋、钱士升、魏大中、周宗建等这些明末的杰出绅士之间,都已联结起复杂的姻亲关系,在地方上已拥有很强的权势网络,但对国家一直保持着高度忠诚。陈龙正是在崇祯年间正式登上政治舞台后很快休致,有着鲜明的东林派人士的政治情怀,并在江南推广同善会活动等闻名乡里。从万历年间开始,陈龙正深受袁黄、高攀龙、吴志远等人的教诲,并与当地最重要的世家大族结有姻亲关系,终由科考的成功,进入了主流精英的生活世界。由于内忧外患的加剧以及派系斗争的影响,陈龙正多次要求致仕后终于回归家乡。面对水旱大灾的打击与地方治安的混乱,陈龙正晚年以其祖居的胥五区为中心,凭借其广泛的社会影响力,全面推动官府的城乡救赈活动与秩序维护工作。在崇祯三年以后至南都覆灭的这段有限的时间里,其影响达到了高峰。陈龙正对整个王朝统治的变化保持着高度的敏感,并以乡绅的自觉意识,积极参与到具有普遍性的经世活动中,从胥五区出发,利用官府的力量,将官绅阶层的特权与衙门胥吏的腐败限制在一个有效的范围内。作为胥五区中存在的唯一强大的陈氏家族,并未形成小区域的"宗族社会"。无论是国家视野,还是地方关怀,陈龙正的言说实践中不时倡扬的,还有王阳明的学说与政治理念,特别是十家牌法、人材与练兵问题,重视地方权力结构的平衡与社会秩序的控制,在官绅群体中强化了经世思想的讨论与交流。最终,陈龙正于清兵侵占嘉善之前,追蹑刘宗周,绝食七日而殁,保持了对大明王朝最后的忠节。

第四,在陈龙正时代的结束前,江南长久逸安的生活与繁盛的城乡经济,已营造出较为充实的生活氛围和奢靡的风气。特别是很多明代中后期出现的大量情色小说或言情文学,以及文人笔记、俗谚歌谣、闺房秘笈、医家养生等媒介,有着十分丰富的城乡士民家庭生活与日常私密行为的描述,反映出时人在公共与私密空间中的两性交往以及生活中的开放程度、奢化风气。明清之际文人笔下的男女关系和社会风尚,脱离不了青楼的影子,而且在凸现近世中国人的家庭生活与私密空间方面,江南地区的士人生活具有更多的代表性和多样性,可以充分展现当时社会的某种内在特质。透过士人们的若干记忆与写实性描画,得以窥见当时日常生活中青楼、闲房、内闱这三大重要的空间及其代表的文化,能粗略地展示出士人、风尘女子为主的人生情怀与心灵世界。在最重要的休闲文化中心南京、苏州等地,曾经流传有让后世记忆最深刻的才子佳人故事,随着清兵下江南以及新政权的建立,故事中的主角除了顺从新朝外,大都死难逃移,结局令人感怀至深。

第五,因为王朝更替的巨变,特别是奏销案的爆发,地方上的很多大族遭受重创。这样的危难,自然也波及明末松江最具文化影响力的董氏家族。其中,顺治十八年考中进士的董含,在很快被奏销除籍后,长期隐居于董氏的祖居地三冈,地方偏僻,处境荒凉,但并未阻断他在江南的闲游活动、社会交往以及对于时政的关心。当然,自明末以来家族的持续衰落,以及他这一代董氏子孙在仕宦道路上的挫败,一直没有得到挽救。这是身历明清鼎革之乱,且都有这种相同遭际的士绅家庭共有的现象。董含这一代人并非没有努力过,但距离家族的光复愈趋遥远。即以生活所居而言,三冈表面上在远离政治中心(城市)的场域,董含也以隐士的形象出现在当时及后世人们的视野中,但他经常以文字表达、野史笔记的撰写方式,比较含蓄地表达出个人的政治倾向与情绪态度。然而,他在文学创作上的才华与地方场域的活跃表现、隐居时期常常与友朋们举行的诗酒之会,以及时或表现出对于地方秩序整顿怀有的关心,最终都被时代的残酷性扫荡干净了。这些都是在王朝更替后,清初地方社会存在的真实情态、士人的尴尬处境与已迹近虚幻的政治情怀。

第六,至于董家最后荣光的契机,则在康熙帝第四次南巡至松江之际,董氏子孙向康熙帝进献了董其昌的画,得到了圣谕慰安。从绘画艺术中心的转换来看,当时画坛的重心已从松江转移到了太仓,但实际上常熟的虞山画派因王翚的登场而悄然崛起。常熟布衣王翚在青年时即师从太仓王鉴、王时敏,在艺术上极力精进,开始进入精英绘者的交游圈。王翚登场的大背景,正处清初开国至康熙帝南巡之际。这一阶段,江南士人都经历了"国变"、奏销案等诸多苦痛,一直备受打压,气氛紧张。在康熙帝第二次南巡后,已至老年的王翚被举荐至北京从事《康熙南巡图》浩大工程的绘画主导工作,到他最后返回江南、优游于画坛艺林的人生历程,可以映照出明清王朝更替后地方文人绅士的关系状态、社会交往情况,当然也呈现出了江南地域社会中深厚的人文传统与世家大族的雅好之风。凭借画艺上的杰出成就以及绘制《康熙南巡图》成功后带来的政治上的耀眼光芒,王翚跃身为清初画坛上的"四王"或清初"六大家"之一,并有远超同侪的意味。尽管王翚最后多以低调之姿来趋避政治上带来的热效,但其私心仍以此为荣。可以说,在这样一个大朝代的转换过程中,新崛起的"四王"或"清初六大家"既接续了董其昌,也开启了一个新时代,一代"画圣"王翚及其有关的江南绘者的地位得到极大抬升,从中可以反映出新王朝对于江南士人的笼络之态。

最后,虽然艺者表面上疏离政治,远较一般人为明显,但政治对他们的影响,包括无时无刻存在的赋役压力,并不因新朝的建立而有太多的纾缓。到康熙时期,明清交替带来的生活巨变,成了很多士人的"梦忆"故事。在权豪势族聚居的松江地区,因政治变化出现了世族衰退与王朝控制强化的明显趋势。在明末很受豪绅夏允彝、吴嘉胤、许霞城等人推重的年轻秀才曹家驹,一直生活到康熙后期。他与董其昌的从曾孙董含一样,都经历了鼎革巨变,但对清初奏销案的感受完全不同,处世态度与人生抱负也差异较大。时代的变与不变,最后都成了难以释怀的梦忆,留在其私人记录中。因有权势人物的支撑,身份低微的曹家驹在明末已经介入府县财政的枢要工作中。根据他晚年所写的回忆性笔记《说梦》,可以清晰地窥知地方政治的巨大变化与赋役制度的复杂运作,及其背后人事的重要影响。曹家驹并非地方上的显要人物,没有荣耀的头衔,在王朝更替之际直至康熙年间,是一个可以代表多数人命运的普通士人,经历了王朝秩序在地方由乱到治的全过程。与有官职经历的乡绅们相比,他的身份更契合士民阶层的论说,也可看作是平民中的指导者。而且,曹家驹亲身参与了地方的赋役制度改革。这为了解明末清初的重大变化与社会整体的继承性,提供了地方人事与社会变革的细致样例,以及制度沿革史不能呈现的社会实践内容。所有这些,都淹没于地方归入新朝的历史进程中了。

前朝梦忆与归入新朝

深入探讨明清之际中国社会的变化和地方政治,掌握繁复的社会活动与面貌,呈现鲜明而具体的文人生活,借此建立起一个有机的社会图像①,显然有重要意义。站在经历明清两代漫长更替进程中的所有个人与群体的立场上,来观察一个复杂多样而又变幻莫测的历史节点,在研究上,或许是一种"以中国为中心"的向内走向。②

从全球化的视域来看,大概从1600年开始,对漫长的历史进程中出现的各

---

① 王鸿泰:《社会图像的建构》,收入胡晓真、王鸿泰主编:《日常生活的论述与实践》,允晨文化实业股份有限公司2011年版,第38—39页。
② 赵世瑜:《"不清不明"与"无明不清"——明清易代的区域社会史解释》,收入氏著《在空间中理解时间:从区域社会史到历史人类学》,北京大学出版社2017年版,第84页。

种问题与时弊,文人士大夫们都在寻求经久之策,培养起敏锐而严格的知识工具,以衡量政治行为的功效与道德,探求中国人如何利用知识、经济和情感来解决那些问题。晚明与清初的官府,以正统性的力量限制着人们在所有生活领域中的追求,而且与外部世界的交往,也遵循着自己的道路。① 即从关系士人日常生活紧密的经济与律法规范而言,从 16 至 18 世纪在经济上长程贸易的开拓、区域产业分工的明晰化,经济活动正发生着重大的变化,律法规范面临新的挑战。地方上大商人资本经营的兴起,土地经营中租、佃的复杂变动,雇佣工人在法律上人身自由的松动,以及海外贸易带来的大规模白银内流等,都是重要的表现。市场经济与商业活动中,触及个人、地方与国家的纠纷,在法律上也遭受较大的冲击。特别是在长江、大运河等全国性的交通主干道区域,有着较为显著的演变与发展。②

从较为宽泛的视域,来考察"帝国"内部的"王朝""地方"与"社会"的关联③,可以重探明清两代王朝更替在地方上呈现的漫长进程。

直至康熙年间,明末已确立社会、政治地位的士人们,对新朝存在抵触情绪,情感上大多不会认同新朝。国家认同的意识,是十分强烈的。那些明末已经成为绅士的,或许在清初已有了深深的失落感,因为如果不是十分珍贵,他们不会自杀或者全家一起殉难,也不愿接受清朝统治。原来的社会也一定非常富足,让他们的生活太值得去玩味。④ 至于那些因受抗清惨祸而几至灭族的士人,却不得不为了家族命运,重新考虑出应科举与入仕的问题。明末紫隄最鼎盛的侯氏家族的后人侯兑旸,堪称当地的"乡达",虽然在鼎革后已杜门谢事,但应族人的恳请,为免受侯峒曾、侯岐曾等人抗清之祸过多的牵连,出来参加清朝的科考,后来只获得一个选贡的资格,被安排至桐城任县学训导,未抵任而卒。⑤

很多年高的士人,虽由明末出生、成长而来,但在顺治朝、康熙初期方始进入仕途,或者仍然奋斗于举业生涯,已比较认同新朝。其中比较值得重视的,是在

---

① [美]史景迁:《追寻现代中国:1600—1912 年的中国历史》,上海远东出版社 2005 年版,第 4—5 页。
② 邱澎生:《当法律遇上经济:明清中国的商业法律》台北:五南图书出版股份有限公司 2008 年版,第 5、281 页。
③ 虽然传统中国并非西方语境中的"帝国"(参[美]欧立德:《传统中国是一个帝国吗?》,《读书》2014 年第一期,第 29—40 页),但若以帝制国家的语义来理解,尚可一用。
④ [美]史景迁:《前朝梦忆:张岱的浮华与苍凉》,温洽溢译,广西师范大学出版社 2010 年版,第 1 页。
⑤ [清]秦立:《淞南志》卷五《乡达》,嘉庆十年秦鉴刻本,收入《上海乡镇旧志丛书》第 13 册,上海社会科学院出版社 2006 年标点本,第 49 页。

顺治十八年前后，受到奏销案冲击的士人们，横遭鞭扑，甚至毕命者，不可胜数。① 顺治九年进士、祖籍松江干巷的曹尔堪，曾与吴伟业一起编注唐诗，到康熙二年春，据说曹尔堪因纵容家人徐宾廷拒捕官差，被判流徙，到康熙十四年才以城工赎罪②，或者是当地人所谓的"入京纳银起复"③。曹家的变故，与松江地方"奏销案"的爆发有关。④ 尔堪后来优游田园，在文坛上的地位依然较高，与宋琬、施闰章、沈荃、王士禛、王士禄、汪琬、程可则并称"海内八家"。⑤ 被奏销的士人，除了那些后来通过不同途径和机缘，仍得以恢复功名，甚至捐得一官半职的之外⑥，多数人在心理上加深了王朝断裂的感受。可谓无限江山，别时容易见时难，流水落花春去也，天上人间。

但无论怎样，可以说，一时入仕籍的，非必愿之臣，而不入仕籍者，也都非不愿仕之臣。⑦ 这句话，或许可以作为那时士人应对出处问题的复杂情态的最好反映。至于他们口中的明末故事，不过是对晚明生活的富足、士人的潇洒自在、乡绅士大夫的威权煊赫，存了几分怀恋或羡慕罢了。前朝往事，只能成为梦忆。

少时过尽风流潇洒生活的纨绔子弟张岱，在甲申鼎革后，悠悠忽忽，既不能寻死，又无可聊生，白发婆娑，苟活人间。在清初回顾人生后，他这样叹道："劳碌半生，皆成梦幻。年至五十，国破家亡，避迹山居，所存者破床碎几，折鼎病琴，与残书数帙，缺砚一方而已。"虽然已是布衣蔬食的生活，但仍常有断炊的窘困。回首二十年前的奢华生活，"真如隔世"。⑧ 人生沉浮，仿佛因果轮回一般。他十分感慨，所以要写个"陶庵梦忆"，说什么呢？他说：

> 以笠报颅，以蒉报踵，仇簪履也；以衲报裘，以苎报絺，仇轻暖也；以藿报肉，以粝报粮，仇甘旨也；以荐报床，以石报枕，仇温柔也；以绳报枢，以瓮报牖，仇爽垲也；以烟报目，以粪报鼻，仇香艳也；以途报足，以

---

① 孟森：《奏销案》，收入氏著《心史丛刊》，中华书局 2006 年版，第 14 页。
② 〔清〕佚名：《武塘野史》，"康熙二年癸卯"条，清钞本。孟森曾引施闰章《曹顾庵墓志》等材料的考述，言曹尔堪因受族子逋赋事牵连，被夺级而南归。参孟森：《奏销案》，收入氏著《心史丛刊》，第 18 页。
③ 〔清〕佚名：《武塘野史》，"康熙十四年乙卯"条。
④ 参〔日〕滨岛敦俊：《清初苏松两府的均田均役改革——江南奏销案刍议》，收入陈捷先、成崇德、李纪祥主编：《清史论集》下册，人民出版社 2006 年版，第 681—695 页。
⑤ 〔清〕姜兆翀辑：《国朝松江诗钞》卷二《曹尔堪》，嘉庆十四年刻本。
⑥ 〔清〕佚名：《武塘野史》，"康熙十七年戊午"条，清钞本。
⑦ 〔清〕钱𫓧：《甲申传信录》卷五，"槐国衣冠"条，上海书店 1982 年版，第 73 页。
⑧ 〔明〕张岱：《琅嬛文集》卷五《自为墓志铭》，岳麓书社 1985 年版，第 199、201 页。

囊报肩,仇舆从也。种种罪案,从种种果报中见之。鸡鸣枕上,夜气方回,因想余生平,繁华靡丽,过眼皆空,五十年来,总成一梦。①

那些人生当中曾经拥有的享受与逸乐,簪履、轻暖、甘旨、温柔、香艳、舆从等等,不过是过眼的繁华,最后都归于空虚。张岱记忆中繁华的生活空间,如西湖边那些士人的别墅园宅,已仅存瓦砾。至于从断桥望去,举凡昔日的弱柳夭桃、歌楼舞榭,都似被洪水湮没,百不存一。② 所剩下的,只有家园故国的伤感之情。

与张岱相比,明末四公子之一的冒辟疆(1611—1693),退隐于家乡如皋的水绘园中,也像其他遗民一样,对前朝城市生活的声华和故国的沦丧,充满了追忆与悔恨之情,但和那些不入城、不赴讲会、不结社的士人不同,他很快在水绘园中,构筑出一个极具园亭声伎之盛的"世外桃源"。他多次拒绝清廷的征召,履行儒生的志业,又广纳宾客,纵情于声色之娱和山水诗文之乐,甚至与爱妾董小宛一起编了一部以闺阁奇僻之事为主轴的书稿,并传阅给好友龚鼎孳、顾眉,在一定程度上似乎恢复了明亡后江南的风雅之盛。③

嘉善士人曹庭栋,在乾隆三十年立秋后八日,邀集同仁在其寿藏地、县城北门外的永宇溪庄小饭,饭后一起到距离不远的"遁溪"观赏盛开的荷花。"遁溪"本来是大乡绅钱士升(1574—1652)的别业,在永七区北暑圩,距城三里。四方贤士如黄道周、贺逢圣、倪元璐、颜茂猷、熊开元等人将这里作为讲学论文之处,并常在此住宿。相信那时的"遁溪"一定非常热闹,在士人生活圈中有一定的名声。乾隆时期,钱士升玄孙、诸生钱佳(字平衡,号临谷)常居园中,"世守勿替",维持着生活常态。曹庭栋对于"遁溪"的今昔变化十分感慨,赋诗道:"胜国风流宛在兹,残山剩水忆栖迟。"④

到嘉庆年间,钱大昕的弟弟大昭(1744—1813)追述嘉定地方的荣耀历史时直接晚明,并很自豪地说:"吾邑自有明归震川先生讲学于安亭江上,厥后四先生

---

① 〔明〕张岱:《琅嬛文集》卷一《梦忆序》,第28页。
② 〔明〕张岱:《西湖梦寻》,张岱自序,上海古籍出版社1982年版,第7页。
③ 李孝悌:《冒辟疆与水绘园中的遗民世界》,收入氏著《恋恋红尘:中国的城市、欲望和生活》,上海人民出版社2007年版,第54—102页。
④ 〔清〕曹庭栋:《魏塘纪胜》,"遁溪"条,乾隆刻本,收入《四库全书存目丛书》集部第282册,齐鲁书社1997年影印版,第178页;光绪《重修嘉善县志》卷三《区域志三·古迹》,光绪十八年重修,民国七年重印本;徐世昌编:《晚晴簃诗汇》卷六十三,"钱佳"条,中华书局1990年版,第2595页;〔清〕曹庭栋:《产鹤亭诗九稿》,"立秋后八日邀同人溪庄小饭饭后偕赴宗亚遁溪观荷之集"条,乾隆刻本,收入《四库全书存目丛书》集部第282册,齐鲁书社1997年影印版,第259页。

之诗文实宗其派。"①过往的光辉,与清初以来地方社会的文化存在形态,其实已经产生了鲜明的断裂感。

从家族复兴的层面来看,新王朝对以孝治天下的统治原则的提倡,构成了对"家"的基本礼仪的尊崇,这使那些努力在基层恢复"古礼"的明遗民们,在道德自觉的行动上,更加无法逾越清初统治所构成的意识形态的巨大控制。与晚明相比,士林的道德修为缺乏士风的相互激荡,其格局越趋狭小。进入仕途的士人们,更受新王朝的钳制。② 从佛教信仰的传统来说,江南地区"文化大一统"的意味更为明显,这与华南、西南的民间仪式系统产生了鲜明的对比。假如珠江三角洲的士大夫创造出一个勾连国家和民间社会的"礼仪标识"是"宗族"的话③,并不存在明显"宗族社会"形态的江南地区,应对社会重构的核心或许仍在"国家",与王朝的统治秩序更具有呼应性。

一个旧王朝影响的影子,逐渐消逝于地方归入新朝的漫长过程中。

晚明至盛清时代的历史变化在地方生活史中的投射,个人命运与家族荣替的关联,以及士人的不同存在形态,通过政治、经济、文化、生活等各个侧面的刻画,呈现出不同时代留给后世最重要的记忆与生活画面,以及社会秩序、历史进程的复杂性。

---

① 〔清〕钱大昭:《秦云津先生传略》,见〔清〕秦立:《淞南志》,嘉庆十年秦鉴刻本,收入《上海乡镇旧志丛书》第13册,第1—2页。
② 杨念群:《何处是"江南":清朝正统观的确立与士林精神世界》,三联书店2010年版,第61页。
③ 赵世瑜:《在中国研究:全球史、江南区域史与历史人类学》,收入氏著《在空间中理解时间:从区域社会史到历史人类学》,北京大学出版社2017年版,第130页。

二、青词宰相：顾鼎臣的家庭生活与地方社会

昆山顾鼎臣

明代的弘治、正德以降至万历朝前期，是中国帝制晚期发展的重要时段。王朝发展的社会经济层面，呈现出繁荣发展的态势。同时，也产生了明朝人所谓的各种时弊与社会危机，包括赋税积弊、灾荒打击、盐盗猖獗以及倭乱爆发等内容。这些变化，都与地方民生与家庭生活日常息息相关。

因缘科举制度对于知识人的精英化培育，地方上很多杰出的士人，都有机会进入主流的官绅队伍。而参与王朝军国大事的最核心人物，基本集中于内阁。到北京去，进入翰林院，最终能够成为内阁大学士，是当时很多在科考之途中的那些成功者的理想。《明史》中对这一群体，有大量传记性的描述，或褒或贬，呈现出各个时代关键人物的基本面貌。这一群体对于王朝政治的走向和国家命运，常起到重要甚至于决定性的影响，特别是内阁首辅。不过，他们的人生历程、个人生活以及家风等，在正史的撰述中多有偏倚，大多并不全面，或者根本是不清楚的，也引起了人们更多的想象。

在嘉靖朝前期，嘉靖帝非常信任的一位文官叫顾鼎臣（1473—1540），他从一名进士升任至文渊阁大学士等职，经历了比较漫长的官场生活。

顾鼎臣字九和，号未斋，是苏州府昆山县人。顾家世居昆山的雍里村，"以力田、种德闻于时"①。到顾鼎臣生活的时代，已寓居于昆山城内，主要有两处宅子，一在鳌峰桥西，一在城隍庙前，宅中有著名的"霖雨堂"；后来其曾孙咸和又在马鞍山东南筑了武陵源别业。②

---

① 〔明〕陆深：《俨山集》卷八十《光禄大夫、柱国、少保兼太子太傅、礼部尚书、武英殿大学士、赠太保、谥文康顾公行状》，清文渊阁四库全书补配文津阁四库全书本。
② 同治《苏州府志》卷四十七《第宅园林三·昆山县》，同治间修、光绪九年刊本。

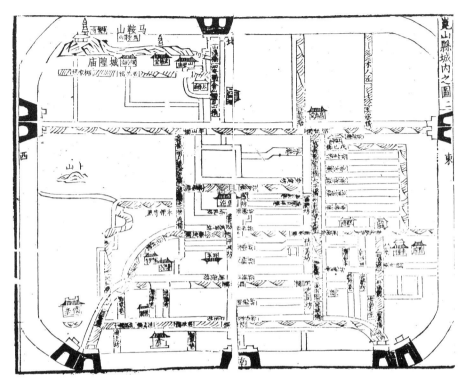

万历四年刊《昆山县志》所绘的昆山城图

顾家在昆山崛起后,与戴、叶、王、李四姓并称为五大"巨族"之一。① 据统计,在1400—1750年间,顾家一共产生了9个进士、9个举人和6个贡生。② 其中最著名的就是顾鼎臣。

顾鼎臣的父亲顾恂出生雍里村的顾氏家族,字维诚,号桂轩公,据说"生而秀整敦确,学举子业有成",被当时礼部主事吴凯所看重,招为女婿。不过其家境可能并不富足,年未二十,虽然极力营治家业,仍然是"内无私蓄"③,也可以说顾恂为人女婿比较敦厚,不存私心,积极操持吴氏家业。他们居于昆山,顾恂因而有机会与当地文人士大夫相识,建立起必要的关系网络。还有人说,顾恂不过是一

---

① 〔清〕王应奎:《柳南随笔》卷六,中华书局1983年版,第123页。
② 〔美〕邓尔麟:《嘉定忠臣——十七世纪中国士大夫之统治与社会变迁》,宋华丽译,中央编译出版社2012年版,第104页。
③ 〔明〕李东阳:《怀麓堂集》卷八十七《文后稿二十七·明故赠文林郎翰林院修撰顾公墓志铭》,文渊阁四库全书本。

个鬻线(或称卖麻)的小商人,正妻吴氏出身较好,又是个妒妇,家里只有一名杨姓青衣婢女供驱使,但仍然关防严密。然而,在一个雷雨天,杨氏到店铺中给顾恂送食的偶然机缘下,两人私通后生下了鼎臣①,是所谓"婢出孽子"。② 时为成化九年(1473),顾恂已57岁,可谓晚年得子。

鼎臣后来说,生母杨氏与父亲顾恂,只有这"一宵之欢"。③ 此事发生于岳父吴凯过世两年后,顾恂已经自立门户。

鼎臣幼时,即称"颖敏","数岁能文章"。④ 可是,嫡母吴夫人自鼎臣幼时就对他十分苛虐,甚至将他放于磨坊,以便让驴马将其践死;而且始终奴役其生母杨氏,毕竟在礼教的规范下,杨氏的身份只是一名婢女。直至鼎臣进士及第,杨氏仍被迫蓬跣执爨,不能与儿子相见。鼎臣成为诸生后,据说"父母不予读书",有时他就与乞丐一起聚于山寺中,甚至毁坏了两尊罗汉像来煮狗肉吃,如此贫而不羁。⑤

这个故事,听上去似乎有些荒唐。但鼎臣颖悟异常人,其不安分确实常招致吴夫人的痛惩。⑥

顾鼎臣与兄长子邦、石潜一起在县学学习,颇负盛名,时称"三凤"。鼎臣长大后,身高七尺,虬髯虎视,吐音宏畅,应事而发,襟度豁如。⑦ 他对老父亲常怀忠孝之念,每夜焚香上表,祈祷父亲长寿,也愿意削减自己的寿数来益亲。这份孝心大概感动了上天。有记载说,有一晚他梦见黄鹤从天飞降,"视之,即所焚表也",后面有一个大的"院"字,

《明状元图考》中的顾鼎臣像

---

① 〔明〕于慎行:《谷山笔麈》卷十五《杂闻》,中华书局1984年版,第172—173页;〔清〕孔毓埏:《拾箨余闲》卷一,中国国家图书馆藏康熙间稿本。
② 〔明〕沈德符:《万历野获编》卷八《内阁》,"顾文康陆少白"条,中华书局1959年版,第225页。
③ 〔清〕孔毓埏:《拾箨余闲》卷一,中国国家图书馆藏康熙间稿本。
④ 〔明〕陆深:《俨山集》卷八十《光禄大夫、柱国、少保兼太子太傅、礼部尚书、武英殿大学士、赠太保、谥文康顾公行状》,文渊阁四库全书补配清文津阁四库全书本。
⑤ 〔明〕于慎行:《谷山笔麈》卷十五《杂闻》,第172—173页。
⑥ 〔明〕周复俊:《泾林杂纪》续纪卷三,明刻本。
⑦ 康熙《昆山县志》,"名贤"条,康熙间稿本。

并有朱批数行,末云"自此以后,闻田单火牛,通行无滞"。这在占梦的人看来,显然可以认定是鼎臣中式的吉兆。①

还有记载说,有一晚鼎臣梦见天门洞开,风露澄澈,自己身披八卦衣,伏七星剑,两个内侍卷玉册给他看。后来鼎臣主持国政,内监手持玉册的情况,一如梦中。而且鼎臣享年,也与卦数相合。这些事例,被认为鼎臣精诚格天的表现。②

弘治十八年(1505)鼎臣进士及第,高中状元不久,即两个月后,父亲顾恂就过世了③,未能很好享受鼎臣给顾家带来的荣光。至于其生母杨氏,因吴氏的阻挠,鼎臣一直没有机会与她相见。鼎臣只好央求亲友陪他一起到吴氏那儿,长立庭下,坚持要为见生母讨个机会。吴氏大怒,鼎臣仍然站着不动,说只要见一次,死也不恨。亲友们在旁婉转相劝,吴氏才同意让杨氏从灶间出来。鼎臣抱着衣衫褴褛的杨氏大哭,面对这样的场景,亲友们都为之泣下。④

按《明史》所述,鼎臣后来在任职中枢机构时,长期为经筵讲官之职,极受嘉靖帝的眷爱。又能迎合嘉靖帝对道教神仙之术的喜好,上《步虚词》七章,获"优诏褒答"。从只有从六品的翰林院修撰开始,鼎臣历官礼部右侍郎、礼部尚书兼文渊阁大学士、太子太傅等职,殁于嘉靖十九年(1540),享年约68岁。⑤

建文帝时期太常卿黄子澄的曾孙黄云,在昆山地方文坛有较高的声望,对后生辈极为严厉,如果有"冠履不率,或谈笑喧阗",就瞪目叱视。他对顾鼎臣则十分看好,在鼎臣入京为官后,就写信给他,予以勉励,认为鼎臣要多忍耐历练,才能成大材。他说台阁储材必须饫经纶大略,于天下事乃克有济,而世俗豪华易至消歇,必以正法眼看破。希望鼎臣能将他的话当作座右铭,时常自戒。⑥ 他对鼎臣的教诲,应该是有效果的。

鼎臣中进士后,先被授官翰林院修撰,期间参与编修前朝的《孝宗实录》,后升任侍讲、谕德。在正德十一年(1511),他出任顺天乡试主考官。他一直充任经筵日讲官,在嘉靖元年(1522)再次上疏,要求回乡省祭。嘉靖帝因鼎臣是经筵讲

---

① 〔明〕顾鼎臣、顾祖训汇编:《明状元图考》卷二,"状元顾鼎臣"条,汉阳叶氏平安馆藏明万历三十七年刊本。
② 康熙《昆山县志》,"名贤"条,康熙间稿本。
③ 〔明〕陆深:《俨山集》卷八十《光禄大夫、柱国、少保兼太子太傅、礼部尚书、武英殿大学士、赠太保、谥文康顾公行状》,文渊阁四库全书补配清文津阁四库全书本。
④ 〔明〕于慎行:《谷山笔麈》卷十五《杂闻》,第173页。
⑤ 有关顾鼎臣的宏观考察,可参廖峰:《嘉靖阁臣顾鼎臣研究》,巴蜀书社2012年版。
⑥ 光绪《昆新两县续修合志》卷三十《人物十一·文苑一》,光绪六年刊本。

官,身份荣耀,特命可以驰驿。在昆山家居时期,鼎臣十分关注社会问题,对东南地区之利弊,有起而振之的期望。嘉靖六年,他被提升为翰林院掌印学士,仍充经筵日讲官,并分番撰述诰敕新命,进讲宋代著名儒学家范浚的心箴。嘉靖帝很高兴,下谕内阁说:鼎臣解说"心箴",朕思味其意,甚为正心之助,昨自写一篇,并亲为注释,又注视、听、言、动四箴,及制敬一箴,敕翰林院、国子监建造敬一亭,将这五箴全部刻成碑,放在亭中;全国的学校也要这样做。同时下令,由鼎臣通篇进讲《洪范》,要分段从容讲解,务尽所言。鼎臣还撰写了《中庸》首章讲义,极言人君致治,必须臻圣神功化之极,不可安于小康,上呈给嘉靖帝。嘉靖七年,鼎臣讲完《洪范》终篇,嘉靖帝赐予手敕道:"卿久居淹滞,劳苦可悯。"于是升鼎臣为詹事府正詹兼翰林院学士,这种超级提拔,堪称特恩。嘉靖十年,西苑的无逸殿完工,嘉靖帝命辅臣像鼎臣一样,坐讲《周书·无逸》篇,并赐酒宴,升鼎臣为礼部右侍郎,掌詹事府事,仍旧充任经筵日讲官。嘉靖十二年,嘉靖帝到太学巡视,鼎臣上言道:孔子之道,惟曾参独得其宗,观《大学》一书,纲领条目,昭然可见。乞访曾氏子孙与孔、颜、孟三氏一体用。鼎臣的建议得到了嘉靖帝的认可。当时,山西大同军镇多次发生军变,朝廷讨论后准备派大兵镇压,鼎臣提出了不同意见,认为叛乱的不过二三个头目,将他们杀掉就可以正国法了,不必大肆诛戮,伤及无辜。嘉靖帝赞同鼎臣提议,大同军民因此多得以保全。嘉靖十四年,鼎臣升任礼部尚书,并负责教养庶吉士赵贞吉等三十人。嘉靖十五年,礼部疏请制定各庙时享、太庙袷享太享诸乐章,嘉靖帝特命由鼎臣编写。嘉靖十六年,鼎臣再次上疏,极言东南财赋重地,积弊太多,请求整顿。嘉靖十七年,他担任会试主考官,又被擢升太子太保、礼部尚书兼文渊阁大学士,入内阁办事。嘉靖帝专门把他召入便殿谈话,也谈论些史事。①

不过,顾鼎臣被认为明代阁臣以青词结主知之始者,所以又有"青词宰相"之谓。在嘉靖十八年二月朔日皇太子册立后不久,嘉靖帝亲奉太后梓宫南行葬于显陵时,鼎臣负责在北京辅佐太子监国,地位极显隆崇。嘉靖帝给他圣谕一道、印章一颗(印文为"经帏首选")、宫门锁匙一包,鼎臣激动地回复说:

> 臣何人,仰荷皇上宠眷,畀以重托如此!臣敢不夙夜匪懈,与镦等协心尽诚,防守京国,保护太子,以期无负于圣心之倚注也!②

---

① 康熙《昆山县志》,"名贤"条,康熙间稿本。
② 〔明〕顾鼎臣:《顾文康公文草》卷二《钦奉圣谕以重留守疏》,中国科学院图书馆藏万历至顺治顾氏家刻本,收入《四库全书存目丛书》集部第55册,齐鲁书社1997年影印版,第297—298页。

凡向嘉靖帝上奏军国大事，鼎臣就得用这颗"经帏首选"印记。鼎臣在留守北京时，整饬刚纪，惩治奸恶，一时使那些勋贵豪右都敛手以避。①

到嘉靖十八年二月底，鼎臣决定每十日写奏疏，向在南方的嘉靖帝问安，并简单汇报在京城的情况，随时准备接受嘉靖帝的敕旨。他在《问安疏》中祝愿嘉靖帝一切平安："皇上巡幸南楚，每日车驾行止之地，三灵拥佑，百神护呵！"②鼎臣当时的身份是"同留守使、少保兼太子太傅、礼部尚书、武英殿大学士"，可惜第二年他就过世了，朝廷赐赠太保，谥文康。

鼎臣被后人所鄙薄的，是所谓在夏言为内阁首辅时，"素柔媚，不能有为，充位而已"。就此一项道德上的污名，使后人对其评价甚低。但《明史》中又保留了鼎臣另一项值得称道的业绩，即早在倭乱于江南大爆发前，他即向地方官提出没有城墙的昆山县，应当筑城。昆山筑城的成功，有赖鼎臣的推动。后来倭乱大起，昆山城得以保全，又让世人对他多所感念。③

事实上，在明代人对他的评述中，顾鼎臣不乏正面的形象。鼎臣长得"虬须虎颧，目炯炯射人，声吐如钟"④，而且"警悟流通，和平坦易，文学抵于深造，材艺不局偏长"⑤，在阴阳、医卜、音律等方面，都较精通，堪称"博学多能"；在为人处事方面，是所谓"笃于孝友，与人交，洞见肺腑，倜傥好施，奖引寒士，遇事敢言"⑥，能够"厌服众志，各适其所欲得"，表现出豁达的襟怀。⑦

在16世纪，中国的王朝统治其实已颇形危难之态。从弘治、正德之际以降，明王朝的军事情势日益紧张，到嘉靖时期已有"南倭北虏"的威胁。除了北方的边患外，敌患纵横于东南沿海，且深入至最为富庶的江南地区，直接威胁乡里社会。⑧

其实，按鼎臣的感受，正德时期已然"纪纲渐隳，士风大坏"⑨。士风、民风与

---

① 康熙《昆山县志》，"名贤"条，康熙间稿本。
② 〔明〕顾鼎臣：《顾文康公文草》卷二《问安疏》，第301页。
③ 《明史》卷一百九十三《顾鼎臣传》。
④ 〔明〕焦竑：《玉堂丛语》卷六《容止》，中华书局1981年版，第225页。
⑤ 〔明〕冯恩：《纠举近臣邪正得失以备黜陟以百官以新政治以消灾变疏（嘉靖十一年）》，收入〔明〕施沛：《南京都察院志》卷二十七《奏疏一》，天启刻本。
⑥ 〔明〕徐昌治：《昭代芳摹》卷二十六《世宗肃皇帝》，崇祯九年徐氏知问斋刻本。
⑦ 〔明〕张大复：《昆山人物传》卷六《皇明昆山人物传》，"顾鼎臣"条，明刻清雍正二年重修本。
⑧ 王鸿泰：《武功、武学、武艺、武侠：明代士人的习武风尚与异类交游》，《中研院历史语言研究所集刊》2014年第八十五本第二分，第219页。
⑨ 〔明〕顾鼎臣：《顾文康公三集》卷二《序·赠确庵先生地官牛君道宗序》，中国科学院图书馆藏万历至顺治顾氏家刻本，收入《四库全书存目丛书》集部第55册，齐鲁书社1997年影印版，第605页。

吏治的窳败,似都已成风靡之态。他觉得,"天下太平日久,法网解弛",滋生了很多政治与社会问题,亟需那些具文武之才的官员,懂得拊循之方,怀存体国爱民之忠,才能纾解王朝统治的危局。他为镇江知府送别的序中,以山东为主要事例,这样痛陈道:

> 楚、蜀、闽、广、江、浙之间,盗贼纵横,劳师费财,上厪主忧。山东密迩两畿,郡县昔困于潦,今疲于治河,颇生怨咨。兖之上下,枭贼成群,焚漕舟,执洪漕官,杀掠巨商,劫居人,污其子女,不可胜计。肆甚,莫敢谁何。是山东大可忧也。①

综观嘉靖朝的政治与社会总情势,主要表现于官场的政治斗争、社会的混乱局面与危机四伏的地方情势,在顾鼎臣的笔下,皆有明显的反映。鼎臣在一份奏疏中这样论道:

> 今祖宗之制大坏,公家之利寖微,只以资逋逃之薮。凶顽之徒乘时射利,挠法干纪。今江洋、海洋、淮徐之间,千百成群,横行水陆,持利刃,挟弓弩,举放火铳,扰害地方,莫敢谁何。军卫有司巡捕人员,非惟不能禁遏,抑且纳贿交通,若非修复盐法,以清其源,申严厉禁,以塞其流,诚有滋蔓之祸,不可胜言者矣!②

"祖宗之制"大坏,应该已是常态。但在顾氏从江南北上,经由水陆驿程中所见的地方情形,特别是离大明帝都甚近的河北地区,社会之混乱与民心的忧危感,却令人惊心。

这些地方,已是京畿腹地所在,情形已然如此恶劣,其他地区的治安状况,当更形堪忧。鼎臣给长子履方的信中,将这种普通人都常能遭遇的危险境遇,详细表出:

> 父字与男履方收看:

---

① 〔明〕顾鼎臣:《顾文康公三集》卷二《序·送大参丘先生之任山东序》,第606页。
② 〔明〕顾鼎臣:《顾文康公文草》卷二《处抚臣、振盐法、靖畿辅疏》,第310页。

我自在家起程，至十一月廿一日水路到东昌，遇郡守李同年，留住，雇车，直至廿八日，方就陆路。至十二月初八日，到京，一路人夫轿马，俱得如意。且幸遇天道晴和，不为辛苦。水路陈布政船为贼所挽，幸而敌退。陆路有王布政等车十余辆，在良乡下边旧店地方为贼所劫，杀典史一子，射伤五六人，劫去银六七两。我与王循伯亲家车辆只隔半日耳，可为寒心。赖天地祖宗荫佑，一路平安，虽家人大小，了无一事，可喜，可喜！①

对王朝统治产生极大威胁的"北虏"之患，当然一直没有得以很好地消弭。鼎臣在家书中，也深怀忧虑，但更多地则表达出他为官从政的基本态度，是从"国家大计"出发，要同休戚、共患难。他甚至说，明年准备送履方的母亲回昆山，使其在北京为明朝效忠，无后顾之忧：

北虏初甚猖獗，幸赖庙社威灵，稍稍遯去。京城初亦戒严，我家亦积买煤米预备，后得无事。今又在山西地方抢掳，明年又未知如何也？大抵此事，乃国家大计，我辈义当同其休戚。……明年欲寻便送汝母回家，庶乎我身轻快，纵有忧患，亦易处耳。②

而此际顾鼎臣的家乡江南，与北方的境况也颇相似。气候变化和灾害的频发，与地方社会的危机交错在一起时，更是这一时期值得关注的事情。

顾鼎臣曾向嘉靖帝上疏说："天灾时变，虽邃古盛朝，亦或不免。……今岁（即嘉靖十六年）夏秋多雨，至七月上旬日夜滂沱，……闻南北直隶、山东、河南、陕西等各省，俱有水灾，而湖广尤甚。"③就昆山县而言，天灾人祸时或不断。聊举地方志的若干记述，罗列如下：

正德四年七月大雨，高低田具成巨浸，小民流离死亡者不可胜计。

正德十三年九月大雨，漂没田禾，小民没股割稻，甚艰于食。

嘉靖元年七月，飓风大作，民居破坏，舟行漂溺者无算。

嘉靖二年旱，米价腾涌，夏间米石价一两，小民枵腹者甚多。

---

① 〔明〕顾鼎臣：《顾文康公文草》卷十《书牍·家书》，第450—451页。
② 同上书，第451页。
③ 〔明〕顾鼎臣：《顾文康公文草》卷一《奏疏·溥天恩卹灾变以固邦本疏》，第289页.

嘉靖二十三年大旱,次年复旱,河渠皆裂,米价每石一两五钱,野多饿莩。

嘉靖三十一年,倭夷骚动。

嘉靖三十三年四月,倭寇入侵昆山,沿途焚劫。

嘉靖三十四年,兵戈之余,疾疫继作,民多死者。

嘉靖四十年四五月间爆发特大水灾,江湖横潦涨溢,民居皆在水中,昆山城门之外,一白际天,茫无畔岸,四郊无复人迹。①

在上述这样的危机态势下,地方士民确实能切近地感受到随时都有发生动乱的威胁。这种紧张感与现实感,使当时的士民百姓迫切地需要寻求因应之道。②

倘以官宦们的家庭生活来说,他们与地方(州县官府)关系的平衡状态,自然表象各异。地方上的那些"大家巨室",一直被认为"一方元气",是"国运"的基础。③ 也是有心的地方官员时刻注意的依赖对象,而不能轻易得罪,所谓"宁得罪于小民,无得罪于巨室"之论。④

但是,具有收敛态势的巨宦之家,仍比较注重家族子弟的教育问题。科举在他们的视野中,仍然是个人乃至家族于政治攀升方面最重要的途径,并可望达到较高的社会目标。⑤ 对于这样的地方显贵家庭的文化、财富与权力的分析,为理解明清时期中国的地方社会结构,有重要意义。而强调个人修养,注意家庭生计的有序安排等,也是仕宦人家本来应有的重要内容。这些方面的实态,在顾鼎臣的家书中,皆表现明显。

根据顾氏后人的整理,在顾鼎臣存世量并不巨大的诗文集中,保留着不少奏疏,以及近20通家书。特别是这些家书,带有比较多的私密性,基本是从遥远的北京,寄往家乡昆山,收信人主要是其长子履方,共计13通;其他4通给女婿归本、1通给侄儿孔安、1通给二兄。这些是了解明代一个显宦家庭生活情况的珍贵史料。

---

① 万历《昆山县志》卷八《灾异》,万历四年刊本。
② 王鸿泰:《倭刀与侠士——明代倭乱冲击下江南士人的武侠风尚》,《汉学研究》2012年第三十卷第三期,第92—93页。
③ 〔明〕丁元荐:《西山日记》卷下《日课》,康熙二十八年先醒斋刻本,收入《续修四库全书》子部杂家类第1172册,上海古籍出版社2002年影印版,第370—371页。
④ 〔明〕谢肇淛:《五杂组》卷十三《事部一》,中华书局1959年版,第394页。
⑤ 何炳棣:《明清社会史论》,徐泓译注,联经出版事业公司2014年版,第110—112页。

家庭生计

弘治十八年顾鼎臣成为状元,八十八岁的父亲顾恂看到了他科考的巨大成功后不久去世,鼎臣十分难过①,返乡丁忧,三年后回到北京,时为正德三年(1508),很快受命参与编修《孝宗实录》,次年升任翰林院侍讲时,生母杨氏过世,鼎臣再次回乡丁忧三年。到正德十一年,升任从五品的左春坊左谕德兼侍读。此时的鼎臣,已年近五十。从攻读举业至此,鼎臣虽然耗费了太多的时间,却并无相应的大量资产积累。总体上,从鼎臣幼时直至成为京官的漫长生活历程中,长期显得相当清苦。

从祖父顾良、父亲顾恂到鼎臣一代,顾氏家族已得到较大的发展。弘治元年,十六岁的顾鼎臣获得朱瑄的青睐。

朱瑄,名德敬,号敬斋,是朱文公的后裔,昆山县金家庄人,成化年间获得贡生的功名后,得以冠带养亲。② 朱家被视为"昆山望族",就在弘治元年,较鼎臣大三岁的朱氏嫁到了顾家,对鼎臣一生的事业,帮助极大。

尊称朱氏为叔祖母的顾梦圭,后来回忆说,朱氏"自幼沉静端庄,寡言笑,稍长,善女红,闻小学故事,能了了记忆";朱瑄则与顾恂相友善,经常有所来往,在朱瑄了解顾鼎臣的言行后,说:"异日必为国器。"就这样,朱氏来到了族属数十人的顾家,谨守尊卑,与夫家上下和睦相处。鼎臣致力读书进学,每至深夜,朱氏就纴缀以侍。但鼎臣家经济并不宽裕,鼎臣也不善于料理产业,朱氏就勤俭谋画,有时就卖掉簪珥首饰,以供生活开销,并不让鼎臣知晓。

顾恂去世时,朱氏居丧尽哀,时逢盛暑,也不去衰服。朱氏虽系出名门,但一直十分敬重出身寒微的顾鼎臣生母杨氏。正德二年(1507),鼎臣入职翰林院,想接母亲杨氏到北京养老,朱氏说:"姑老矣,吾任其养,岂宜远行。"朱氏就在昆山尽心服侍杨氏,唯恐让远在北京的鼎臣担忧。杨氏病后,朱氏躬视汤药,还焚香礼忏,甚至愿以身代。杨氏死时,都是朱氏一手料理后事,让丁忧回家的鼎臣无复遗憾。嘉靖朝初期,鼎臣颇受恩宠之际,朱氏夙夜警戒,希望鼎臣以诚意格君心。据说在嘉靖帝举行亲蚕礼时,朱氏在中宫陪侍,采桑西苑,同时岁岁朝谒两

---

① 〔明〕顾鼎臣:《顾文康公文草》卷九《杂著·祈父寿醮疏》,徐学谟"跋"(万历二十年),第438页。
② 光绪《昆新两县续修合志》卷十九《选举三·贡生表》,光绪六年刊本。

宫,容止凝重,诸官宦命妇敬而则之。嘉靖帝曾将洪武时期颁定的《女诫》赠给鼎臣一部,鼎臣珍藏府中,命子孙庄重诵读,强调"不可忘者勤俭,不可恃者富贵"。以后鼎臣在官场上一路攀升,日受嘉靖帝恩宠,中外称贺之际,朱氏却是歉然以盛满为惧,保持着谨慎收敛之态。嘉靖十七年,太庙册宝时,嘉靖帝令诸命妇随从中宫陪祀,朱氏也在其例,地位尊贵。鼎臣随即承担留守北京重任,机务繁劳,忧形于色。朱氏说:"公一留系国家重轻,尚宜调节,以副上委托。"鼎臣所得的俸禄与赏赐,大多用于赒恤饥贫或者施药施椟,少有积蓄。朱氏也无怨念,但说:"赒施所及有限,愿公恢弘相业,天下受福多矣。"朱氏的眼界气度,很令鼎臣钦佩。嘉靖十九年冬,鼎臣病重,朱氏也已七十岁,仍然为鼎臣躬视汤药,尽心尽力。鼎臣死后,朱氏扶柩南还,屏除一切家政杂务,端坐于一室,家人们都很少能见到她。嘉靖二十八年正月,长孙、尚宝司丞谦亨等人为她祝八十大寿。庆贺完不久,二月一日,朱氏急呼孙媳妇来见,说:"吾疾殆不可起,念吾妇贤孝,无以报耳。"话说完就死了。①

依据顾履方请顾鼎臣的同科进士、松江人陆深(1477—1544)所撰顾鼎臣行状,以及在顾履方死后,由鼎臣长孙谦亨请鼎臣生前的另一位同科进士、分宜人严嵩(1480—1567)所撰的神道碑,可以了解顾鼎臣的子孙辈情况,主要如下:②

与正妻朱氏育有履方(长子,娶梁氏,后为乡贡进士)及两个女儿;

与侧室薛氏育有履祥(次子,娶周氏),因履祥有疾,以荫入监;

其他还有二子,即履贞(三子,娶陈氏,为顺天府学增广生)与履吉(年幼),都是庶出;

孙儿四人,即谦亨(长孙,嘉靖九年以荫入监,后以恩荫授正六品的尚宝司丞,娶陆氏)、谦益(次孙,四夷馆译字生,娶周氏,续聘查氏),其他二孙年幼;

曾孙有五人,即咸和、咸平、咸康,其他二曾孙年幼。

明代人曾统计了鼎臣以后诸孙的举业成就,约有二十余人中举。③ 这显然不是一般家族所能达到的。就常理而论,像鼎臣这样在仕途上的成功显贵,可以让

---

① 〔明〕顾梦圭:《疣赘录》卷三《杂著·叔祖母朱夫人行状》,雍正七年顾怀劭刻本。
② 〔明〕陆深:《俨山集》卷八十《光禄大夫、柱国、少保兼太子太傅、礼部尚书、武英殿大学士、赠太保、谥文康顾公行状》,文渊阁四库全书补配清文津阁四库全书本;〔明〕严嵩:《钤山堂集》卷三十四《神道碑·光禄大夫柱国少保兼太子太傅礼部尚书武英殿大学士赠太保谥文康顾公神道碑》,嘉靖二十四年刻增修本,收入《续修四库全书》集部第1336册,上海古籍出版社2002年影印版,第291页。
③ 〔明〕周复俊:《泾林杂纪》续纪卷三,明刻本。

其妻子儿女分享其地位与财富,可是实际情况,颇有出人意料者。

在鼎臣进入仕途的大部分时间里,顾家的生活依然十分紧张。特别是昆山老家的生活,曾多方依赖借贷得以维持。在家书中,鼎臣给长子履方交待过家庭的生计安排与银两用度,都可以对鼎臣一家的窘境作出充分的印证:

> 钱廷铺家每年还本银三十两起,四年为止,与顾奎说,写在账上了。各家银还过,讨他收票,写帐明白。施先生银一百两,宋二官人家六十两,你收了,还各家银,省了米打白,明年巣得些银子,还得朱尚书家些本钱,甚好,甚好!有一小簿,是严塌收进,还各家银钱账,在上京高纸者,寻出寄来,原欠宋二官人店银,净欠四十七两九钱六分,先将顾赞钱十两还他,其余就在六十两内除还,清楚写来回我。①

后来又讲:

> 官粮私债,作急清还。讨得银来,先了朱尚书,方来天成。若有余,送还扬州高大先生家本银一百两,或五十两亦可,再寄百两来我用。姜处李仁山云,尚欠他十两,作急还他。宋良器家米与银,今年了得完否?米该今年足。②

可以说,在财富程度方面,顾氏的家境与其官位或权势其实并不相称。书信中鼎臣多次交待其子还债以及如何谨慎安排家计的问题,就可见一斑。而且,鼎臣多次向履方讲到他在北京生活的拮据之状:

> 此月十八日,蒙内阁推题经筵讲官,得穿大红服色。奈此间罗段等件皆贵,甚无银可买。今且借穿,可着人送书与贺仲芳,□他织来,省你费心。③

鼎臣虽为北京中枢机构的重要官员,收入并不高,连晋升"经筵讲官"后需要

---

① 〔明〕顾鼎臣:《顾文康公文草》卷十《书牍·家书》,第449—450页。
② 〔明〕顾鼎臣:《顾文康公文草》卷十《书牍·家书》,第451—452页。
③ 〔明〕顾鼎臣:《顾文康公文草》卷十《书牍·家书》,第453页。

体面的"大红服色",也因服料较贵,而觉得难以购置,需要临时借穿。鼎臣认为,可以安排家人自己纺织,以解决这一难题。

但京官的生活耗费,总让鼎臣感到难以维继,这也与当时朝廷户、兵两部库银缺乏而不能及时发放百官薪俸的问题相关:

> 日来无事,虽京城时疫大行,死者甚众,我家长幼男妇俱安。只是人多米少,三四月来,已籴数担,月初又籴数担矣。……户、兵二部银缺乏,百官春季俸并柴薪尚未关。若只如此,士夫如何过遣?①

由于顾家人多,虽然避免了流行病的打击,但生计困难,鼎臣"士夫如何过遣"的感叹,应是实态。不过,鼎臣担任经筵讲官的时间颇长,常常受到嘉靖帝的"温旨褒奖"。② 在另一通信中,可以窥见鼎臣夫妇在京的日常生活大致是平淡无奇。鼎臣好酒③,但价格较贵的金华酒,无力消受,使他颇为苦闷。以下信中所述,可见其尴尬之态,略微有趣:

> 此中无事,我二人俱安好。新生男出痘,初似不好,过八朝方回,今已复旧。向来怀抱不佳,全仗酒醴陶写,寄来者已饮尽,要做又无糯米,要买金华,甚贵,且无余赀。日来正闷,适常熟王循甫寄一大罈来,得朝夕供数酌,终岁当尽矣。奈何,奈何!④

给侄儿顾孔安(即顾邦石,正德八年顺天府乡贡,曾任南昌府通判)的信中,鼎臣这样讲道:"我不能与时浮沉,株守此官,已将七载,人皆为之不平,而我处之泰然,略不以为意。"鼎臣五世孙晋璠在整理这封信后,写了一个按语,说明他虽然获得嘉靖帝的称赏,也得以"进勋级",做到了吏部左侍郎一职,拿到三品官俸,生活却并不优裕、官场也非腾达,就是鼎臣自谓的"株守此官",能做到处之泰然罢了,与其不肯"随时俯仰"的秉性有关:

---

① 〔明〕顾鼎臣:《顾文康公文草》卷十《书牍·家书》,第454页。
② 〔明〕顾鼎臣:《顾文康公续稿》卷二《圣谕》,顾晋璠按语,崇祯十六年刻本,收入《四库禁毁书丛刊》集部第59册,北京出版社1997年影印版,第11页。
③ 〔明〕焦竑:《玉堂丛语》卷六《容止》,中华书局1981年版,第225页。
④ 〔明〕顾鼎臣:《顾文康公文草》卷十《书牍·家书》,第454—455页。

府君自嘉靖七年十一月以进讲《洪范》称旨,超拜詹事府詹事,迁礼部右侍郎,改吏部左侍郎,至十三年冬,历三品俸,凡再满考,仅得进勋一级,故曰株守此官、处之泰然。然盖府君自以讲筵叩圣眷,终不肯随时俯仰,□□议□,故时宰得而尼之。弇州先生叙像赞甚悉,此可见府君谔谔风裁,屹然中流一柱,非徒恬守止足已也。仰诵遗训,敬识于此。①

正如顾晋璠引述"弇州先生"王世贞的话所言,鼎臣之"谔谔风裁",并非一般的"恬守知足"的官员所能做到的。

家族控制

在顾鼎臣游宦北京的很长时间里,可以说都是"朝端无事,优游馆阁"的岁月②,先任翰林院修撰,后因完成《孝宗实录》的撰修工作,升任侍读,再转春坊谕德,历十余年。此后世宗嘉靖帝即位,"首被知遇",担任经筵日讲官,后升任詹事府詹事。③ 期间,上谕称鼎臣入仕有年,特进三品,以示与其他讲官不同。④ 在嘉靖帝举行亲耕籍田礼时,特命鼎臣参加九推礼,这种对儒臣的宠异使廷臣们惊叹不已。⑤

嘉靖十四年,鼎臣升任礼部尚书,为正二品,兼翰林院学士,仍掌詹事府事。⑥ 任命的圣旨于该年四月发出,让鼎臣感动万分。鼎臣上疏说:"臣本草茅贱士,章句迂儒,仰荷陛下曲成,眷遇之恩真同天地,官联穹邃,阶历清华,自考功能诚逾涯分矣。"但对新职的任命,他还是作了番谦虚推脱,并说在上年秋冬时节积勩冒寒,身体一直不佳,几于委顿,至今精神不振,很难承担这么多重要的职任。嘉靖帝当然不会允准鼎臣的推辞,对他的身体状况也十分关心,为他诊治施药。这更

---

① 〔明〕顾鼎臣:《顾文康公文草》卷十《书牍·寄孔安任》,第 456 页。
② 〔明〕顾鼎臣:《顾文康公续稿》,附《文康公续集跋》,崇祯十六年刻本,收入《四库禁毁书丛刊》集部第 59 册,北京出版社 1997 年影印版,第 82 页。
③ 〔明〕过庭训:《本朝分省人物考》卷二十一《南直隶苏州府四》,"顾鼎臣"条,天启刻本。
④ 〔明〕陈继儒:《见闻录》卷二,宝颜堂秘籍本。
⑤ 〔明〕严嵩:《钤山堂集》卷三十四《神道碑·光禄大夫柱国少保兼太子太傅礼部尚书武英殿大学士赠太保谥文康顾公神道碑》,嘉靖二十四年刻增修本,收入《续修四库全书》集部第 1336 册,上海古籍出版社 2002 年影印版,第 290—291 页。
⑥ 〔明〕陆深:《俨山集》卷八十《光禄大夫、柱国、少保兼太子太傅、礼部尚书、武英殿大学士、赠太保、谥文康顾公行状》,文渊阁四库全书补配清文津阁四库全书本。

让鼎臣十分感激,七月间又上《谢恩疏》。疏中讲到如何服药疗养之事:

> 七月二十三日,伏蒙皇上念臣有疾,钦遣司礼监文书官岳钦齎降圣谕一道,特赐下问。至二十六日,又蒙遣文书官张奉齎捧圣谕一道,亲制煎药一剂,共一封,赐臣。钦遵用水二钟、姜一片,煎成,直待夜半热退之后。臣谨伏枕叩首者三,然后敢服。但觉其气芳香,其味甘苦,已非尘世间所有之物矣。服之移时,腑脏宣畅,精神顿回。臣之残喘,于是可保。①

据疏中所讲,鼎臣的病症主要是受了风寒,对诊的药剂比较简单,但鼎臣绝不会将它视为简单的赐药治疗,自然要称颂其超凡之功效。

到嘉靖十七年正月,鼎臣晋升少保兼太子太傅、武英殿大学士,又兼任文渊阁大学士,入参内阁机务,其他职位依旧兼任。②

六月初二,嘉靖帝下谕,赐鼎臣大小香薷团15颗。鼎臣再次感动莫名,上疏谢恩:③

> 臣谨稽首,顿首再拜受讫,庄诵圣谕数四,仰见皇上圣虑,谓明晨小暑,念臣衰孱微躯,特赐良药,俾服消暑气。是即古先圣王对时育物,推己及人之道也。

上述这样的恩遇与荣升,自非一般人臣所能轻易获致,但对鼎臣一生仕途而言,可能来得晚了些。

鼎臣给履方的信中这样感叹道:"我赖天地鬼神庇祐,今岁九月蒙朝廷厚恩,官升一品,至十一月又荷诏恩,得关领一品诰命,得赠封四代。此皆祖宗余庆,非偶然也。"他将其仕途的成功,归功于祖宗的荫庇。嗣于闰月望日,举行了祭告改题神主的礼仪。当然,他一直没有忘记家乡的族亲需要更多的照顾及帮助,作了三个方面的安排指示:

---

① 〔明〕顾鼎臣:《顾文康公文草》卷一《辞免新职重任疏》、《谢恩疏》,第285—287页。
② 〔明〕顾鼎臣:《顾文康公文草》卷三《表·册天充使手敕加少保等官谢表》,第327页;《明史》卷一百九十三《顾鼎臣传》。
③ 〔明〕顾鼎臣:《顾文康公文草》卷二《谢恩疏》,第294页。

□念族子孙贫难者多，理宜周给。此帖□□□修贤侄、有原贤婿，可令人到乡间报。各人来，照后开数关与，仍将关过数造花名细数回报，勿误，勿误！次要要考长幼名口的确，勿容人通同我家狗奴虚捏冒领，至嘱，至嘱！（先期密使的当人，查各家男妇口数）

一、家族人凡年老、年大者，并妇人、残疾、孤苦者，俱给与糙米一石，其他妇人八斗，男子年十六岁以上者□□、男子年十五岁以下者并妇子不论大小□与四斗。

二、顾锦弟兄三分，虽曰得过，也要与他。镛、鉴二分，各与糙米石，承禄与白米二石（助其进学）。以上须孔修、有原查访的确，眼同给散，不可容家人辈作弊，将低米混与，亦不可升合亏折，有名无实，至嘱，至嘱！

三、要置赡族义田，待我回来时，斟酌处置。①

鼎臣对待宗党族亲，都是有恩有义，与人交往，则以诚相待。② 鼎臣对于族亲的这种眷顾行为，很有其父顾恂的影子。因为顾恂在生前，看到族党有贫者，就不断接济粟帛；看到地方上有后进之士，必勉励为善，使其多有成就。③

鼎臣在家书中强调的内容，自然可以归入家族内部的控制问题。鼎臣安排得如此之细，表现出他对家族发展的关心以及对宗族建设的努力。后人评说时就指出鼎臣对顾氏家族"皆有恩义"④，对近百名贫困族人予以特别照顾，并按人头配发粮食来赡养他们。⑤

在另外一封信中，鼎臣向履方等人询及的许多问题，关乎昆山顾家的日常状况、族人的生活、履方等人的举业、顾家的山地、坟产、树木等资源利用，以及家奴的处置等重要内容：

父母安，信与男履方等收看：

---

① 〔明〕顾鼎臣：《顾文康公文草》卷十《书牍·家书》，第455—456页。
② 康熙《昆山县志》，"名贤"条，康熙间稿本。
③ 〔明〕李东阳：《怀麓堂集》卷八十七《文后稿二十七·明故赠文林郎翰林院修撰顾公墓志铭》，文渊阁四库全书本。
④ 万历《昆山县志》卷六《人物二》，万历四年刊本。
⑤ 〔明〕陆深：《俨山集》卷八十《光禄大夫、柱国、少保兼太子太傅、礼部尚书、武英殿大学士、赠太保、谥文康顾公行状》，文渊阁四库全书补配清文津阁四库全书本。

四月初，张舍人来，因汝往太仓，止得顾輀写来数字，家中知皆平安，但不知二伯父向来前病已去根否？精神筋力如旧否？各房俱安否？汝二人科举之信尚未得，旅怀于此，皆未免悬悬。顾輀未到，顾䘵官布船如何了？所要花树曾寄与带来否？坟头及上山前家中松树、牡丹、木犀、梅树之类，今年比旧盛些否？有便写来。闻知顾辅、进福二人，专偷卖山地与人做坟，将大松树都倒了，可恼之甚。汝可拿二人着实痛治，逐一追问，要招出卖与何人，坟几个？得银多少？偷出松树几课，何人动手？招出山精名字，都写记明白，具状告本县。就将二狗奴送入监追，痛惩改正。向山地苦为石工搜剥，［斩］断山脉，我自弘治十八年起，逐段逐分用重价契买，归记完粮，不知费几许心思、几许价银，方得山灵安固，无非要拱护一邑秀气，令人杰地灵，绵绵永久。又知精盗掘巧石，有二分家人吴昌、葛奎，专为谋主，图觅重利。顾辅、进福二狗奴，全不炤管，汝速查访真确，禀知二伯父，一并痛治。我前日已写与尹中尊了，近日再有书达他。此事用意处过回报，毋得视为泛泛。①

信中所言的尹中尊，即涿州人、昆山知县尹嗣忠，正德十二年（1517）进士，据说莅任伊始即惩办了当地"巨恶"一二人，"号令风行，四境大治"①，行政能力颇强。而特别值得注意的，是鼎臣自言，从弘治十八年起，他曾逐段逐分用重价买了一些山地，写立契约，并上税完粮，"不知费几许心思、几许价银"。他认为这样做的原因，并非只是蓄积顾家的资产，而是"要拱护一邑秀气，令人杰地灵，绵绵永久"。但此时出现了家人偷卖山地与人做坟园，他既感震惊，又很着急，要求履方从速查实，并由其二兄负责惩处，同时告知履方，他已写信给昆山知县，作了必要的沟通。

对于家人的生活，鼎臣一向是尽心呵护关照，但对他们当中可能出现的不安分的举动，无论是在族内，还是在族外，都要予以痛惩。他告诫履方："各家人房内多留亲戚潜住，着进喜、进安不时搜看，但容留人在房内，就拿来痛打二十。此最紧要！"又补充说："早晚盼咐家人，在外不可生事害人，如有此等，痛治，痛治！"在写述这些"紧要"之事的同时，他对顾氏族内的琐细问题，一并作了交待：

---

① 光绪《昆新两县续修合志》卷二十一《名宦》，光绪六年刊本。

> 治家严内外之防,谨上下之分,此第一义也。……家中饭米,另贮一仓,或就贮廪内,务要支数目明白……祠堂完了,择日奉安神主设祭。西山并东园橘树,须吩咐用稻柴包好根头,浇过猪泥粪,却以稻稳或砻糠护煖方可,不然冻死可惜。盆内虎刺,将二缸合定,或稻柴厚包,亦要糠稳护根。……笔不尽所言,推类行之。①

在嘉靖五年冬去北京后,鼎臣一直挂念家中的情况,专门给履方去了长信,先言及其从昆山启程,十一月去北京,"途中长梦见汝祖并祖母,此书到日,可做羹饭,告知于某日到京,一路平安";又追问"祠堂曾完否?曾漆油否?神主曾请入否?"他说已收到十月二十日寄给"施中堂"的书信,"已知家中大概"。鼎臣特别强调:

> 县中作待,学中拜见,只凭二伯父、三哥张主,汝只可因人成事,今后不要承揽事来家中干。虽尊长有命,汝只以家中无人照料,善言和色,缓缓辞之。

他告诫履方,千万不要承揽衙门公事,以免引起不必要的麻烦。这些要求,完全符合那时所谓地方绅士的自觉意识,就像明末清初松江人董含所认为的:"士大夫居乡,贵乎自重",除了地方上的真正利弊大事不妨直陈官府外,非公事者,"概行谢绝"。②

顾鼎臣还向履方交待道:"地面并后小屋,想已完,今后不可留匠人杂做,大率以省事节用为治家之要"。至于顾家的山地与家人管束问题,他指出:③

> 山头去人,若是二伯父并滑七伯、张尚质已主张发遣顾辅一房,去了也罢。须再三叮咛,吩咐改过图新,不时教人访察他行动如何,得他果然学好,留他在彼,若有些许无礼,便著落的当人去拿回,依旧放他山后去。此书到日,便叫顾寿回来,吩咐凡在山头人,不拘大小,俱要时时

---

① 〔明〕顾鼎臣:《顾文康公文草》卷十《书牍·家书》,第449—450页。
② 〔清〕董含:《三冈识略》卷十,"官绅接见有禁"条,清钞本,收入《四库未收书辑刊》第4辑第29册,第775—776页。
③ 〔明〕顾鼎臣:《顾文康公文草》卷十《书牍·家书》,第450—451页。

关防铃束,互相劝戒,学做好人,他日好生看待。他若一个在彼无礼生事,或欺凌小民,或奸人妇女,或吃酒撒泼,与人斗殴,或养放六畜,损坏树木,或被人偷盗芦头、茶叶、果木等件,或自己侵欺家主财物,或容留闲人亲戚搬运偷盗,凡有过恶,决然连坐不恕。

另外一信,则言及鼎臣夫妇等人在京生活平安、对昆山家中情况的关切之情:"前月廿六日收初三日所寄书,知汝夫妇、孙男俱平安,此后家中凡百事,皆不知如何,但有便,频频寄书来,莫误,莫误!"也关心履方的科考问题,接着又慎重指出昆山顾家依仗鼎臣的地位而已然存在的作威作福之态,是必须予以禁绝的事:

> 府尊、县主虽加相厚,切不可凭人哄以事嘱他县中,等闲不可进去相见,吩咐家人倍加小心谨慎,毋得恃熟不尊、欺凌他人、惹气惹祸。闻昨者在家讨债之人,甚是在乡作威怙势,汝知之乎?但有此等,痛责不可轻恕。采芝性气顽劣,可重言吩咐,它若无礼,痛治,不要容它。可将我书念与他听。

并且顺带言及朝廷提拔他的消息,难掩激动的心情,并让履方转告昆山顾家,择日去祠堂等地敬告祖宗、神灵等事:"幸叨天地祖宗荫佑,朝廷厚恩,三年考满才过,就得升五品京堂官,扪心自愧,无以仰报。此书到日,可禀伯父择日告祠堂,并告谢家堂、城隍、山神各处,坟上再作计较也。余伺后再报。"①

鼎臣亦曾给大女婿归本去信②,也说"家人与外人相争,只打家人为是";假如家人之间有矛盾或相打相骂,一定要分别是非曲直,方可服人。他着重说道:"今后来告诉的,须要虚心断处,处治不可偏听,致有亏□□事,□□不止此也。"③

像顾氏这样已经进入王朝统治的权力中心之际,仍然随时可见的如履薄冰

---

① 〔明〕顾鼎臣:《顾文康公文草》卷十《书牍·家书》,第453—454页。
② 顾鼎臣与夫人朱氏,育有二女,长适国子生归本,次适国子生朱端禧。参〔明〕陆深:《俨山集》卷八十《光禄大夫、柱国、少保兼太子太傅、礼部尚书、武英殿大学士、赠太保、谥文康顾公行状》,文渊阁四库全书补配清文津阁四库全书本。
③ 〔明〕顾鼎臣:《顾文康公文草》卷十《书牍·寄孔安侄》,第458页。

的心境,也多能从其要求家人谨慎言行、重视名节等方面清晰地呈现出来。在这方面,鼎臣在给履方等人的信中,曾以顾氏族中家人出现的各种不良,多次强调过整饬之意。

一方面,鼎臣注意安抚族中的贫难人户,要求履方等人注意积米,尽力做到"每年一百担施人"。他还要履方汇报积米救济的结果,"陆续将施过事绩数目写来";"不拘何人,但的系贫难的,方可与他。"他在信中用了"至嘱,至嘱!莫误,莫误!"这样八个字。另一方面,那些由顾家遣派"出去讨账之人",要求"逐一重言吩咐,令其将就了事,银子不多,但要从容宛转取完,不在于狐假虎威、做声做势,欺凌小民也"。鼎臣显然对昆山顾家的日常动态也了如指掌。他知道履方放弃了"猪行"的经营,顾钰"不学好,不修福,忘恩背义,奢侈浪费",受到了惩戒;租用顾家房产的,有"连年旧欠租债"的,确有十分贫苦之人,只要打听仔细,"便慨然饶他";顾家派出的一应讨租债之人,要重言戒谕,不要像顾胜、张文、金果、朱敏、孙贵等人,"俱胆大无知","欺凌乡民、在外生事",造成了极恶劣的影响;他更知道,"顾辅专一兜揽乡民粮,上仓代纳",都是假托顾家名头,"亏官损民,坏我家风",要求履方"务要访察仔细,捉拿痛加惩治";他还知道,顾福、进福两人的月米还没有及时派拨;其他田地租米之类,"用心与他查算取计,官粮大家替它每年还,每年替它还十四五担罢";租债有赢余的,鼎臣要求以六成分与顾蕙,四分寄给采丰夫妇;而进庆妻须要吩咐给曹安、金果寻找会织绵布、纺花的,进行习学,又用了"至嘱,至嘱!莫误,莫误!"八字。最后鼎臣问道:"闻曾讨一当会织布的,如何不见送来?如讨得纺花妇女来,纺车、定子什物等类,须多买些来。"①

至于救济布施,鼎臣后来给履方的信中,有进一步说明与安排:

> 自今年已后,再另收租米五十担,连前一百五十担,作济人施物之资。只除水旱内荒之年,家中阙食不施,但饭米有余,便须捐施。次序先宗族,次邻里,次坟邻,次不拘远近亲疏,但遇十分困苦的,便要随宜赒济,不可有分毫吝惜之意。借此少积阴德,为二孙男福禄之基,岂不可乎?只如前几年,要还宋良器米一百五十也,只得无奈,今为此善事,有何不可?况陆续与人,有余只管积下,每年挪出此数,可以多少随时伸缩由我,但不可听僧道、尼姑、道婆、卖婆、童子哄骗,为无益之事耳。

---

① 〔明〕顾鼎臣:《顾文康公文草》卷十《书牍·家书》,第451—452页。

天真度牒如何了？其每年之米就在此米内与他，若清真观徐道士或城隍、山神二祠，有修理创建之事，布置施者亦在此内支用。此帖收好，子孙永远遵守，毋忽！

内中，鼎臣说明了施济的基本次序，是"先宗族，次邻里，次坟邻，次不拘远近亲疏"，同时告诫履方，不可轻听僧道、尼姑、道婆、卖婆、童子等人之哄骗，做一些"无益之事"。但清真观或城隍庙、山神祠有需要，鼎臣认为，可以不拘此限。最后他说，这封信可以作为将来子孙"永远遵守"这些规矩的依据，要认真收好。

有一封信是履方托蒋监生带到北京的，鼎臣也收到了。信中言及江南地方官府要整理"寄田"问题，官方的目的，是要将各家"寄田"陆续造册登记，都推还给各民户。鼎臣在回信中表示这是"朝廷英断，新政必然更张"，"我等宦家，尤宜预先改正，切不可如前苟徇人情，□犯不悛。亲友见怪，以我书与看。"① 顾家是官宦人家，应该在朝廷要求的改正工作中成为表率。鼎臣的最后这句话"亲友见怪，以我书与看"，显示了他的决心。

对于家人被纵容不法，鼎臣一直是不予容忍的。像顾家这样，在昆山已属巨族，家人的骄纵、违法或侵害小民等行径，也绝难杜绝，似属正常。当鼎臣知晓家人的恶行后，其愤怒与失望是可知的。有一通给履方的信，全部内容都是讲鼎臣对不法家人的态度及处理意见：

> 顾升狗奴，如此害人，如何纵容他，也不写来我知！毛升狗奴，恶已贯盈。李槐虽出，亦是旧奴，彼如何只管拿他锁禁、踢伤致死？杀人者死，法不宜贷。三兄亦不宜庇护它。死者之冤，结而不散，必有受其殃者矣。任李槐之子自为之，汝断不可主张吩咐一言也。顾升之事，其理亦如此矣。省之，省之！②

同时，鼎臣更是反复告诫履方要安分守法，尤其不能干预地方有司：

> 汝于府县事不许分毫干预。尚质、奎并汝三人，尤宜在家守分，不

---

① 〔明〕顾鼎臣：《顾文康公文草》卷十《书牍·家书》，第454页。
② 〔明〕顾鼎臣：《顾文康公文草》卷十《书牍·家书》，第454页。

可放肆。《大明律》上不许为者,切不可为,犯了法度,便难解手。近日许伯基、王惠叔子并四举人,可为鉴矣。①

另一通信则说:

当今之世,只是闭门吃薄粥、读书谨行以图出身,此为上策。一应闲事,不须多管,亏人利己之事,切不可为。日夕吩咐家人,不要生事虐害小民,至嘱,至嘱!"宰相不过千人口",言犯众怒者,必有祸也,已有明验矣。宰相尚然,况常人乎?②

鼎臣认为,即使像他这样的宰相之家,家人当中更不可以出现生事害民的行为,所谓"言犯众怒者"必然招祸。根据后来地方士人的记忆,鼎臣对履方的教育,应该是有效果的,有下面这样一则故事,大概可以为证:

顾文康长子履方,尝盛服拜客。有乡民担粪断绠,污其衣,家人怒詈之。履方曰:"彼无心耳,然已惊矣,可更惊乎?"因婉言慰谕之而去。③

看来,履方处事的态度又远较家奴为好。同时,他像鼎臣一样,能够尽力赒亲族、赡孤寡,也不愿自名其德,说都是出自父亲鼎臣之意,昆山县人都交口称赞他"贤"。④ 昆山人张大复(约 1554—1630)称其"有长者之风",是"静慎持重"的人,十分低调。嘉靖七年以太学生的身份在顺天府被举为乡荐后,履方在公开场合就不大有昆山当地"孝廉"风行的用华盖招摇过市的行为,而是"俯首趋过里,诫家人藏勿御"。在处理顾家与地方官府的关系上,应该做到了鼎臣的要求,注意"简饬童仆",在亲族兄弟外"未尝轻交一人",所以会有"官其乡者仅一交刺,亦多不交刺未识面者"的评说。而且履方比较俭约,"被服如寒素",但能像鼎臣一样乐善好施,只可惜寿享仅 56 岁。⑤

---

① 〔明〕顾鼎臣:《顾文康公文草》卷十《书牍·家书》,第 454 页。
② 〔明〕顾鼎臣:《顾文康公文草》卷十《书牍·家书》,第 454—455 页。
③ 同治《苏州府志》卷一百四十六《杂记三》,同治间修、光绪九年刊本。
④ 康熙《昆山县志》,"名贤"条,康熙间稿本。
⑤ 〔明〕张大复:《昆山人物传》卷七《皇明昆山人物传》,"顾履方、子谦亨、曾孙天宿"条,明刻、清雍正二年重修本。

至于寄给侄儿孔安的,是鼎臣家书中所见唯一的一通。在信中,鼎臣强调了家族血脉的延续问题,又十分关心所谓"山精"损害山中甚至家族"灵气"的大问题:

> 自孔昭、孔仁没后,神志荒落,衰病日甚,虽勉强支持应酬,然公私职业俱□□□,以积劳后感寒,一病二月余,几至狼□□所从来,盖以骨肉凋谢,中情受伤,非一朝一夕之故也。乡人来,辄闻贤侄身子渐强,手足亦渐复旧,昨得家信,见是手笔,尤不胜欣慰。……新春正月、二月连得两曾孙,此祖宗余庆,非我薄德所能致也!知之、文征兄弟,诸孙皆知之。吾昆进士未曾如此少,一者学中风水为杨华所坏,二者山上近为山精侵损之故。昨杨中堂乃云:山精往往假托盛族名目,故难禁耳。果然,可查出处治,或送县中治之。大抵此山虽小,为一邑之镇,关系非轻,而为士夫者,禀受灵气,尤所当□□,岂可容小人射利,以损害大计乎?贞□祖宗坟墓在上,尤当用心管理,相见一道之。①

从上述家书反映的各种内容而言,已属仕宦阶层上流的鼎臣,对家庭生活的安排与秩序规范问题一直十分重视,注意约束家人与官府关系。对子孙的培育,则重在修养的要求与读书的进取方面。

读书与养生

早在鼎臣父亲顾恂的时代,顾家的子孙培育的基本理念,仍是以读书仕进为宗。李东阳(1447—1516)这样评述顾恂:"教子孙,必以诗书礼义,仕者为忠,居者为孝,亲贤远奸,敬老慈幼,言亹亹不厌。"他认为鼎臣"器识材局"的养成,都由顾恂的教育而来。②

就顾鼎臣本人而言,他在弘治十七年(1504)秋八月参加南京乡试,在礼部门外的旧画贩售摊上面,看到一幅龙头画,觉得神奇,即"以青钱百二十购得之"。他在画作上题诗道:"明良风云,神奇斯画。大溥霖雨,以泽天下。"心中已认定这

---

① 〔明〕顾鼎臣:《顾文康公文草》卷十《书牍·寄孔安侄》,第456页。
② 〔明〕李东阳:《怀麓堂集》卷八十七《文后稿二十七·明故赠文林郎翰林院修撰顾公墓志铭》,文渊阁四库全书本。

是一个吉祥之兆。当年中举，次年进京会试，以第一人及第。在鼎臣看来，都是"天数前定如此，非人力也"。①

那时，鼎臣也有三十出头的年纪，可是，后来的仕途攀升显得更为缓慢，直到嘉靖年间才有超擢的机会。在嘉靖十七年（1538），鼎臣与当年同科进士及第的同僚②，同时主持了全国的会试，距弘治十八年，已历三十三载。鼎臣很高兴，觉得当年的同年，现在"同事场屋，可谓一时盛际"。③ 这些，都可视为鼎臣人生中的得意之事。

可以说，在鼎臣的思想意识中，读书进学乃是人生的头等大事。鼎臣早期在北京官场奋斗的过程中，颇以家族事务与生计为虑，十分注意尊崇儒家宣扬的那套道德秩序。在所谓"北虏"对北方中国造成的严重危机的情势下，让鼎臣曾有死生许国之愿，当属儒生报国之意，能够折射出鼎臣长期在儒学熏陶下的内在本质。在给履方等人的信中，他说：

> 北虏初甚猖獗，幸赖庙社威灵，稍稍遁去。……我心只望汝读书修行，成身成名，光显祖宗，撑立门户，垂裕子孙。我虽以死殉国，亦无遗憾。勉之，勉之！④

后来鼎臣决定将妻子朱氏从昆山接往北京，但昆山顾家离开了这位颇有"贤行"的夫人⑤，鼎臣是有顾虑的。他担心履方等人在家更无人管束，需要作必要的告诫，要求万事小心谨慎，务以"修身进学"为重：

> 汝母不知几时起身？家中凡百事如何？有便勤勤写书来我知。此后又不比你母亲在家，万万小心谨慎重，修身进学，做好，求进步，惟日

---

① 〔明〕顾鼎臣：《顾文康公续稿》卷五《记·霖雨堂记》，崇祯十六年刻本，收入《四库禁毁书丛刊》集部第59册，北京出版社1997年影印版，第57页。
② 与顾鼎臣都以第一甲进士及第的还有榜眼董玘（会稽人）、探花谢丕（余姚人）。参〔明〕张朝瑞：《皇明贡举考》卷六《十三藩乡试》，万历刻本；〔明〕张弘道：《明三元考》卷八，明刻本。
③ 〔明〕顾鼎臣：《顾文康公诗草》卷五《七言律诗·戊戌试士有感并序》，中国科学院图书馆藏万历至顺治顾氏家刻本，收入《四库全书存目丛书》集部第55册，齐鲁书社1997年影印版，第491页。
④ 〔明〕顾鼎臣：《顾文康公文草》卷十《书牍·家书》，第451页。
⑤ 〔明〕陆深：《俨山集》卷八十《光禄大夫、柱国、少保兼太子太傅、礼部尚书、武英殿大学士、赠太保、谥文康顾公行状》，文渊阁四库全书补配清文津阁四库全书本。

不足。不可仍前懈惰,以取羞辱。①

这样的告诫甚至带有警告性的语句,在鼎臣给履方等人的家书中,时或可见。在嘉靖五年冬天鼎臣离开昆山后,"家中凡百草草,十分放心不下",他写信给履方:

> 汝可奋然励志,以读书修行为首务,以治家防患为要机。我虽曾谆谆戒谕,恐汝志气懒散,未知缓急利害,视我言为迂远,日常只悠悠过去。故又琐琐作书,汝可藏诸箧中,或揭诸坐隅,朝夕省览。读书以体认道理、变化气质为本,日用间遂能随事用得。……若只以此为谋利、窃名誉之资,便非好人。②

鼎臣的那句以读书为谋利、窃名誉之资的"便非好人"的教诲,很能体现其追崇"体认道理、变化气质"的读书宗旨,对名利之追逐须有必要的排斥态度。

鼎臣关心履方等人的举业,要求在科考攀升的努力过程中,特别注意顾家的声誉,以免引起新任巡按御史的不满:

> 闻提学往徽、池矣,昆山不知何时考过?汝与归本皆可愁,一考过,便寻便寄书来,至嘱!新巡按甚厉害,平生不通丝毫人情,比之提学尤甚,可重言吩咐大小并各庄家人,小心,小心!不要惹事,不要惹事!至嘱!二伯父并诸兄、梁、归、朱、滑各至亲家,也要与说知。③

在现存所见鼎臣单独给女婿归本的四通信件中,有一半内容都涉及科考举业的问题。据书信可知,这位被称作本斋的大女婿,也是鼎臣看重的在举业上颇有希望的人:④

> 平安书与本斋贤婿收看:

---

① 〔明〕顾鼎臣:《顾文康公文草》卷十《书牍·家书》,第453页。
② 〔明〕顾鼎臣:《顾文康公文草》卷十《书牍·家书》,第449—450页。
③ 〔明〕顾鼎臣:《顾文康公文草》卷十《书牍·家书》,第454页。
④ 〔明〕顾鼎臣:《顾文康公文草》卷十《书牍·寄孔安侄》,第457页。

新年又增一岁,知青春亦不为小矣。嘉靖元年应天乡试闱,所谓龙飞第一科,得厕名乡书,尤为荣幸,贤婿亦有意乎?如果无此意,则任自求□□,□□管闲事,万一有意于科目之事,望拔□作文,读书作论表,与履方立定书程,日夕发愤用工,以图必中。愚老夫妇不胜幸甚!闻提学颇严切,风闻行事,汝与履方不独要百倍用工,以伺其考较,背书,看课,又须简身修行,守其教条,上策,上策!不然,升沉荣辱所系,不可不谨也。兹以进福回,灯下草草新书寄回,不得多想,收矣。

非常值得一提的是,归有光的曾祖母就是顾鼎臣的女儿,曾经随母亲居于北京,"亲见夫人朝两宫,佐皇后亲蚕,宴锡繁缛,备极荣宠"①,其夫归本就是有光的曾祖父了。

在归有光看来,归家与顾家是"世通姻好";顾鼎臣在短暂的家居昆山期间,曾经"率乡人子弟释菜于学宫",而有光亦与其间。嘉靖十五年顾鼎臣以大宗伯领太子詹事时,有光"拜公于第",一起饮宴,问乡里故旧,言谈甚欢。② 归有光在

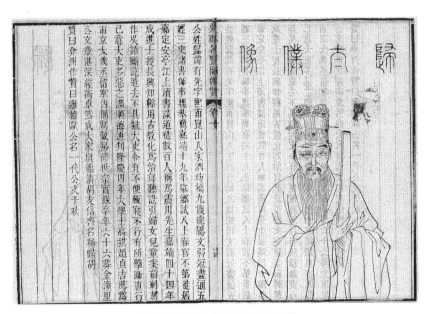

《吴郡名贤图传赞》中的归有光像

① 〔明〕归有光:《震川先生集》卷十二《顾孺人六十寿序》,周本淳校点,上海古籍出版社1981年版,第295—296页。
② 〔明〕归有光:《震川先生集》卷十二《顾夫人八十寿序》,第290—291页。

举业上是不够成功的,会试八次皆落第,最高的功名只是举人。晚至嘉靖四十四年,年已六十的他才考中进士,被授职长兴知县。在隆庆四年,大学士高拱、赵贞吉推荐他到南京任太仆寺丞(正六品),并且参与编撰前朝的《世宗实录》。①

至于归本,顾鼎臣希望他与履方百倍用功,在科考上"以图必中",是关系顾家升沉荣辱的头等大事。而据另一通信所述,可以知晓这位女婿是善于营生的,可能比较多地参与昆山顾家生计,并可能经常要与地方官府、市民百姓打交道,当然也难免会涉及许多争名夺利的事情。鼎臣一方面要求他不得"干预官府钱粮","以苟得分毫之利,不顾滔天之害,则亡身丧家之事,非士君子所为",另一方面,仍然是在关心他与履方的科考前程:

> 知贤婿善于生计,不肯□□,此□家之善道,非保家之远谋也。若欲保家,须是读书,以图科第行义,以永福泽。外此,非所知也。至若干预官府钱粮,与市井小民交关。区区宦情素薄,今又为言路浮议不情,进取之心益消沮无几矣,所望子婿联翩而起,以继书香,吾即当奉身而退,以乐余年耳。科场之事,近在数月,贤婿与履方近来作么功课? 见同侪如王同祖辈高飞远去,亦□□□□而愿学之乎? 此真吾所深愿,而未敢□者。惟俟天命之何如耳!②

鼎臣指出,"清心寡欲、读书修行"是立身益寿之本,要履方与长婿归本、次婿朱端禧二人③,各抄写一份,贴在住房内,"朝夕省察,殊为有益"。鼎臣提醒履方特别注意科考方面的应对:"提学若二三月间出巡岁考,汝考过方告随任读书。若打听不来,使人到南京。告了朝觐后,提学必升矣。毋惧,毋惧!"还指出要对指导履方读书的梁叔公,多尽礼仪。鼎臣专门问道:"曾备何酒礼送过去? 如何书不及?"④

值得庆幸的是,被后来地方官褒扬为"德性谦厚,度量汪洋"而使人"不知有

---

① 《明史》卷二百八十七《归有光传》。
② 〔明〕顾鼎臣:《顾文康公文草》卷十《书牍·寄孔安侄》,第457页。
③ 朱端禧是昆山乡宦朱隆禧的同母兄长,与顾家也是"世为婚姻",因与归本是连襟,自然与归家有着姻亲关系,也形成了比较有力的社会关系网络。参〔明〕归有光:《震川先生集》卷十四《朱君顾孺人寿序》,第361—362页。
④ 〔明〕顾鼎臣:《顾文康公文草》卷十《书牍·家书》,第450—451页。

相府"的履方①,在嘉靖七年参加顺天府乡试,获得了举人的功名。而在此前,据地方志编撰者的说法,因为鼎臣位高权重,履方的行为表现更显低调,是所谓"谦抑如寒士",死后获赠尚宝司丞。履方之子谦亨,以恩荫获官尚宝卿,也是"简约有守,无忝清门世德"。②归本后来曾任绍兴府经历。③另外,鼎臣的玄孙震宇为万历乙酉(1585)举人、天宠为丙午(1606)举人;侄儿顾潜是弘治丙辰(1496)进士,其子梦圭是嘉靖癸未(1523)进士,曾孙锡畴是万历己未(1619)进士,等等④,都可表明顾氏家族的科举之盛。

鼎臣认为,除了读书修行,清心寡欲实在很重要。为了宣讲"康济之方、宣节之要",自撰了《多少箴》,既作为个人"上承宗祧,下启胤祚"的有益借鉴,更要求子孙辈写贴于坐隅,朝夕省览,人生日用"永为守训":⑤

少饮酒	伤生乱性	多食粥	养胃滋阴
多茹菜	蔬善疏导	少食肉	厚味生毒
少开口	驷不及舌	多闭目	谷以养神
多梳头	栉发去发	少洗浴	频浴伤气
少群居	招衅致尤	多独宿	节色遗疾
多收书	明理致用	少积谷	赒乏备荒
少取名	好名损名	多忍辱	忍辱不辱
多行善	积有余庆	少干禄	留遗后人

在鼎臣看来,"寡欲节饮食"是"保性命、绵宗祀之基本"。大概履方在这方面可能有失体统,所以鼎臣在信中劝道:"纵于色欲,荒于酒食,往往夭折,汝其猛省,猛省!"又强调道:

> 读书自今日始,务须勇猛精进,思惟此身已入学矣,便有荣辱二途,甚可畏也。来春岁考,便有赏罚。若他人受赏,我独受罚,有何面目见

---

① 万历《昆山县志》卷六《人物二》,万历四年刊本。
② 同治《苏州府志》卷九十二《人物十九·昆山县》,同治间修、光绪九年刊本。
③ 万历《昆山县志》卷四《例贡》,万历四年刊本。
④ 〔明〕张弘道:《明三元考》卷八,明刻本。
⑤ 〔明〕顾鼎臣:《顾文康公文草》卷九《杂著·多少箴》,第439页。

奴仆、妻子哉？猛省，猛省！①

根据其他家书中前后内容的陈述，可以获知履方夫妇一开始并无子嗣之喜，而且鼎臣一家为此可能都颇费思量，甚至请医调治。在鼎臣留下的一首诗中，能反映这些内容：

嗣续须教天主张，数经调药总荒唐。若能节欲行阴德，便是千金种子方。②

后来果真产育一孙，且聪慧可爱。到北京后，鼎臣多次收到其兄弟（履方的"二伯父"、"滑七伯"）的书信，了解到孙儿岐嶷胜常儿，"且好养"，十分欣喜，认为这也是"天地祖宗荫庇所致"，因此更要求履方夫妇"朝夕立心，积善以迓福庆"。③

在鼎臣的父亲时代，顾恂就是昆山士大夫所组织的"斯文会"、诸耆宿所结成的"延龄会"的领袖，县官举行举乡饮酒礼时，更是重要的参与者，后被赐与"高年冠服"，寿龄88岁。④ 按昆山地方风俗，"五十而称寿"，此后每加十岁就要称寿。⑤

鼎臣本人其实向往高寿，很注意养生，但他好酒，常常以酒遣怀。⑥ 鼎臣的舅舅遁庵先生、二兄自如先生等这些"昆山之缙绅"，都已七十以上，曾结为"十老会"，堪称当地胜事。然而没过几年，十老大半沦逝，只剩下遁庵公、王真愚、高归田、周秋灯四老。鼎臣发现他们长寿的原因，在于"平生少饮"，因而"不惟寿考，而且康强"。他分明地意识到，酒能致疾促龄，是摄生者们所当摒却的。⑦ 至于鼎臣有没有真地做到却酒，已无从得其详了。

嘉靖十八年（1539），年已七十的昆山人方矫亭，在当地堪称"寿星"，请鼎臣作了一篇寿序。鼎臣在序中这样道："吾昆有山在城中，当县治之乾方，堪舆家谓

---

① 〔明〕顾鼎臣：《顾文康公文草》卷十《书牍·家书》，第449—450页。
② 〔明〕顾鼎臣：《顾文康公诗草》卷三《七言绝句·示子孙二首》，中国科学院图书馆藏万历至顺治顾氏家刻本，收入《四库全书存目丛书》集部第55册，齐鲁书社1997年影印版，第482页。
③ 〔明〕顾鼎臣：《顾文康公文草》卷十《书牍·家书》，第451页。
④ 〔明〕李东阳：《怀麓堂集》卷八十七《文后稿二十七·明故赠文林郎翰林院修撰顾公墓志铭》，文渊阁四库全书本。
⑤ 〔明〕归有光：《震川先生集》卷十四《朱君顾孺人寿序》，第361页。
⑥ 〔明〕顾鼎臣：《顾文康公文草》卷十《书牍·家书》，第454—455页。
⑦ 〔明〕顾鼎臣：《顾文康公诗草》卷三《七言绝句·十饮诗并序》，第482页。

之寿星,士民视他处为朴,不希荣进、事纷华,当而弗力,尼而知却,且所享有节,不甚纵侈,以故人多老寿。"①仍然强调,人生要"所享有节,不甚纵侈",方能高寿。

女婿归本在昆山老家很能为鼎臣分忧,应该是顾家中日常事务经营工作中相当得力的人物。鼎臣给他的信中,先说"累接手书,知凡百之事,皆为我用心处分,深荷,深荷!"又说居于北京的顾家人等,"长幼俱平安,二曾孙俱颇长养",再言及嘉靖十四年新出生的鼎臣第四子履吉,"禀气甚壮,亦已满月"。鼎臣晚年得子,在信中发出了这样的感叹:"老年生子,殊无紧要,纵得成立,亦不及见,□□□。"颇有悲凉之味。最后,他吩咐归本对家中的祖宗祭祀及一应家中大小事务,"可与计较停当,外边□□□□和不可太过,如张允清于顾䩞女婿之类是也",并让归本转告履方,"勿与人流连杯酒,不顾正事"。②

另一通给归本的信,内容主要是报安,并说:"第四子并二曾孙俱长养,渐能行矣。"晚至崇祯十一年(1638),鼎臣曾孙顾咸建对此信有一按语,言及鼎臣四子履吉年幼,至鼎臣去世,不过六岁。最后说由于有了整理编辑鼎臣遗文的机缘,才有幸获读鼎臣之"读书立身诸训",颇受勉励之意。③

社会变化与地方关怀

对于晚明地方社会的重要问题,顾鼎臣在为朝廷代撰的诰敕中,借颂扬昆山知县王朝用之机,着重指出:"国家重守令以重民也。令之贤否,系民之休戚,匪得其人,贻上之忧尔。"④其言外之意,明显地透露出当时中国地方县政中存在的窳败之态,主要就在缺乏贤良的官吏来统治地方。因此,更需教导那些地方官重视"地方之利病、生民所苦乐,有古人循良之政、恺悌之效"。⑤

鼎臣出身江南水乡,对江南社会有着三十余年生活体验(成为状元之前),深知号称财赋重地的江南,存在着难以形容的吏治腐败与社会困弊问题,都亟须整饬而振举。

鼎臣于嘉靖元年正月朝廷的郊祀礼结束后,三月间申请回乡省祭即获批准,

---

① 〔明〕顾鼎臣:《顾文康公三集》卷二《序·寿矫亭方公七十序》,第608页。
② 〔明〕顾鼎臣:《顾文康公文草》卷十《书牍·寄孔安侄》,第457页。
③ 〔明〕顾鼎臣:《顾文康公文草》卷十《书牍·寄孔安侄》,第458页。
④ 〔明〕顾鼎臣:《顾文康公文草》卷首《诰敕·苏州府昆山县知县王朝用》,第260页。
⑤ 〔明〕顾鼎臣:《顾文康公文草》卷九《杂著·杂说》,第440页。

嘉靖帝还赐他白金文绮。但为时短暂,鼎臣很快回京供职。次年仍申请归乡休养,又获允准。鼎臣这段昆山的家居时间,长达四年之久。他目击东南利弊,有慨然起而振之之期盼。①

嘉靖五年冬天鼎臣即返回北京,第二年上呈了一份文字较长的奏疏。奏疏中极陈地方吏治败坏、制度规范形同虚设、江南地方民生极为困弊之态。在鼎臣看来,朝廷对于江南这个财赋重地的关注,颇致力于地方行政中的书手、粮长、坍荒、水利、盐盗等问题,是"明见乎万里,虑周于庶务"的正确思路;对官府而言,基层社会中时刻需要重视的催办、征收、兑运、存留、赈济等事,都有王朝制度上"精密"的规约保障,从而达致"上足国用,下固邦本"的良愿。但鼎臣也发现,从正德年间开始,这套制度开始"大坏",具体情形表现如下:

> 府州县总书、书手通同贪污,官吏上下之间,关节相通,造作奸弊,无所不至。或私雕印信,诈领钱粮;或依访判笔,套写花押;或将上司坐派增减数目;或将府州县案卷追改年月;或将宥免重复科征;或将暂征概作岁办;或总数与撒数不合;或官簿与底簿不同;或将已征在官支调侵分,或将私收入已报民欠;或将官田改作民田;或将肥荡改作瘦荡;或将蠲粮叩卖别区;或将正粮洒派细户;其泰甚者,城郭附近田涂,虚报坍江、坍河、坍海,膏腴常稔地土捏作板荒、抛荒、积荒,每年粮额亏欠以千万计,负累概州县善良人户包补,日积月久,坐致困穷。奸顽得计,或有田无粮,或不耕而食,新旧要结,永享富乐。虽间有聪明老练上司,搜求发问,终莫能得其要领、闯其藩篱,以破其巢穴。何况州县官员初入仕途,百责所萃,未及三四年,升迁交代,孰能勾稽磨算以摘发其奸哉?加以催科不守旧法,抚字不下仁恩,贪暴诛求,豪强兼并,是以民农流亡,抛弃田土,聚有盐盗,诚有如明诏所言者。

在官吏贪污、基层秩序混乱、豪强兼并弱小、贫民逃移甚至为盗等这样的形势下,地方社会控制更形艰难。鼎臣在上疏中,提出了四条重要建议,有两条专论"差官总理""查复预备仓粮"问题;另两条所举的应对举措,一是要"查理田粮

---

① 〔明〕陆深:《俨山集》卷八十《光禄大夫、柱国、少保兼太子太傅、礼部尚书、武英殿大学士、赠太保、谥文康顾公行状》,文渊阁四库全书补配清文津阁四库全书本。

旧额",以防"奸顽里书"们的虚报、影射;二是"催征岁办钱粮",涉及粮长的制度安排与实际操作的大问题:

> 成化、弘治已前,里甲催征钱粮,粮户上仓交纳,粮长专管收解,州县官坐仓监收,粮长不敢多收斛面,粮户不敢插和水谷糠秕,兑粮官军不敢刁难、多要加赠,公私实为两便。近年有司蔑视旧规,不肯比较经催里甲,惩治欠粮人户,止将粮长立限杖比,却乃纵其下乡追征。豪强之徒,恣意大斛加倍多收,索要船钱、酒米、芦席、伴当、出票等项,所经之处,鸡狗为空。其寡弱之人,或被势家拖延,或被刁顽欺赖,或被里甲包揽,入已无能措办,只得变卖家计赔纳。至或旧役粮长侵欠,责令新佥粮长代偿。一人逋负,株连亲属数人扛补。每年无辜死于监禁之中、棰楚之下者,一处多至百人,少或四五十人。又,往时每区粮长,多不过正副二名,近年一区多至十名以上。州县欺绐上司,诿曰众轻易举。其实收掌官粮之数少,而赔贩科敛、打点使用年例之数多。州县一年之间,辄破中人百家之产。……今后征收钱粮、审编粮长,务遵旧规,痛革前弊。如州县官多佥粮长及纵容下乡收粮害民者,各问拟应得重罪。多收斛面、加耗等项,通追给主。官吏人等科敛打点使用、索要年例,坐赃以枉法,从重论。①

鼎臣对袪除江南地方积弊的努力,还可见于其前后接连的上奏行动中。在此前,嘉靖九年他有上奏,重申以前他对于解决江南财赋问题的基本想法。

有意思的是,他在奏疏中说:虽然明王朝的税粮、军国经费大半出于东南地区,这里的苏州、松江、常州、镇江、嘉兴、湖州、杭州诸府每年均输、起运、存留的额度不下数百万,可是粮长、书手、奸胥、豪右"通同作弊,影射侵分",每年也不下十余万;他在留居昆山期间,曾告诫地方抚臣:"百姓种了田地,出赋税以供给朝廷,此正理也。年成灾荒,朝廷蠲免百姓几分税粮,此至恩也。今七府地方每年有十余万钱粮,朝廷也不得,百姓也不得,却是中间一辈奸人影射侵分,以致奸蠹日肥、民生坐困,是可忍也,孰不可忍!"总督粮储、巡抚地方本属地方抚臣的本分,结果听闻鼎臣之言,只是"瞪目直视,不发一言",后来竟然是置之不理。嘉靖

---

① 〔明〕顾鼎臣:《顾文康公文草》卷一《陈愚见划积弊以裨新政疏》,第265—270页。

六年的那次上疏,也经朝廷的批准,要求巡抚衙门转行各府州县整顿,可是鼎臣发现,经历约四年时间,居然未曾查理一亩田或一石税粮的欺隐问题,奸猾之徒愈益恣肆,作弊日甚倒是时有所闻,地方官府更是"一切视为泛常,略不加意"。这让他颇感惊诧。嘉靖九年这次的上疏,也获允准,要求在江南的巡抚都御史毛思义实力举行,并且限定时间,要检踏清查坍荒田粮的确切数目,改正各项欺隐情弊,最后向朝廷造册汇报。①

可是,让顾鼎臣更为愤闷的是,在嘉靖六年到嘉靖十六年的近十年间,未曾听闻有一个地方官能够真正遵奉朝廷的要求进行整顿,清查出所管地区虚捏坍荒田地一亩,清理出欺隐税粮一石!这是鼎臣晚年最后目击耳闻的感喟,在他看来,苏、松、常、镇、嘉、湖、杭七府中,只有他的门生、苏州知府王仪能够"不畏强御,尽心竭力,督率州县正佐官员,清查坍荒虚实并产去粮存各项积弊",成效可观。像其他地方一样,"里书、豪强蠹弊日甚,纠结群党,欺罔朝廷,靠损小民,每岁上下通同侵分钱粮"的问题,苏州府地区仍然或多或少地存在着,并不是能真正、全面解决的。他在嘉靖十六年的上疏中这样感叹道:"奈何本府官户、大户、奸猾里书,扶同作弊,及计买民田、不收原额税粮者,切虑一旦查理明白,不利于己,百般讪谤,以挠其成,遂其癃残待尽之氓,暂喜而仍忧,逃亡归业之户,既来而复去。怨苦愁叹之声,彻于四野。自此之后,纵有贤能守令,亦必畏谗言、避势要,玩时愒日,以图苟免。将使民农日困、豺狼日肆,谁复展布四体为之驱除也哉!"在这里,他又重提地方守令之责与居乡士大夫之领袖地方的大问题,以供朝廷审鉴:

> 守令乃生民之父母,士大夫乃乡邦之领袖。为守令者,食君之禄,居人之上,自宜顾念职守,承宣德意,为百姓分忧,却乃日务送迎奔走,取办簿书,谀媚上官,以求荐举、图升迁而已。其于吏弊民隐,恬不经意。明于此必暗于彼,故虽抗违圣旨,负莫大之罪,有不暇恤矣。为士大夫者,挂名仕籍,受因国恩宠,尤宜表率齐民,奉公守法,输赋税以给公上,却乃瘠人肥己,效尤成风,坐享田租之利,而使无田小民代其包赔税粮,及至官府清查,党恶怙非,妄行阻挠,盖任私情而昧天理,虽干犯

---

① 〔明〕顾鼎臣:《顾文康公文草》卷一《申末议以裨国计、振民命疏》,第274—275页。

名义、触忤鬼神、贻殃祸于子孙而莫之顾矣。是岂国家作养人才之本心哉?①

他认为,地方政治中不可忽视的严重问题,除了嘉、湖、杭、苏、松、常、镇"地皆濒江负海,襟带湖泽,形势险阻,便于啸聚。兼之税额繁重,民俗浮华,是以民易贫而盗易起"这些确实因环境影响与社会重负带来的之外,主要在于从正德年间以来"任巡抚者,升迁泰速,去来不常,体势渐轻,人无固志,重以统辖地方广远,巡历难于周遍,住札恒于京城,地位尤为辽绝,坐致纪纲解弛,人情玩肆",形成了"官吏贪暴,豪强兼并,里书作弊,欺隐田粮,靠损贫民,逃亡转徙,以致江海湖泽之间,州县城郭之外,盐徒强盗昼夜公行,杀人劫财,全无忌惮"的危难局面,其核心仍在官府对于江南地方社会的弹压不力,而官员本身升迁变化太快、来去不常影响到政策推行的稳定持久性。

鼎臣提出的一个解决方案,是重视巡抚的驻守,要求巡抚都御史可以带着家口在松江府城公署驻扎,每岁出巡,南至嘉、湖、杭,北至苏、常、镇,周历二次或三次,应天等府每年一次,至于那些偏僻或不重要的州县地方,更加必须亲历,做到"周爰咨诹,幽枉毕达,军民利病,即时兴革",使田粮积弊问题得以全力划除,也使贪暴官吏、奸猾胥史与豪强奸宄在地方不敢恣肆,地方百姓才能获得安全感,盐盗自然也会消弭。②

至于在水乡泽国中对地方民生影响颇巨的水土坍涨问题,广泛牵涉农田水利、土地开发、官府课税等层面的核心利益。③ 虽然,江湖河海新涨出来的沙田、湖田、围田、洲田、芦地等水土资源,以及因天灾人祸造成的抛荒地,都是官府能凭借其统治权予以占有的,但实际上,它们经常被地方豪右抢先霸占,并在很长时期里,成为地方官府与豪右们互相争夺的对象。④

顾鼎臣据其对江南的亲身观察,认为江南水乡地方普遍出现了或将官田改作民田、或将肥荡改作瘦荡、或将蠲粮叩卖别区、或将正粮洒派细户等各种问题。鼎臣特别指出,最严重的就是"城郭附近田涂,虚报坍江、坍河、坍海,膏腴常稔地

---

① 〔明〕顾鼎臣:《顾文康公文草》卷二《恳乞天恩伤典宪、拯民命以振举军国大计疏》,第292—293页。
② 〔明〕顾鼎臣:《顾文康公文草》卷二《处抚臣、振盐法、靖畿辅疏》,第309—310页。
③ 冯贤亮:《明清江南坍涨土地的占夺与州县行政》,《浙江学刊》2014年第四期,第45—52页。
④ 伍丹戈:《明代土地制度和赋役制度的发展》,福建人民出版社1982年版,第6页。

土捏作板荒、抛荒、积荒",致使每年粮额亏欠以千万计。①

有关抛荒、积荒、坍江、坍湖、坍海的具体问题,主要如下:

> 抛荒田土,或因天时告灾,或因人事不举,小民贫难,逃亡失业,遂使轻重税田鞠为草莽。抛荒既久,遂成积荒,处处有之。奸人乘机将常稔膏腴之田,朦胧捏报抛荒、积荒、坍江、坍湖、坍海之数,自种自食,税粮原额令州县人户不分大小代其包赔,是何理也?

> 坍海,惟上海、嘉定、太仓有之;坍江惟江阴、常熟、昆山有之;若坍湖,各县绝少,何者?湖水不通潮汐,茭苇丛生,涨多而坍少,今一概混报,使利入于己,粮派于众。此皆总书之弊,可不荡涤之乎?②

在鼎臣向朝廷上奏的"钱粮积弊四事"疏中,有一条专讲"查理田粮旧额",要求江南地方州县官员应对课税问题的工作很是细致:"于农隙之时,责令各属里甲、田甲、业户公同将本管轻重田地涂荡,照洪武、正统年间鱼鳞风旗式样,攒造总撒图本,细开原额田粮、字圩、则号、条段、坍荒、成熟步口数目,府州县官重复查勘的确,分别界址,沿丘履亩检踏丈量,申呈上司应开垦者开垦、应改正者改正、应除豁者除豁,田数既明,然后刊刻成书,收贮官库,印行给散各图,永为稽察。"这一要求与举措,是针对那些企图以坍荒田土为"锦灰堆"、不断向民间渔利的州县吏书们,"不得售其奸欺",从而使小民们"免包陪科扰之患"。

顾鼎臣在该上疏被批准的四年后,再次上奏指出:"今天下税粮军国经费,大半出于东南苏、松、常、镇、杭、嘉、湖诸府,各年起运、存留不下百万,而粮长、书手、奸胥、豪右通同作弊,影射侵分,每年亦不下十余万。臣以生长地方,目击弊蠹,故颁缕具奏,仰荷圣明允行,而所司束之高阁,漫不为理,殊负陛下惠养元元励精政理之意,乞敕令巡抚都御史毛思义督所司加意举行,严限期日,将检踏清查坍荒田粮的确数目,并改正各项欺隐情弊,具以籍报,毋仍蹈故辙,迁延慢令。"③

顾鼎臣的奏疏显示出,地方州县执行朝廷的要求或政策时,存在着所谓"束

---

① 〔明〕顾鼎臣:《顾文康公文草》卷一《陈愚见划积弊以裨新政疏》,第265—266页。
② 〔明〕顾鼎臣:《顾文康公文草》卷十《书牍·与东湖都宪》,第445页。
③ 《明世宗实录》卷一百十八,"嘉靖九年十月辛未"条。

之高阁,漫不为理"的普遍情形。或许并不是州县官员执行不力,而是政策的具体执行,大多需要依赖州县胥吏们在地方上来推动,他们对于田粮坍荒的问题并不会去认真检踏,使"各项欺隐情弊"没有得到真正的改正,粮长、书手、奸胥、豪右之间"通同作弊"、互相谋取利益的行径依然故我。这一点,出身于昆山县的顾鼎臣显然是看得很清楚的。

户部认同了鼎臣所谓"苏、湖七府田赋甲天下,而都图总胥,那移飞洒,欺官蠹民,嘉靖六、七年两敕清核,未有奉行"的事实,在嘉靖十六年也要求地方抚按督率清理。①

实际上,朝廷不可能直接管控地方,鼎臣只能将振举江南社会的希望放在地方官员们的身上。他晚年给巡抚欧阳铎的信中这样写道:

> 生向时所进东南七府清查坍荒田粮之疏,仰荷圣明准行,今已十阅岁矣。前巡抚先生迁代不常,虽有公文行下,而有司视为故纸,未尝一加之意,是以因循至此。今者幸遇大君子忠贞明达,上念国计,下恤民隐,锐意划革田粮蠹弊,此千载一时也。六府州县官惟是敝府知府王仪,颇能仰承德教,尽心竭力,作而行之。奈何各县乡官不存天理,不审事势,不畏国宪,造言生谤,百端阻挠,生不得已,复上此疏者,诚有所激而然也。……又苏、松二府州县介在江海湖泽之间,每岁钱粮供亿寄顿仓库以数百万计,人民生聚日繁一日,皆朝廷赤子,而各县旧无砖城,一遇盐徒行盗猖獗,则公私皇皇,无所恃赖。②

鼎臣高度评价了苏州知府王仪的功绩,说江南六府州县官中只有王仪"颇能仰承德教,尽心竭力"。而在给王仪的信中,鼎臣就这样称赞他:"执事其益坚初志,勉卒垂勋,为吴民造穷之福,则庙食百世,遗爱岂在周、夏二公之下哉!"③鼎臣所谓的周、夏二公,即指周忱与夏原吉。

据《明史》记载,"内行修洁"的欧阳铎(约1481—1544),是江西泰和人,正德三年(1508)进士,曾任南京光禄寺卿、右副都御史、应天十府巡抚、南京兵部侍郎、吏部右侍郎等职。他对苏、松地方的赋税、徭役确实有过较大整顿,确立了一

---

① 〔明〕许重熙:《嘉靖以来注略》卷三,"丁酉十六年九月"条,崇祯间刻本。
② 〔明〕顾鼎臣:《顾文康公文草》卷十《书牍·寄欧阳石冈巡抚》,第445—446页。
③ 〔明〕顾鼎臣:《顾文康公文草》卷十《书牍·与肃庵太守》,第447页。

套新举措。苏、松地区田地本来差别不大,但征赋"下者亩五升,上者至二十倍",欧阳铎重新调整:"令赋最重者减耗米,派轻赍;最轻者征本色,增耗米。"至于推收,则是"从圩不从户",从土地这个根本出发,使"诡寄"问题得到解决。而受四千四百余顷荒田赔累的小民,欧阳铎"以所清漏赋及他奇羡补之",讨论推行徭役及裁邮置费数十百条,"民皆称便"。①

据说,欧阳铎负责整顿工作的结果,是"检荒田四千余顷,计租十一万石有奇,以所欺隐田粮六万余石补之,余请豁免"②,显然极有成效,将鼎臣的建议付诸实践,既清理了税源、确定田赋征收原则,也整顿了田赋收支。③ 欧阳铎对圩荒课税的调整,固然有益于地方民生,但江南地区圩荒田的存在,实在太过普遍,而且随时间迁移常有变化,不可能真正全部清理干净。

顾鼎臣另一通重申地方改革的信,则是给苏州知府王仪的,信中直接颂扬了王仪的政绩:

> 窃念敝郡赋税甲天下,以田多额重而然。小民终岁劳筋苦骨,瘁于树艺稻谷,未就铚刈,而征科之令下矣。公输私责,旦夕而罄,曾不得少有儋贮石藏以养其父母妻子,此天道神明所共闵痛者也! 一郡之田,惟长、吴二县为上,何者? 独居腹里,壤高水平,土脉膏腴,无它县江海击射、啮缺沙瘠之患,故其税额加耗,当重于他所。今闻执事加志于邦本,查出昆山、常熟每岁代二县多出耗米至七万五千余石者,已四十余稔。於乎,细民岂不冤哉! 执事功德岂不大哉!④

王仪是河北文安人,嘉靖二年进士,曾任嘉定知县、巡按御史、苏州知府、浙江副使、山西右参政、右佥都御史等职。在苏州知府任上,曾因事得罪嘉靖帝,被迫去职,结果竟因苏州士民多次乞留,而被重新留用。

嘉靖帝亦感叹道:"苏赋当天下什二,而田额淆无可考,何以定赋?"在王仪的治理下,"以八事定田赋,以三条核税课,徭役、杂办维均",其治绩堪为知府第一。

---

① 《明史》卷二百十三《欧阳铎传》。
② 《明史》卷七十八《食货志二》。
③ 唐文基:《明代赋役制度史》,中国社会科学出版社1991年版,第164—165页。
④ 〔明〕顾鼎臣:《顾文康公文草》卷十《书牍·与王太守肃庵》,第446页。

巡抚欧阳铎在江南推动"均田赋"的工作中,王仪在行政工作上的辅佐颇为得力。①

其实,成化二十三年进士、澧州人李充嗣(1465—1528)巡抚江南时,向当地官员了解过苏州地方复杂的田赋问题,准备进行均田赋的改革。可是当他听到洪武初期苏州人、户部尚书滕德懋曾向朱元璋建议此事,结果朱元璋大怒,将滕氏腰斩的故事后,就不敢更言均田赋了。而王仪就不同,完全不顾政治上的压力,展开了均平田赋的改革。据长洲人、弘治九年(1496)进士皇甫录的记载,苏州府长洲县亩均三斗七升,水乡下田十年中不过三四次较好的收成,因而大受其害;而高乡的腴田,也没有得到好处。依周忱(文襄公)抚吴时的办法,四斗五斗额田半折白银,一两准折米三石,六斗七斗以上的额田则全折花银,每银一两准予白米四石。征收时,先米后银,再花银。因此,地方百姓的压力得以减轻。皇甫录的意见,显然是偏向周忱时代的办法,对他生活时代的改革是有不同想法而明示批评之意的。他说:

> 今亩征米二斗,银八分五厘准米一斗七升,则银一两,土折米二石,又一时并征,民不堪命。文襄之良法尽坏,而美意不复在民。今计苏州多米万石,以明诏之故,不敢作正。故有司征收用新法,户会计用旧额,巡抚者亦不究其故,上下相蒙以为利。②

顾鼎臣奏行清理江南田粮时,王仪力行欧阳铎主张的"均粮之法",在地方上成效比较明显。像嘉定县,知县李资坤(嘉靖十三年至十六年任)悉力奉行了苏州府的举措,"履亩丈量,图方圆曲直之形及四至,图有圩,圩有甲乙号,于是诸弊毕出"③。嘉定人娄坚(1554—1631)就说:"郡守王公始衷益官民田,尽摊之轻则,为斗不过三而止,无复向之重至八斗者矣。"④

以上所陈顾鼎臣奏疏中所论,从中无一不可窥见当时中国的社会生活实态与王朝统治中存在的各种问题。

---

① 《明史》卷二百十三《王仪传》。
② 〔明〕皇甫录:《皇明纪略》,商务印书馆1940年景印元明善本丛书十种"历代小史"本,收入《续修四库全书》子部第1167册,上海古籍出版社2002年影印版,第668—669页。
③ 万历《嘉定县志》卷五《田赋考上》,万历三十三年刊本。
④ 〔明〕娄坚:《学古绪言》卷二十一《论上下区书(代)》,文渊阁四库全书补配清文津阁四库全书本。

地方事务及公益活动

在 16 世纪初期民生困顿、社会混乱的境况下,鼎臣于辞世前三年,即嘉靖十六年(1537),颇有远见地建议并推动修筑昆山县城。并且有效地解决了筑城经费的大问题,除了自己拿出银两作为地方士民的表率外①,还需要在昆山县丁田内查数均派银两,倘若再不足,就由苏州府陆续筹办。他的建议获得了工部的支持和嘉靖帝的首肯。

鼎臣亲自为工部代拟了《筑造城垣保安地方疏》,疏文如下:

> 巡抚应天等府地方、都察院右副都御史欧阳铎题云云等因,奉圣旨"该部知道,钦此",续该巡按直隶监察御史陈蕙题前因,通抄送司,案呈到部,臣等看得直隶苏州府所属一州七县,实东南财赋渊薮,每岁供亿,糙白粮米、金花银、绢布及课办料解等项,通计三百八十余万,府州县仓库收贮、转输钱粮,动以百十万计,但地方东临大海,西滨震泽,北并大江,南通湖泖,盐徒、海盗时常窃发,势甚猖獗,不无觊觎窥伺。而昆山一县,尤为屏蔽要地。旧有城垣,颓废已久。近年以来,节被盐盗烧劫,居民惊惧,虽经节议修筑,切缘前此官司任事不力,以致因循岁月,迄无成功。今该抚按官勘估议处,思欲保障地方,以为公私经久之计。会题前来,又称人民乐于听从趋事,相应依拟,合候命下。本部移咨巡抚、右副都御史欧阳铎,及咨都察院,转行巡按监察御史陈蕙,各照原议事理,将该用银两于该县丁田内查数均派,倘再不敷,仍行该府陆续处给,买办物料,雇集丁夫,选委贤能官员,专一管理,务使费少功多,一劳永逸,勿得迁延靡费,贻累地方,责有所归。中间未尽事宜,仍听抚按官临时计处,工完之日,各令造册,奏缴青册送部。查考其他州县城垣,相应修筑,亦听议拟,斟酌缓急,次第举行。缘系筑造城垣,保安地方,及圣旨该部知道,事理未敢擅便,谨题旨。②

---

① 康熙《昆山县志》,"名贤"条,康熙间稿本。
② 〔明〕顾鼎臣:《顾文康公文草》卷二《筑造城垣保安地方疏(代工部题覆)》,第 318—319 页。

虽然,这一动议难免缠结其桑梓之情,但在客观上,大大巩固了地方防卫,自然是像鼎臣这样的官员"出为朝廷,入为草莽"的"分内事"。①

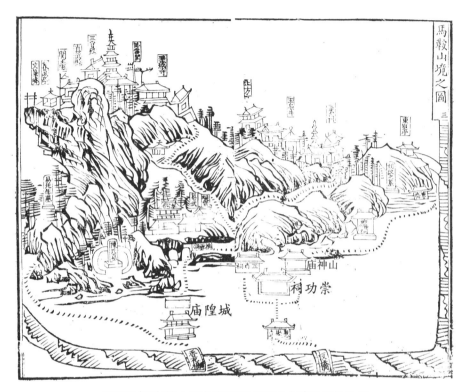

万历四年刊《昆山县志》所绘的马鞍山与崇功祠的位置

实际上,在顾鼎臣请筑昆山城时,地方士民也是"咸以为劳扰"②,不太情愿筑城。后来在倭乱大爆发时,昆山城及其居民得以较多地保全。

《明史》中就有这样的言说:"昆山无城,言于当事为筑城。后倭乱起,昆山获全,乡人立祠祀焉。"③这个祠一直保留至今,名"崇功祠"。

当时的建祠之议,不仅是为鼎臣推动筑城让乡人在倭寇入侵时获得保全,而且也颂扬了鼎臣在北京中枢机构为官的各种贡献以及为东南地区百姓减轻赋役负担、整顿地方弊政所作的努力。昆山地方士民为顾鼎臣建祠的理由作了详细的陈述,最后说:

---

① 〔明〕陈继儒:《陈眉公集》卷十一《题词跋疏·跋义田记》,万历四十三年刻本。
② 〔明〕张凤翼:《谭辂》卷下,万历同刻本。
③ 《明史》卷一百九十三《顾鼎臣传》。

> 某等查得先朝名臣杨文贞公等，其原籍地方，皆曾奏请设立专祠，朝廷轸念旧劳，特赐祠额。如顾公者，抡魁宰辅，兼名位之隆，受知圣明，极遭际之盛，经纬启沃，褒嘉屡降乎纶音，秘殿谋猷，生灵默受其福泽。迨夫銮舆巡幸之日，尤有奠安荤毂之功，稽诸祭法：以死勤事，则祀之公，虽疾革犹惓惓于天下大计，非以死勤事者乎？又曰：能御大灾则祀之，能捍大患则祀之。公尝抗疏以免大同之屠戮，筑城以防倭寇之祸变，非能御灾捍患者乎？未设专祠，诚为缺典。如蒙当道查照旧例，奏请特赐祠额，行令本县岁时祭祀，庶几少慰群情，允合祭法，某等不胜愿望！①

在昆山而言，对鼎臣评价最高的，自然仍在筑城。昆山地方志中对此有较多评述：

> 顾文康公鼎臣轸念昆山滨海，土城日就倾圮，脱有惊变，无城可守，乃言于抚按宪臣，疏请沿海诸县无城者，次第举事。惟昆山最为要害，首议兴筑修葺，旧基甃以砖石。经始于嘉靖十八年二月，工完于嘉靖十九年五月……比之邻邑诸城特为坚固……城成后十有三年，倭夷奄至，城内居民及乡民迁入者并免屠戮之惨。……合县士民追念顾文康公先见预防之功，奏立"崇功祠"，春秋祭之。②

这方面，可从其五世族孙顾锡畴（万历四十七年进士）为鼎臣文集所撰的跋文中，可窥大概：

> 公当世庙日，海内乂安，朝端无事，优游馆阁，得以文章扬扢休明，然进则有居守之功，退则有营城之效，城成不逾岁，而岛寇之发，昆民大庇，至今席之，以是知公之经纬，不言道存。时即未大施设，而偶见一斑，则朝乡赖之，是故士大夫未有不功朝与乡，而能一日居乎其位者。今天下多故，清兵深入，南北阻绝，流氛日殷，天堑失险，后生小子苟怀

---

① 〔明〕顾梦圭：《疣赘录》续录卷上《叔祖文康公建祠议》，雍正七年顾怀劬刻本。
② 万历《昆山县志》卷一《城池》，万历四年刊本。

忠孝，必将明志以养气，养气以练材，练材以匡时，庶于公之德功可冀百一，而高文典册亦于是具举矣。①

锡畴所处的世代，已是明末王朝飘摇之际，情势危急，所谓"天下多故，清兵深入，南北阻绝，流氛日殷，天堑失险"。72岁的顾晋璠亲眼看到1645年清兵下江南，"兵燹所及，草木成焦，城破遭屠，几无噍类"的惨象。② 在这样的危难情势下，作为鼎臣的后代们，更要明志、养气、练材、匡时，并从鼎臣的遗文中获取更多的道德感召力量。

除了筑城这样重大的地方公益事业，鼎臣更关心的，还有前文述及的江南吏治整顿、赋税征收与民生救护等问题，他三次上奏③，内容也就是万历年间昆山地方官府所追述的："每以东南财赋重地积蠹甚多，究极利弊，条陈四事，三举奏焉"，内容就包括牵耗、丁田、筑城等事。④ 而早在嘉靖三年（1524），鼎臣曾撰有一篇《兴修东南水利》的碑记，则是申说江南水利的重要以及他对治水的看法。

历代兴修水利的关键工程，以及从正德十六年（1521）启动的江南重大水利工程，重点就在吴淞江与白茆港。在鼎臣看来，永乐年间夏原吉、正统年间周忱奉命修治水利，堪称最有成效，以后江南的历次治水，虽然设有专官董治，但都是"因循苟且，徒耗财力，随起而废"。⑤

这次治水，影响较大。而领导此次治水的，是有着诸多荣衔的工部尚书李充嗣。在他的推动下，一些朝廷官员与苏州、松江、常州、嘉兴、湖州五个府州县一起，协同进行水利整治工作。⑥ 工程曾动用了军民人夫近十万，耗资庞大。就实际而言，此次"旁稽图志，博采舆论"、大规模的治水活动（原计划以白茆港、吴淞江为主）⑦，收效不大，当时只开了白茆港，而开了没过几年又淤积严重。可能与

---

① 〔明〕顾鼎臣：《顾文康公续稿》，附《文康公续集跋》，崇祯十六年刻本，收入《四库禁毁书丛刊》集部第59册，北京出版社1997年影印版，第82页。
② 〔明〕顾鼎臣：《顾文康公三集》，顾晋璠"跋"（顺治二年），第647页。
③ 〔明〕严嵩：《钤山堂集》卷三十四《神道碑·光禄大夫柱国少保兼太子太傅礼部尚书武英殿大学士赠太保谥文康顾公神道碑》，嘉靖二十四年刻增修本，收入《续修四库全书》集部第1336册，上海古籍出版社2002年影印版，第291页。
④ 万历《昆山县志》卷六《人物二》，万历四年刊本。
⑤ 〔明〕顾鼎臣：《顾文康公三集》卷三《碑记·兴修东南水利碑》，第618—619页。
⑥ 〔明〕张国维：《吴中水利全书》卷十四《章疏·李充嗣奏报开浚各项工完疏（嘉靖元年上）》，文渊阁四库全书本。
⑦ 〔明〕顾鼎臣：《顾文康公三集》卷三《碑记·兴修东南水利碑》，第619—620页。

海潮不时引入浑泥,而常淀于河底,致使河身湮塞有关。①

一百多年后,偶然乘船经过吴江的苏州府庠生吴焕如,在河中发现此碑,并将拓文交给其友人,正是鼎臣五世孙顾晋璠,从而使此碑文得以重现。这时是1645年冬天,晋璠为此碑文补充说明道,吴氏当年曾帮助过巡抚张国维编刻《三吴水利全书》(即《吴中水利全书》),并进呈御览。②

在嘉靖四年,鼎臣高度赞扬昆山知县王朝用的为政,称其"岂弟忠信,赋政不挪,士民安之"③。也向往与重视明初朝廷对社会教化的遗训:"惟我皇祖有训,才数语耳,明白浅近,若无深奥卓越,而导民成俗、治国平天下之道,不外乎此。……臣某童稚时,每日五更,闻持铎老人抗声诵此数误,辄惕然自警。"④当然更注意官宦子弟的教育与管束,并在不同场合表达其类似如下的观点或意见:

> 人之贤不肖系于教,而亦有不然者。达官之子,满盈骄惰,气体之所居,耳目口腹之所养,既足蛊其心志。而为之父者,晨而出,暮而入,官书政理,穷年矻矻,虽欲闲而教之奚暇?故非卓然知所取舍,克自树立,鲜不败焉。⑤

远离昆山的他,较多地依赖子、侄、婿等人外,还需要几位兄长帮衬家族管理与应对地方事务,特别是其文集中常予提及的二兄。而在其文集中,给这位二兄的信,仅收有一通,详录于下:⑥

> 仲兄大人先生:
> 尊侍者时举昆仲来,备问大人起居,彼问向来精采丰腴,气体强健,弟及弟妇闻之不胜欣蹈。第闻吴中米玉薪桂,盗贼四起,征求日急,民无以应,及岸塍未修,今岁水旱又未可知,收成又未可必,以此不能无忧耳。抚按救灾,本甚激切,小弟再三与户部石司徒说:"江南唯苏困为

---

① 〔明〕何良俊:《四友斋丛说》卷十四《史十》,中华书局1959年版,第121页。
② 〔明〕顾鼎臣:《顾文康公三集》卷三《碑记·兴修东南水利碑》,第620页。
③ 〔明〕顾鼎臣:《顾文康公三集》卷二《序·赠梦樵朱隐君礼燕卷序》,第611页。
④ 〔明〕顾鼎臣:《顾文康公三集》卷三《杂著·祖训六言书后》,第626页。
⑤ 〔明〕顾鼎臣:《顾文康公三集》卷三《杂著·许子同朝字世忠说》,第626页。
⑥ 〔明〕顾鼎臣:《顾文康公三集》卷三《杂著·寄仲兄书》,第628—629页。

剧，苏唯吾昆为剧，钱粮雄于他县，而地瘠民贫，连岁荒凶，几十室九空矣。自非徼朝廷赈恤，昆民其靡有孑遗乎？"言之可为流涕，石司徒为改容，已慨许覆行，其如不报何！弟有书促李都宪，具本再进，弟当拉吴中巨老合力以请，东南半壁，庶有起色，然亦未知如何也。此间凡事一日不如一日，士夫相见，蹙頞浩叹而已，小弟已下赖庇荫苟安，只是胸中忧绪纷纠，日觉哀癀，唯恃曲生相与，销拨怀抱，又恐积久成疾，不敢放也。逌庵母舅大人喜康强如昨，未知何日得侍二公几杖，一纾向来瞻慕。事势仓皇，差事又未敢动念，奈何，奈何！

衣冠阀阅之家的评述

顾家在昆山发展成为世家巨族，与顾家子孙的努力仕途、注意经营有必然关系。① 顾家的子孙后来说，"吾顾氏，自汉晋以来，代有闻人。入国朝百八十余年，衣冠阀阅，日益昌炽"；这样一种长期繁盛的状态，都是遵循先世的仁厚节俭作为持身保家之本而得以维持的。②

地方家族文化的兴盛，也应与地方的人文培育有相当的联系。晚明地方官府就曾有昆山"风土清嘉""民以务孝养、勤本业为事""好学而知礼，尚孝而先信""仕者重名俭、薄荣利"以及"家知读书、人知尚礼"等这类正面的表述。③

顾鼎臣于早期的生命历程中，应该能切近地感受到昆山地方的人文传统，是所谓"吾昆士风，素号近厚。前辈作之，后贤翼而传之，有相好，无相害"。④ 他本人少年时即负才名、性情俊爽，后来成为"宰相"⑤，更加在意顾家在昆山的声誉，竭力维持顾家与地方社会、官府的良好关系，注意平衡家族内的利益分配，特别注重对子孙辈的道德教化。

从顾鼎臣进入翰林院伊始，攀升至内阁的邻袖地位，最后卒于官位，时长三十余年，留下了很多紧密关乎上述内容的文字，也是他个人生命经历的重要组成

---

① 据统计，从弘治二年至嘉靖十九年间，昆山顾家乡试题名的有5人，其中殿试题名的有3人，最杰出者当然是顾鼎臣。参廖峰：《嘉靖阁臣顾鼎臣研究》，巴蜀书社2012年版，第33页。
② 〔明〕顾梦圭：《疣赘録》卷三《杂著·字二子说》，雍正七年顾怀劢刻本。
③ 万历《昆山县志》卷一《风俗》，万历四年刊本。
④ 〔明〕顾鼎臣：《顾文康公三集》卷二《序·送王先生序》，第607页。
⑤ 〔明〕沈德符：《万历野获编》卷八《内阁》，"顾文康陆少白"条，中华书局1959年版，第225页。

部分。从中可以呈现出传统儒学礼教中的忠孝仁义观念对顾家日常生活、家庭生计与社会关系维持的内在深远影响。

通过鼎臣个人的家书、奏疏等文本书写的解读,确实可以更加鲜明地感受到晚明政治史上一位重要人物的具体思想与活动,以及他所关心的家庭生活、社会公益与国家政治,能比较多地窥探其真实心态与家国情怀。

仅就地方社会而说,鼎臣的家乡昆山等地,承担着明王朝最为沉重的赋税负担。但地方社会的窳败所在多有,州县官府的总胥颇多奸弊,使民生日困。为此鼎臣三次上奏朝廷,要求切实整顿,力求实效。在巡抚欧阳铎江南推行均粮法时,他写信表示:"公行法,而我家增赋数十石,然为百贫家减十五矣。"能够牺牲个人及家庭的利益,为改革畅行提供方便,这种"克己为民"之行,在当时的官场上也属少见。①

明朝人对顾鼎臣的功业,有这样概述性的评价:

> 鼎臣杰特有大志,留心经世,随事献纳,多见采用。……大同军变,请诛止渠魁以安人心。四方郡县多奏水灾,疏陈生民困穷之状,请遣使赈恤。而生长东南,见财赋日蠹,民力日屈,则三举奏焉。晚岁履政府,将大有为,然仅二载,卒于位,时论惜之。②

这种可惜之论,分明表示鼎臣 68 岁辞世,显得过早。而在家书中时或可见鼎臣对于性命修养的重视,与其寿享远不及乃父顾恂的实际,让人感觉深刻,原因或许与鼎臣有酒色之好相关。好酒之态,已显见于鼎臣在家书中的表达,然好色之谓,史料中极少表露。焦竑(1540—1620)曾有含蓄的记录,言其"性跅弛,好声酒及内,或以风之意,殊勿屑也"③。更直接的揭示,则在雷礼(1505—1581)编的《国朝列卿纪》中,在称颂鼎臣功业之后,话锋忽然一转,说他"素行不检……奢淫纵乐,以终其身"④。

当然,明人认为可惜的主要原因,从政治大局着眼,仍在于鼎臣的"生平伟

---

① 康熙《昆山县志》,"名贤"条,康熙间稿本。
② 〔明〕过庭训:《本朝分省人物考》卷二十一《南直隶苏州府四》,"顾鼎臣"条,天启刻本。
③ 〔明〕焦竑:《玉堂丛语》卷六《容止》,中华书局 1981 年版,第 225 页。
④ 〔明〕雷礼:《国朝列卿纪》卷十三《殿阁大学士行实》,万历徐鉴刻本。

志",因寿数所限,不能得以施展。① 鼎臣一生行迹,一如其曾孙顾咸建所云:"本乎忠孝,泽乎仁义。"②那种对鼎臣只是"以献媚得宠""事业毫无闻焉"而"流秽史册"的评价③,甚至认为其"行检卑污",要与董瑞、陈雍、周金、汪峰、杨一清等人"速宜出削"④,都是既非公允,更不完全符合事实之论。

鼎臣的仕宦生活漫长,但在很长时期里,堪称地方精英或大族巨室的顾家,于权力、财富、地位这些层面所能获致的资源,与鼎臣官位攀升(基本是由科举的成功而来)形成的联系,从一开始就表现出不是正相关,而且维时较长。虽然他们主要生活在昆山,拥有较高的政治、文化与社会地位,也使鼎臣这一支成为昆山顾氏家族的核心,在地方上堪称首屈一指,但在鼎臣的文字中,找不到那种明显的家族扩张感,反而更多的是收敛之态。张大复就说,顾氏子孙"世有令德",是与其家庭之劝诲分不开的。⑤ 这或许与鼎臣本人的气质、秉性与处事准则等,有着不可分割的联系。

顾氏家族的生活、子弟教育、生计安排,虽然基本上局限于昆山一隅,但都与王朝统治和江南地方民生的变化,有着明显的关联。当顾鼎臣位至内阁领袖时,仍时刻对家风、名节保持着必要的谨言慎行之心,而此时距其辞世,只有二三年时间了。而且在鼎臣之后直到明朝结束,顾家再也没有出现像鼎臣这样身份特别显贵的人物,更多的则是忠孝节烈方面的杰出代表⑥,并仍然能给顾家带来整体的荣誉。

---

① 〔明〕张大复:《昆山人物传》卷六《皇明昆山人物传》,"顾鼎臣"条,明刻清雍正二年重修本。
② 〔明〕顾鼎臣:《顾文康公续稿》,附〔明〕顾咸建:《文康府君续稿跋》(崇祯十六年),崇祯十六年刻本,收入《四库禁毁书丛刊》集部第 59 册,北京出版社 1997 年影印版,第 83 页。
③ 〔明〕沈德符:《万历野获编》卷二十九《讥祥》,"甘露瑞雪"条,中华书局 1959 年版,第 732 页。
④ 〔明〕邓元锡:《皇明书》卷十《世宗肃皇帝帝纪》,万历刻本。
⑤ 〔明〕张大复:《昆山人物传》卷七《皇明昆山人物传》,"顾履方、子谦亨、曾孙天宿"条,明刻、清雍正二年重修本。
⑥ 如明末清初的鼎臣曾孙顾咸正、顾咸建、顾天逵等人,就是江南抗清殉节的名士。有关事迹可参冯贤亮:《清初嘉定侯氏的"抗清"生活与江南社会》,《学术月刊》2011 年第八期,第 123—134 页。

三、布衣袁仁：地方知识人的生活世界

袁仁的家世

晚明中国社会复杂多变，生活中充满了物质利益与精神文化的不同诉求，让人觉得士人的世界丰富多彩，生活引人入胜。在地方社会史的先行大量相关研究中①，多注重文人士大夫或乡绅地主甚至隐逸高士的考察，布衣者流关注极稀。由于缺乏史料的支撑，没有"身份"的布衣之士的生活，并不能得到很好的呈现，但这对充实一个时代知识人生活史的整体论述，对深入探讨晚明以来中国社会的变化和地方文化，掌握繁复的社会活动与面貌，展现鲜明而具体的文人生活，借此建立起一个有机的社会图像②，意义重要。

与其他地方一样，明代中期以来的浙江嘉善县城市社会中，官吏、绅士、地主等构成了核心权势，并与周边城乡权势阶层结成了比较紧密的网络。这当中，作为布衣的袁仁（字良贵，1479—1546），一直沟通其间，引起当世人们的关注。袁仁既无政治上的显贵身份，也乏庞大的财力，只是一名出色的医者③，或是无身份的杰出知识人，为时人所称道罢了。但元末明初以来，袁家并非泛泛之族。

循着袁仁的家世，可以知晓袁家的先祖，是从河南陈州迁居江南，散居于吴越之地，八代祖富一公由"语儿溪"（传说中的吴、越分界处，在今浙江桐乡崇福地

---

① 相关研究可参李孝悌：《昨日到城市：近世中国的逸乐与宗教》，联经出版事业股份有限公司 2008 年版；王鸿泰：《流动与互动——由明清间城市生活的特性探测公众场域的开展》，台北：台湾大学历史学研究所 1998 年印本；巫仁恕：《品味奢华——晚明的消费社会与士大夫》，中华书局 2008 年版；吴智和：《明人休闲生活文化》，明史研究小组 2009 年刊本；赵园：《明清之际士大夫研究》，北京大学出版社 2014 年版；冯贤亮：《明清江南士绅研究疏论》，《中国高校社会科学》2014 年第六期，第 85—96 页，等。

② 王鸿泰：《社会图像的建构》，收入胡晓真、王鸿泰主编：《日常生活的论述与实践》，允晨文化实业股份有限公司 2011 年版，第 38—39 页。

③ 陈邦贤在论及明代医学的成就时，就曾提及袁仁的《内经疑义》。参氏著《中国医学史》，商务印书馆 1937 年初版、1954 年修订版，第 241 页。

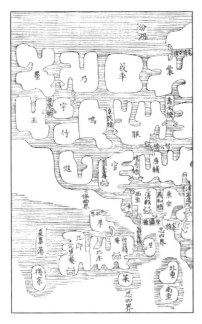

位于明代下保东区的陶庄净池（据嘉庆《嘉善县志》）

方)徙居后来属于嘉善县西北境的陶庄镇净池，历三百余年。①

祖先追述中的中原情结，大概在江南家族记忆史中是普遍的现象，但经历了长时段的发展后，来自中原的正统性或核心感，其实已经淡化。像袁家对于祖先从中原迁居江南，只是一语带过，而定居于江南后的历史开始清晰起来。述及家族的荣耀史，都是从元末开始的。彼时祖居于陶庄镇的袁家，资产颇饶，生活优裕，堪称有势力的大族。②到明初的杞山公袁顺时代，袁家仍然居于陶庄镇。③

据说袁顺为人豪侠好义，且博通经史诸学，在文化上已极有地位，为人所钦重。在"靖难之役"时，黄子澄（1350—1402）曾微服至苏州知府姚善处密议匡复，姚善与袁顺为密友，故此常往来陶庄的袁家。袁家因而获罪，被迫避难归隐至附近的吴江县，袁顺则以童子师为生。④

永乐初年，令严而法重，袁家在陶庄乡间的那些祖房大多被拆毁，仅剩镇上的一些房子。危机过去后，洪熙元年（1425）官府退还不少房地产，袁顺即回归故乡，"请粮里知识公同会议"，让那些富而有力者还出所占袁家产业的一半，另一半就算偿还佃费；而想拖着不还的，仅要求退出十分之二三；至于完全已赖所占袁家田产为生计的，都不要求退。所以这样一来，袁家本来的四十余顷田产，实际上只退了十分之一，至袁顺临终时，都分散给了族亲中贫弱之家。在袁顺移居吴江不久即生子袁颢，袁颢后来赘于芦墟的徐孟彰家，遂有入籍吴江之事，并冒

---

① 〔明〕袁仁：《参坡公袁先生一螺集》之《行状·怡杏府君行状》，收入〔明〕袁黄编：《袁氏丛书》卷十，万历间嘉兴袁氏刊本。
② 〔明〕袁颢：《袁氏家训》"家难篇"，收入〔明〕袁黄编：《袁氏丛书》卷一，万历间嘉兴袁氏刊本。
③ 〔明〕袁黄：《刻袁氏丛书引》，收入氏编：《袁氏丛书》，万历间嘉兴袁氏刊本。
④ 据说，袁顺逃至吴江北门地方，留下绝命词后，投河自尽，幸有"好义"的当地居民吴贵三"援而出之"，破家相容，保全了袁顺的性命。参〔明〕袁颢：《袁氏家训》"家难篇"，收入〔明〕袁黄编：《袁氏丛书》卷一；〔清〕朱鹤龄：《愚庵小集》卷十四《杂著二·书袁杞山事》，上海古籍出版社1979年影印版，第687—688页；嘉庆《嘉善县志》卷二十《杂志·外纪》，嘉庆五年刻本。

姓徐,在吴江曾充任二十九都二副扇一册里长。①

袁颢承继了徐氏家业②,到十八岁时即能操笔为举子业,准备赴试之际,却被袁顺"但为良民以没世,何乐如之"之言所劝,因而彻底放弃举业,"种药圃自给"。③ 从此就有后人所谓的袁家"世以医显"之说④,形成了袁氏祖训中"惟医近仁,习之可以资生而养家,可以施惠而济众"的传统。⑤

袁颢读书能洞见阃奥,于象纬、舆图及诸派学术,纵横无碍,除通医术外,更精于《皇极》《太素》之术。因此他曾被朝廷诏征,但称病不赴。袁颢妻家族子、宣德八年(1433)进士徐有贞(1407—1472),也对天文、地理、兵法、水利、阴阳方术之书无不谙究。徐氏兄弟曾从平辈的袁颢学习象纬术数。景泰八年(1457),徐有贞与石亨、曹吉祥等人策划发动夺门之变,拥戴明英宗复辟后,官拜华盖殿大学士、兵部尚书,封爵武功伯。他的成功被视为"占验"的结果,后来被构陷罪名贬为广东参政,流放金齿(云南保山)为民,直到成化初年,又冠带闲住。在释归后,徐有贞犹希冀获得帝王的再次召见,据说时时仰观天象,称将星在吴,非常自负。袁颢年九十多岁时,徐有贞还来求示,袁颢就令其子袁祥(字文瑞)继续指导他们,并对徐有贞说"君有所疑,试扣吾儿"。袁祥尽得乃父真传,于占候尤精,对徐有贞的疑问,能随疑辨析,"词甚略而旨甚明",同时也因徐有贞的要求,撰写了《天文纪事》,令徐氏大为佩服,徐氏认为袁颢、袁祥父子怀绝世之学,"使旋乾转坤之略、辅世长民之蕴,尽在蓬门斗室中",终袁氏父子世,他不敢轻言占候。⑥

从袁颢开始,为趋避政治的影响,袁家"不干禄仕","以医为业",后来曾孙袁黄解释说是"有所托而逃也",但仍然坚持"讲道德性命之学",钟情六艺,著述都

---

① 〔明〕袁颢:《袁氏家训》"家难篇""民职篇",收入〔明〕袁黄编:《袁氏丛书》卷一。吴江名士朱鹤龄(1606—1683)抄录了这段故事,参〔清〕朱鹤龄:《愚庵小集》卷十四《杂著二·书袁杞山事》,第687—689页。
② 〔明〕袁仁:《家居八景赋(序)》,收入〔明〕袁黄编:《袁氏丛书》卷九《参坡公袁先生一螺集》;〔明〕袁仁:《参坡公袁先生一螺集》之《行状·怡杏府君行状》,收入〔明〕袁黄编:《袁氏丛书》卷十,万历间嘉兴袁氏刊本。
③ 〔明〕袁颢:《袁氏家训》"家难篇""民职篇",收入〔明〕袁黄编:《袁氏丛书》卷一。
④ 〔清〕潘柽章:《松陵文献》卷六《人物志六·袁黄》,康熙三十二年潘耒刻本,收入《续修四库全书》史部第541册,上海古籍出版社2002年影印版,第442页。
⑤ 〔明〕袁颢:《袁氏家训》"民职篇",收入〔明〕袁黄编:《袁氏丛书》卷一。
⑥ 〔明〕袁仁:《参坡公袁先生一螺集》之《行状·怡杏府君行状》,收入〔明〕袁黄编:《袁氏丛书》卷十;〔明〕盛枫辑:《嘉禾征献录》卷二十《尚宝司·京府》,清抄本,收入《续修四库全书》史部第544册,上海古籍出版社2002年影印版,第531—532页;《明史》卷一百七十一《徐有贞传》。

很丰富。① 袁颢对于乃父袁顺的教诲之理解,应该是有彼时"杀运未除,所当苟全性命"的原因,但四五代之后,时移刑省,袁家认为可以出而应世了。②

按照袁家的说法,嘉善地方曾有七十余家因"黄子澄之变"而遭祸,袁家只是其中之一,都是"不惮殒身灭族以殉忠义"。③ 受"杀运"影响较大的,除了苏州知府姚善一家外,就是黄子澄家了。在黄子澄带着妻、子到苏州时,姚善编制黄册,将黄子澄的儿子入籍昆山。黄子澄殉节后,小儿子黄泽(字彦辉)入赘于昆山张家。到了黄泽的孙子黄云时代,仍然是家境贫困,黄云虽然好学,但都要到藏书丰富的人家去借阅抄录。黄云很努力,凡刑名、钱谷、水利、算数、军旅、仪制等领域,无不究心,也期望为"有用之学"。在弘治年间,他就以贡生的资格,出任瑞州府学训导。后来因丁艰回家守丧,从此绝意仕进。④ 这方面,袁家与黄家的命运比较相像。

宣德年间,为确认新设的嘉善县治选于何处时,"博学善谈"的袁顺,曾被地方父老举荐给大理寺卿胡概,观察县境形势。袁顺因病而委托其子袁颢负责此事。时当弱冠之年的袁颢,在乡间乘船考察地利时,发现县城候选地西塘镇水势倾斜,也不是一个陬要的地方。魏塘镇则不同,东通海上,是整个嘉兴府东境的一个藩屏之地,军事上可以有所倚重,而且商旅往来辐辏,较易形成一个中心点。最终袁颢选择了地势"平正"的魏塘镇作为县城所在,打消了胡概本来欲建城于西塘镇的初衷。同时,胡概与袁颢继续考察县域情势,每事必向袁颢咨询。袁家祖居的陶庄净池,属于县域的下保东区,胡概就说嘉善新建,供役任事,能者为首,将下保东区排在第一,袁家因而被编排为一册一甲里长。⑤

就生计而言,从袁颢开始,袁家确实十分重视医道。袁颢曾说医虽是贱业,但可以藏身、可以晦名、可以济人、可以养亲。袁颢善谈名理,不轻为人诊病,曾闭户著书达十年之久。他育有三子,二子袁祥较为出众,入赘魏塘名医殳恒轩(殳珪,字廷肃)家⑥,也开启了袁家的城居时代。

袁家从陶庄移居县城魏塘镇的历程,正是晚明社会剧变的时代。袁家城居

---

① 〔明〕袁黄:《刻袁氏丛书引》,收入氏编:《袁氏丛书》。
② 〔明〕袁颢:《袁氏家训》"民职篇",收入〔明〕袁黄编:《袁氏丛书》卷一。
③ 〔明〕袁黄:《梓袁氏家训跋》,收入〔明〕袁黄编:《袁氏丛书》卷一《袁氏家训》。
④ 光绪《昆新两县续修合志》卷三十《人物十一·文苑一》,光绪六年刊本。
⑤ 〔明〕袁仁:《参坡公袁先生一螺集》之《记·记先祖菊泉遗事》,收入〔明〕袁黄编:《袁氏丛书》卷十。
⑥ 〔明〕袁仁:《参坡公袁先生一螺集》之《记·记先祖菊泉遗事》,收入〔明〕袁黄编:《袁氏丛书》卷十。

化的生活,一直维续至明末。在袁祥、袁仁父子时代,袁家还没有进入官绅阶层的序列,至少在袁黄以前,他们中的精英卓越分子,都是无身份的知识人,最多如袁仁的好友王畿所称的"吴下推为文献世家"。①

像袁仁这样的明代布衣百姓,在以往的研究中并不引人关注。② 他与沈周、文徵明、唐寅、徐祯卿③、何良俊、王宠兄弟以及王阳明、王畿等人的密切交往④,皆见诸其遗著《一螺集》中零散的诗文,更不为研究文徵明、王宠等的论著中所注意。⑤ 袁仁在地方上不是以政治与财富地位赢得世人的尊崇,而是依赖比较宽泛而重要的文化关系网络与袁家善行传统的实践,在士人生活圈中拥有了较高的地位,为袁家到袁黄时代的鼎盛,奠立了重要的发展基础。本章主要依据袁仁所遗下的琐碎的诗文记录,对袁仁以布衣、"隐逸"的角色,穿梭于官场与士人的生活世界,并布织的比较强大的姻亲关系,以及可能呈现的文化地域性,进行初步的论述。

处世态度与城居生活的安排

袁祥四岁的时候,母亲徐氏弃世,由袁颢悉心培养,"晨夕提携,遇物寄诲,即能领略大旨"。一次袁祥偶然到魏塘镇,见知县赠送一鹿给殳珪,相随到殳家。于是产生了这样一段故事:殳氏见袁祥岐嶷,问是谁家子,旁人指是袁颢次子。

---

① 〔明〕王畿:《王畿集》附录三《逸文辑佚·袁参坡小传》,吴震编校整理,凤凰出版社2007年版,第814页。
② 一般在论述袁黄时才对袁仁有所涉及,但比较简单。参[日]奥崎裕司:《中国乡绅地主的研究》,汲古书院1978年版;[日]酒井忠夫:《中国善书研究》(增补版),江苏人民出版社2010年版;[美]包筠雅:《功过格:明清社会的道德秩序》,浙江人民出版社1999年版;章宏伟:《有关袁了凡生平的几个问题》,收入《明清论丛》第七辑,紫禁城出版社2006年版;杨越岷:《了凡及其善学思想二十六讲》,上海三联书店2016年版;冯贤亮:《袁黄与地方社会:晚明江南的士人生活史》,《学术月刊》2017年第一期,等。另,林庆彰《袁仁〈毛诗或问〉研究》从经史学的视域,对袁仁的《毛诗或问》有详细的探讨,参氏著《明代经学研究论集》,华东师范大学出版社2015年版,第79—92页。
③ 张佩伦及徐祯卿评注李白作品时,谓徐氏与友人袁仁、孙一元在诗方面,于现存的相关集子中看不到相互唱和的作品(参张佩:《杨齐贤、萧士赟〈分类补注李太白诗〉版本系统研究》,首都师范大学出版社2015年版,第134页),应该是不确切的,显然是没有看到《参坡公袁先生一螺集》的缘故。
④ 张献忠在讨论袁黄所纂举业用书时分析阳明心学对于科举考试的影响,曾简单述及袁仁与王阳明、王畿、王艮等人存在的交往关系。参氏著《从精英文化到大众传播:明代商业出版研究》,广西师范大学出版社2015年版,第327—328页。
⑤ 周道振的《文徵明年谱》(百家出版社1998年版)、[英]柯律格的《雅债:文徵明的社交性艺术》(读书·生活·新知三联书店2012年版)、薛龙春的《雅宜山色:王宠的人生与书法》(上海书画出版社2013年版)与《王宠年谱》(上海书画出版社2012年版)等相关论述中,都无袁仁的影子。

于是指"鹿"令对,袁祥应声道:"龙。"殳氏十分称赏,道是"故家儿固应尔耶"。袁祥说:"公家之鹿,惟龙可以对之。若论其类,虽羊足矣。"既然殳氏称袁家是"故家",且殳氏无子,遂请袁颢将时仅六岁的袁祥入赘殳家收养,并继续使之得到很好的教育。十五岁时袁祥即成婚了,至此期间,袁颢曾让袁祥居于芦墟三年,当中很少回嘉善,尽授袁家学术。由是袁祥对天文、地理、历律、兵法等学问,无不熟谙,且各有论撰著述。但殳珏有不同的看法,认为袁祥既然不事举业,那起码应该执一艺以成名,决定将自己的医术传给袁祥,作为治生之计。①

殳家的医学在当时十分出名,这对袁家的发展是有助益的。殳珏精通医术,据说为人医病有奇验。自招袁祥为婿后,殳珏以秘经授之,"博洽高旷"的袁祥居然不屑为医,觉得医经特琐琐者,并不在意,经常是每天卖药于市能得百钱,就闭门谢客了。但过多的求医者,崇信于袁祥的不凡医道,所付诊金每例常常超出百钱之数,袁祥只收百钱。他对生活并无太高的要求,即使有客过访,糜粥菜羹,便觉满足,比较俭朴。在生下女儿至十余岁时,妻子殳氏就死了,于是择钱萼为婿,将医术转授给钱萼,自己专心于撰写建文朝史事,到南京地区遍询博采,终于完成了《革除私记》四卷与《建文编年》四卷。在钱氏工于医术后,所育二子钱晒、钱晓与孙儿钱贽皆能世袭医业,在江南大概颇具声望。②

与袁祥同为殳门女婿的还有吕文勉(号西溪),袁仁曾赋诗为他祝寿说:"西溪老人年六十,颜色如童发如漆。平生不识公与侯,自爱翩翩鱼鸟逸。"③在人生处事的旨趣而言,吕氏"平生不识公与侯"的态度,与袁仁是相契合的。

袁祥与殳氏成婚后,仅育有一女。但袁颢认为,袁家不能没有男性继承人,要为袁祥再娶一房。当时选择的婚配之家,是嘉善思贤里的朱凤(字文瑞)。朱凤曾以外家故,寄籍嘉兴,弱冠即补邑弟子员,不久以赀入国子监,据说"博闻强记,自负甚奇,睥睨一世,无所当意者"④。朱凤有二子,一为朱汝明(愚),一为朱汝贤(贤),袁黄曾称道说"朱氏父子,世励清节,余虽为执鞭,不辞焉"⑤。朱氏家族中,以朱汝贤的孙子朱廷益(1546—1600)最为出名,他是万历五年进士,历任

---

① 〔明〕袁仁:《参坡公袁先生一螺集》之《行状·怡杏府君行状》,收入〔明〕袁黄编:《袁氏丛书》卷十。
② 〔明〕袁仁:《参坡公袁先生一螺集》之《行状·怡杏府君行状》,收入〔明〕袁黄编:《袁氏丛书》卷十;万历《嘉善县志》卷九《人物志·方伎》,第641页;〔明〕盛枫辑:《嘉禾征献录》卷四十九《艺术·材勇》,清抄本,收入《续修四库全书》史部544册,上海古籍出版社2002年影印版,第743页。
③ 〔明〕袁仁:《参坡公袁先生一螺集》之《诗·寿吕文勉六十》,收入〔明〕袁黄编:《袁氏丛书》卷九。
④ 〔明〕袁仁:《参坡公袁先生一螺集》之《传·朱学博传》,收入〔明〕袁黄编:《袁氏丛书》卷十。
⑤ 光绪《重修嘉善县志》卷二十二《人物志四·行谊上》。

嘉定知县、吏部郎中等职。① 朱凤曾任兴化府学训导、邵武县学教授，前后达三十年，清节皎然。②

在袁家看来，朱凤"心术行谊，迥出常流"，更重要的是，朱家相当殷实，当时堪称"巨室"。袁祥与朱凤之女成亲后，因女方"资送甚厚"，在经济上对袁家的城居生活较有助益。而且朱氏比较勤勉，善于料理，袁氏家业因而大起。在这样的条件下，袁家才有能力卜地于城内东亭桥之浒（亭桥横跨南北向的西菖蒲泾），筑起生活空间完备的新居。令袁家高兴的是，朱氏为袁祥产下一子，即袁仁，又育一女，后嫁给沈扬（字抑之，号心松），为袁仁的妹夫。同时，袁祥很快在家居之中，建构起可以品味到四季芬芳与生活逸趣的园林，且能在晨夕之际与良朋胜友们缔会赋诗，人生极其快慰。③ 这种居家或园林休闲不仅是士人的生活归宿，而且也是士人生活文化的基石与核心。④ 袁祥殁后，与朱氏合葬于东亭桥北西菖蒲泾，后来迁葬于苏州白杨山。⑤

袁祥移居县城魏塘镇后，营建起了较为良好的亲友关系网络。在学术成就上，袁仁与父亲袁祥、祖父袁颢一样，是一个精通天文、地理、兵法、水利与医学等多个领域的全才型学者，且都通经济之学。地方官绅对袁家这三代的评价极高，并说在学术实践上，袁仁更显精深。⑥

至于昆山人、后来官至国子监祭酒的魏校（1483—1543），与袁家的相识与交好，就缘于袁仁不凡的医道。魏、袁两人交往，颇值得寻味。袁仁自称虽然放弃举业，托迹于岐黄之术，但是一直常怀救民疾苦的期盼，要魏校为官时注意仁义礼乐的培养。一封袁仁婉拒魏校相召的信，可以反映其中的一些内容：

> 仁之少也，气豪肠肥，窃有志于酌酹元气，寿国寿民，因不屑雕虫细业，遂托迹于岐黄，期救民疾苦，登一世于春台。……而后足下倘以心疾召仁，仁当哎咀道德，炮治礼义而醒先生之沉痼、畅先生之精神。如

---

① 龚肇智：《嘉兴明清望族疏证》，方志出版社2011年版，第607页。
② 万历《嘉善县志》卷九《人物志·清操》，第595页。
③ 〔明〕袁仁：《参坡公袁先生一螺集》之《行状·怡杏府君行状》，收入〔明〕袁黄编：《袁氏丛书》卷十。
④ 吴智和：《明人休闲生活文化》，明史研究小组2009年刊本，第232页。
⑤ 〔清〕袁菅等：《赵田袁氏家谱》，"世表"。
⑥ 〔明〕徐象梅：《两浙名贤录》卷四十四《高隐》，"袁良贵仁"条，天启刻本，收入《续修四库全书》史部543册，上海古籍出版社2002年影印版，第538页。另，万历《嘉兴府志》卷二十二《隐逸》，也有袁仁的这段传记，但文字上有不少出入。

以身疾召,则负笈鬻技,岂少而人,奚必仁耶? 虽使者十至,不能来也。①

看来年轻时的袁仁颇有抱负,只是"不屑雕虫细业",不愿违背家训进入仕途,自然就不能显扬于世。对于魏校的心疾,袁仁是比较清楚的,其言行表达的就是"上医医心病,下医医身病"。② 也因为如此,让魏校觉得是遇到了知音之人,而非一般的良医。

袁仁仪容伟然,又不妄言动,给后人的印象就是一位"盛德长者"③,却自称"百懒道人","虬髯如戟齿如银",强调自己有口不谈城市事、有足不践王公府,其人生意趣与潇洒气度,尽现在这些"得钱即付酒家饮,陶然长醉玉壶边""假使身灭名尽湮,长笑岂有丝毫嗔""请看当年诸贵臣,高堂寂寂生埃尘"等诗句中。④

袁仁育有五子,即袁衮、袁襄、袁裳、袁黄与袁裦⑤,总体上对他们在举业方面并不存太高的期望,除了他认为三子袁裳相当聪慧要送往文徵明处学习书法外⑥,对举业上可能较有希望的次子袁襄,仍以祖训作了这样一番告诫:

> 吾祖宗忿元以夷主华,戒子孙不得应选,既而高皇帝起,……中国河山复旧矣。然初年犹惧峻法,……虽抱经济闳材,不轻出也。……以尘世之浮荣,累吾虚白之灵府,则进退两失,有不为俳优所笑者几希,襄乎勉之。科第可不得,身心不可玷也。⑦

对袁仁而言,在心理上应该对家族子弟的举业仕途选择仍存在排斥之态,科第完全不必强求,道德的纯净绝对不能因此受到玷辱。在第四子袁黄(1533—1606)童年时(约十四岁),袁仁即弃世了,母亲命袁黄弃举业学医,教育他医道"可以养人,可以济人",自是袁仁生前对他"习一艺以成名"的夙心,仍有告诫罢

---

① 〔明〕袁仁:《参坡公袁先生一螺集》之《书·辞魏子材相召书》,收入〔明〕袁黄编:《袁氏丛书》卷十。
② 〔明〕袁衮:《记先考参坡公遗事》,收入《南湖文丛》编委会编:《〈槜李文系〉选辑·宗族》,上海辞书出版社2007年版,第37页。
③ 〔明〕袁衮:《记先考参坡公遗事》,收入《南湖文丛》编委会编:《〈槜李文系〉选辑·宗族》,第36页。
④ 〔明〕袁仁:《参坡公袁先生一螺集》之《诗·百懒道人歌》,收入〔明〕袁黄编:《袁氏丛书》卷九。
⑤ 〔清〕袁营等:《赵田袁氏家谱》,"世系图",咸丰八年纂修、民国间增修,民国九年钞本。
⑥ 〔明〕袁仁:《参坡公袁先生一螺集》之《书·送裳儿从文徵仲学书书》,收入〔明〕袁黄编:《袁氏丛书》卷十。
⑦ 〔明〕袁仁:《参坡公袁先生一螺集》之《说·应举说示襄儿》,收入〔明〕袁黄编:《袁氏丛书》卷十。

举子业的遗训在。① 袁家的男性很多是通医的。像袁祥的侄孙、与袁黄平辈的袁泽(世霈),从小就学习儿科,特别精于痘疹,时有"神仙"之号。②

袁家从陶庄移居县城的动因,其实并不符合晚明文人士大夫在商业化促动下的普遍城居化的态势,也不是为了休闲消费,应当是出于社会交际的考虑。③ 而且第一代城居的袁祥,家境困难,是通过到殳家为婿才实现城居的。

袁家城居于魏塘镇后,生活空间如何经营安排,史料所载比较有限。其生活日常如何维持,除了可以知晓的以医为生之外,或许还有在祖居地陶庄所遗房产田土的部分支撑。当然,这部分经济来源到袁仁时有可能已荡然无存,因为在袁顺时代,家产基本都散给了同族中的所谓贫弱之家。④

光绪年间重修的《嘉善县志》中,有袁家故宅已经成为"古迹"的简单记录,约略地透露出那时袁家的城居情况。其中仅有的关于袁家著名的"药园"的记载称:"在城东南隅,明袁仁家居八景之一。"⑤

"家居八景"是在袁祥赘入殳家后,曾以殳家所分的房产交授给女婿钱荸,自己另于亭桥浒堂东建筑一厅居住,并精心布置,而最终形成所谓的私家园林。

在这样的园第中,袁仁说:"读书抚景,徜徉自适。客至则对酒赋诗,评花咏月,陶然有忘世之趣。"在袁祥殁后,袁仁大概能承其遗业,且常怀孝念,"思前虑后,愁肠如织,爰作《家居八景赋》以贻之子孙。"袁仁在"愁肠如织"的心境下所述的八景,不妨照录于

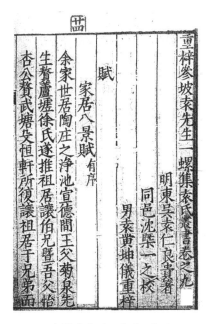

《参坡袁先生一螺集》书影

---

① 〔明〕袁黄:《袁了凡先生四训》"立命之学"篇,收入《袁了凡文集》,线装书局2006年影印本,第876页。
② 万历《嘉善县志》卷九《人物志·方伎》,第644页。
③ 有关消费空间与乡绅城居化的论说,可参巫仁恕:《优游坊厢:明清江南城市的休闲消费与空间变迁》,中研院近代史研究所2013版,第353—354页。
④ 〔明〕袁颢:《袁氏家训》"家难篇",收入〔明〕袁黄编:《袁氏丛书》卷一。吴江名士朱鹤龄(1606—1683)抄录这段故事,参〔清〕朱鹤龄:《愚庵小集》卷十四《杂著二·书袁杞山事》,上海古籍出版社1979年影印版,第687—689页。
⑤ 光绪《重修嘉善县志》卷三《区域志三·古迹》。

下,以见其概并略窥袁仁的生活旨趣:

> 植杏于庭而以轩临之,曰怡杏轩;东北有园,植药草三十余种,曰种药圃;轩之东起小楼,楼前有山,曰云山阁;阁后有垩室,曰雪月窝;窝北有池,植藕其中,曰半亩池;上有桥,曰五步桥;绕池皆植芙蓉而虚其南,曰芙蓉湾;湾之南植蔷薇而周围以木架之,曰蔷薇架。①

"家居八景"是一个寓于城内却不失乡野风光意趣的生活空间,堪称明代士人家居生活的一个重要范例。② 袁仁说过:"吾父卜筑西菖蒲泾,上有圃可艺,有池可泳,有阁可登,有桥可涉,有轩可偃息,有红杏、青松、芙蓉、蔷薇可寓目而笑傲,余承而居之。"③这种城居空间,就像文徵明曾孙的文震亨(1585—1645)所品评的,生活于一个精巧布置竹木、花草的氛围中,与身处酒馆食肆中可以享受各种味道一样。④

嘉靖十二年(1533)底,第四子袁黄出生了。时逢瑞气葱郁、嘉禾之生,是被视为吉兆的结果。袁仁的好友、善于望气的朱永和,见证并预见了袁黄的出生,认为是"吉祥善事"之果。袁仁专门将此事记录下来:

> 嘉靖癸巳岁也,客有朱生永和者,善望气,七月至余家,谓"瑞气葱郁,当有善征"。及嘉禾生,朱生复至,余指谓曰:"此非所谓吉祥善事耶? 尔言验矣!"朱曰:"色方新,更有进于是者。"十二月十一日,生第四子。是日,朱适自云间返,笑谓予曰:"此足庆矣!"因字之曰"庆远"。然嘉禾实兆之,肢爱追纪其颠末,他日儿子有知,当务秋实,毋务春华也。⑤

但袁黄的出生,让袁仁意识到原来的空间有些狭隘,被迫向南扩展筑室,生活空间得以扩大。这个新空间的正南门,正好对临县城中的主干道魏塘市河。其他相应的厨房、仓储、卧室等,就置于袁家整个生活空间的东部。袁仁将它们

---

① 〔明〕袁仁:《家居八景赋(序)》,收入〔明〕袁黄编:《袁氏丛书》卷九《参坡公袁先生一螺集》,万历间嘉兴袁氏刊本。
② 朱倩如:《明人的家居生活》,明史研究小组2003年刊本,第61—62页。
③ 〔明〕袁仁:《参坡公袁先生一螺集》之《记·新筑半村居记》,收入〔明〕袁黄编:《袁氏丛书》卷十。
④ 〔明〕文震亨著、陈植校注:《长物志校注》卷二《花木》,江苏科学技术出版社1984年版,第53页。
⑤ 〔明〕袁仁:《参坡公袁先生一螺集》之《记·嘉禾记》,收入〔明〕袁黄编:《袁氏丛书》卷十。

总称为"半村居"。"半村居"西南就是城内繁华的集市贸易区,东北就属乡野之地了(经三百步可至东城门),倒也符合不城不乡的意境。①

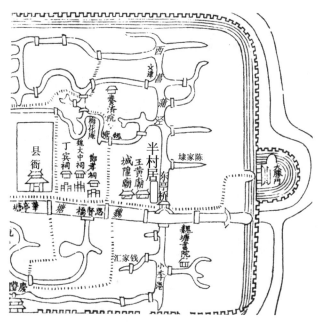

半村居的位置(据嘉庆《嘉善县志》卷首《城池图》)

对于"半村居"的完成,袁仁虽然比较高兴,但也多所感触,在城中有这样的生活空间,似乎可屏绝"城市"中的杂音,以"山人"般的态度,忘却他所认为的人间难行之路。而且,袁仁嗜好相对寡淡,更少嗜世之秾葩艳质,郁郁婷婷,可以悦众目而共欣赏者,他说都视之若嚼蜡。②

袁仁作有《半村居初成》四首,颇多咏怀之句,如"不是无心向城市,多情鱼鸟解留人""山人自合山中老,忘却人间行路难""世味淡然人独立,一蓑烟雨湿黄昏""雨锄自怜门,有客谁叹出无车,日涉已成趣,春风柳正疏"等③,都可以反映其心境及人生旨趣。

袁仁在外结束他的应酬交游活动,回到"半村居"中,即掩一室而坐,即使至亲也不见。据袁黄幼时于门隙偷窥的记忆,袁仁独居静坐于室内,"香烟袅绕,衣

---

① 〔明〕袁仁:《参坡公袁先生一螺集》之《记·新筑半村居记》,收入〔明〕袁黄编:《袁氏丛书》卷十。
② 〔明〕袁仁:《参坡公袁先生一螺集》之《记·嘉禾记》,收入〔明〕袁黄编:《袁氏丛书》卷十。
③ 〔明〕袁仁:《参坡公袁先生一螺集》之《诗·半村居初成》,收入〔明〕袁黄编:《袁氏丛书》卷九。

冠俨然,素须飘飘,如植如塑而已"①,大概已沉浸于静修的最佳状态之中了。习静修养是明代士人一种重要的休闲方式,也有提醒精神的作用。②

以"家居八景"为核心的半村居,在袁仁的生活世界中,当然已非简单的私人园第,在城市生活中具有一定的公共性,并蕴含着人际网络与社会声望的建构意义。③ 半村居中袁仁所谓的"种药圃",即"药园",在士人文化圈中较具名气。清末地方志中还明确指出,它在后来成了钱栴的读书处,并改称"南园",不久"又归曹清臣,割其东偏属海宁查氏,名半园。"④

钱栴(1619—1645)是钱士升的次子,是陈龙正的女婿,1645年清兵下江南时他成了地方抗清领袖。⑤ 在曹清臣时分割东边部分而成的查氏"半园",是在乾隆五年完工的⑥,并曾招集同人举行"真率会",以示尊老崇德,甚至要求"一月一回"。⑦ 海宁查家在明末清初当然极其著名,其中的查慎行与居于嘉兴王店镇的著名学者朱彝尊是表兄弟。⑧

姻亲关系中的核心

细稽相关史料,袁家的社会关系网络,在袁仁时代已显现其重要性,包括姻亲、友朋、官绅等群体,颇为庞杂,都是形成袁仁生活世界的重要内容。主要的姻亲关系除了早期吴江的徐家、嘉善的殳家与朱家外,还有嘉善的王家、李家、沈家与钱家。在袁仁时代,最具核心性的是袁家与钱家、沈家的血缘关系。

魏塘镇上端严有懿行的王孟璿,认为袁仁是个奇才,且以贤淑的次女妻之。王氏为袁仁育有二子(袁衷、袁襄)一女,到正德十二年十一月二十八日辞世,袁仁才三十八岁,遗下五岁的袁衷与四岁的袁襄。袁仁后来作有追悼之词,有"青

---

① 〔明〕钱晓辑:《庭帏杂录》卷下,万历二十五年袁俨序钞本,收入《四库存目丛书》子部第86册,齐鲁书社1996年影印版,第764页。
② 吴智和:《明人休闲生活文化》,明史研究小组2009年刊本,第185—187页。
③ 巫仁恕:《优游坊厢:明清江南城市的休闲消费与空间变迁》,中研院近代史研究所2013版,第137—138页。
④ 冯贤亮:《袁黄与地方社会:晚明江南的士人生活史》,《学术月刊》2017年第一期,第145—157页。
⑤ 〔清〕佚名:《武塘野史》,"弘光元年乙酉"条,清钞本。
⑥ 光绪《重修嘉善县志》卷三《区域志三·古迹》。
⑦ 〔清〕曹庭栋:《产鹤亭诗一稿》,"查氏半园落成集同人举真率会"条,乾隆刻本,收入《四库全书存目丛书》集部第282册,齐鲁书社1997年影印版,第153页。
⑧ 〔清〕查慎行:《敬业堂诗集》卷二十三《近游集·同竹垞表兄饮谭麓城给谏南楼看海棠》,上海古籍出版社1986年版,第659页。

灯相对坐,寂寞泪沾巾"一句,以示其哀痛之情。①

妻弟王天惠与袁仁的关系较好,在诗歌方面也有一定的成绩。某年春天袁仁写信给他说:"春风在户,诗思逼人。朝起握笔,遂成十绝。欲老舅来对酒歌之,畅此幽抱,乃竟以疾辞。"②王天惠因病无法赴约,令袁仁感到十分遗憾。另有一信,是王氏还在世的时候,袁仁于某年夏天约王天惠到家中饮酒,他说:"适有东邻酒伴携鱼款门,汝姐又酿斗酒初熟,蝉噪庭槐,莺啼花柳。此时此景,可无兰谷同一醉乎?"③以及于夏雨初霁、槐阴送凉之际,袁仁常命几个小儿赋诗品评④,从中都可概见袁仁日常生活的闲适之趣。

袁仁继娶是李月溪的女儿,李家另一女嫁给了夏惟望。有意思的是,夏氏可能无子,在立嗣之际,作为连襟的袁仁还专门作诗相贺。不过更有意思的是,袁仁在一句"弦管春风事已非"后自注道"时惟望为色而病"⑤,透露出像夏氏这样的地方文人放荡不羁的生活痕迹。

继室李氏为袁仁育有三子(袁裳、袁黄、袁衮)二女,长女嫁给张高标,次女嫁给姐夫钱萼之子钱晓⑥,可谓亲上加亲。

依据袁仁留下的文字信息,可以知晓那时姻亲中关系最密切而重要的,是钱家与沈家。

袁黄为父亲整理遗稿时说,钱萼(木庵)是先祖女婿,有子五人,都能世其业,冢孙钱贞选贡后登应天乡榜,钱萼犹及见之,这是人生的幸事。在钱萼身故后,袁仁十分哀痛,写有《哭钱木庵姐丈》,讲述了钱萼幼时曾在袁家从袁祥学习,中年丧偶续妻后不久就弃世了,只有"临风一长叹,伫立魂暗销。伤哉百年内,吾道日萧条。"⑦袁仁所谓的"吾道",不仅仅是他们拥有共同的人生追求与道德标准,还有对于社会与国家的关切之情。给钱萼的一封信中,袁仁对于地方上发生的饥荒可能给民生带来的忧危感,字字可见:"今岁遂成大歉,田租不多,已捐其半

---

① 〔明〕袁仁:《参坡公袁先生一螺集》之《诗·悼内》,收入〔明〕袁黄编:《袁氏丛书》卷九;〔明〕钱晓辑:《庭帏杂录》,钱晓"跋",万历二十五年袁俨序钞本,收入《四库存目丛书》子部第86册,齐鲁书社1996年影印版,第768页。
② 〔明〕袁仁:《参坡公袁先生一螺集》之《书·与王天惠书(又)》,收入〔明〕袁黄编:《袁氏丛书》卷十。
③ 〔明〕袁仁:《参坡公袁先生一螺集》之《书·与王天惠书(又)》,收入〔明〕袁黄编:《袁氏丛书》卷十。
④ 〔明〕钱晓辑:《庭帏杂录》卷下,万历二十五年袁俨序钞本,收入《四库存目丛书》子部第86册,齐鲁书社1996年影印版,第762页。
⑤ 〔明〕袁仁:《参坡公袁先生一螺集》之《七言律诗·贺夏惟望立嗣》,收入〔明〕袁黄编:《袁氏丛书》卷十。
⑥ 〔清〕袁萱等:《赵田袁氏家谱》,"世表"。
⑦ 〔明〕袁仁:《参坡公袁先生一螺集》之《五言古诗·哭钱木庵姐丈》,收入〔明〕袁黄编:《袁氏丛书》卷九。

矣。穑人乏食,蚕妇无衣,每一念及,如负芒刺。"①

对于亲友中热爱文人事业的,袁仁从不提出反对意见,更多的是赞美与欣喜的表达。外甥钱晒(字允彰,号简斋)学习作诗的表现,袁仁说是"窃喜之",并建议钱晒学诗成章的路径,是"宜熟读《毛诗》,反复玩绎,俟有所得,然后将楚词汉选次第观之,若径从唐入,所作不必唐矣",这样"涵泳性灵,发挥玄解",才能达到"一语入微,千古不朽"的境界。②

钱晒曾经想与几位兄弟一起帮助整理刻印外祖父袁祥的文集,认为外祖父"片言只字皆南金楚璞,不可不传之世世"。这让袁仁十分感动,觉得诸甥能珍视外祖遗教,但他有不同的想法:"近世谈文之士,神窥者少,而皮相者多",父亲袁祥身为布衣,学高宇内,生前即不欲以文章名世,可传者也不专在文章,而在醇笃之行,灿于词章,已经是"千古不朽"了,何必"洛阳纸贵而后称奇"。③ 就这样,刊刻袁祥遗文的动议就寝息了。

还有一支姻亲就是钱春(字应仁,成化二十三年进士,监察御史)家族。钱家在钱春时代已较为出名,钱春风仪整饬,曾被嘉兴知府杨继宗称为"伟器",在魏塘镇上建有别业,为官后能不畏权势。④

钱春与钱萼并非一系。袁仁给钱萼的信中,专门讨论过与这个社会地位更高的钱氏的姻亲事宜,担心门户不够当对:"钱文中姻事,本不敢辞,第彼系簪缨世胄,而仆为耕钓散人,似非甚匹。虽嫁女求胜,先哲格言,而量力安分,则退避乃夙心也。"袁仁的意思,是要钱萼帮助辞掉钱文中的提亲,实在不行就尽量推迟,再从长计议,否则孩童时候就议婚,袁仁怕被人讪笑。⑤ 信中提到的钱文中,是钱春的长子,也是袁黄时候举人、万历二十九年进士钱天胤的曾祖,是一位高才积学之士。钱文中到袁仁家提亲议婚的,就是钱南士(《一螺集》中刻成"钱南士"),后来确实成了袁仁女婿。袁黄指出,这支钱氏是父亲袁仁"姻娅中之契厚者",关系极佳。袁仁曾为钱文中致仕所撰的小诗中,透着安慰之意,且同怀遁世之情:"清风辞帝阙,幽壑采薇蕨。悠悠遁世心,高卧西山月。"⑥

---

① 〔明〕袁仁:《参坡公袁先生一螺集》之《书·钱木庵姐丈》,收入〔明〕袁黄编:《袁氏丛书》卷十。
② 〔明〕袁仁:《参坡公袁先生一螺集》之《书·与钱允彰》,收入〔明〕袁黄编:《袁氏丛书》卷十。
③ 〔明〕袁仁:《参坡公袁先生一螺集》之《书·与钱允彰(又)》,收入〔明〕袁黄编:《袁氏丛书》卷十。
④ 万历《嘉善县志》卷九《人物志·清操》。
⑤ 〔明〕袁仁:《参坡公袁先生一螺集》之《书·钱木庵姐丈(又)》,收入〔明〕袁黄编:《袁氏丛书》卷十。
⑥ 〔明〕袁仁:《参坡公袁先生一螺集》之《诗·钱文中政致归》,收入〔明〕袁黄编:《袁氏丛书》卷九。

袁仁还参与过钱家析产的工作。对此,他特别向女婿钱南士有所解释,并就分产中所受略薄的钱南士多所安慰:"尊翁生汝兄弟三人,初柝居时,吾实与其事。今且三易分券矣,每易辄薄汝而厚令弟,岂老年之人钟爱少子哉?非然也,由汝夫妇不能承颜顺志,以消未形之衅耳。今当以骨肉为重,以田地为轻,积诚基顺,负罪引慝,奉养已周矣。"①袁仁还表示,他的女儿素有隐德,性行柔淑,虽然名不振于乡间,但可以想见子孙中必有兴者,嫁到钱家,是钱南士的福气。而钱南士"处处费精神,事事费检点",去"道"就远了,袁仁的建议是"明而愚用之,刚而柔出之",那就和谐了。②

至于沈家,本是袁家的邻居,都在魏塘镇东亭桥浒。袁仁的妹妹嫁给沈扬(字抑之,号心松),育有二子沈科与沈称。沈科之子沈道原,后来于万历二十三年考中进士。③在地方而言,沈家较袁家更具实力。

袁仁给妹夫沈扬的信中,提到沈家承担着官方安排的粮长解户之役,当属为民的本分。无比烦苦的解粮工作,在袁仁的口中,却生添一份男子壮游、为国奉献的豪气:"江湖渺然,轴舻千里,亦男子之壮游,又得云薵令叔偕行,往来有托,可以无虞矣。"当然他注意到,在承役的队伍中,"半属市胥",提醒沈扬关注他们的言行及如何见机行事:"其言在可疑可信之间,听之则误事,拒之则见嫌,须察事机于人情溷浊之中,阅平等于虚实纷驰之境,庶事理双融,妄庸两照,此行不惟完役,兼可进德矣。"又安慰沈扬说,他那性格颇为婉顺的妹妹,在沈家定能照顾好沈扬的老父母,"井臼调甘,或能自致",不需沈扬担心家中诸事,安心北上解粮。④

与钱家一样,沈扬也希望帮助袁仁整理岳父袁祥的遗稿,出钱刊印。但袁仁表示,袁家虽然稍贫,但交游广泛,"四方馈遗,络绎于门",并不愿意让沈家独立负担出版工作。而且袁祥十分博学,"不以浩瀚逞奇,细入牛毛而不以精微示异,机缘天就,情与境融,此阳春白雪之音,世所罕和者",可惜时代变化太快,现世社会所喜的是"郑卫之声,铅华之习",倘世无知音,在这样的时世急急梓印老父遗稿,不过是供覆瓿之资,而且人之所恃且以不朽者,最上的是立德,最下的是立言。因此袁仁的看法是:"近世缙绅之徒,蝇营狗苟之辈,当其盖棺,必刻一集,此

---

① 〔明〕袁仁:《参坡公袁先生一螺集》之《书·答钱宗翰》,收入〔明〕袁黄编:《袁氏丛书》卷十。
② 〔明〕袁仁:《参坡公袁先生一螺集》之《书·答钱宗翰(又)》,收入〔明〕袁黄编:《袁氏丛书》卷十。
③ 万历《嘉善县志》卷八《选举志·科贡》。
④ 〔明〕袁仁:《参坡公袁先生一螺集》之《书·沈抑之妹丈》,收入〔明〕袁黄编:《袁氏丛书》卷十。

果足重乎？否耶？吾父遗文，诚足不朽，然不欲与此辈并驾而争驰也！"①在这样的思想认识下，袁仁再次拒绝了沈扬的好意，放弃刻印袁祥的遗稿。五子袁衮记录道："吾父不刻吾祖文集，以吾祖所得不在文也。"但后来在书房漏雨使袁仁遗稿受损的情况下，袁黄兄弟即整理刻印了袁仁遗文，从而形成了对袁家而言至为重要的《参坡袁先生一螺集》。②

相对而言，对沈家子弟的教育，袁仁显示了更多的关心。沈家重视科考前程，袁仁也不反对，但强调要以行谊为重。

给沈扬的信中，袁仁毫无顾忌地提出了这样的想法："延师教子，不当专论文艺，亦须性行醇淑，志节高迈者，庶幼学有所薰习耳。吾祖吾父，挚挚训吾辈，谓浮华易谢，实德难磨，故不以科第为荣，而以行谊为重。此妹丈所熟闻者也。科甥终须发达，只患其见不脱俗学，不入微耳。如某者恐未宜莅席也，通家骨肉，率尔尽言。"③

毕竟科举制度的压力，弥漫了整个明代文人文化④，除准备应试者外，其亲友也感同身受。袁仁一直强调"浮华易谢"、"行谊为重"，但实际上对科考事业开始有重视之态，已经有世俗成功的渴望。在袁黄尚未成人前，袁仁已将袁家举业振兴的希望，寄托于次子袁襄身上，不过仍时时强调袁家祖训中对于志节秉持的意义。⑤

袁仁的外甥、沈扬之子沈科，弱冠时塾师曾为他取字子登，时人皆以为然。在袁仁看来，这个字取得鄙陋了，而且有违袁家祖训。他这样问沈科道："汝以登科为丈夫之伟事乎？"沈科答："然。"袁接着说："否否。国家之设科取士也，不以行而以文，其登名者，未必贤，而黜者未必不肖，故有志者不屑就也。吾家自王大父以来，生子多奇慧，于书无所不读，而不教习举子业，岂非以咫尺之樊笼不足以羁弥天之翼耶？汝为吾甥，岂不闻袁氏家法哉？名科而字登，鄙哉！靡足尚矣！"沈科对舅父的话深以为然，请求帮忙改字。袁仁说："水之行于地中也，出于山习于坎，盈科而进，始乎一勺，卒乎千里，而浩然归于大壑焉。此可喻学矣。君子为

---

① 〔明〕袁仁：《参坡公袁先生一螺集》之《书·沈抑之妹丈（又）》，收入〔明〕袁黄编：《袁氏丛书》卷十。
② 〔明〕钱晓辑：《庭帏杂录》卷下，万历二十五年袁俨序钞本，收入《四库存目丛书》子部第86册，齐鲁书社1996年影印版，第765页。
③ 〔明〕袁仁：《参坡公袁先生一螺集》之《书·沈抑之妹丈（又）》，收入〔明〕袁黄编：《袁氏丛书》卷十。
④ ［英］柯律格：《雅债：文徵明的社交性艺术》，三联书店2012年版，第176页。
⑤ 〔明〕袁仁：《参坡公袁先生一螺集》之《说·应举说示襄儿》，收入〔明〕袁黄编：《袁氏丛书》卷十。

学基干,方寸泽于事,为洋溢于四海,而流光于万世,惟其进而不止也。然进有不同,……其益者循途而入,傍矩而行,自近而远,日企月深,此累寸积尺而进者也。……吾字汝以子进,子其勉之。宁累寸积尺而求进,毋一日千里而或退也。"其建议改字"子进"的意思,就是存有"宁累寸积尺而求进,毋一日千里而或退"之意。就这样,沈科才改字子进。①

袁襄与沈科同时参加科考,襄儿表现较为出色,对袁仁总归是一种安慰。袁仁勉励沈科继续努力,科考中的沉浮,不过是人生中暂时的进退,目前重要的是,都是袁家子孙的他们,依然要谨慎对待科考。对他们性格上的缺点,袁仁予以直接揭出,告诫他们要注意克服:

> 襄儿优拔而吾甥赘末,此校艺者一时之进退,非定衡也。汝二人宜同居一寓,朝夕切磋,旧业可温,而文不必于袭,故时调可式,而艺不必于徇人,但要扫除俗虑,涵泳性灵,自今日出行,以至进场,不论作文不作文,眼、目、鼻、舌、身、意时时要在题目上虚融凝一,不杂不浮,此本领工夫也。场中作文,不但得失之念当与除却,即文之工拙,亦且不计,昔曹孟德在军中,意气安闲,如不欲战,此善战者也。襄儿之病在懒,吾甥之病在躁。躁与懒均非美器,宜各惩其失而改之。②

袁襄的缺点在懒,沈科的问题在躁。令人安慰的是,沈科身登嘉靖二十三年(1544)进士。也许是改字后的结果,所以袁仁在"玩鹤南轩下,悠然闻凯歌"诗句中,为之暗含了某种欣悦之情。③ 后来沈科获选南京行人司职位,袁仁告诫其官场的险恶,并诉应对方略:"前辈谓仕路乃毒蛇聚会之场,予谓其言稍过,然君子缘是可以自修,其毒未形也,吾谨避之,质直好义,以服其心,察言观色,虑以下之,以平其忿,其毒既形,吾顺受之,彼以毒来,吾以慈受可也。"④

比较而言,沈科之弟沈称(字子德),与声扬艺林的沈科相比,在举业上非常不顺,据说十试不第,但奉养父母至孝。⑤

---

① 〔明〕袁仁:《参坡公袁先生一螺集》之《说·沈甥科改字子进说》,收入〔明〕袁黄编:《袁氏丛书》卷十。
② 〔明〕袁仁:《参坡公袁先生一螺集》之《书·示沈子进应试》,收入〔明〕袁黄编:《袁氏丛书》卷十。
③ 〔明〕袁仁:《参坡公袁先生一螺集》之《诗·沈科登第》,收入〔明〕袁黄编:《袁氏丛书》卷九。
④ 〔明〕钱晓辑:《庭帏杂录》卷上,万历二十五年袁俨序钞本,收入《四库存目丛书》子部第86册,齐鲁书社1996年影印版,第756页。
⑤ 万历《嘉善县志》卷九《人物志·孝友》。

沈家在袁氏的姻亲关系中,虽然不能与后来的陈于王、丁宾、钱士升家族相抗衡①,但在嘉善县城中绝对是一个重要的家族。

另外一支值得注意的沈氏,是沈概(字一之,号平斋)家族。

沈概在正德年间曾以贡生的身份,任职江西布政使司都事,居乡期间与其兄沈槩、地方文学之士时为诗文唱和,评点古今,晚年家道衰落。② 沈概事父母至孝,对亲友关爱异常,令时人感佩。③ 袁黄指出,沈概"磊特博学,且性孝友,盖吾乡文行兼修之士也",只可惜在科考上长期不能如愿,在一次落榜后,袁仁曾赋诗相慰:"贮春轩上酒微酡,为惜刘蕡两鬓皤。风雨满窗眠不得,雨场争似客愁多。"④

袁仁给沈概的信中,曾这样说:"仆与足下游,始而献其技,继而赓以诗,终而相正以学,相勖以道。"沈概对袁仁是信如蓍龟、爱如兄弟、敬如师保、奇如南金楚璧,所以袁仁感动说是"吾两人者,比目而连理者也"。尽管这样,两人在思想学术上是存有不同见解的,可称"和而不同",是所谓"为君子之交而酸咸相济、甘苦相调"。沈概在地方上"为学而以文名,事亲而以孝名,居乡而以厚名","律己甚严,提躬甚竣"。在这一点上,沈概的女婿、平湖人陆杲(字元晋,号胥峰)与袁仁的认识是一致的。⑤ 陆杲是嘉靖二十年进士,曾官刑部云南司主事。陆杲的长子就是陆光祖,嘉靖二十六年进士,官至吏部尚书。⑥ 但陆杲并不太讨沈概欢喜,故又有袁仁劝沈概"勿以一日之长而轻彼"之说。⑦

在与沈概的交往中,袁仁一直能坦诚相见,大概两人在学术上的见解略有分歧,所以才有袁仁强调的对于人物与思想的评说,坚持要从实际出发,从自我的真切认知来作判定,不要轻信他人的言说,"譬犹饮水,亲尝之则冷暖自知。从人辩论,即说得极明,于我何与?"⑧在生活中,面对即将展开所承担的徭役工作,袁仁已是"情绪惘然",沈概即约请朋友备好酒肉与袁仁豪饮,以期"破愁为欢",也

---

① 有关袁家与陈氏、丁氏、钱氏等亲友关系的说明,可参冯贤亮:《袁黄与地方社会:晚明江南的士人生活史》,《学术月刊》2017年第一期,第145—157页。
② 韩金梅等:《嘉善历史人物集》,中国文史出版社2016年版,第102页。
③ 万历《嘉善县志》卷九《人物志·孝友》。
④ 〔明〕袁仁:《参坡公袁先生一螺集》之《诗·慰沈一之下第》,收入〔明〕袁黄编:《袁氏丛书》卷九。
⑤ 〔明〕袁仁:《参坡公袁先生一螺集》之《书·与沈一之书》,收入〔明〕袁黄编:《袁氏丛书》卷十。
⑥ 《世家大族》课题组编:《"金平湖"下的世家大族》,中国文史出版社2008年版,第79—80页。
⑦ 〔明〕袁仁:《参坡公袁先生一螺集》之《书·与沈一之书》,收入〔明〕袁黄编:《袁氏丛书》卷十。
⑧ 〔明〕袁仁:《参坡公袁先生一螺集》之《书·与沈一之书(又)》,收入〔明〕袁黄编:《袁氏丛书》卷十。

令袁仁感动。①

这样看来袁仁与沈概的感情深厚,确实可以"比目而连理"为喻,是君子之交而酸咸相济、甘苦相调者。而袁仁四子袁黄有可能是沈概的女婿,因为沈概之子、万历十五年岁贡生沈大奎(煃)②,曾与袁黄一同从王畿等人问学,万历二十五年为袁黄的《训儿俗说》作序时自称"通家弟"③,而袁黄在原配高氏故后的继室就是沈氏。④

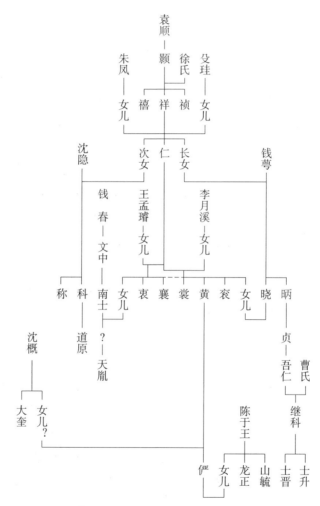

明代袁氏家族及其核心姻亲关系简明示意图

---

① 〔明〕袁仁:《参坡公袁先生一螺集》之《书·与沈一之书(又)》,收入〔明〕袁黄编:《袁氏丛书》卷十。
② 万历《嘉善县志》卷八《选举志·科贡》。
③ 〔明〕袁黄:《训儿俗说》,沈大奎"序",收入《袁了凡文集》,线装书局2006年影印本,第4—8页。
④ 〔清〕袁营等:《赵田袁氏家谱》,"世表"。

官场关系与社会地位的呈现

在地方上,袁仁作为一名医者声誉较著外,其声望还见诸16世纪的思想领袖与地方势家的交往之中。袁仁只是一介布衣,却曾被选为地方乡饮酒礼中的"尊长"①,可见并非一般。而且晚明地方政界的一些杰出人物,与袁仁的生活世界有着多重交集。这种交往关系的表现,多散见于袁仁的诗文之作中,当中可能透露出诗文写作的人物关系、时机、场境、情感等信息。

如在山西驿站侯马,和致仕归乡的山西参政赵渐斋诗,有"归来结屋武湖西,花映层楼柳拂堤"等句②,蕴含安逸、平静生活的向往与期盼。

福建龙溪人、监生潘瑜,于正德十一年至十三年间任嘉善县丞,后升任长安知县。③ 在他任县丞期间,"清誉辄翕然起,久之名实益孚",地方上"靡不重其贤而服其才"。多年来县府为应对朝廷要求的水衡、武库之需,转输金箔鹿革之类物品至宦官验收时,常遭刁难而免官者。潘瑜接受任务后,滞留京师仅岁余,卒能济其事而还,是一位"官卑而不阿宪司之隶,被逮而能拒求贿之惑"的良吏,受到省府的表彰。袁仁认为因为潘瑜出众的才德,"邑之僚寀皆与有光",并受众人之请,作《贺二尹潘侯膺宪司奖劳序》。④

当地人、嘉靖五年进士陆埩(字绣卿,号簧斋),雅好理学,常以圣贤自期,"为文根本六经,有关世教",曾任岳州守,官至副都御史,是一位政声卓著的官员。⑤ 袁仁给他的信中说:

> 足下桌然砥柱,力障狂澜,存古人之心,行古之事,而不独不甚开古人之口,师世觉民将焉赖之,岂以今天下举无可告语者耶?昨拔冗登堂,实欲窃聆绪论,坐多俗客,谈麈难挥,肥鲜在案,醲酒在卮,脉脉不能下咽,日暮西归,怃然如有失也。足下且束装北上,未有还期,敢以书请,……今圣天子且下诏亲征矣,人不知我,其责在人,人知我而我无以

---

① [美]包筠雅:《功过格:明清社会的道德秩序》,浙江人民出版社1999年版,第77页。
② 〔明〕袁仁:《参坡公袁先生一螺集》之《诗·侯马行和赵渐斋作》,收入〔明〕袁黄编:《袁氏丛书》卷九。
③ 万历《嘉善县志》卷七《官师志·职官表》。
④ 〔明〕袁仁:《参坡公袁先生一螺集》之《序·贺二尹潘侯膺宪司奖劳序》,收入〔明〕袁黄编:《袁氏丛书》卷十。
⑤ 万历《嘉善县志》卷九《人物志·名臣》。

副之,其责在我……严介溪未遇时,足下豫识其奸而还之,今且俨然当然矣。足下将见之乎?抑不见乎?……传云凡事豫则立,谅足下胸中必有前定之画,肯告我否?①

嘉靖十七年(1538)进士,曾任江西吉安府推官、监察御史、陕西河南巡抚等职的盛唐(字元陶或原陶,号南桥)②,官声颇佳。晚年优游林下,与袁黄一起编修《嘉善县志》,年九十而卒。袁仁对其早期于边地抚绥乏食的军民等事③,颇有赞许之意,在盛唐还京之际,即赋诗相赠道:"闻道边陲犹赤帜,九重应未忍深居。"④

江苏上元人顾璘(1476—1545,字华玉,号东桥),与同县的陈沂、王韦并称"金陵三俊",弘治九年(1496)成进士,官至南京刑部尚书等职。在任湖广巡抚期间的嘉靖十六年,正逢少年俊才张居正以十三岁的年纪很快得以高中举人之际,顾璘认为年轻人应该有些挫折,将来才具老练后方能发展更好,这一科就没让张居正中举。对于这一点,据说张居正后来一直较为感激。⑤ 作为南京文化圈中的核心人物,顾家成为各类士人交游的一个中心。嘉靖十年(1531)秋天,松江名士何良俊兄弟到南京科考,在拜访顾家时,偶然与在那儿养病的王宠初次相识,王氏对于何氏的作品"极口赞赏",从此结下很深的友谊。何氏对于王宠的爱才好士,一直十分感怀。⑥

《吴郡名贤图传赞》中的王宠像

袁仁与顾、何、王三人都有很好的交谊。他与当时南都第一流的文人、政治地位较高的人物的交往,主要就在文学方面的交流。在他们往来的诗文中,大约可以窥见袁仁与顾璘比较亲近的关系。袁仁送顾璘的诗中云"连年脱屣山中行,海滨忽遇安期生",有相期相约之说,又言"玉珂金珮等浮云",有早悟早决之意,否则"此身一堕不可追"。⑦ 与顾璘相和的一首小诗中,更具闲散旷达之味,所谓

---

① 〔明〕袁仁:《参坡公袁先生一螺集》之《书·与陆绣卿书》,收入〔明〕袁黄编:《袁氏丛书》卷十。
② 万历《嘉善县志》卷八《选举志·科贡》。
③ 〔明〕盛枫辑:《嘉禾征献录》卷三十一《按察司》,第916页。
④ 〔明〕袁仁:《参坡公袁先生一螺集》之《七言律诗·送盛元陶还京》,收入〔明〕袁黄编:《袁氏丛书》卷十。
⑤ 朱东润:《张居正大传》,湖北人民出版社1981年版,第9页。
⑥ 〔明〕何良俊:《四友斋丛说》卷十五《史十一》,中华书局1959年版,第128页。
⑦ 〔明〕袁仁:《参坡公袁先生一螺集》之《诗·赠顾华玉》,收入〔明〕袁黄编:《袁氏丛书》卷九。

"清兴远从尘外发,禅心偏向静中来""莫问六朝兴废事,斜阳细草首重回"。①

前辈好友吴器之曾任福建南静县学博时,正是景泰元年(1450)邓茂七之乱在福建初平之际。所以在袁仁寄赠给他的诗中,就有"天南听雁雁无声,几度修书寄未成"之说。②

袁仁还与不少知县交好,如为嘉兴知县黄某题写家居生活的小诗③,饶有趣味:"尽道霞塘风景奇,清流泻玉天之涯。黄侯家住霞塘上,短墙茅屋绕江篱。"④

江西贵溪人、由司谏左迁嘉善知县的何天启(号凤冈),莅任不久即高效地剖断迁延不决的诉讼案件,"勾摄不遣隶卒,民无骚扰",并为水灾时期的嘉善民众向上级提出蠲税,竟被当道所阻。⑤ 袁仁为他作诗,称颂他的政迹:"侯也朝阳凤,飘然出世麟……日高群吏散,雨歇万家春。"⑥对身负经世真才的官吏又具文人雅识者,袁仁都不吝赞誉之词。

曾以举人的资格任江西萍乡知县的江吉(澹庵)七十岁时,袁仁为这位工于诗文、乐善好施(嘉善东门外石桥由江吉捐造)的老友祝寿,称他在清苦的官场生活结束后,既可"笑傲无俗情",又能常与嘉善的诗社友人把酒言欢,古稀之年"长啸观千古"。⑦

衡阳人、嘉靖十七年至十九年任嘉善知县的谷汝乔(字伯迁,号湘涯)⑧,为政清简,不扰民间,袁仁对他评价也甚高:"吾邑有贤宰,春风生白莎。敲朴日以缓,桑麻日以多。釜甑尘常封,门庭雀可罗。"⑨

广东番禺人、嘉靖二十一年至嘉靖二十四年任嘉兴知县的李时行(字少偕,号青霞)⑩,袁黄回忆说他"高才善吟咏,极喜先君之诗,有作必属和"。他与袁仁

---

① 〔明〕袁仁:《参坡公袁先生一螺集》之《七言律诗·和顾华玉登阁韵》,收入〔明〕袁黄编:《袁氏丛书》卷十。
② 〔明〕袁仁:《参坡公袁先生一螺集》之《七言律诗·寄吴器之》,收入〔明〕袁黄编:《袁氏丛书》卷十。
③ 袁仁殁于嘉靖二十五年,此前姓黄的嘉兴知县,一是嘉靖九年莅任的歙县人黄训,后官至兵部主事等职,二是嘉靖十三年莅任的莆田人黄献可,后官至礼部主事等职。由于资料有限,并不能确定是哪位黄知县。(参崇祯《嘉兴县志》卷十一《官师志·职官》,崇祯十年刻本)但诗中提及的霞塘极有可能是在莆田,据此或可推知这位知县是黄献可。
④ 〔明〕袁仁:《参坡公袁先生一螺集》之《诗·野塘为嘉兴黄令题》,收入〔明〕袁黄编:《袁氏丛书》卷九。
⑤ 嘉庆《嘉善县志》卷十《官师志·名宦》,嘉庆五年刊本。
⑥ 〔明〕袁仁:《参坡公袁先生一螺集》之《诗·上何侯》,收入〔明〕袁黄编:《袁氏丛书》卷九。
⑦ 〔明〕袁仁:《参坡公袁先生一螺集》之《五言古诗·江澹庵七十,社中吟友俱集,以"酒债寻常行处有,人生七十古来稀"为韵,余得古字》,收入〔明〕袁黄编:《袁氏丛书》卷九。
⑧ 万历《嘉善县志》卷七《官师志·职官表》。
⑨ 〔明〕袁仁:《参坡公袁先生一螺集》之《五言古诗·送谷县尹入觐》,收入〔明〕袁黄编:《袁氏丛书》卷九。
⑩ 崇祯《嘉兴县志》卷十一《官师志·职官》。

的倡和之作,留传下来的只有《春兴八音和李少偕韵》八首,是袁仁回应李时行的"乘兴可来同晤赏"之句。① 官场中这样的朋友,在袁仁的生活圈显然并不少见。

与官场关系人物的交往,表明袁仁与政治并不隔膜,甚至还比较敏感,一首《嘉靖登极》的小诗,表达出袁仁对于新政期盼中的几分愉悦之情:"太平天子七香车,骤马麾旌度流涯。诏下老癃扶杖听,从今不唱后庭花。"② 当然,与官场人物结交,自有袁仁的选择标准。反过来看,袁仁身负经世之才,洞识兵书《六韬》《玉钤篇》,同样深受官场人物的赏识。正德十六年至嘉靖二年间任嘉兴知县的福建侯官人蔡经(号半洲)③,后以兵部右侍郎兼金都御史提督两广军务,在平定"猺"人之乱时,欲征召袁仁前往相助。为此袁仁赋诗应召,但仍在申说他不过是乡野的闲士,并不真正能适应官场的需求:"野老投闲日,驱驰却未闲。身仍耕陇上,名自满人间。岁月孤篷转,星霜两鬓班。紫芝徒入梦,深愧负西山。"④

上述各类官绅与袁仁大都有共同的兴趣,对袁仁也比较推崇,相互之间多有诗文唱和,皆属时人所谓的文人雅事。

在地方社会的活动中,袁仁同样不免于俗事。当嘉兴的秀水在嘉靖十九年再次出现五色时,被地方视为吉祥之事。知府王某要袁仁赋诗相贺,袁仁写道:"君侯用佳政,野渚净尘氛。……功成次第谈时事,便觉清风愧子牙。"⑤ 但实际上当年有春荒,六月还出现了比较严重的蝗灾。⑥ 对这样的社会现实,相信袁仁心中应该是清楚的。

袁仁那些较为广泛的社交关系中,应该有他能依为"庇主"的官场人物。袁仁重视朋友情谊,当朋友身系困境,他即能运用必要的关系,不惮烦劳,奔走呼救。友人蒋邻竹以所谓"非罪"之名身系湖州狱中时,袁仁即求得严推府的介绍书,奔往湖州相救。途中经菱湖镇,曾赋诗道:"烟波索漠伤离思,急难相投见义肝。"⑦ 待案情清楚后,蒋氏被移往杭州宪狱。袁仁又赋诗道:"钱塘江上西风急,

---

① 〔明〕袁仁:《参坡公袁先生一螺集》之《七言律诗·春兴八音和李少偕韵》,收入〔明〕袁黄编:《袁氏丛书》卷十。
② 〔明〕袁仁:《参坡公袁先生一螺集》之《诗·嘉靖登极》,收入〔明〕袁黄编:《袁氏丛书》卷九。
③ 崇祯《嘉兴县志》卷十一《官师志·职官》,崇祯十年刻本。
④ 〔明〕袁仁:《参坡公袁先生一螺集》之《诗·赴蔡司马昭》,收入〔明〕袁黄编:《袁氏丛书》卷九。
⑤ 〔明〕袁仁:《参坡公袁先生一螺集》之《诗·秀水呈祥、郡守东蒙王公命詠》,收入〔明〕袁黄编:《袁氏丛书》卷九。
⑥ 万历《秀水县志》卷十《祥异》,万历二十四年修、民国十四年铅字重印本,第640页。
⑦ 〔明〕袁仁:《参坡公袁先生一螺集》之《七言律诗·蒋邻竹以非罪系湖州狱求严推府书往救之过菱湖有作》,收入〔明〕袁黄编:《袁氏丛书》卷十。

夜夜登楼望剑华。"①

就总体而言,袁仁与官绅们往来的资料以及在官场生活中可见的文人雅事,都表明他的地方处境与建立社会名望的方式,已绝非一般的布衣之士了。通过诗文的交流,袁仁拓展了社会活动,提升了文化影响力。

士人交游的世界

袁仁在地方上最终被归入"隐逸"一类②,但在城市生活中,常常是"宾客填门,应酬不暇"③,优游于袁氏的"家居八景"。实际上在明代后期,像袁仁这样,士人的出游已形成了别具时代特色的社会风气,士人们有积极组织文艺社交活动的意图,因此也建构起繁的社交网络。④ 从交游的层面来看,嘉善地方有他三位重要的朋友,且各有特长,即袁衷所谓的"多闻则友郁九章天民,吟咏则友谭舜臣稷,讲学修行则友沈一之概"⑤。可是,袁仁更多的交游活动与诗酒生活,都是片断性的记述,比较琐碎,不能构成有机的系统。但袁仁与16世纪那些知识精英的交游与文化活动,使他这位被后世称颂的隐逸高士,显得并不沉寂,而且经常有袁仁于曹玄渚壁间所题"墨池空蒙起烟雾,虫鱼鸟迹俱奇货"等诗描画的浪漫意味。⑥

在一次同好们的诗酒之会中,袁仁于微醺之下,与诸友人祝兴所赋的诗中,有"诸君为我须尽乐""我辈俱是忘形友"以及"饮酒何曾论升斗"等句⑦,都可概见他们当时把酒赋诗的豪迈之态。当中,可能更多的是"忘形"之举,肆说时事,评陟当下,令他的朋友们刮目相视。

在酒酣耳热之际,确实可以放松身心,将心中对于时政的情绪,于众人醉意甚浓时畅怀大论。与孙员外等人聚饮于顾氏家园时,袁仁就剧谈时事,并口占一

---

① 〔明〕袁仁:《参坡公袁先生一螺集》之《七言律诗·邻竹事白系杭州宪狱》,收入〔明〕袁黄编:《袁氏丛书》卷十。
② 万历《嘉善县志》卷九《人物志·隐逸》,第616页。
③ 〔明〕钱晓辑:《庭帏杂录》卷下,万历二十五年袁俨序钞本,收入《四库存目丛书》子部第86册,齐鲁书社1996年影印版,第765页。
④ 王鸿泰:《浮游群落——明清间士人的城市交游活动与文艺社交圈》,收入复旦大学文史研究院编:《都市繁华——一千五百年来的东亚城市生活史》,中华书局2010年版,第188页。
⑤ 〔明〕袁衷:《记先考参坡公遗事》,收入《南湖文丛》编委会编:《〈檇李文系〉选辑·宗族》,第36—37页。
⑥ 〔明〕袁仁:《参坡公袁先生一螺集》之《诗·题曹玄渚壁间》,收入〔明〕袁黄编:《袁氏丛书》卷九。
⑦ 〔明〕袁仁:《参坡公袁先生一螺集》之《诗·呈坐中诸公》,收入〔明〕袁黄编:《袁氏丛书》卷九。

诗,表示"从今不说朝廷事"、只顾家居"锄云种药"的生活①,也是他酒后才有的自誓,并不能真正做到。

在地方上,袁仁总是愿意与好诗而善于吟咏之士交游,并勤于唱和,留下了不少意涵多样的诗作。与朱箴(号静溪)相和的诗中,他写道"别来江柳几回青,水绕柴门尽日扃"②,蕴含人生恬淡的隐逸感。

出身"当湖巨族"的陆文选(号中坡),与袁仁交情甚厚,因此之故,袁仁曾直言规劝,完全不存忌讳。这令后来重读这段故事的袁黄很是感慨,认为友朋间"此语此风今不可复见"。袁仁这样写道:"君家世业高于山,君能劈画如等闲。君家世务深如海,君劳一心宜不逮。何如放教怀抱宽,且将尘世从容看。"③当然两人之间更多的是闲憩活动,一首袁仁游观陆文选西园的小诗中,谈及"携酒看游鱼"的情境④,显得温情平和,令人向往。

沈概的女婿陆杲,是在袁仁心目中"行事虽有出入,而胸次宽平,不肯居己于洁而居人于污"。⑤ 他为陆杲折扇所题的小诗,也较浪漫有趣:"陌上行吟忽见君,红尘紫陌日初曛。莫将心事从头说,我欲归山问白云。"⑥

在述及袁仁的相关资料中,罕有论及他的绘画活动及成就。有意思的是,袁仁为才思过人的前辈好友、弘治间解元、曾任福州府同知的周泽(字天雨,号芝丘)祝寿⑦,曾绘过一幅《蟠桃图》相赠,并赋诗道:"摘得瑶池阿母桃,特来席上献仙曹。"⑧除此之外,对于袁仁的画艺基本不见记载,更多的则是袁仁对于时事的感喟以及人生处世的看法。他给"庞德公"所写的《感怀》诗,就充满了这样的情绪:"我爱庞德公,足不入城府。茅堂坐明月,长啸轻千古。谁将百年身,役役多苦辛。请君试向北邙看,此中岂是寻常人。"⑨

值得注意的是,年轻时的袁仁,与王阳明的关系非同一般。而阳明心学对于晚明嘉善地方士人有较大影响,除袁黄外,地方绅士领袖丁宾、钱继登、陈龙正等

---

① 〔明〕袁仁:《参坡公袁先生一螺集》之《诗·同孙员外公吉饮顾氏园酒酣予剧谈时事四坐悚然口占》,收入〔明〕袁黄编:《袁氏丛书》卷九。
② 〔明〕袁仁:《参坡公袁先生一螺集》之《诗·和朱箴》,收入〔明〕袁黄编:《袁氏丛书》卷九。
③ 〔明〕袁仁:《参坡公袁先生一螺集》之《诗·规陆文选》,收入〔明〕袁黄编:《袁氏丛书》卷九。
④ 〔明〕袁仁:《参坡公袁先生一螺集》之《诗·游陆文选西园》,收入〔明〕袁黄编:《袁氏丛书》卷九。
⑤ 〔明〕袁仁:《参坡公袁先生一螺集》之《书·与沈一之书》,收入〔明〕袁黄编:《袁氏丛书》卷十。
⑥ 〔明〕袁仁:《参坡公袁先生一螺集》之《诗·题陆元晋扇》,收入〔明〕袁黄编:《袁氏丛书》卷九。
⑦ 万历《嘉善县志》卷九《人物志·文苑》。
⑧ 〔明〕袁仁:《参坡公袁先生一螺集》之《诗·蟠桃图寿周天雨》,收入〔明〕袁黄编:《袁氏丛书》卷九。
⑨ 〔明〕袁仁:《参坡公袁先生一螺集》之《诗·感怀》,收入〔明〕袁黄编:《袁氏丛书》卷九。

都堪称阳明学的追随者与实践者。① 袁仁与他心目中的老师王阳明谈"道",是"徒步往谒之,而不称门生",两人休戚相关,时有题咏。后来袁黄认为都是"性情所触,非漫语也"。袁仁安慰在正德元年冬天因反对宦官刘瑾而被廷杖四十且谪贬至贵州龙场的王阳明的一首小诗,大概可以体现这一点:"孤身愿作南飞雁,万里随云伴逐臣。"② 正德十四年时任南赣巡抚的王阳明平定了宁王朱宸濠的叛乱,声闻天下。袁仁听闻这样的喜讯而所赋的诗中,有着轻松而不失调侃的词句,或许也有袁仁反对王氏过多杀生之意:"当年谈道薄鹅湖,此日挥戈净国魔。夜静灯前看宝剑,先生应悔杀人多。"③ 与晚明主流思想对于阳明学说的排斥与批判相比④,袁仁等人堪称较早认同其学说的小部分人。

一次偶然的机会,在讲学名士沈石山家中遇到王阳明的高足王畿(1498—1583,字汝中,号龙溪),袁仁欣然有诗专记此事:"邹鲁诗书客,相逢说性宗。寸心谈不尽,清露滴长松。"⑤ 两人情谊较深,在学术上多所交流。王畿每到嘉兴地方,定要拜访袁仁,而袁仁听闻王畿到来,即扁舟相过。王畿声称知袁仁最深,"大率公之学,洞识性命之精,而未尝废人事之粗"⑥。

对同样拥有"博极群书"才学的好友郁九章(号闲舟),袁仁充满敬意,并将郁氏拟比明代三大才子之首的杨慎(1488—1559,字用修)。郁氏也常来"半村居"与袁仁讨论掌故、学术,只是郁氏虽富论述,却都散而不存,令人婉惜。平时袁仁对这位好友的想念,是所谓"怀人浑不寐,明月落空梁"⑦。

当然,袁仁有不少诗作纯粹是文学性的描画,并不真正契合实际生活的情境。他为妹夫沈隐居所创作的诗中,有"荻花枫叶漫平沙,烟水忙忙客路赊"⑧,显

---

① 〔明〕袁黄:《两行斋集》卷十二《光禄寺署丞清湖丁公行状》,收入《袁了凡文集》,线装书局 2006 年影印本,第 1456—1460 页;〔明〕陈龙正:《几亭全书》卷五十五《文录·序》,"守饶保甲述序(乙亥)"条,康熙云书阁刻本,收入《四库禁毁书丛刊》集部第 12 册,北京出版社 1997 年影印版,第 590 页。
② 〔明〕袁仁:《参坡公袁先生一螺集》之《诗·闻王伯安谪龙场》,收入〔明〕袁黄编:《袁氏丛书》卷九。
③ 〔明〕袁仁:《参坡公袁先生一螺集》之《诗·闻王伯安靖江西》,收入〔明〕袁黄编:《袁氏丛书》卷九。
④ 牛建强:《明代中后期社会变迁研究》,文津出版社 1997 年版,第 158—161 页。
⑤ 〔明〕袁仁:《参坡公袁先生一螺集》之《诗·沈黄门家逢王汝中》,收入〔明〕袁黄编:《袁氏丛书》卷九。
⑥ 〔明〕王畿:《王畿集》附录三《逸文辑佚·袁参坡小传》,吴震编校整理,凤凰出版社 2007 年版,第 815 页。
⑦ 〔明〕袁仁:《参坡公袁先生一螺集》之《诗·怀郁九章》,收入〔明〕袁黄编:《袁氏丛书》卷九;〔明〕钱晓辑:《庭帏杂录》卷上,万历二十五年袁俨序钞本,收入《四库存目丛书》子部第 86 册,齐鲁书社 1996 年影印版,第 758 页。
⑧ 〔明〕袁仁:《参坡公袁先生一螺集》之《诗·赠沈隐居》,收入〔明〕袁黄编:《袁氏丛书》卷九。

得较为写意。送给好友陆湖东的诗,所谓"闲向湖头问酒家,一蓬细雨卷轻花"①,以及寄给项生的诗中"最是春来忙不了,江花江草要人题"等句②,都属此类。至于给顾庭和的诗,如"茅屋云屏竹径清,布衣相与傲公卿"等③,写实意味平淡,由于袁仁本人即属布衣,才使他与顾庭和这样的诗歌写作别具意义。

在袁仁的地方交游圈中,非常值得注意的另一位布衣文人就是谭稷(字舜臣),博学善吟咏,松江的朱豹(子文)见其诗曾惊曰"青莲不能过也",并将其邀为家庭教师,时长六年之久。谭稷与袁仁、顾珊、王宥、沈概及海宁的董漂、长期居于湖州的关中人孙一元等人一起,组织过一个诗社。在推动地方的诗歌创作上,谭稷与袁仁有着共同的兴趣。谭稷认为:"诗非小物也,内阐性灵,外关王化,以言志为准,以无邪为要",而极之乎温柔敦厚,本之以性情,要像水月镜花,可玩不可即,乃臻妙境。④

世居魏塘西浒的谭稷,自幼时即以聪慧著称,才华曾惊艳地方文坛。但他不屑为举子业,与袁仁性情相投,且也是百科全书式的人物。与袁仁一样,身居城市之中,都有超然之态。袁仁描述过谭稷的家居休闲生活样态:"短屋数椽,西开小牖,朝霞绕砌,夕阳在山,公手一编,晏坐其间,萧然适也,因自号西窗居士。"在他于松江朱家做馆期间,饱读朱家藏书,学术越益广大,以致有"吴越间人人称说谭西窗"。而袁仁家中藏书颇丰,谭稷常常到袁家借书以观,因而也曾到袁家做馆。在此期间,才有了上述与各位友朋订立诗社的活动,而谭稷即为诗社领袖,并立有社约数条,要求大家遵守。由于众人的努力,袁仁说"一时吾党之诗,斐然极盛,真可以上薄风骚,下陵李杜,实公为之倡也",称颂谭稷的贡献较大。在袁仁看来,谭稷清介绝俗,"非其人不交,非其力不食",有其非常严格的处事原则,即使士人交游圈中有怜其贫者,馈以斗粟,他也绝不苟受,因此终其身,谭稷一直过着"蓬门瓮牖,麻鞋布袍"的淡然生活,在物质上没有什么要求。袁仁为谭稷写的小传中还补充说,在外甥沈科尚未登第时,谭稷即奇其标格,相赠以诗,有"昨日杏花坛上见,分明一鹤在鸡群",寄予很高的期望,却因而得罪了沈科在县里的各位秀才同学。谭稷还写了《竹林乡试录》,来讽刺世之登科者"空无所有,类竹

---

① 〔明〕袁仁:《参坡公袁先生一螺集》之《诗·赠陆湖东次曹海山韵》,收入〔明〕袁黄编:《袁氏丛书》卷九。
② 〔明〕袁仁:《参坡公袁先生一螺集》之《诗·寄项生》,收入〔明〕袁黄编:《袁氏丛书》卷九。
③ 〔明〕袁仁:《参坡公袁先生一螺集》之《诗·赠顾庭和》,收入〔明〕袁黄编:《袁氏丛书》卷九。
④ 万历《嘉善县志》卷九《人物志·隐逸》,第616页;〔明〕王畿:《王畿集》附录三《逸文辑佚·袁参坡小传》,第815页。

之虚中"。袁仁极为欣赏谭稷的为人处事,认为像谭稷这样"人情废喜怒,而和乐为真性,作诗不废美刺,而善善宜长",在当时社会实在不可多得,而且"嫉恶太严,其为诗也,刺多于美,愁多于乐,感慨多于悟赏,白首羁栖,盖其宜哉!"①

谭稷的人生可能真的是"愁多于乐",暮年丧子时,袁仁赋诗相慰道:"之子不可丧,而翁当暮年。诗书如有恨,花酒更无传。"②另外,袁仁寄赠谭稷的小诗还说:"湖海三年客,诗书一病身。时危春水急,机息白鸥亲。"③大概于诗文往返之间,对生活与思想中的不少问题都作了倾情表达,以袁仁擅长的诗的形式,更见其优雅之态。

袁、谭两位布衣文人对于如何作文都有自己的见解。袁仁为文不作艰涩语,"惟务阐明道术,主张风教"。④他对谭氏的文章作了这样的论述:"承示大篇,据梧读之,言班如意,渊如法,森如可以传矣。然而仆窃有所未满也,摹拟极工,犹乏生色,词情两畅,终落言诠,盖似宝而非真宝也。所谓真宝者,无意于文而盎然出之,词不待修而丽,意不待铸而圆,江上芙蓉,风前杨柳,触目皆是文境,兄不之法而必钻研于残编断简中,宜其失之远矣。"⑤袁仁大概比较倾向自然率真的表达,对于谭稷在文章上工于技巧与文词,表示了友善的批评。

当然,除了嘉善本地之外,袁仁的活动空间,是随文人雅士之间的交游而有所变化。他曾到松江人何良俊家中做客,欢饮之际,难免文人间的分韵赋诗。这在明代文人当中十分流行,尤以唐人诗句中某字为韵进行的创作,则属明代唐诗学中的一个有趣现象,也可以说明代文人诗歌创作的脉动,更多时候是和唐诗互动回应的。⑥

袁仁在何家饮宴中按韵写道:"高人多逸兴,结屋近梅林。短笛生秋蔼,疏帘卷暮岑。"⑦不久,他与何良俊、文徵明、黄省曾(1490—1540,字勉之)这些当时一流的名士,一起到吴县王宠家中聚会,照例是诗酒活动。⑧

祖籍吴江、后长期居于吴县石湖北岸越溪庄的王守(1492—1550)、王宠

---

① 〔明〕袁仁:《参坡公袁先生一螺集》之《传·谭处士传》,收入〔明〕袁黄编:《袁氏丛书》卷十。
② 〔明〕袁仁:《参坡公袁先生一螺集》之《诗·悼谭舜臣丧子》,收入〔明〕袁黄编:《袁氏丛书》卷九。
③ 〔明〕袁仁:《参坡公袁先生一螺集》之《诗·寄谭舜臣二首》,收入〔明〕袁黄编:《袁氏丛书》卷九。
④ 〔明〕王畿:《王畿集》附录三《逸文辑佚·袁参坡小传》,吴震编校整理,第816页。
⑤ 〔明〕袁仁:《参坡公袁先生一螺集》之《书·与谭舜臣论文书》,收入〔明〕袁黄编:《袁氏丛书》卷十。
⑥ 沈文凡:《排律文献学研究(明代篇)》,吉林人民出版社2007年版,第10—12页。
⑦ 〔明〕袁仁:《参坡公袁先生一螺集》之《诗·饮何元朗宅席间次韵》,收入〔明〕袁黄编:《袁氏丛书》卷九。
⑧ 〔明〕袁仁:《参坡公袁先生一螺集》之《七言律诗·九日同何元朗文徵仲黄勉之饮王履吉所分韵得秋字》,收入〔明〕袁黄编:《袁氏丛书》卷十。

(1494—1533)兄弟,是袁仁的莫逆之交,无论谈诗还是问字,往来交流频繁。袁仁曾收藏了不少王宠墨迹,可惜在袁黄生活时代已经散佚。袁仁送王氏兄弟回苏州的诗"屋梁月落晃余晖,兄弟联翩访翠微"①,以及袁仁写给王宠的小诗"记得苏门分手处,流莺相唤柳枝低"②,文字之中皆蕴有深情。

王宠在当时的士人圈中具有核心性。尽管屡试不第给王宠带来的焦虑感,并没有真正消释,但众多诗文中呈现出他的恬退之态,那种隐逸情怀伴随其短暂的一生,王宠曾经表示过不愿再被尘缨所羁缠。③ 因此何良俊称王宠的诗"清警绝伦,无一点尘俗气"。文徵明也曾表示自己的诗有其特性,习学陆游,不像其他人是唐声。④ 这使得王宠等人的诗酒活动,丰富而具光辉。在王家的这次聚会中,袁仁分韵得"秋"字,作诗道:"山下清江绕槛流,登台词客共淹留。茱萸不散秋风恨,猿鹤空生蕙帐愁。"⑤另外,袁仁曾为感谢何良俊的关心,要作必要的酬答,仍是赋诗一首,当中有"江湖飘泊老渔巾,寂寞无书问故人"一句⑥,可以反映袁仁的心境与气度。

外祖父朱凤的儿子朱汝明(愚),少负气节,后任松江府学训导时,不受馈仪,清操凛然,归乡后士人重其吟咏而里巷相传。⑦ 袁仁不仅重其亲谊,也敬其清操,在一个中秋月夜两人还赋诗相和:"南楼当此夕,风月欲平分。玉字淡寒色,清霄堕白云。"⑧

袁仁热衷的文人雅事与结社活动,主要内容都在诗歌创作。他积极参加诗社活动,重点就在以唐诗为韵的交流。在某个月夜,诗社友人以杜甫"秋月仍圆夜,江村独老身"为韵,依序下来,袁仁得"月"字韵。⑨

袁仁的诗文创作,基本上是"为文根本六艺,片词尺牍,率关世故",特别是诗

---

① 〔明〕袁仁:《参坡公袁先生一螺集》之《七言律诗·送王履约兄弟还吴门》,收入〔明〕袁黄编:《袁氏丛书》卷十。
② 〔明〕袁仁:《参坡公袁先生一螺集》之《七言律诗·寄王履吉》,收入〔明〕袁黄编:《袁氏丛书》卷十。
③ 薛龙春:《雅宜山色:王宠的人生与书法》,上海书画出版社2013年版,第109页。
④ 〔明〕何良俊:《四友斋丛说》卷二十六《诗三》,第237、239页。
⑤ 〔明〕袁仁:《参坡公袁先生一螺集》之《七言律诗·九日同何元朗文徵仲黄勉之饮王履吉所分韵得秋字》,收入〔明〕袁黄编:《袁氏丛书》卷十。
⑥ 〔明〕袁仁:《参坡公袁先生一螺集》之《七言律诗·谢何元朗见怀》,收入〔明〕袁黄编:《袁氏丛书》卷十。
⑦ 万历《嘉善县志》卷九《人物志·清操》,第595页。
⑧ 〔明〕袁仁:《参坡公袁先生一螺集》之《诗·中秋月次朱汝明韵》,收入〔明〕袁黄编:《袁氏丛书》卷九。
⑨ 〔明〕袁仁:《参坡公袁先生一螺集》之《诗·十七夜月、社友以杜工部"秋月仍圆夜,江村独老身"为韵、余得月字》,收入〔明〕袁黄编:《袁氏丛书》卷九。

歌,"斐然逼唐"。① 对此袁仁是比较自负的,而且觉得较自己擅长的医术更为重要,更具人生意趣。这种得意之情,流露于他回应蒋主政向他请教诗学的作品中。② 在诗作上,袁仁确是出乎性情,止乎理义。③

作为地方上杰出的诗人,袁仁难免各类题诗作赋之求。在他保留下的诗作中,却已经不多。他因友人马良甫之请,为马氏的西墅草堂所题的诗,如"卜居渔浦右,烟树蔼离离""清风芦荻渚,野屋槿花篱"等句④,写实而生动。他给嘉靖十九年(1530)举人、曾任江西龙南知县的姜圻之父、擅长作诗的姜天翼(号墨溪)专门题写过扇面诗⑤,甚至为朋友的画作题诗⑥,不仅仅是因为出于诗人的风雅,也因为袁仁的书法师法赵体,达到了乱真的境界。相信明代的士人一定了解文化圈中的卓越之士在诗、书、画等场域的意义,书法可以说是明代的价值体系中层次更高的艺术形式与文化行为。⑦

在这方面,文徵明(1470—1559)堪称当时文人高士中的核心人物,与顾璘、马西玄(汝翼)、聂双江(豹)、赵大周、王槐野(维桢)等人并称当代名公,显扬于世。⑧

袁仁给文徵明的诗中,有"诗拟开元字永和,吴门小隐旧曾过。……相逢欲话雕虫事,为问先生意若何"等句⑨,体现了他们在诗文方面的共同追求和相知之雅。而且,寿享较长的文徵明,是袁仁为三子袁裳选择的书法教师。为此,他给文徵明的信中这样写道:

《吴郡名贤图传赞》中的文徵明像

---

① 万历《嘉善县志》卷九《人物志·隐逸》,第616页。
② 〔明〕袁仁:《参坡公袁先生一螺集》之《诗·蒋主政从余问诗》,收入〔明〕袁黄编:《袁氏丛书》卷九。
③ 〔明〕王畿:《王畿集》附录三《逸文辑佚·袁参坡小传》,第816页。
④ 〔明〕袁仁:《参坡公袁先生一螺集》之《诗·西墅草堂为马良甫题》,收入〔明〕袁黄编:《袁氏丛书》卷九。
⑤ 〔明〕袁仁:《参坡公袁先生一螺集》之《诗·题素扇和姜天翼韵》,收入〔明〕袁黄编:《袁氏丛书》卷九。
⑥ 〔明〕袁仁:《参坡公袁先生一螺集》之《诗·陆敬伯乃翁号栖筠以画竹求题》,收入〔明〕袁黄编:《袁氏丛书》卷九。
⑦ 〔英〕柯律格:《雅债:文徵明的社交性艺术》,"引言",第7页。
⑧ 〔明〕何良俊:《四友斋丛说》卷十五《史十一》,第131页。
⑨ 〔明〕袁仁:《参坡公袁先生一螺集》之《七言律诗·寄文徵仲》,收入〔明〕袁黄编:《袁氏丛书》卷十。

弟一筹莫展,藏拙江湖,迹逐蓬飞,心随灰稿。少年曾学书家,有松雪遗墨,习之三年,遂酷肖焉。今吴下售赵字者,大半皆仁笔也。长学诗文,遂滥竽艺圃。然弟雅不欲以雕虫小技取怜侪辈,惟思共正人君子,订千古心期,而一据此愤愤耳。裳儿颇聪慧,弟不教习举业,而遣就门下学书,愿老丈先正其心术,而后教之执笔。夫道贵龙蛇,得时则驾,不得时则蓬累而行。今天下类重科目,而轻实学。弟谓科场竞进,最坏心术,故姑教之尊德,游艺为蓬累中人,知老丈必有合也。小作奉怀,聊以道旧耳。然性灵所发,言言皆实幸斤正之。①

袁仁明白地表示讨厌科场竞争中坏人心术的方式,认为像书法这样的实学,可以正心术。而袁仁本人就是习书颇久的行家,尤其是他所学的赵孟𫖯书法,可以乱真。所以他不免骄傲地说"今吴下售赵字者,大半皆仁笔也",书法技艺已经令人惊骇。他认为三儿袁裳相当聪慧,比较适合向文徵明学习。夫人李氏认为袁裳适合举业之途,但袁仁说"此儿福薄,不能享世禄,寿且不永,不如教习六德六艺,做个好人",而且习医可以济人,"最能种德",待袁裳稍长就准备让他习医。跟随文徵明学诗习字时,袁裳已有十四岁。可惜袁裳过世甚早,婚后无子,应验了袁仁生前预见的结局。②

辈分更高的沈周(1427—1509,字启南,号石田),也是袁仁的好友。何良俊指出,苏州士风中"大率前辈喜汲引后进",而后辈们也都推重先达。③ 沈周曾绘一幅竹给袁仁,后者专门赋诗相谢,并说:"见竹如见石田子,高节凛然凌众木。"④ 沈周的诗在文徵明看来,是不经意间写出,"意象俱新"⑤,大概较契合袁仁的口味。

在与顾子声、王天宥、刘光浦一起酒宴的小聚中,刘光浦极称袁仁是"大节凛然,细行不苟,世之完德君子"。但袁仁表示自己还有"极慕清静而不断酒肉"、"终日闲邪而心不能无妄思"、"外缘役役、内志悠悠,常使此日闲过"等十个方面

---

① 〔明〕袁仁:《参坡公袁先生一螺集》之《书·送裳儿从文徵仲学书书》,收入〔明〕袁黄编:《袁氏丛书》卷十。
② 〔明〕钱晓辑:《庭帏杂录》卷下,万历二十五年袁俨序钞本,收入《四库存目丛书》子部第86册,齐鲁书社1996年影印版,第763、766页。
③ 〔明〕何良俊:《四友斋丛说》卷十六《史十二》,中华书局1959年版,第134页。
④ 〔明〕袁仁:《参坡公袁先生一螺集》之《诗·画竹谢沈启南'》,收入〔明〕袁黄编:《袁氏丛书》卷九。
⑤ 〔明〕何良俊:《四友斋丛说》卷二十六《诗三》,第236页。

的缺点,并不能称"完德君子"。这种"实心寡过"的态度,让顾子声很是钦佩。①另有一诗,是专门赠予顾子声的,语词之中表达出袁仁于其家居药圃中灌溉后的心境和并不甘于平淡的情绪:"弟晨起灌园,药苗茁茁,春风已到茅篱矣。长歌一首奉览,虽未必得玄珠于罔象,亦可披奇藻于现前。武塘久寂寞,得吾党二三人草昧英雄,扬抈风雅,遂为俊国览胜拴奇,当使松壑效灵、清溪生色,毋过自退缩也。"②

在回应诗友、吴中才子徐祯卿(1479—1511,字昌谷,一字昌国)的小诗中,袁仁追怀他们结社的过往及情谊:"廿年结社忆春沂,犹记沙头燕子飞",并感叹"独怪寒林鸿雁少,诗筒迢递到来稀"。③ 袁仁在其名著《毛诗或问》的卷首序中,提及他们二人与生于成化二十年(1484)的著名文人孙一元,一起讨论诗歌之事:"余友徐昌谷、孙太初辈,奕奕骚坛,尝与订古人之逸韵,校时髦之声,挥麈雌黄,颇可解也。"④这种诗歌校订工作中曾有的合作关系,大概在弘治十六年至正德八年间,地点或许在苏州。⑤ 可惜徐祯卿坚持举业,且在为官后应酬不少,终以三十三岁早逝⑥,相信徐、袁两人见面交往的机会不会太多。

与文徵明交情甚厚但已不大相见的晚年唐伯虎(1470—1524),一如其诗"闲来写幅青山卖,不使人间作业钱",依旧风流洒脱。⑦ 他既是袁仁好友,也是王宠的岳父⑧,嘉靖二年殁后,袁仁为这位"十年知己"作诗悼道:"敝帻残袭折角巾,石湖零落更伤情。十年知己灯前泪,两字功名地下尘。茂苑有诗曰大历,长沙无赋吊湘津。思君不见愁如织,门掩黄昏月色新。"⑨

从上述零散的士人交游活动来看,袁仁与明代中后期那些思想文化界的卓越之士,有着广泛而密切的交往。

---

① 〔明〕钱晓辑:《庭帏杂录》卷下,万历二十五年袁俨序钞本,收入《四库存目丛书》子部第86册,齐鲁书社1996年影印版,第762页。
② 〔明〕袁仁:《参坡公袁先生一螺集》之《书·与顾子声》,收入〔明〕袁黄编:《袁氏丛书》卷十。
③ 〔明〕袁仁:《参坡公袁先生一螺集》之《七言律诗·答徐昌谷》,收入〔明〕袁黄编:《袁氏丛书》卷十。
④ 〔明〕袁仁:《毛诗或问》,袁仁"自序",收入〔明〕袁黄编:《袁氏丛书》卷三。
⑤ 张佩:《杨齐贤、萧士赟〈分类补注李太白诗〉版本系统研究》,首都师范大学出版社2015年版,第132—134页。
⑥ 王乙、陈红:《徐祯卿年谱简编》,《云南教育学院学报》1995年第四期,第41—46页。
⑦ 〔明〕何良俊:《四友斋丛说》卷十五《史十一》,第133页。
⑧ 〔英〕柯律格:《雅债:文徵明的社交性艺术》,第176页。
⑨ 〔明〕袁仁:《参坡公袁先生一螺集》之《七言律诗·哭唐伯虎》,收入〔明〕袁黄编:《袁氏丛书》卷十。

布衣生活中的家国情怀

袁仁这样的布衣之士,显然是具有特殊性的。但像很多明代的闲雅或高隐之士一样,他在地方上已开展出一种有别于仕途的人生价值,闲隐生活也已成为了具有普遍意义的社会性需求,不必忧心奔忙于基本的生活资源,将生活重心与方向超脱于富(财富)与贵(功名)的路径之外,建构起别样的生活趣味、价值与意义。①

袁仁积极参与文艺社交活动,其诗文作品中呈现出来的人际交往关系,型塑了明代嘉善文人社会活动中的重要内容与文化网络中的地位,城居生活与人际关系的描画使布衣袁仁的生活及其时代图景,包括家族、姻亲、师友、文人、官场、庶民生活等,得到很好的再现。至于袁仁这种地方性或区域性的布衣文士,在他的生活时代究竟有多少"全国性"?或者如文徵明在世时那样,有多少在其生活核心地域之外的人听闻过他的名声②,其实根本无法确知。但可以相信,本章涉及的人物范围,必定是比较有限的。

袁仁一生绝意仕进,但并不排斥与官府的交往,对于一些他所认可的地方官员,还结有较深的情谊。大概士人生活中除了科考攀升外,文化经营与社会交往也是比较重要的一条取径。但在对于正统理学的理解层面,袁仁在所著《毛诗或问》中批评朱熹对《诗经》的解读是盲人摸象,在有关《尚书》的研究中也异于理学正统,都遭受了那时主流论述的排斥,都有袁仁坚持袁家学术传统的勇气③,而且大胆批评当时普遍沉浸于科举之学的绅士阶层使真学不显,有振举文运而端正士风的责任感。④ 因此或许可以想象在后人整理的文徵明、王宠、唐寅、徐祯卿、王阳明等著述中,都看不到袁仁影子的缘由。唯一重要的有关袁仁整体形象的简单叙述,见诸王畿佚文中的那篇《袁参坡小传》。⑤

当然,撇开儒学正统论的影响,要在地方上赢得社会普遍的尊敬,除了功名、艺术成就以及体现过人的道德(忠、孝、贞)等方式外,从晚明以来还可以选择在

---

① 王鸿泰:《闲情雅致——明清间文人的生活经营与品赏文化》,收入胡晓真、王鸿泰主编:《日常生活的论述与实践》,台北:允晨文化实业股份有限公司 2011 年版,第 588 页。
② [英]柯律格:《雅债:文徵明的社交性艺术》,第 113 页。
③ [美]包筠雅:《功过格:明清社会的道德秩序》,浙江人民出版社 1999 年版,第 73 页。
④ [明]袁裦:《记先考参坡公遗事》,收入《南湖文丛》编委会编:《〈檇李文系〉选辑·宗族》,第 37 页。
⑤ 〔明〕王畿:《王畿集》附录三《逸文辑佚·袁参坡小传》,吴震编校整理,第 814—816 页。

地方行善。① 这在袁仁身上能看到丰富的表现,也有袁家"勇于为善而奔义"的传统②,重要事例见诸反映袁仁夫妇言行的《庭帏杂录》者颇多,可能也如袁仁之孙袁俨所谓的只是袁仁善行仁举的一部分。③

袁仁虽非地方绅士一类,但较具社会责任感,诗文作品中蕴含着难以掩饰的政治关怀,很有四子袁黄所谓"不论仕与隐,皆当以尊君报国为主"之意。④ 长子袁衷曾记下了袁仁对于天下大事的看法,即有关"天下事皆重根本而轻枝叶"的论述,所谓天下有道则行有枝叶,无道则辞枝叶,枝叶从根本而生,邦有道则人务实,所以精神畅于践履,无道则人尚虚,因而精神畅于词说。⑤ 袁仁立足于城市社会,对于民生怀持的关切,时或见诸其诗文作品中。他的五言古诗《伤农家》这样写道:"茅茨有田妇,抚机日云暮。杼轴未停梭,先催完国赋。忍视儿女寒,难禁胥吏怒。儿啼泪暗流,吏怒情莫诉。谁知织布人,身上无完裤。"对江南农家生活的艰辛与应付官府赋役的困苦,都有着很深的体认。⑥ 另有一首《喜雨谣》,也很生动,不妨详录于此:"六月炎风吹白蒿,南畴龟析劳桔槔。桔槔日夜不敢止,争奈河渠已无水。昨宵一雨值千金,病草离离生古吐。黄荄复青枯复苏,熙熙春意回寰区。陌头日落凉风发,风吹清露滴庭梧。老夫亦就比窗眠,白云映水心冷然。相携稽首谢皇天,客愁销尽双鬓玄。"⑦ 此外,袁仁所抒写的《驾将南,华客言松江敛鹅于民,一里长当出三鹅,鬻米购之,仅充其半。乃知万物皆贵,惟人为贱,恻然赋此》,论及这个人贱物贵的时代,实在令人恻然:"琉璃为辇玉为珂,谁有黄金可铸鹅。翠盖遄飞鸿雁散,乳鸦啼处夕阳多。"⑧

这些在当时乡村日常生活中常可见到的情境,以及袁仁强调"作诗以真情说真境"的追求⑨,从诗文中能感知的他所抱持的经世济民情怀,与袁家祖训中要求

---

① 梁其姿:《施善与教化:明清的慈善组织》,联经出版事业公司1997年版,第123页。
② 〔明〕袁颢:《袁氏家训》"家难篇",收入〔明〕袁黄编:《袁氏丛书》卷一。
③ 〔明〕钱晓辑:《庭帏杂录》,万历二十五年袁俨"序",收入《四库存目丛书》子部第86册,齐鲁书社1996年影印版,第754页。
④ 〔明〕袁黄:《训儿俗说》,收入《袁了凡文集》,线装书局2006年影印本,第13页。
⑤ 〔明〕钱晓辑:《庭帏杂录》卷上,万历二十五年袁俨序钞本,收入《四库存目丛书》子部第86册,齐鲁书社1996年影印版,第756页。
⑥ 〔明〕袁仁:《参坡公袁先生一螺集》之《五言古诗·伤农家》,收入〔明〕袁黄编:《袁氏丛书》卷九。
⑦ 〔明〕袁仁:《参坡公袁先生一螺集》之《诗·喜雨谣》,收入〔明〕袁黄编:《袁氏丛书》卷九。
⑧ 〔明〕袁仁:《参坡公袁先生一螺集》之《诗·驾将南,华客言松江敛鹅于民,一里长当出三鹅,鬻米购之,仅充其半。乃知万物皆贵,惟人为贱,恻然赋此》,收入〔明〕袁黄编:《袁氏丛书》卷九。
⑨ 〔明〕钱晓辑:《庭帏杂录》卷上,万历二十五年袁俨序钞本,收入《四库存目丛书》子部第86册,齐鲁书社1996年影印版,第758页。

"怜贫救患"子孙应世世守之的言行①,都给后人以较深刻的印象。

另外,袁仁给姐夫钱萼的信中,谈及地方发生的饥荒问题以及来年可能发生更重的灾难,让他们深感忧虑。袁仁说:"明晨县公相召,计必及姐丈,当共陈万姓饥寒之状,而请蠲请赈焉。齐民可活,冯妇何嫌,苟有益于闾阎,吾奚爱夫肌骨。占者谓,来岁之灾,比今更甚。果如是,国运其岌岌矣乎?鄙人无救时良策,惟夜夜布席于庭,焚香拜祝,愿老天祚宋而忆"②。袁仁所述灾荒危机对于地方社会的影响以及知县将与之商谈相关事宜,而钱家也会在知县相询的名单中,都透露出袁仁这位布衣之士与钱家在地方上的重要性。

袁仁还有不少闲居自遣与日常生活描画的诗作,十分细腻,饱含其生活中的丰富情感。一首《自遣》述道:"百年今过半,两屐几时闲。古陇悲秋草,黄花落暮山。凉飙生竹径,明月度梅湾。莫话浮生事,茫茫一梦间。"③另一首《自叹》则感叹"即欲执鞭吾老矣,沧江长啸任沉浮"④。春天于半村居中静修时撰写了两首诗,所言"人来问我修心诀,一席清风一炷香"等句,修佛参禅意味浓郁。⑤

袁仁那种悠游闲适、与世无争的布衣生活,在诗文中随处可见。袁仁的一首《渔》这样写道:"青苗荒尽学鸢渔,钓遍芦花雪浦裾。昨日得鱼携出市,不知鱼价近何如?"⑥这种居于江南水乡,与水域环境相契合的生活,是江南文人的艺术创作中俯拾皆是的常态。至于家居生计,袁仁大概并不擅长,完全要赖家人的襄助。三子袁裳曾说:"吾父不问家人生业,凡薪菜交易,皆吾母(李氏)司之。"⑦

在袁黄看来,袁仁待人接物虽都是一样的温然如春,但细味有别:"接俗人则正色缄口,诺诺无违;接尊长则敛智黜华,意念常下,接后辈则随方寄诲,诚意可掬;惟接同志之友,则或高谈雄辩,耸听四筵,或婉语微词,频惊独坐,闻之者未始不爽然失、帖然服也。"⑧袁黄的观察,应该符合袁仁真实的生活态度。

袁仁的故事,提供出晚明城市生活中科举与仕途出路之外普通知识人的样

---

① 〔明〕袁颢:《袁氏家训》"民职篇",收入〔明〕袁黄编:《袁氏丛书》卷一。
② 〔明〕袁仁:《参坡公袁先生一螺集》之《书·钱木庵姐丈》,收入〔明〕袁黄编:《袁氏丛书》卷十。
③ 〔明〕袁仁:《参坡公袁先生一螺集》之《诗·自遣》,收入〔明〕袁黄编:《袁氏丛书》卷九。
④ 〔明〕袁仁:《参坡公袁先生一螺集》之《七言律诗·自叹》,收入〔明〕袁黄编:《袁氏丛书》卷十。
⑤ 〔明〕袁仁:《参坡公袁先生一螺集》之《诗·春日斋居》,收入〔明〕袁黄编:《袁氏丛书》卷九。
⑥ 〔明〕袁仁:《参坡公袁先生一螺集》之《诗·渔》,收入〔明〕袁黄编:《袁氏丛书》卷九。
⑦ 〔明〕钱晓辑:《庭帏杂录》卷下,万历二十五年袁俨序钞本,收入《四库存目丛书》子部第 86 册,齐鲁书社 1996 年影印版,第 763 页。
⑧ 〔明〕钱晓辑:《庭帏杂录》卷下,万历二十五年袁俨序钞本,收入《四库存目丛书》子部第 86 册,齐鲁书社 1996 年影印版,第 765 页。

例。大概可以代表明代后期社会所开展出来的"文人文化",也是一种独特的生命经验,包括人生态度、生活形式以及感官活动,属于那时文人士大夫当中流行的相互认同的文化形式。① 袁仁处事恬淡,为人低调,有行善积德之心,常怀救世济民的期盼,在元末以来袁家累世所积的祖荫下,过得平和安逸。当然他注重子孙教育,已有期望家族子弟向科举仕途迈进之意,并将这种愿望完全寄托在了儿子袁襄、外甥沈科这一代人身上。袁仁的思想与行善的理念,都传递给了子侄辈。

可惜袁仁身故太早,没有见到袁黄等人的成功。可以推知,博学又善于教育的袁仁,对童年的袁黄应该是存在影响的。嘉靖二十五年六月,重病中的袁仁向诸子说明"吾祖吾父皆预知死期,皆沐浴更衣,萧然坐逝,皆不死于妇人之手"的意思后,即闭门谢客。至七月初四,在诸亲友毕集的状态下,四子袁黄奉上纸笔,袁仁留下了他最后的诗作,有所谓"附赘乾坤七十年,飘然今喜谢尘缘""云山千古成长往,哪管儿孙俗与贤",对世事一无所恋,即投笔而逝。袁仁遗下的两万余卷丰富的藏书,除分赐部分给侄儿辈外,都传给了袁黄。母亲李氏告诫袁黄说:"汝父博极群书,犹手不释卷。汝若受书而不能读,则为罪人矣。"②

最终,袁仁与王氏、李氏合葬于县城东南胥五区小冬圩孙家浜(今天位于嘉善县惠民镇双溪村孙家浜)。③ 三十年后,袁黄开始向仕途奋进,也到了北京,与权臣张居正有了短暂的交际,但正式进入政坛,还要在万历十四(1586)年之后。袁黄科考的成功,为家族带来了荣耀。与丁宾的父亲丁袤一样,在四十年前已经故去的袁仁被追赠"知县"的荣衔。④ 朝廷恩赠袁仁为直隶顺天府通州宝坻县知县,官方颁发的制文这样写道:

> 潜德独行之士,名不越其乡,乃有升闻于朝,而光服赞命者,则其子扬之也。尔袁仁乃顺天府通州宝坻县知县黄之父,涵古茹今,才擅天人之誉;规言矩行,德高月旦之评。有子象贤,为予司牧,爰追遗泽,宜沾渥是用。赠尔文林郎、顺天府通州宝坻县知县,式彰启佑之功,庸慰显

---

① 王鸿泰:《闲情雅致——明清间文人的生活经营与品赏文化》,收入胡晓真、王鸿泰主编:《日常生活的论述与实践》,台北:允晨文化实业股份有限公司2011年版,第630页。
② 〔明〕钱晓辑:《庭帏杂录》卷下,万历二十五年袁俨序钞本,收入《四库存目丛书》子部第86册,齐鲁书社1996年影印版,第765页。
③ 〔清〕袁萱等:《赵田袁氏家谱》,"世表"。
④ 万历《嘉兴府志》卷十七《貤封》,万历二十八年刊本。

扬之愿。①

但这些袁仁已经不知道了,也不知道过了不久长久逸安的江南即遭受倭寇重患,更不可能知道万历前期进入仕途、继而盛名天下的袁黄会有怎样的人生遭际。他们所处的晚明社会,发生了太多的变化,确实有袁仁生前所论的"举世蚩蚩,颓风靡靡,江湖下趋,势不可返"之态。② 他们身处社会变化剧烈的晚明,王朝已形阽危之际。无论处事还是生活,在大朝代之变动下,真是瞬息而过。正如后来袁黄给好友张见吾信中感慨的那样:"人之处世,如白驹之过隙,风雨忧愁,常居十分之九。我辈碌碌乾没于文字间久矣,纵得挨出穷乡,而所当勤力,所当殷忧者,其事正未足也。"③

袁仁的生活代表了一个时代,也代表了一生之中并不能依赖财富或科考成功后推展社会交往、建立名望地位的知识人的生活取径。其文化成就与社会影响来自个人的经营,也来自袁家几世祖荫的照护。

---

① 万历《嘉善县志》卷八《选举志·貤封》,第545页。
② 〔明〕袁仁:《参坡公袁先生一螺集》之《与陆绣卿书》,收入〔明〕袁黄编:《袁氏丛书》卷十。
③ 〔明〕袁黄:《两行斋集》卷九《尺牍·与张见吾书》,第1292页。

四、乡区生活：乡绅控制与农村社会

县域社会的问题

围绕太湖分布的很多府州县，在行政地位与经济发展上，对于王朝统治而言，都极为重要。尤其是县域社会的稳固，可以有力支撑王朝统治生活中最关键的赋税要求与各种徭役征发。直到明末，一直为维持王朝统治的运转，发挥着重要作用。其中，全国白粮北运只存在于苏州、松江、常州、嘉兴、湖州五个府所属的各州县，最具核心性。

很多州县都有悠远的历史，但也有不少县域是在明代新划设的，如成化十年（1474）新设的靖江县①、弘治元年（1488）增置的孝丰县②、弘治十年（1497）增置的太仓州③、嘉靖二十一年（1542）新设的青浦县④，等。

就本章要考察的嘉善县而言，该县域原本属于历史悠久的嘉兴府嘉兴县。早在洪武元年（1368），嘉兴县三七都内曾割四里设立了魏塘镇都。据说在宋代时，有大姓魏氏在这里筑塘构屋，依赖便捷的河运，慢慢形成商贾往来的一个集居点。政和年间还设了镇，置有巡司。元代时置有税务、酒务及巡检司，称"魏塘务"。洪武三年（1370），改为税课局。宣德初年又改为巡司。宣德四年（1429）三月，大理寺卿胡概巡抚嘉兴府，以当地"齿众、赋繁、地广"为由奏请划增新县。宣德五年（1430）建立了县治，正式析出嘉兴县东北境的迁善、永安、奉贤、胥山、思

---

① 成化《重修毗陵志》卷一《建置沿革》，成化二十年刊本。
② 光绪《孝丰县志》卷一《方舆志·沿革》，光绪三年刊本。万历《湖州府志》（上海图书馆藏明万历八年刻本）卷一《郡建》，记载设县是在弘治二年。
③ 民国《太仓州志》卷一《封域上》，民国八年刊本。也有将太仓设州时间指为弘治九年的，参〔清〕吴伟业：《吴梅村全集》卷三十九文集十七《重修太仓州城隍庙碑记》，上海古籍出版社1990年版，第836—839页。
④ 万历《青浦县志》卷一《沿革》，万历间刻本。

贤、麟瑞6乡的部分都、里，设立了嘉善县，县治就定于当时已属永安乡七区的魏塘镇。嘉靖时所领6乡仍与前同，辖11个都，里数则从原来的186增至204。①据康熙时期官绅们的说法，因"迁善六乡，俗尚敦厖，少犯宪辟"，故名嘉善。② 至于县城的空间规模，在史料记载上并不详晰。至清代光绪时期的文献中，仍然只有"东西延袤六里"这样简单的记录。③

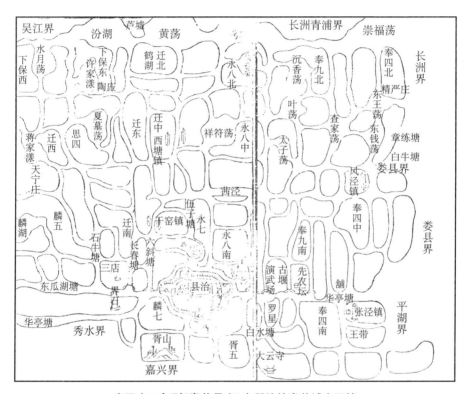

雍正十二年刊《嘉善县志》中所绘的嘉善城乡环境

在嘉善县，地方的权势格局自然是以县衙为中心，以皇帝的代理者知县为代表。在万历二十一年后，万历十四年进士、曾任宝坻知县与兵部职方司主事的袁黄已退官返乡的时代，嘉善县有名的知县，首先是章士雅。章曾敦请袁黄等人主

---

① 〔宋〕洪迈：《夷坚志》甲志卷十，"李八得药"条，中华书局1981年版，第89页；〔元〕徐硕：《至元嘉禾志》卷三《镇市》，至元二十五年刊本；万历《嘉善县志》卷首、卷五《食货志·物产》、卷十《艺文志》，万历二十四年刻本。
② 康熙《嘉善县志》卷二《区域志下》，康熙十六年刻本。
③ 光绪《嘉兴府志》卷四《市镇》；光绪《重修嘉善县志》卷二《乡镇》，光绪十八年重修、民国七年重印本。

编了一部县志,当中的不少内容为后世所编方志所传抄。像章士雅本人撰写的加强嘉善地方行政官理与治安工作的《正疆界议》①《置栅议》《夜防议》,就收在这部县志中②,很受后人重视。

此后到崇祯年间,嘉善知县主要有万历二十六年(1598)莅任的余心纯、万历二十九年(1601)的谢应祥、万历三十六年(1608)的詹尔达、万历三十八年(1610)的徐仪世、万历四十五年(1617)的吴道昌、天启二年(1622)的康元穗、天启五年(1625)的林先春、崇祯二年(1629)的蔡鹏霄、崇祯六年的马成名、崇祯七年的李陈玉、崇祯十四年(1641)的刘大启、崇祯十五年的聂允绪、崇祯十七年的詹承忠等人。③

然而,知县的变换太快,在地方上显然不能形成长久的影响力或权力关系网。而商人地主、部分退职的官吏和文人隐士多有乡居者,由于其财力较厚、社会关系较广等原因,城居对他们来说是经常性的事。④ 他们往往构成了城居社会中的有力阶层。这个社会阶层的成员,普遍具有良好的教育和家庭背景。他们的变化主要体现在其中的许多人从乡居变为城居后,依附他们、租种他们土地的农民,一般经由契约与他们保持租佃的关系。⑤ 城市生活中明显带有共同利益趋向的官绅群体,已经形成比较稳固的权势阶层。国家对基层社会的控制,就不得不通过乡绅阶层来实现,尽管它可以在不同乡绅或乡绅集团之间进行选择。⑥

当然,单个县域的地理空间不大,除了县城和有限的市镇外,就是相对松散而广泛的村落社会。也由于县域社会主体上是一个农村社会,这个生活世界可以被划分成三个特质明晰的层次,即小农的"社"的世界、下层士人与商人的"乡脚"的世界以及乡绅的"县社会"。⑦

以"乡绅"为主导的"县社会",使州县官和知府不可能随心所欲地施政,而需

---

① 万历《嘉善县志》卷四《食货志·土田》,万历二十四年刻本。
② 光绪《嘉兴府志》卷八十三《艺文二》,光绪五年刻本;万历《嘉善县志》卷二《建置志·公署》,万历二十四年刻本。
③ 嘉庆《嘉善县志》卷十《官师志·职官》,嘉庆五年刻本;光绪《重修嘉善县志》卷十四《官师志上·职官》,光绪十八年刊本。
④ 冯贤亮:《明清时期中国的城乡关系》,《华东师范大学学报(哲社版)》2005 年第三期,第 113—120 页。
⑤ John Meskill, *Gentlemanly Interests and Wealth on the Yangtze Delta*, the Association for Asian Studies, Inc, the University of Michigan, 1994, p. 5.
⑥ 傅衣凌:《中国传统社会:多元的结构》,《中国社会经济史研究》1988 年第三期,后收入氏著《休休室治史文稿补编》,中华书局 2008 年版,第 212 页。
⑦ [日]滨岛敦俊:《农村社会——研究笔记》,收入[日]森正夫、野口铁郎、滨岛敦俊、岸本美绪、佐竹靖彦编:《明清时代史的基本问题》,商务印书馆 2013 年版,第 160 页。

要同士大夫、士人及耆老层协商,襄理地方事务。① 这种态势,随着明代中期以来乡绅地主城居的普遍化而更为明显。农村的"社"、城镇的"乡脚"与"县社会"的区分是相对的,因为镇或村社中存在乡绅的活动,在晚明并不鲜见。

政治中心治地是县域社会的一个重心。嘉善县城所在的魏塘镇在设为县城后,到嘉靖三十二年(1553),因倭寇内侵,巡抚王忬接受嘉兴知府刘悫的倡议,奏请筑城,至嘉靖三十四年春天将这个县城的设施全部修建完善。② 袁黄曾从风水的角度,对这个地域作了十个方面的评议,核心就是如何便民。他认为:"县中之地,当以县基为尊。"不过,县基设置应该前低后高;县城内的主干魏塘河自西向东穿越,形势上要避免城中河道十字穿心之煞;另外,卖鱼桥太高、南旱门太直等问题,都值得注意。③ 风水层面的论说,对传统时代的县政应当是有影响的。而且,县城的生活空间中,除了政府的常设衙署机构外,很多区域属于地方"豪族""势家"的聚居区。掌握着相当多资源的权势家族,在城市生活空间中集聚于一处,可能是惯常的表现。

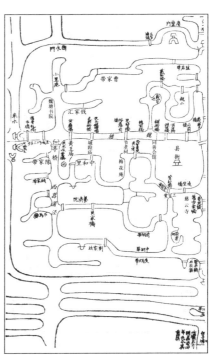

嘉庆《嘉善县志》中所绘的县城核心区

嘉善县城内重要的政府机构设施和神灵信仰祠庙,都紧临东西向的魏塘河两岸分布。④ 在河北的县衙东面,"同善会馆"与"节孝祠"之间,就有那时最有名的隆庆五年进士丁宾家族的城居(属于永安里)⑤,以及后来建的"丁宾祠",曾有

---

① 〔日〕滨岛敦俊:《"民望"从"乡绅"——十六·七世纪江南的士大夫》,《大阪大学大学院文学研究科纪要》第四十一卷,平成十三年三月,第27—62页。
② 〔明〕姚弘谟:《筑城成功碑记》,收入万历《嘉善县志》卷十《艺文志》,万历二十四年刻本;万历《嘉兴府志》卷二《城池》,万历二十八年刊本;雍正《浙江通志》卷二十三《城池上》,文渊阁四库全书本。
③ 〔明〕陈龙正:《几亭全书》卷二十九《政书·乡筹七》,"通邑风水议"条,康熙云书阁刻本,收入《四库禁毁书丛刊》集部第12册,北京出版社1997年影印版,第242—243页。
④ 光绪《重修嘉善县志》卷首《城内图》。
⑤ 〔明〕袁黄:《两行斋集》卷十二《光禄寺署丞清湖丁公行状》,第1456—1460页。

万历四十四年(1616)状元钱士升撰写的祠堂碑记。①

往东是上述袁黄的故宅,紧靠东亭桥,东亭桥东西横跨南北向的西菖蒲泾。而再往东不远,是原来与袁黄同科进士的陈于王家族宅第;这里还有一个洁梁堂,为陈龙正的讲学处,因有家人违反了"不演剧"的家训,龙正即命人用水洗梁,故名洁梁堂(乾隆时期已废)。② 陈家故宅所在的陈家埭(带),原来属于王黄坊③,这里曾有一个王黄庙。④

而钱士升的故宅,则在魏塘河南的花园弄钱家汇,与河北的袁家也不远。再往南位于大安坊的曹家埭(带),是崇祯元年进士曹勋(1589—1655)家族的祖居地。⑤ 钱氏晚年隐居休养的"息园",承继了袁黄家种药圃等故地⑥,就在陈家西边,后来成为曹勋后人在盛清时代的"东园"。⑦

离他们稍远的,是魏大中(1575—1625)家族的城中所居地⑧,在县城西部的县学偏北至熙宁门(北城门)之间的魏家漾一带,水上交通便利⑨,大概因有魏家的聚居而得名,属于县城

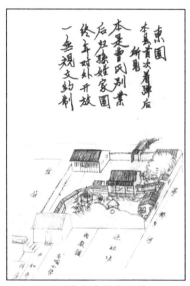

民国时期尚存的东园故址
(据杨钝汉:《魏塘话旧》,第49页)

---

① 光绪《重修嘉善县志》卷七《典秩志上·祠祀》;〔明〕袁黄:《两行斋集》卷十二《光禄寺署丞清湖丁公行状》,收入《袁了凡文集》,线装书局2006年影印本,第1456页。
② 〔清〕曹庭栋:《魏塘纪胜》,"洁梁堂"条,乾隆刻本,收入《四库全书存目丛书》集部第282册,齐鲁书社1997年影印版,第183页。
③ 〔明〕陈龙正:《几亭全书》卷二十六《政书·乡筹四》,"甲申弭变蠲赈事宜"条,康熙云书阁刻本,收入《四库禁毁书丛刊》集部第12册,北京出版社1997年影印版,第204页。
④ 嘉庆《嘉善县志》卷首《城池图》,嘉庆五年刻本。
⑤ 〔清〕曹庭栋:《魏塘纪胜》,"南溪"条,乾隆刻本,收入《四库全书存目丛书》集部第282册,齐鲁书社1997年影印版,第177页。
⑥ 〔明〕许重熙辑:《年谱》,收入〔明〕钱士升:《赐余堂集》,乾隆四年钱佳刻本,见《四库禁毁书丛刊》集部第10册,北京出版社1997年影印版,第407、423页。
⑦ 〔清〕曹庭栋:《魏塘纪胜》,"东园"条,乾隆刻本,收入《四库全书存目丛书》集部第282册,齐鲁书社1997年影印版,第185页。
⑧ 魏家在乡间的世居地,原属嘉兴县的迁善乡的三十五都北区东二岁圩,分县后归嘉善县迁北区南早浜(今属西塘镇)。参〔明〕魏大中:《藏密斋集》卷一《自谱》,收入《续修四库全书》集部第1374册,上海古籍出版社2002年影印版,第500页。
⑨ 嘉庆《嘉善县志》卷首《绘图·水利全图》。

内经济产业活跃且较为富庶的区域。①

自嘉靖、万历时期开始,地方上显眼的权势家族,基本上是通过科考的成功跻身嘉善地方权势阶层的,而且相互之间多联结起明晰的姻亲关系,以巩固其地位。代表性的,就有袁黄(1533—1606)、支大伦(1534—1604)、丁宾(1543—1633)、陈于王(1554—1606)等人代表的这一代官绅群体,此后,逐渐过渡到万历末期开始登场的钱士升(1574—1652)②、钱继登(1593—?,钱士升的堂叔,与士升同科进士③)、魏大中(1575—1625)、陈龙正(1585—1645)、曹勋(1589—1655)与生活在汾湖边、袁黄的养子叶绍袁(1589—1648)等这一代进士群体。明朝统治结束至新王朝在江南建立新秩序后,这些家族的权势地位基本趋于消亡。

这些城居的士绅家庭,很多在乡间保有相当的地产,但放弃乡间的直接经营后,这个曾扮演着领袖角色,作为小农和朝廷之间社会与经济冲突的缓冲层,在农村变得稀薄化。他们更多地沉浸于"不在地地主"那种惬意的生活,毕竟在农村直接经营所获的利益太少了,而放手让专门的管理人与管家这批中间人来操作他们在农村的地产。④

当然,只描述当地的利益与社会网络是不够的,这些精英角色为公共目标奋斗时,如何调动各方利益⑤,更值得关注。在一个国家化程度极高或者说对于王朝统治的忠诚度很高的地域社会中,既非宗族社会,亦非单纯的庶民社会,而以官绅阶层充分掌控的社会结构,以及在一个完全没有中心市场聚落的农村社会中,如何呈现其运作实态,仍然需要深入讨论。研究县以下乡区在特定历史时期的生活状况,是把握社会整体像的重要内容,也是探讨传统时代缺乏文献记述的农村社会的重要课题。

---

① 杨钝汉:《魏塘话旧》,金身强注,嘉善县档案馆、嘉善县地方档案史料收藏研究会 2015 年编印本,第 7—8 页。
② 钱士升,字抑之,嘉善人,万历四十四年状元,授修撰,天启初以养母乞归;崇祯元年起少詹事,掌南京翰林院;后谢病归;六年诏拜礼部尚书,兼东阁大学士。他曾极力救护过为魏忠贤一派所害的赵南星、魏大中等人,为东林派人士所推重。参《明史》卷二百五十一《钱士升传》,第 6487 页;〔清〕孙静庵:《明遗民录》卷三十七《钱士升》,上海新中华图书馆民国元年版;光绪《嘉善县志》卷十九《人物志一·名宦》。
③ 〔明〕许重熙辑:《年谱》,收入〔明〕钱士升:《赐余堂集》,乾隆四年钱佳刻本,收入《四库禁毁书丛刊》集部第 10 册,北京出版社 1997 年影印版,第 410 页。
④ [美]史景迁:《前朝梦忆:张岱的浮华与苍凉》,温洽溢译,广西师范大学出版社 2010 年版,第 6 页。
⑤ [美]邓尔麟:《嘉定忠臣——17 世纪中国士大夫之统治与社会变迁》,宋华丽译,中央编译出版社 2012 年版,第 109 页。

从陈于王到陈龙正

作为万历时期陈氏家族的杰出代表,陈于王读书精敏绝人。但嘉善县内素乏文献,独袁黄家藏书极丰,袁黄本人就博学通识,成为陈于王在学习上交流与仿效的模范。陈于王在万历十四年(1586)与袁黄同时考中进士,但他的影响多在外乡宦地。他曾任魏县知县,在任期间能抚循贫弱、耘锄豪强;后补授句容知县,以官吏代办的方式解决48个"解役"问题,使中人之产的48户免于破家。至于一般的繁役,能裁汰的都予停息。其他平抑粮价、兴修隄防、劝课农桑、禁止淫佚等善政颇多。因此他在当地被颂为与前任句容县令丁宾并称的杰出官员,有"前丁后陈"之说,百姓一直追思其恩德,都为他们建了生祠。于王能够"执进退之分,洁去就之节",性坦荡而无城府,见义必为,且为官不挑地方,在他后来所历任湖广按察副使、四川按察使、福建按察使等职的工作中,都可以看到这样的品格,且"忧国如饥渴,加恻隐于细民",殁后被称颂为万历年间的"循卓名臣"。①

在句容期间,袁黄曾给陈于王写信说:

> 我辈平日辛勤刻苦,为子孙创业者,死来皆用不着。所可待以瞑目,而释然无憾,惟此修德行义之事而已。……吾辈当深绎积善余庆之说,实为趋吉避凶之事。密密修持,孳孳方便,则受福一分,便可积福十分矣。

袁黄所论,充斥了行善积德等功过理念,使陈于王十分信服,且能身体力行,作为从政的一项基本准则。其莅民治事,廉明平恕,为远近所称慕。②

在陈于王时代,陈家的城居相对素朴,于王本人更无衣裘舆马之饰、声色之好,居家时期唯以读书进学为目标,后来也曾经努力想要设置义田以赡养族人,

---

① 〔明〕陈山毓:《陈靖质居士集》卷五《陈氏藏书总序》、卷六《廉宪公家传》,天启刻本,收入《四库禁毁书丛刊》集部第14册,北京出版社1997年影印版,第620、635—644页;〔明〕陈龙正:《几亭全书》卷二十一《政书·家载上》"父兄实纪"条、卷四十四《文录·书牍四》"与钱殿求句容(丁丑)"条、"附录"卷一《陈祠部公家传》,第126、446、701页;〔明〕陈龙正:《几亭外书》卷三《家载》,"父兄实录"条,崇祯刻本,收入《续修四库全书》子部第1133册,上海古籍出版社2002年版,第306页。
② 〔明〕陈龙正:《几亭全书》卷二十一《政书·家载上》,"治句遗迹"条,第133页。

但并未达成。① 在于王过世十四年后,即万历四十八年(1620),其次子陈龙正主持了城中陈家新居的建设工作,总体要求仍以朴素为主,不尚雕绘。所书的门联这样写道:"志气清明谓之真善事,门庭勤俭庶以答康年。"这个家居空间充分体现了陈龙正处世为人的基本理念。当中的中堂题名"宝生";书斋中还留有伐檀之所,所挂的一副对联称"一生三事一事收心一事慎行一事守口,一日三分一分应物一分静坐一分读书";内室则题名"明发",所设对联是"早起宴眠便是兴家粗本领,出言举步从来教子实工夫"。②

于王育有二子,长子山毓(1584—1621),字贲闻,好读书,善为文章,尤精于赋。万历四十六年举浙江乡试第一,天启元年殁,年仅38岁。山毓育有六子,即舒、皋、临、庞及早殇的戭、坚。③ 陈山毓虽不擅言辞,但对地方民生世事,也颇为热心。④ 泰昌年间(1620)江南米价高涨,他对当时的遏籴政策就提出了不同的看法,既大胆地批评官府将本来不荒的年景弄成荒年景象,又强调在平抑物价时防止只让小民获利而损害富民阶层的做法。⑤

于王的次子便是陈龙正,与长兄山毓时有"双璧"之誉。⑥

生于万历十三年的陈龙正(1585—1645),原名陈龙致,字发蛟,寄籍苏州府吴江县学,天启元年(1621)以吴江学籍的身份在顺天乡试中举后,改名龙正,字惕龙,号几亭,归复原籍嘉兴府嘉善县。⑦

少时的陈龙正十分聪颖,深受袁黄赏识。袁

陈龙正像

---

① 〔明〕陈山毓:《陈靖质居士集》卷六《廉宪公家传》,天启刻本,收入《四库禁毁书丛刊》集部第14册,北京出版社1997年影印版,第643页。
② 〔明〕陈龙正:《几亭全书》卷二十一《政书·家载上》,"明发斋偶记"条,第137页。
③ 〔明〕高攀龙:《明孝廉卉闻陈公墓志铭》(天启六年),见〔明〕陈山毓:《陈靖质居士集》,第555页;〔明〕陈龙正:《几亭全书》卷二十一《政书·家载上》,"父兄实纪"条,第127页。
④ 〔明〕陈龙正:《陈靖质居士集序》,见〔明〕陈山毓:《陈靖质居士集》,第552页。
⑤ 〔明〕陈山毓:《陈靖质居士集》卷六《庚申遏籴记》,第629页。
⑥ 〔明〕陆应阳:《广舆记》卷十《浙江·人物》,康熙刻本。
⑦ 〔明〕陈龙正:《几亭全书》"附录"卷一《陈祠部公家传》、卷二《述先德诗》,第702、726页;乾隆《吴江县志》卷二十四《人物一·科第》,乾隆十二年修、石印重印本。

黄曾对陈于王言："公二子皆贤,然少者孝思最深,所至不可量。"努力举业的进程中,龙正又受同县前辈名士吴志远的称赏,最后到无锡拜东林党领袖高攀龙为师。他与后来名扬天下的魏大中为同学。①

陈氏兄弟的成就,与陈家的教育与袁黄、丁宾的影响,颇有关系。袁黄曾说:有子弟不能教诲,成何自修? 被袁黄颂为"当世之伟人而理学之巨擘"的丁宾强调说,好人独为不成,须子弟僮仆同心学好。袁、丁两人的言说,对陈于王较有影响。陈龙正在其间也深受教育。②

陈于王任福建按察使不久,即与袁黄同时殁于万历三十四年(1606),根据朝廷的谕旨,官方高度评价其"品著清廉,心存忠正",赐祭勒碑,在嘉善县建祠。对国家而言,于王是万历时期的"循卓名臣",而对家庭来说,他是陈家发展的砥柱,为陈家积下了广泛的官场网络关系和政治声望。陈家余下的祖荫,对龙正的成长营造了良好的基础。龙正在此后更为发愤,改除习气,知有所戒。在努力举业的过程中,"抱世外烟霞之趣"的吴志远对龙正以后的政治生活颇有影响。吴志远是万历十六年(1588)的举人,曾任礼部司务、南京兵部主事等职。嘉善很多士子出其门下。吴志远与高攀龙、归有光之子归子慕(1563—1606)相交甚深,陈于王曾赞其为"金玉君子",让龙正投其门下学习,一二年间,龙正识趣始定。龙正三十七八岁时(天启初年),与吴志远、高攀龙同在京邸,朝夕相晤,龙正觉得向来自喜文章经济之意,"均属可耻"。这一点,主要得益于吴志远的提醒,后来从高攀龙处"得复约身心之学";又常与归子慕交往于吴志远隐居的获秋③,为诗歌古文词,已有超然出尘之意味。龙正也常常读书于岳父丁铉家(丁铉是丁宾之弟丁寅的儿子,功名为监生,曾任光禄寺署丞),与丁宾商略经史时,慨然有经纶天下之志。④

后人评价陈龙正的为人之旨,是以万物一体为宗,讲求"明善以自治,自治以

---

① 〔明〕陈龙正:《几亭全书》"附录"卷一《陈祠部公家传》,第701页;〔清〕陈鼎撰:《东林列传》卷十一《陈龙正传》,文渊阁四库全书本。
② 〔明〕陈龙正:《几亭全书》卷二十二《政书·家载下》,"杂训"条,第159页;〔明〕袁黄:《两行斋集》卷九《尺牍·退丁敬宇书》,收入《袁了凡文集》,线装书局2006年影印本,第1317页。
③ 即获秋庵,位于县北丁家栅与西塘两镇交界的祥符荡傍,是吴志远讲学处,与高攀龙、归子慕互相过从之地,清初成废屋,为僧人所居。参雍正《嘉善县志》卷二《区域志下·古迹》,雍正十一年刊本。
④ 〔明〕陈龙正:《几亭全书》卷四十一《文录·书牍一》"奉吴子往师(天启壬戌)"条、附录卷一《陈祠部公家传》,第399,701页;〔明〕盛枫辑:《嘉禾征献录》卷六《兵部》,清抄本,收入《续修四库全书》史部第544册,上海古籍出版社2002年影印版,第422—423页。

治人,治人则必旁通乎古今事物之变"①。在未进入仕途前,陈龙正就以匡济天下为己任,仰法圣贤,躬行实践。② 在高攀龙的门徒中,多特立独见之士,龙正堪称其中的"乔松孤鹤",极其杰出。③

陈龙正一直与东林党人保持着密切的联系,关注国家政治与社会发展,同时在理学上也颇多独见。陈龙正的门人,在清初任户部尚书的王弘祚,称他是"理学名儒","学究天人,道宗孔孟",莅官之后,能不避忌讳,侃侃直陈,"真有知无不言、言无不尽者",这与龙正朝夕讲究良知之学、不徒事风云月露之词的态度,是十分契合的。④

天启元年,龙正中顺天乡试经魁,名列第三。天启五年四月十三日,龙正的同学、已经乡居的五十一岁的魏大中,安排次子魏学濂迎取陈山毓的女儿为妻,可惜二十四日魏大中就被抓了,此事震动江南。魏大中是万历四十四年(1616)进士,历官行人司行人以及工科、礼科、户科给事中,累官至吏科都给事中,是所谓"东林前六君子"之一。他还在嘉善做秀才的时候,陈龙正的亲家钱士升称这位好友已经"卓然以名教自任"。祸起时,江南士民号恸者据说有万人之多,嘉善城中集会相送的就有千人。高攀龙先后至吴江平望、无锡两地迎候关押魏大中的囚车。钱士升首倡捐钱为魏大中奔走呼救,并伴送至苏州。陈龙正不避嫌疑,一直送魏大中到无锡,并拜访高攀龙,"证学累日"。⑤

陈家与盛名天下的袁黄,关系也非同一般。袁黄的儿子袁俨,娶了陈于王的女儿为妻。袁俨曾任高要县知县,天启七年(1627)卒于任上,年仅四十七岁,葬于嘉善的思四区北道圩沙塔浜地方,后被吴江、嘉善两地崇奉入乡贤祠。⑥

陈龙正说:"余年十五,先公为订婚于丁氏,纳吉之仪,银杯盘各二,加四币

---

① 〔清〕邹锺泉:《道南渊源录》卷十二《杂记》,道光二十八年道南祠刻本。
② 〔明〕陆应阳:《广舆记》卷十《浙江·人物》,康熙刻本。
③ 〔清〕邹漪:《启祯野乘二集》卷一《陈郎中传》,康熙十八年金阊存仁堂素政堂刻本。
④ 〔明〕陈龙正:《几亭全书》,王弘祚"像序",《四库禁毁书丛刊》集部第11册,第569—570页。
⑤ 〔明〕魏大中:《藏密斋集》卷一《自谱》,崇祯刻本,收入《续修四库全书》集部第1374册,上海古籍出版社2002年影印版,第517页;〔明〕魏大中:《藏密斋集》卷二十四《与陈鸣迁兄弟》,收入《续修四库全书》集部第1375册,第162页;〔明〕魏大中:《藏密斋集》,钱士升"序",收入《续修四库全书》集部第1374册,上海古籍出版社2002年影印版,第496页;〔清〕陈鼎撰:《东林列传》卷十一《陈龙正传》;雍正《浙江通志》卷一百七十五《人物·儒林五上》引《樵李往哲续编》,文渊阁四库全书本;光绪《嘉兴府志》卷四十五《选举二》,光绪五年鸳湖书院刻本;〔明〕许重熙辑:《年谱》,收入〔明〕钱士升:《赐余堂集》,第412页;〔明〕钱士升:《赐余堂集》卷二《茅篸集序》,第447页;〔明〕陈龙正:《几亭全书》卷二十一《政书·家载上》,"困学说"条,"附录"卷一《陈祠部公家传》,第134—135、701页。
⑥ 〔清〕袁营等:《赵田袁氏家谱》,"世表",咸丰八年纂修、民国间增修,民国九年钞本。

耳。时先公官南铨，丁又吾邑甲族，其俭如此。……俗观以为盛，有识以为衰，家风日趋于奢，其势难久。"①到万历三十二年，龙正迎娶的这位妻子，正是丁宾的重孙女。②

至于出身丁家港（即丁家栅）的丁宾，住在嘉善县城内的永安里。其父丁衮，"倜傥好义"，在乡间的声望较高。丁宾长兄丁寅十八岁时参加县试，即被擢为第一。但在嘉靖三十七年、四十年两次乡试遭遇挫折，没有达到众人预期的成就。丁宾中进士时已晚至隆庆五年（1571）。在思想脉络上，丁宾与丁寅（当时在嘉善地方，"二丁之名，轰轰藉甚"）都与袁黄有着共同的旨趣，有着"视帖括为刍狗"的潇洒气度，都认同阳明心学一派，且深有体悟。无论在学界还是在官场，丁宾都堪称"有道君子"。③丁宾曾任句容知县、南京大理丞、南京右佥都御史兼督操江、工部左侍郎、南京工部尚书、太子少保等职，在万历至崇祯时期的官场上声望极著。④

在袁黄看来，隆庆五年中进士的丁宾是一位"谦光可掬"的至诚君子，所以科考的成功是必然的："予屡同诸公应试，每见寒士将达，必有一段谦光可掬。辛未计偕，我嘉善同袍凡十人，惟丁敬宇宾年最少，极其谦虚。预告费锦坡曰：此兄今年必第……及开榜，丁果中式。"⑤后来袁黄给丁宾的信中，不吝钦敬颂扬之词："足下真实之心、恺悌之行事，不敢为天下先而举世让步，言若讷讷而能使听者醉心，以至柔而胜天下之至刚，以无为而胜天下之有为，实当世之伟人而理学之巨擘也！"⑥

陈龙正育有五子，除陈更早逝外⑦，还有四子。长子陈揆孝友笃学，能继承父志，编定龙正的遗作，二子陈修于书也是无所不窥，三子陈略颖敏好古，四子陈养敦气谊、重文章，为士林所称赏。龙正的孙辈昌、秉、哲、庸、喆、伦、谋、道等人，据

---

① 〔明〕陈龙正：《几亭全书》卷二十二《政书·家载下》，"婚"条，第146页。
② 〔明〕陈龙正：《几亭全书》"附录"卷二《陈祠部公家传》，第723页。丁宾，字礼原，嘉善人，隆庆五年进士，授句容知县，征授御史，万历间起南京大理丞，累迁南京右佥都御史兼督操江，召拜工部左侍郎，寻擢南京工部尚书；后加太子少保，崇祯六年卒，谥清惠。其子谦所，曾任光禄寺丞。参《明史》卷二二一《丁宾传》。
③ 〔明〕袁黄：《两行斋集》卷十二《光禄寺署丞清湖丁公行状》，第1456—1460页。
④ 《明史》卷二百二十一《丁宾传》，中华书局1974年点校本，第5829—5830页。
⑤ 〔明〕袁黄：《袁了凡先生四训》，"谦德之效"条，收入《袁了凡文集》，线装书局2006年影印本，第895—896页。
⑥ 〔明〕袁黄：《两行斋集》卷九《尺牍·退丁敬宇书》，第1317页。
⑦ 〔明〕陈龙正：《几亭全书》卷六十二《因述》，"山水述"条，第683页。

说都卓荦有祖风。①

陈修娶的是吴江人、东林派名士、万历四十一年(1613)进士周宗建(1582—1627)的女儿②,龙正的女儿则嫁给了钱士升的次子钱棣(1619—1645,字仲驭)。陈山毓与陈龙正兄弟还与同里的崇祯元年进士、曾官翰林学士、礼部右侍郎的曹勋是中表亲。③ 曹勋长子尔堪的鉴平,曾娶龙正的孙女(陈略女儿)为妻;曹勋五子尔埴的二女儿,则嫁与钱棣子钱烨为妻。④ 另外一位曹氏家族中的名人、隆庆二年成进士、曾任福建漳州知府的曹铣(1521—1580)的孙女,嫁给了万历二年进士支大伦之子支如玉。⑤

上述这些紧密的姻亲友朋网络,极大地抬升了陈氏家族的社会地位和声望,强化了当时嘉善地方最顶级的家族权势。

崇祯改元后,天下想望太平。⑥ 陈龙正终于在五十岁时,即崇祯七年(1634)身登甲戌科进士。⑦ 及第时因处三甲之末,按例不能马上为官,需要有守部三年的见习期,龙正即告假返嘉善,对家乡利弊诸事,都是慨然而论。⑧ 龙正认为:"居是乡,则筹是乡之利弊。留心于近而不能通天下者有矣,未有忽近而明远者也。"⑨

崇祯十年(1637)二月,龙正被选为中书舍人。⑩ 在很长时期里,他跟嘉善地方官员,如李陈玉⑪、吴春枝⑫等,过从甚密⑬,书信往来也很频繁。

崇祯十三年,陈龙正奉命册封辉府,因假归乡。十五年又回到北京,应诏陈

---

① 〔清〕邹漪:《启祯野乘二集》卷一《陈郎中传》,康熙十八年金阊存仁堂素政堂刻本。
② 〔明〕陈龙正:《几亭全书》附录卷一《陈祠部公家传》,第701页。
③ 〔明〕曹勋:《陈贡闻集序》,见〔明〕陈山毓:《陈靖质居士集》,第551页。
④ 〔清〕曹鉴咸续修,曹焕、曹焜校刊:《曹氏族谱》卷七《礼部右侍郎兼翰林院侍读学士进阶正治卿峨雪公暨配二品夫人徐氏合葬墓志铭》,页16a—16b。
⑤ 〔清〕曹鉴咸续修,曹焕、曹焜校刊:《曹氏族谱》卷七《福建漳州府知府景坡公墓铭》,页8b。
⑥ 〔清〕邹锺泉:《道南渊源录》卷十二《杂记》,道光刻本。
⑦ 〔清〕陈鼎撰:《东林列传》卷十一《陈龙正传》。
⑧ 〔明〕陈龙正:《几亭全书》"附录"卷一《陈祠部公家传》,第703页。
⑨ 〔明〕陈龙正:《几亭全书》卷二十三《政书·乡筹一》,"乡筹序"条,第161页。
⑩ 〔明〕陈龙正:《几亭全书》"附录"卷一《陈祠部公家传》,第703页。
⑪ 李陈玉,字谦庵,江西吉水人,进士,崇祯七年(1634)宰嘉善。才识明敏,见义为为;置建鹤湖书院,请增科举入学额。著有《退思堂集》《离骚笺》《注易》《诗经解》等。秩满,擢礼部主事,改授监察御史。入嘉善名宦祠。参光绪《嘉善县志》卷十五《人物志一·名宦》,光绪十八年重修、民国七年重印本。
⑫ 吴春枝,字元荩,宜兴人,崇祯十年进士,先任平湖知县,才敏而机警,征输有法,岁谨加意赈恤,全活无算,后署海盐、嘉善篆,俱有惠政。参雍正《浙江通志》卷一百五十《名宦》。
⑬ 李陈玉在嘉善的从政情况,详参范金民:《嘉善事:明末知县李陈玉的县政实践》,《江海学刊》2016年第一期,第147—158页。

言,进《生财》《平寇》《御边》三疏,俱得优旨;但《垦荒议》投阁未进。①

崇祯十七年正月,龙正被调任南京国子监丞。三月份,龙正回到了家乡嘉善,上奏提出要致仕。到五月初一日,龙正正式获知京师陷落的确信,"惊恸屡绝",痛悼崇祯朝是"有君无臣,死党误国",由此染病不起。龙正虽闲居家乡嘉善县,仍被授官为礼部祠祭员外郎,但他三次乞休未被允准,也没有前去就职。② 就在崇祯十七年北京陷落后,陈龙正仍在强调孝顺父母、毋作非为的祖训,置于同善会的日常活动工作中。③ 可惜的是,正如吴太冲所论的,龙正以"有体有用之学",却"遭极难挽回之时"。④

在南都国变后,清兵南下,剃发令已经推行,陈龙正隐身胥五区的先祠(即其父陈颖亭公祠)⑤,药粒俱废,绝食达七日之久⑥,临终前还说"死如念翁(刘宗周),倒也干净"⑦。陈龙正的殉国,符合忠臣孝子的精神主流⑧,在清兵占据嘉善前,他保持了对大明朝最后的忠爱。后人对其评价甚高,李清称道说"就义从容……明道踵王文成,而得正偶高忠宪,先生死生之理备矣"⑨。后来地方上将龙正奉入魏塘书院中的六贤祠,与著名乡宦丁宾、袁黄、魏大中、钱士升、曹勋并列,每年春、秋两季由官方组织祭祀活动。⑩

胥五区的社会实态

嘉善县自宣德五年(1430)新建后,从嘉兴县划入的疆土,包括了魏塘镇都、三个全乡(迁善、永安、奉贤)、三个半乡(胥山、思贤、麟瑞)。⑪ 从基层体系来说,

---

① 〔清〕陈鼎撰:《东林列传》卷十一《陈龙正传》。
② 〔明〕陈龙正:《几亭全书》"附录"卷二《陈祠部公家传》,《四库禁毁书丛刊》集部第 12 册,第 716 页;〔清〕陈鼎撰:《东林列传》卷十一《陈龙正传》;《明史》卷二百五十八《陈龙正传》。
③ 〔明〕陈龙正:《几亭全书》卷二十四《政书乡筹二》,"同善会讲语"条,第 180—181 页。
④ 〔明〕陈龙正:《几亭全书》"附录"卷二《读〈述先德诗〉跋语》,第 730 页。
⑤ 〔清〕邹漪:《启祯野乘二集》卷一《陈郎中传》,康熙十八年金阊存仁堂素政堂刻本。
⑥ 〔明〕陆应阳:《广舆记》卷十《浙江·人物》,康熙刻本。
⑦ 〔明〕陈龙正:《几亭全书》"附录"卷二《陈祠部公家传》,第 717—716。
⑧ 陈宝良:《明代士大夫的忠孝观念及其行为实践》,《西南大学学报(社会科学版)》2013 年第一期,第 127—138 页。
⑨ 〔清〕李清:《〈几亭全书〉序》,载〔明〕陈龙正:《几亭全书》"卷首",《四库禁毁书丛刊》集部第 11 册,第 568 页。
⑩ 嘉庆《嘉善县志》卷六《典秩志上·祠祀》。
⑪ 嘉庆《嘉兴县志》卷二《疆域》,嘉庆六年刻本。

县域共辖 6 个乡、11 都、186 里(后续增至 204 里)的范围。胥山乡区正好由魏塘镇都直辖,下管 16 里的编户。① 嘉善县域内部的区划设置,与同属嘉兴府的嘉兴、秀水两县之圩田区划称"都"的方式不同,而是称"区"。直到明末,嘉善县域一直维持着 20 个区的范围。②

小山正明曾出于研究明代粮长问题的需要,对正德、万历两朝嘉善县所统乡都区域的变化,作过一个对比分析,比较清楚地揭示了明代嘉善县域内部的区划设置状况。③ 参下表。

明代嘉善县乡区设置变化

时期	正德	万历
区划	思贤乡(三三都)下保东区、下保西区(三四都)	下保东区、下保西区、思四区
	迁善乡(三四都)东区、西区(三五都)南区、中区、北区	迁东区、迁西区、迁南区、迁中区、迁北区
	麟誩乡(三五都)(三七都)	麟五区、麟七区
	永安乡(三七都)(三八都)南区、中区、北区	永七区、永八南区、永八北区、永八中区
	奉贤乡(三九都)南区、北区(四十都)南区、中区、北区	奉九南区、奉九北区、奉四南区、奉四中区、奉四北区
	胥山乡	胥五区

其中的胥山乡到万历年间已改为胥五区,直至清末,该区稳定维持五都、十六个里的编户区域。这个政治单元中,并没有重要的市镇,最近的中心地王带(埭)镇,位于相邻的奉贤乡南区。比较大的庙宇,是乡区边缘的大云寺,南接嘉兴县界。④

从万历年间的统计开始,胥五区到清末一直保有 27 个圩的范围。在这样的自然地理形态中,共有村这类社会聚落 35 个(清末的统计数)。村落之间,桑麻

---

① 嘉靖《嘉兴府图记》卷二《邦制一》,嘉靖二十八年刊本。
② 万历《嘉善县志》卷首《分区图说》;〔明〕陈龙正:《几亭全书》卷二十八《政书·乡筹六》附《丁丑(崇祯十年)五月本邑里老进嘉兴县弊册疏》,第 225—226 页。
③ [日]小山正明:《明代の糧長について——とくに前半期の江南デルタ地帯を为中心にして》,《东洋史研究》,1969 年 27 卷第 4 号。
④ 嘉靖《嘉兴府图记》卷二《邦制一》,嘉靖二十八年刊本;光绪《重修嘉善县志》卷二《区域志二·乡镇》。

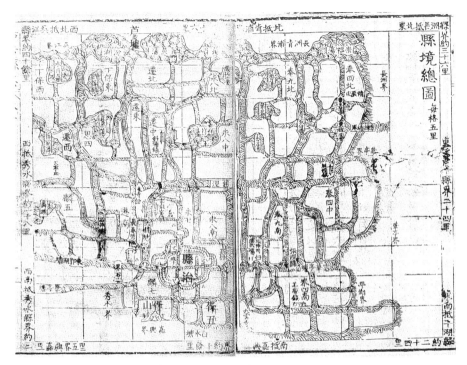

万历《嘉善县志》中所反映的胥五区生活空间

掩映，丁口纷繁，多居浜成村。乡民的主要生计，就在纺织，所谓"昼耕夜绩"，多由妇女承担副业，贴补生活所需。① 或者像明末清初的桐乡人张履祥所言，只要用心经营有限的土地，勤劳节俭，辅以女红，"养生送死，可以无缺"。② 嘉善古谚所谓"河射角，咬菱角，河对大门做夜作"与地方竹枝词所描绘的"家家篝火操夜作"，都是农家长年忙于夜织情景的真实反映。③

万历年间流传的"买不尽松江布，收不尽魏塘纱"之俗谚④，成为了后世传颂当地产业特质的重要话语。实际上，嘉善地方所产并非只有纱，还有很多布。像嘉善县东部边境、市河以南属嘉善县、以北属华亭县的枫泾镇，就是江南地区一

---

① 嘉庆《嘉善县志》卷二《区域志中·村庄》，嘉庆五年刻本；光绪《重修嘉善县志》卷三《区域志三·村庄》、卷十《食货志二·土田》。
② 〔清〕张履祥著，陈恒力校释、王达参订：《补农书校释》，农业出版社1983年版，第178页。
③ 〔清〕曹信贤：《魏塘竹枝词》，收入丘良壬、潘超、孙忠铨编：《中华竹枝词全编》第四册浙江卷，北京出版社2007年版，第910页。
④ 万历《嘉善县志》卷五《食货志·物产》。

个重要的棉布业市镇,镇上的纱庄、布号生意都颇为兴隆。① 它与县城所在的魏塘镇一样,是县域内棉纱棉布生产的最重要的手工业中心,相关的商品交易十分发达。② 这都极大地带动了周边乡村的副业经营,也就有清初官绅所述的"穷民无本不能成布,日卖纱数两以给食"的生活状况。③

在嘉善等地乡间,棉麻苎的种植较为普遍,织布早已成为了商品性的生产。④ 胥区五的民众除农耕外,副业就以纺织为主,米、布交易是生活常态,也是最重要的生计方式。⑤ 乡民的交易活动,与其他一些乡区以市镇为中心的形式不同⑥,而是入城,即嘉善县城,去易钱换米。⑦

胥五区并没有构成真正贸易中心地的市镇,又与城市较近之故,乡民就直接入城了。既然这样,他们的生活空间经由这种流通过程,扩大到了县城。在传统时代,水乡地区的民众都是凭借水路与舟船运输,通常只去一个特定的中心地(市镇)展开交易活动,很少会奔赴数个商业中心地。⑧ 可以说,胥五区乡民心中的商业中心,就是县城所在的魏塘镇。

根据陈龙正的说法,胥五区是嘉善县域中空间最大、土地最高瘠、贫民最多的乡区。⑨ 胥五区是从旧胥山乡分出,胥山乡的其他部分在嘉兴县境内。嘉靖十八年间的嘉兴知县卢楧,早已提出要设立专门的役田,来解决民困并维持国计的建议,特别指出胥山乡四都地方,"素称患区,田土委的瘠薄,人户委的艰难,遇金粮长,不过短中取长,并无中人之产"。因为根本无法挑选出中产之家承担粮长一职,卢楧只好安排里长每年代替粮长的工作,并免其收运。⑩ 崇祯年间,陈龙正反复向官府强调胥五区瘠薄的问题,当属实态,并没有是因祖居地而有故意夸大贫困之意。

---

① 樊树志:《明清江南市镇探微》,复旦大学出版社1990年版,第155页。
② 陈学文:《明清时期杭嘉湖市镇史研究》,群言出版社1993年版,第294—295页。
③ 雍正《浙江通志》卷一百二《物产二·嘉兴府》,文渊阁四库全书本。
④ 陈学文:《明清时期杭嘉湖市镇史研究》,第54页。
⑤ 〔明〕陈龙正:《几亭全书》卷二十五《政书·乡筹三》,"庚午急救春荒事宜"条,康熙云书阁刻本,收入《四库禁毁书丛刊》集部第12册,北京出版社1997年影印版,第185页。
⑥ 光绪《重修嘉善县志》卷《区域志二·乡镇》。
⑦ 〔明〕陈龙正:《几亭全书》卷二十五《政书·乡筹三》,"庚午急救春荒事宜"条,康熙云书阁刻本,收入《四库禁毁书丛刊》集部第12册,北京出版社1997年影印版,第185页。
⑧ 〔日〕滨岛敦俊:《明清江南农村社会与民间信仰》,第177页。
⑨ 〔明〕陈龙正:《几亭全书》卷二十六《政书·乡筹四》,"甲申弭变蠲赈事宜"条、"社仓"条,第204—205页。
⑩ 崇祯《嘉兴县志》卷九《食货志·土田》,崇祯十年刻本,页12b。

自万历时期的官方统计以来,胥五区所辖的 27 个圩,原额田有 513 顷 44 亩 7 分 9 厘 3 毫,雍正时统计为 518 顷 13 亩 1 分 2 厘 6 毫,稍有不同。由于分县后疆界错壤的影响,区内还亏损了嘉兴县嵌田 44 顷 5 亩 4 分 4 厘、秀水县嵌田 1 顷 25 亩 8 分。① 这些因嵌错而产生的田土纠纷长期存在。

由于赋税较重而土地珍稀,为脱避赋税、隐匿钱粮,地方上断续发生过严重的争田事件。其中最具代表的县域,就在嘉兴府的嘉兴、秀水、嘉善三县。事件的肇始固然出于宣德五年间的嘉兴分县改革,但由此导致的疆界错壤和利益分配不均,最终引起争田事件在万历九年以后不断产生。经过万历十三年、二十七年、三十一年与四十年四次大会勘,政府与民间达成了统一,为争田事件做出了一个定案。但在崇祯年间,三县百姓利用上京解运白粮的机会,各自上疏,控告对方对于田粮的欺隐问题。这显然是民间对争田定案予以否定的一种表现,也是地方对于利益分配不均所体现的抗争行为,②也使地方上很多文人士大夫卷入其中。像嘉兴人、万历二十年进士、曾任南仪制郎的李日华(1565—1635),在

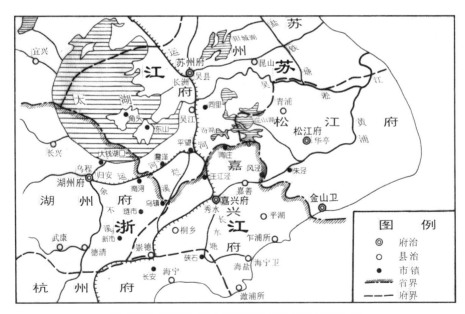

明代嘉兴府嘉兴、秀水与嘉善三县及周边行政区划

---

① 万历《嘉善县志》卷四《食货志·土田》;雍正《嘉善县志》卷四《食货志上·土田》,雍正十一年刊本;光绪《重修嘉善县志》卷十《食货志二·土田》。
② 冯贤亮:《明代江南的争田问题》,《中国社会经济史研究》2000 年第四期,第 24—37 页。

万历三十八至四十四年间,多次参与了嘉兴府田亩会勘与"均田均里"的工作。三十八年七月二十七日,他与诸乡绅集会于天宁禅寺,评议均田均里;八月二日,与诸大夫、孝廉、文学会于仁文书院,论讲均甲事宜。四十二年七月,他又与乡绅们齐会城隍庙,参与判议嘉兴、秀水、嘉善"三县田粮事"。①

由于争田的矛盾主要存在于嘉善和嘉兴、秀水两县之间,陈龙正在崇祯四年即专门撰写《复田说》一文为嘉善辩驳,认为过去田粮的开升已经一一查明,现在年久事远,争端很难廓清,但还是要感谢嘉、秀两县贤仁人之心,强调嘉善"势居下邑",民风较朴,容易吃亏。② 当然,嘉兴、秀水方面要想重新勘查丈田,是想"设难竟之局,以惑当事",其实不过是两句话就可解决的事,即"田虚则须覆丈,粮倶止贵清查"。③

崇祯十年,当巡抚邓钰、乔可聘向陈龙正询及地方情势,龙正即表示处理三县争田纠纷,应当将"田在嘉、秀界内者输粮嘉、秀,在嘉善界内者输粮嘉善",单纯丈量并不能清除积弊,必须先定三县疆界,如初设嘉善县时那样,"据疆辖田,按田征税"。虽然这一提议得到乔可聘等人的赞同,但问题的复杂性并未使之得到实施。④

陈龙正进一步提出了解决问题的四大关键,在于一要"疆界当据册,不当复丈",即正疆界还是要还原到万历九年丈量册上的状态;二要"反躬防弊",田粮关去不还之故,实是无知百姓与大胆不畏法之奸胥自造其孽,"吾邑之民,视嘉、秀实愚,吾邑之胥吏,较嘉、秀尤黠",需要自省;三是"清理下手处",即欺隐最多的是"奸僧",为罪魁,清理时仍以之首,发奸摘伏;四要"立碑销案"。⑤

需要指出的是,在嘉善县域内,胥山乡之民与县北的西塘一样,乡民"往往有健讼者"。南乡田瘠畏旱,贫民率多流亡,这与北乡田低畏水而民质颇粗的状况正好不同。⑥ 乡民的健讼除了乡里的纠纷外,可能还与晚明以来的生存危机以及贫民与地主阶层的矛盾相关,健讼的情势下会产生暴力反抗斗争。⑦ 乡民的"流亡"应该也受商业化的影响,而改变了明末清初嘉兴人朱彝尊所谓"有蚕桑麻麦

---

① 〔明〕李日华:《味水轩日记》卷二—卷六,上海远东出版社1996年版,第98—429页。
② 〔明〕陈龙正:《几亭全书》卷二十八《政书·乡筹六》,"复田说"条,第220—221页。
③ 〔明〕陈龙正:《几亭全书》卷二十八《政书·乡筹六》,"丈田辨"条,第222—223页。
④ 〔明〕陈龙正:《几亭全书》"附录"卷二《陈祠部公家传》,第719页。
⑤ 〔明〕陈龙正:《几亭全书》卷二十八《政书·乡筹六》,"四肯綮"条,第221—222页。
⑥ 嘉庆《嘉善县志》卷六《典秩志上·风俗》,嘉庆五年刻本。
⑦ 傅衣凌:《明清农村社会经济》,三联书店1961年版,第93页。

秔稻之利，水有菱藕鱼蟹之租，行者乘船户外，居者织机绞宵中，盖终岁动动，而忘其劳"的生活常态①，"流亡"于城乡之间，构成当时已经普遍的雇佣阶层，也就是晚明时那些"无产者"成为了长工（按岁算工钱）、短工（计时算工钱）、闲工（农闲时出来打工）或忙工（农忙时帮人做工）。②

另外，胥五区承担的常规役种，按照官方的要求，还应当包括嘉善县编派的军户（全县230个），胥五区军户占11个，即开平卫1户、广宁后屯卫1户、海宁卫3户、镇东卫1户、永宁卫1户、灌阳守御千户所1户、普安卫1户、龙里卫1户、都勾卫1户；承担的各类匠户之役，有38户；另外，承担滨海灶户1个、水乡灶户11个。③

制度上规定，每里编役十人为里长，并配书手一人，掌理黄册的则再配算手一名，常年负责填注由帖的就称实征书手，以脱役里长担任。每区之内要推选一人为区总。同时，每区设正、副粮长各一名，并设知数一人，后大区细分作二、三扇，粮长之数就成倍增加，所佥之人都是本区内丁田相应者，后因民贫财匮，到晚明就由里长充任粮长，一般是一里一名粮长。在治安方面，总甲除县城外，每乡每里一人，下设小甲并无定数，主要负责当地的巡警、火盗等事。塘长则是每区一人或二三人，分管各区水利，在冬、春农闲时率领管区围长、田甲、丁夫修筑围岸，遇涝则团集车救排水；围长是每围设一人，下管田甲数人。此外，还有明初以来一直就有的"老人"，每里额设一人，以高年有德望者出任，负责乡里户婚、田土等一切"小事"，到明末还要协催公务、轮值府县、传送公文，与一般的徭役已经完全一样。④

江南圩田地带的村落平均户，一般在100户左右。⑤但圩与作为社会结合体的村落不同，带有更多的自然属性，两者并不具有同一性。胥五区共辖27个圩、16里（以110户为一里计，共有1760户）的范围，其基层管理系统，据上述的制度安排，在明末主要是1名区总，160名里长（每年16名里长轮值，共配16名书手），粮长共计16名；总甲也是16名，下设小甲；塘长一至三人，下管27名围（圩）长。另外还有16名"老人"，协助管理基层事务。

---

① 〔清〕朱彝尊：《曝书亭集》卷三十八《太守佟公述德诗序》，光绪十五年刊寒梅馆藏版。
② 嘉庆《嘉善县志》卷六《典秩志上·风俗》。
③ 万历《嘉善县志》卷四《食货志·户口》。
④ 万历《嘉善县志》卷五《食货志·均徭》。
⑤ ［日］滨岛敦俊：《明清江南农村社会与民间信仰》，第132页。

家族生活的安排

比较而论,县城外的乡野之区,除那时最具官场权势的丁宾家族于乡间的世居在县境东北隅的丁家港(即丁家栅)外①,胥五区(旧称胥山乡)应该是一个相当重要的空间。袁黄生前选定的寿藏,就在胥五区的大西收字圩独社浜。袁黄寻觅至该村时,据说在村中见一老人,须髯皆白,问道:"此间有好风水否?"老人答:"农民生长此地,七十余年矣,但见官人来作坟,不见官人来上坟。"袁黄恍然悟,最终选定寿藏于此。②独社浜位于今天惠民镇的王家村。另外,天启年间魏大中故后,墓地建于胥五区的云字圩,其长子学濂、幼子学洙后来一并祔葬。③地势相对高爽的胥五区,属于"风水"师眼中的福地,清初钱士升等人最终都安魂于此。④

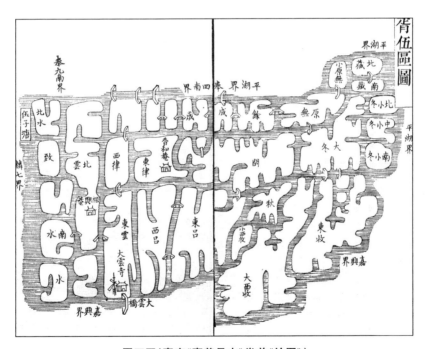

胥五区(嘉庆《嘉善县志》卷首《绘图》)

---

① 杨茜:《丁宾与嘉善:晚明江南士绅的权力运作与地方维护》,《浙江学刊》2016年第二期,第97—105页。
② 〔清〕袁营等:《赵田袁氏家谱》,"世表";光绪《重修嘉善县志》卷三十五《杂志中·外纪》。
③ 雍正《浙江通志》卷二百三十六《陵墓二·嘉兴府》,文渊阁四库全书本。
④ 姚立军:《袁黄及其〈了凡四训〉》,《浙江方志》2009年第二期,第45页。

作为陈家的世居地，县城东南十余里的胥五区中，有陈于王时代所创的祠堂。① 胥五区东律字圩横泾桥地方，有陈家的一个祖茔地，后来陈于王殁后，朝廷为表彰其为官期间"品著清廉，心存忠正"，赐祭勒碑，所建的"陈颍亭公祠"（也就是陈龙正经常提及的"义祠"或"先祠"），也在这里。其西北就是陈家的旧居，两处相隔仅数十武。该茔地葬有陈家的始祖陈惠。不过这里的墓域，陈家族人争葬已久，比较混乱。另一个祖茔地则在上述旧居东南二里许的西南闰字圩地方，邻近的河西是香和庵，始建于元代至正年间，嘉靖年间曾经重修过，距县城约十五里，后来统计占地有七亩五分。袁黄的父亲袁仁曾描绘过这里的优雅景致，是所谓"竹锁茅庵野水边，松篁满地护茶烟"。隐于乡间的宅第，香和庵前的小桥曲水，都令人感到清幽闲适。可以推断，香和庵应该是陈家与当地乡民一个比较重要的信仰中心。至于义庄，位于额田6 110余亩的东律字圩或额田有4 067余亩的闰字圩之中，面积为500亩，并不广大，每年的田产收益用于资给家族成员。②

很可惜，由于没有找到陈家的族谱，不能清晰地呈现明末陈氏家族的规模与血缘网络。但陈家肯定编过简单的家族史，陈于王长子陈山毓就写过一篇很短的《家乘序》，只是叙述陈于王科考成功后的家庭史，且多属梗概。③ 其他相关情况，多付阙如。

在崇祯七年，始任吴江知县的德清人、陈龙正的同科进士章日炌（字敬明），开始展开编定赋役、厘剔田粮花分诡寄之弊的全面工作，对吴江地区的田粮征解等工作十分尽心。④ 陈龙正当年即写信给他，说明了一些与陈家有关的重要问题：⑤

一是陈龙正昔年入籍吴江县学，在天启元年援例入北监，后改正嘉善县籍，中顺天乡试，崇祯七年中进士，照嘉善县例，也获赠进士牌坊银一百两。这笔银子呈告知县辞去，章知县可以查明，以杜侵冒；

二是陈本人世居嘉善，优免如额，从无寸土在吴江县内，因曾寄籍吴江入学，

---

① 〔明〕陈龙正：《几亭全书》卷二十一《政书·家载上》，"明发斋偶记"条，第137页。
② 参〔明〕陈龙正：《几亭全书》卷二十一《政书·家载上》，"祖茔记"条；"附录"卷一《陈祠部公家传》，第138、703页；万历《嘉善县志》卷三《建置志·寺观》、卷四《食货志·土田》；光绪《重修嘉善县志》卷六《建置志下·寺观》、卷七《典秩志上·祠祀》；〔明〕高攀龙：《明孝廉卉闻陈公墓志铭》（天启六年），见〔明〕陈山毓：《陈靖质居士集》，第555页。
③ 〔明〕陈山毓：《陈靖质居士集》卷五《家乘序》第624页。
④ 乾隆《吴江县志》卷二十三《职官六·名宦二》，乾隆十二年修、石印重印本。
⑤ 〔明〕陈龙正：《几亭全书》卷四十二《文录·书牍二》，"与章济令吴江（甲戌）"条，康熙云书阁刻本，收入《四库禁毁书丛刊》集部第12册，北京出版社1997年影印版，第412页。

而且在天启元年以后,曾以"陈成"之名编立一户,在两县地方都可以享受优免待遇,龙正要求吴江方面查清并于赋役册籍上删除陈成户名;

三是陈家亲戚凡在吴江的,大抵属于宦裔子衿,各知自好,如有考试揭荐生儒以及代为陈乞的词讼,都是假冒,吴江县府可以立刻穷治,以杜刁累;

四是陈龙正表示平生不敢嘱托有司,只有关乎民生休戚者,倘有确见真闻,于县政有所裨益的,才会偶而向官府呈送条陈。

国家的制度施行,在地方层面显现的复杂性,于陈龙正的这个说明中得以明确地映现。除了地方科考常有改籍或易籍入学外,还有户籍制度在基层的运作问题。按陈龙正的说法,除了在本籍嘉善县例应于赋役册编籍立户外,在吴江也曾立过一个税户,以"陈成"这个名字,专门解决陈家的赋役问题。在"陈成"的名义下,包容了陈龙正本人及其在吴江的笼统的家族成员系统。这样的安排,并非一般研究中所谓市场化的推动所能解释的。这涉及国家控制与乡村组织的重要问题。直到陈龙正在科考成功后,正式要求吴江县官府豁除陈家的税户名为止,陈家于嘉善、吴江两县地方都各立有一个税户单位。嘉善县是世居地,没有什么疑问。在吴江县另立税户,恐怕是方便陈龙正这样的陈家子弟易籍入学而专设的,龙正自己就解释说"陈成"这个名义是他考中举人后才设的,尽管这个税户单位下,并无占有寸土尺田,但一直可以享受"优免"的特殊待遇。

晚年的陈龙正已放弃城居生活,其活动空间都在胥五区。崇祯十五年冬,陈龙正妻丁氏殁后,子陈揆、陈修、陈略与陈养奉命于崇祯十七年五月葬丁氏于胥五区中下栅。在这里,陈龙正曾筑室读书,地名为"屏林"(也有写作"平林"),主要于春秋时寓居,盛暑则准备借住沈氏山堂,"习静观书,少见人,永不仕";同时,要求次子陈修于附近的"古原"也同样建书室二间,作为他闲居著述之所,直到生命的最后一刻,龙正都在胥五区生活,死后与丁氏合葬于"屏林新阡"。① 再向东,离这儿不远,则有万历二年进士支大伦家族聚居的王带(亦称王埭)镇。据考察,支家祖坟的具体位置在今天戚家港桥的小桥村一带,东临野猫港,过此就是后来松江府的金山县。

作为胥五区中最具影响力的陈氏家族,对族人内部的生活与管理,以及这个小社区的秩序维护,都曾有较好的规范。始祖陈惠,相传是从临安(杭州)迁

---

① 〔明〕陈龙正:《几亭全书》卷四十九《文录·书牍九》,"示揆、略、养"条、"示揆、修等(癸未十二月廿五日)"条,第512—513、517页;〔明〕陈龙正:《几亭全书》"附录"卷二《陈祠部公家传》,第724页。

居嘉善的。传至龙正的高祖南山公陈芬、曾祖西畴公陈礨、祖父双桥公陈卿时代,家族已较具规范,且代有隐德。在陈于王进入仕途后,其父陈卿获赠礼部郎中的荣衔,在家乡遇到凶荒年岁,能倾力赈济族党,保持区域生活的基本安定。地方上感念陈家荒岁贷米完全不要求偿还,为此称颂陈家的善举将使子孙昌荣。①

陈龙正后来以陈氏义庄之主的身份,向族人颁示、宣讲义庄的源起道:"先公存日,念亲支之穷,皆始祖悦民府君一体。远支虽无谱墓可据,相传同宗,其来亦久。每云欲设义田若干,自周给亲支之余,远支困乏者,遇事量给,以昭勿绝。奈起家草茅,性恬行洁,居官三十年,禄俸之外无他受,虽先慈菜羹布衣,佐以纺织,而居宇终不及葺焉。迨复总闽宪,庶归老田间,卒就斯志。"龙正完成了其父陈于王建设义庄的夙愿,开始规范胥五区义庄的运作,妥善处置与义庄相关的赋役问题、祭祀安排与秩序要求:

第一,共计五顷的义田,按照官府的常规要求,在十年之内,应该佥派粮长两名,但陈家属于官户,可以优免。陈龙正认为优免掉的那些赋役,就要转嫁到其他民众身上,"义亦非安"。他指出,按《赋役全书》的规定,嘉善县每年派剩米折银,每两加路费一分二厘,该银一十八两三厘,又定仓草折银,每两加路费五厘,该银一两三钱六分七厘,俱系京边正额,决定在义田子粒中,每年裒银一十九两三钱七分纳官,在崇祯十四年大造黄册后,陈氏义庄其实也列入《赋役全书》,照例起征由帖。十年之中,陈氏义庄已纳银一百九十三两七钱,足当粮长两名之费用。

第二,义租五百余石,除每年办粮约用米二百四十石、纳抵役银约用三十石、祭扫燕飨约用二十石、饶免租户限米约十余石、给管庄人户饭米五石外,还净余约二百石。每年义庄收益在开销后的剩余,都会存贮起来,准备全荒年份为籴粮完公、折价助私之用,而随时修葺祠堂、坟屋以及建造或扩建义学仓房,也要取给于此。

第三,横泾桥与香和庵旁的两处祖茔,每年清明都要正常拜扫,义祠(即陈颖亭公祠)于仲秋致祭,届时参与祭祀活动的亲支会宴于义庄的"亲亲堂"。

第四,亲支之中,凡年已七十以上,年中四季各奉米五斗、肉十斤;八十以上

---

① 〔明〕高攀龙:《明孝廉卉闻陈公墓志铭》(天启六年),见〔明〕陈山毓:《陈靖质居士集》,第555页;〔明〕陈龙正:《几亭全书》"附录"卷一《陈祠部公家传》,第701页。

的,冬月加棉衣一件,以示尊高年之义,而且不问本人贫富,礼宜均视。

第五,宗族传习不齐,耕读之外,工商经纪悉从便业,但有禁约五条:一不许倚势诈人,武断乡曲;二不许刁唆词讼,惯作中保;三不许买充衙门员役,作奸犯科;四不许出家为道士僧尼,灭绝伦理;五不许鬻身为仆,辱及祖先。族人一旦有犯者,于仲秋祭祠日,会同本人亲房,同告于先灵而削其名。①

所以,在胥五区中,有陈氏家族的义庄、义祠、义学,以及应当存在的、面向庶民的义冢②,都是稳定地方生活的重要系统。除了一般意义上的佛寺,对地方社会生活意义重要的中心庙宇基本没有。可以说,整个区域社会,基本上是以陈氏家族为主导,可能因此形成了某种利益共同的社区集合体,依然是按照里甲、区圩体系编制,建构成县域行政的一个基层单元。农村基层社会的作用及其表达,当然也只能用乡区的概念来呈现,并涵育着基层民众的共同性。③

没有以市镇为中核的胥五区社会中,基层体系是其中唯一的行政控制系统和权力框架。具体措施和公益活动的展开,一般是从里甲、保甲、粮区负责制度层面着手。陈家比较松散的宗族联盟,只是这个社区的主要组织构成者,在社会资源和政治影响层面,也因为有了陈龙正这样的领袖,与其他社区可能只有些零散的富户相比,更具有地域控制的强度。不过,维护社会利益、平衡官民关系的重大问题,仍需依赖官府的力量,并以权势网络的影响力,将地方意愿以群体公议的方式,落实于县域行政工作中。陈龙正后来将同善会馆建于城中县衙附近(东面),地方借用的是旧庙所在。至于在胥山乡有没有同善会的具体活动,其实并不清楚。也就是说,同善会的活动,基本是以城市为中心展开的,但它面向的,应该包括广泛的乡野民间。

像陈龙正这样,从约束陈氏族人在乡间的行为,为胥五区的自我管理营造较好的基础,但并不意味着就已经"自治"。对国家而言,州县官府将乡区管理权放由基层主导,可以节约行政成本;由乡绅承担统治体系中的"代理人",而不是那些长期被批评的胥吏、粮里阶层,可以使行政管理更为有效,而且使农村社会秩序更趋稳定。

---

① 〔明〕陈龙正:《几亭全书》卷二十一《政书·家载上》,"明发斋偶记"条,康熙云书阁刻本,收入《四库禁毁书丛刊》集部第 12 册,北京出版社 1997 年影印版,第 141—142 页。
② 〔明〕陈龙正:《几亭全书》卷二十六《政书·乡筹四》,"火葬解"条,康熙云书阁刻本,收入《四库禁毁书丛刊》集部第 12 册,北京出版社 1997 年影印版,第 207 页。
③ 〔日〕滨岛敦俊:《明清江南农村社会与民间信仰》,第 135 页。

乡区行政与吏治问题

在陈龙正看来,王朝统治的稳定有赖于地方行政的良性发展。就州县官员的工作而言,乡绅之可师可友者,可以籍而藏之,以至举监生儒、耆老隐逸,无不周知,穷乡下邑、匹夫匹妇也莫不周知,同时要充分运用保甲法,逐里细核,使一个县域社会的基本情况能了然于心。① 龙正以王阳明在江西的经验强调说:"后世不知保甲为治民之要,则不行,行之又不能无事……昔王文成先生抚江右,平变制胜,其本皆出于十家牌,立法申谕,尽精极微。"②其中最需要注意的,仍是具体行政工作中的吏治问题。在这方面,陈龙正有很多论述,也提供了不少应对与防范策略。

在乡间,如何防止吏胥欺骗愚民,陈龙正提供了四个方面的策略:一是各役毋得近前禀事;二是解审时,偶唤一人至案前,讯问民情土俗;三是外出经过乡村篱落时,要停车驻节,延访父老,使民隐上通;四是告示张挂时,官府要真正关切民生,小字刻印千百张,居则置案上,出则置拜匣中,凡遇乡愚父老,就出一纸付之,令其持归,传相称告,这样数月之间,就可遍孚于穷村僻野,以至诚感化民众,使民间信官而不信衙役。③

在制度防范上,陈龙正强调了差役标尾朱印式:

> 差役单身,船用一橹,每十里,船银一分,远者加菜饭,如分外多索,许被害面禀责革。

他说,这个方法是顾珠严任平湖知县时曾经实行过,主要工作就是:"每差役拘人到,先呼至案边,问何酒食管待,送银钱若干,稍过限制,立刻先责差役,然后审问本事,不过惩二三人,各役帖然奉法,乡民寂然无扰矣。"他也曾见差人持粮票下乡,急如风火,催逼乡民,使乡间家家惊惶,却要设酒送馈。及差役去后,乡民家中衣服鸡犬一空。假如本来只是欠银五两,但经此一番折腾,所费又达二三

---

① 〔明〕陈龙正:《几亭全书》卷二十三《政书·乡筹一》,"治人治法"条,康熙云书阁刻本,收入《四库禁毁书丛刊》集部第12册,北京出版社1997年影印版,第161页。
② 〔明〕陈龙正:《几亭全书》卷五十五《文录·序》,"守饶保甲述序(乙亥)"条,第590页。
③ 〔明〕陈龙正:《几亭全书》卷二十三《政书·乡筹一》,"御吏"条,第163页。

两,手头愈空,钱粮更难完办。待至县衙,差役又与之商妥,雇人代杖方可脱身。前后一番追呼,始终都是"差人生意",但官逋如故,一分不少。陈龙正乐观地认为,如果推行上述差役标尾朱印式,那么官府真正可以得差人之用而民间无差人之害。①

对于州县吏治与基层行政实践问题,陈龙正既有宏观的认识,也有具体的操作方案。他从嘉善县出发,代表地方绅士提出的《革里书区总顶首公议》,作为一份公开的征求意见稿,其实已相当成熟,充分反映了在县域社会中吏治问题该如何着手解决的若干关键所在。

陈龙正认为,县政制度的一般安排及其间存在的主要问题是:按惯例县区管理中设有里书、区总,都是一年一役。里书是在每个图中挨次轮充,区总则于各区中择富佥点;里递中的良民,被点佥此二役,一般都畏见官府,所以有所谓"奸滑"者代为包揽此役,于是弊端百出。例如,他们在书算由票中随意将"合"写作"升"、将"厘"写作"分",总之要从中渔利,而自己名下之粮半属他人代纳;在推收田地中,或此户而借推于彼户,或十百而增减其分毫,或见田多不清之家,即暗埋其名下,包办年深者多存无粮之产,可以转货别姓;在编审立户过程中,受贿花分,巧立子户名色,以致全县里长独名者希,或者是三四串、五六串,大户、中户、下户已不可复辨,编审时,"奸富者营脱,贫愚者代充";至于包揽区总的,比里书更为狡猾,在轮役之年转相包揽,甚至概纳顶首,完全使一县的"奸巧之人"盘踞绵延,最厉害的,是一人纳二三顶首,从此田粮推收都由其一手掌控。里书可以多纳顶首,区总又可以分纳里书。陈龙正感叹说:"若起征科,乃通县派征之书,而亦私纳里书,纳区总,是平日分官分民,自后官民皆操一人之手矣。一手自为推收,一手自为散总,一手自为官民,其千欺万诡,尚可得究诘哉?"他觉得必须经一番大改革,才有机会祛除上述各种问题,最好的机缘就在造册之际,整顿势在必行,限定时日对里书、区总各顶首原帖全部收缴,并报备上级官府,永著为令,"所谓保我子孙黎民者,端在于兹"。②

在陈龙正看来,基层社会最有效的控制手段,就是王阳明曾倡议的十家牌法。"固本地之人心,清外来之奸细",十家牌法完全能很好地解决这两个问题。不过,倘若此法推行不善,也会在民间引起骚乱不安,"小则隐匿丁口,大则激成

---

① 〔明〕陈龙正:《几亭全书》卷二十三《政书·乡筹一》,"御吏"条,第163页。
② 〔明〕陈龙正:《几亭全书》卷二十七《政书·乡筹五》,"革里书区总顶首公议"条,康熙云书阁刻本,收入《四库禁毁书丛刊》集部第12册,北京出版社1997年影印版,第217—219页。

变乱"。其中,以摆列器械、编写垛夫二事最为惊人耳目,一切扰乱又杂出其间。小民因而疑惧相仍,报丁口时谎称"将以充兵"而百计隐匿,查生业时就说"将以当差",根本不告以实情。甲长查报九家民户时,小民就称"日后之累无穷"而互相推避,不愿任事。在这样的情形下,民间丁口、房屋、生业都得不到核实,于是总甲欲隐欲报,就可以上下其手了。这完全偏离了保甲制度的本意,根本做不到广教化、移风俗以及清讼防奸。造册之际,甲长负责查一甲之中的其余九家,总甲只查甲长,以期稽察省力易行。至于十家牌措施未及的,就是那些过往船只的控制。陈龙正特别指出,除水乡地域外,唯此项藏奸最多,搜缉最难。他强调了同乡先达、万历四十四年进士钱继登任职江西饶州府时推行保甲的体会,作为嘉善地区力行十家牌法的借鉴。钱继登的做法是:

> 但令合城内外二十五坊乡约,每十家举甲长一人,百家举保长一人,各甲长详核其十家之丁口生业,以复于保长,各保长详核其甲长之所复,以报于乡约,以屋为主,以人为客,其屋自大街以及侧巷,或公所,或民居,或道院梵宫,或缙绅甲第,……其人,自贵贱老幼、孤寡废疾,以及附居亲识,长雇工佣;其业,如士工商贾,吏胥僮仆,以及土著僧徒,游方羁旅,毕入于册。壮丁四十以内,必备记年岁、状貌于本名之下,有不核实者,乡约、保甲长俱治罪。……每月一遍发改,以待迁徙死亡者,于是每甲一牌,照册填注,以悬于甲长之户。……凡五十余日,而奸盗尽屏,城守悉备,而民间但以为行保甲云耳。①

其核心,就是"每十家举甲长一人,百家举保长一人,各甲长详核其十家之丁口生业,以复于保长,各保长详核其甲长之所复,以报于乡约,以屋为主,以人为客"。

官方的这些基层控制举措,在胥五区推行得具体如何,限于史料,不得而知。

国计讨论中的地方责任

作为国家的财赋重地,且民运白粮入京师只存在于苏州、松江、常州、嘉兴、

---

① 〔明〕陈龙正:《几亭全书》卷二十三《政书·乡筹一》,"保甲"条,第164—166页。

湖州五府为核心的江南①,民众徭役的重负主要在北运,不但路途遥远,还受层层盘剥。② 更重要的是,州县地方环境存在不少差异,迫切需要因地制宜、审度形势进行调整。陈于王很早就提出"北运常例与夫募夫宜革",南、北运的分配要平均,同时要恢复分县后嘉善方面的"亏田"。③

陈龙正就嘉兴府内的情况,作过一番详细比较和讨论,重点在嘉兴与秀水、嘉善两县。他说:

> 民情土俗,万有不齐,立法更制,随方便宜,随时润泽,可矣。一邑之事,未必可概郡,一郡之事,未必可概省,而况一省之事,可概天下乎?……吾郡各邑南运,多领散批。吾邑独领总批,各邑南运不兼北,故欲令带兑漕粮。吾邑南、北品搭,轻重相兼,岂可令受兑军之累。嘉兴壤高苦旱,秀水壤低苦潦,独吾邑南高北下,旱则南乡困,潦者北乡悲。一邑之中,尚有参差如是,而况郡省与天下,动辄曰通行,通行可乎哉?④

陈龙正指出:"三十年前,粮长愿金此役,近甚苦之,盖因埠头横索牙用,每船扣银四十两,多者五十两,船户既受埠头之勒索,势不得不从粮长取偿,用是雇船之价,数倍于前,沿途需诈,复难限计。"⑤

本来,粮长收粮入仓,一如收银之法,但一人管理一区之粮,负担已重。⑥ 粮长人选一般从富户中而来,因路远役重,许多粮长为此破产。龙正提出可由乡绅充北运,不查报大户,从而"安富以保贫",使富民不苦于供应,贫民由之获得更多的依赖。⑦

---

① 〔清〕查慎行:《人海记》卷下,"白粮"条,北京古籍出版社1989年版,第69页。
② 〔明〕陈继儒:《白石樵真稿》卷十二《三大役议》,"北运白粮事宜"条,北京大学图书馆藏明崇祯刻本;〔明〕陈龙正:《几亭全书》卷十三《学言详记十·政事上》,康熙云书阁刻本,收入《四库禁毁书丛刊》集部第12册,北京出版社1997年影印版,第19页。
③ 〔明〕陈山毓:《陈靖质居士集》卷六《廉宪公家传》,第644页。
④ 〔明〕陈龙正:《几亭全书》卷二十三《政书·乡筹一》,"治人治法"条,《四库禁毁书丛刊》集部第12册,第162页。
⑤ 〔明〕陈龙正:《几亭外书》卷四《乡邦利弊考》,北京大学图书馆藏明崇祯刻本。
⑥ 〔明〕钱士升:《赐余堂集》卷七《答祁虎子》,第503页。
⑦ 〔明〕陈龙正:《几亭外书》卷四《乡邦利弊考》,"北运""乡绅充北运""勿查报大户"条,北京大学图书馆藏明崇祯刻本。

龙正的看法，可以代表晚明大部分士绅和地方官员的共同意见。如丁宾也认为，一个县中如果富户较多，那么小民就不会受困；反之，富室荡然，则小民不会受福。①

晚明以来，乡居的粮长阶层的影响已经淡化，使居于城市的乡绅地主的影响力远较明初为盛，粮长的作用也多被取代，农村社会中的士民一体感趋于消失。②如何弥合小民与所谓富室之间的裂痕，以及更有效地利用富室力量的问题，在明末的地方行政工作中已受到很多关注。

在征收方面，崇祯三年已蒙朝廷特恩，允许在新银米内各赦若干，"绝刁顽之觊觎，均良善以恩波"，纾缓了部分民困。陈龙正认为，嘉善士民"素号淳谨畏法，输将不敢后"，可是里长数人共串，混作一人比征，结果孰欠孰完难以辨清而使经催受责。这需要由各区里书就催征长单，拆名分注，如三串即写三行，五串即写五行，比征时宽释经催，专拘欠户，按逋欠数多寡进行相应的惩治。至于预征问题，以前从来没有，其弊起于万历三十一年，嘉善的"奸书"甲于府域所辖各县，而粮科奸窟又甲于县衙中的吏、户、礼、兵、刑、工六房，以至长期蚕食而亏数甚多，即需设法掩贩，原来只是每亩五厘止于夏间比征一限，后来增到二限，再后来增至三限，但都是以五厘为率。到天启二年，每亩增至七厘。近年来又增至每亩三分。现在已不敢奢望止征一限，只希望恢复到每限五厘之旧规。确实，衙门中房科的积弊问题，"非身入其中，无由得其要领"，而且"知者不肯发，欲发者不能知，间有知而欲发者，又犯投鼠之忌"，总为护惜体面。③

关于漕运问题，杭、嘉、湖地方士民拖欠者极少。陈龙正说，嘉善地方"百年以来，升合皆清"。漕运新政中推行的秋粮官收官兑，"至为良法"，不问地方粮多粮少，总以便利民间为宗旨。崇祯七年，朝廷要求通行官收官兑法，结果在浙江、南直隶地区皆讦言不便，措施就废止了。陈龙正分析道：

> 官收官兑，实便小民，然稍不便于宦户。宦户从来漕规之外，毫无杂赠，且或米色稍差。今若官收，须照小民一概干洁，又仓厫出入停留，

---

① 〔明〕丁宾：《丁清惠公遗集》卷八《复蔡培自父母书》，崇祯刻本，收入《四库禁毁书丛刊》集部第44册，北京出版社1997年影印版，第309页；另参光绪《嘉善县志》卷三十一《奏疏》，光绪十八年刊本。
② 〔日〕滨岛敦俊：《农村社会——研究笔记》，收入〔日〕森正夫、野口铁郎、滨岛敦俊、岸本美绪、佐竹靖彦编：《明清时代史的基本问题》，第146页。
③ 〔明〕陈龙正：《几亭全书》卷二十八《政书·乡筹六》，"征收"条，第229—231页。

动以月计,势必损折,岂能使粮官代赔。量每百正耗之外,须照小民再加折耗米四五石,交付在官,理难自处尊优,特靳加耗。为此二端隐情,竞言官收官兑之不便,小民无知,从而和之。①

自视有优待权的宦户,对于漕运的不满情绪,也影响了庶民对官收官兑的态度。这是地方处置漕运工作时当予注意的问题。

当然,很多承担地方责任的大户,对民间与官府的意义都同等重要。长兴乡绅丁元荐曾说过,能够长期承担粮长之役的那些"大家巨室",被认为"一方元气",是"国运"的基础。② 在松江的何良俊家族觉得"时事渐不佳"而告脱粮长的工作前,何家已承担粮长之役达五十年之久,对乡间的贡献较大。③ 如何恰当地均平田多地广而多享优免权的官宦之家与庶民之家的赋役责任,自然是极为重要的工作。

浙江巡按庞尚鹏(1524—1580)很早就强调过,均粮役是要解决"富家大户欲避重就轻,诡寄花分,奸弊丛出,更相影射,真莫测其端倪,而贪墨有司或公行贿赂,或甘受请托,遂不免参以己私"而出现"富者未必编,编者未必富,中人之家每遭此役"的问题④,具体工作颇为复杂。很多情况下,晚明江南地方仍会用里长(里递)来替代粮长执行职务,在财赋最重的江南地区,将破坏以往"粮长督里长,里长督甲首,甲首督人户"的格局,变成"以小户督大户"的状况⑤,但在实际工作中,已经不可能都让真正的大户来充当粮长,大多仍是以中小户来充数。⑥

崇祯四年开始,适逢黄册大造,嘉善地方正讨论要变均甲为均役。陈龙正提出了六条建议,送呈知县蔡培自,主要内容包括:田多者役重、田少者役轻的均齐,官绅户在优免之外适量地应与民间殷户一样金点重运,中等役与轻役品搭均授,殷户凡坐北运一名者即随派南运一名,南北重轻品搭均平以使均役之新意呈现于均甲旧法之中,南北二运难于一年并充于一人之身而应于两年之间先后铺

---

① 〔明〕陈龙正:《几亭全书》卷二十九《政书·乡筹七》,"漕运"条,第233—234页。
② 〔明〕丁元荐:《西山日记》卷下《日课》,康熙二十八年先醒斋刻本,收入《续修四库全书》子部杂家类第1172册,上海古籍出版社2002年影印版,第370—371页。
③ 〔明〕何良俊:《四友斋丛说》卷十三《史九》,中华书局1959年版,第109—110页。
④ 〔明〕庞尚鹏:《百可亭摘稿》卷一《奏议·均徭役以杜偏累、以纾民困疏》,万历二十七年庞英山刻本,收入《四库全书存目丛书》集部第129册,齐鲁书社1997年影印版,第128页。
⑤ 〔明〕归有光:《震川先生集》别集卷九《公移·乞休申文》,上海古籍出版社1981年版,第931—932页。
⑥ 梁方仲:《明代粮长制度》,上海人民出版社2001年版,第81—83、89—90页。

派,中户田产二百亩上下未及北运资格的则要承担南绢监收一仓、灶丁麂皮解户、鱼牙柞刺解户等役,中下户田产百亩上下的悉照官图编役,下户田产十五亩上下的一般悉编甲户并且每亩定出帮役银若干以免朋充里长之累,原从镇房科派的镇都一役因房屋不足充役而可补之以田,等等。这些建议,陈龙正认为是"本之乡老仁心,参之士衿公论,质诸氓庶隐情"而得出的"质直稳当"之法,要求县府以此斟酌悬示,使民间预知大略。具体施行,宏观尺度由官府主持,细微曲折则必须由地方讨议,"大抵承认听百姓,参酌在乡绅",然后再上呈地方行政长官。经由百姓的认同,乡绅的讨论,最终仍由知县代表官方责令推行。其可以达致"事不劳而功易集"的良效,也使地方"奸宄"或"奸人"能"怀德而畏威",不再舞弊抗法。①

不可否认,明末社会中普遍存在着所谓乡绅盘剥地方、鱼肉乡里的现象,像嘉兴乡绅徐必达,对此就有过严厉的批评,同时他仍要申说徐家对于社会的积极贡献。② 就陈龙正在嘉善的影响而论,这个大乡绅有着长期的乡居经验,与庶民共同居于胥五区的空间,并从这个空间出发,影响着城居官绅们的活动,以地方"公议"的方式,结合庶民生活的实际,调整、确认官方的政策导向,使官府的施政在乡间拥有真正的可行性。

北运与均役问题

在地方上,官绅阶层享有的免役特权,以及免役通过"均田均役"方式如何处置,堪称最大的社会政治问题。特别是具有官僚资格的人,如何负担徭役义务,在法理上并没有明确的规定,这也是当时议论纷争的主要原因之一。③ 钱士升表示,官绅家庭在优免外,例充官图而居轻运之役,并非妥善之法。他认为里长满四五名以上的,也应同民间富户金点重运,而以中役、轻役品搭均派,以期官民均役。由于北运最苦,他建议可以"一南一北肥瘠相间",以纾民困。这些观点在陈龙正有关役法的讨论中,也多可见到。他们在商量后,呈请知县李陈玉推行了

---

① 〔明〕陈龙正:《几亭全书》卷二十七《政书·乡筹五》,"辛未均役条议"条,第209—210页。
② 〔明〕徐必达:《南州草》卷二十八《先府君行状》,转引自[日]滨岛敦俊:《明清江南农村社会与民间信仰》,朱海滨译,厦门大学出版社2008年版,第188页。
③ [日]滨岛敦俊:《农村社会——研究笔记》,收入[日]森正夫、野口铁郎、滨岛敦俊、岸本美绪、佐竹靖彦编:《明清时代史的基本问题》,第144—145页。

(李陈玉是钱士升门下的再传弟子)。这时已是崇祯十年。①

对役法中的北运与斗级问题,陈龙正曾有专门论述。对于前者,自然属于嘉善县粮役中最烦者,三十年前的做法,是十蓬独解北运,或六蓬双充北运,并无他役帮贴,而粮长也乐佥此役。近来的做法,是散蓬双充,批首三共,民甚苦之,主要就在"革抽扣""制房科""治埠头""处船户"这四个方面。其中的弊端给民间造成了太多的烦苦。即如北运费烦之说,也非只为道远之故,关键是因埠头要横索牙用,每船扣银四十两,多者达五十两。北运船户既受埠头之勒索,又不得不从粮长处取偿,于是雇船之价就数倍于前,以应付沿途难以限计的需索。②

当中议论较多的,仍在乡绅充任北运工作的问题。

在明代中后期,地方社会的支配阶层,可以用粮长代表向乡绅转化这种方式来表述。③ 这一过程中,表明了乡居地主的衰退,而所谓乡绅优免之外的那部分徭役,因为城居化后的事实,而堂而皇之地被转嫁到了原本居于同一空间的乡村庶民身上。由此乡间庶民地主或所谓的富室,需要承担更多的徭役而大多破产。这类"役困",最终导致乡居地主的彻底衰退。要解决这一大问题,江南就出现了"均田均役"的改革运动,并于嘉兴、湖州二府的实行,最具成效。④ 也成了松江等地仿效的榜样,都要求上级官府允准、因地制宜地施行"均田均役"的方案⑤,最终目的就是既要田均役均,也要消除里书、年首、奸胥、狞差这些乡村社会中应该最让民众痛恶的群体的营私舞弊行为。⑥

面对民间的役困与乡间已经萌生的暴乱之态,陈龙正提出由乡绅充北运,是根据实际情势要求进行南、北品搭,来均衡轻、重徭役,来解决这样的难局。

由于北运要面临本地使费、埠头船户勒索、沿途糙船官船诈害以及到京衙门交卸这四个方面的严重弊端,所以由谁来充任北运就成了一件十分难以平衡的大事。但如果有身份特殊的乡绅来承担,这四个方面的问题都可以得到较好的

---

① 〔明〕许重熙辑:《年谱》,收入〔明〕钱士升:《赐余堂集》,第 423 页。
② 〔明〕陈龙正:《几亭全书》卷二十七《政书·乡筹五》,"均役别议"条,康熙云书阁刻本,收入《四库禁毁书丛刊》集部第 12 册,北京出版社 1997 年影印版,第 212—213 页。
③ [日]滨岛敦俊:《明清江南农村社会与民间信仰》,朱海滨译,第 179 页。
④ 具体考察,参[日]滨岛敦俊:《明代江南農村社会の研究》第五章"明末浙江的均田均役法",东京大学出版会 1982 年版,第 263—328 页。
⑤ 〔清〕叶梦珠:《阅世编》卷六《徭役》,上海古籍出版社 1981 年版,第 150—151 页。
⑥ 〔清〕曹家驹:《说梦》,"华亭县均田均役碑记"条,收入〔清〕雷瑨辑:《清人说荟》初集,扫叶山房 1913 年石印本,页 21a—21b。

解决或者规避。就是到了北京,那些收粮衙门的胥役知晓由缙绅自充北运,勒掯必然减轻,使地方百姓大受其益。钱士升曾有这样的论议:"缙绅除优免外,宜承北运,以甦民困。至其子孙,例应充役者,仍优免以报之。乡绅曾充一届册,子孙即免一届册,等而上之,充役益久,免其子孙亦益长。"陈龙正深可其议,建议地方士夫会所公议,相与商榷,一经议定,申详上台后,可以立碑刻石,以存久远。陈龙正还强调说,这一方案还要推广至全国,"凡有粮解之处,可以通行"。至于仓储斗级的问题,本身就存在赔谷与清查两方面的弊病,所以过去承担此役的"无不破家"。类似地,陈龙正也建议由乡绅充任斗级:

> 北运之险,在远方,在水势,贵贱之所同也。欲士夫直任,于情尚难。斗级之苦,在本地,在人情,贵贱之所异也。欲士夫承当,于势实易。今均役之法已行,南北配搭,即北绢南批首及县斗级二名,俱作重役牵派,号为平矣。尚复何议?①

这些工作对于基层社会的稳定、吏治困弊的解决以及县政的有效推行,都有积极意义。不过,除乡绅外,地方应该注意优恤"大户"。"大户"当然是地方社会的有力阶层,为官府与民间承担更多的责任。但如果要"安富以保贫",只能免报大户。陈龙正于崇祯二年已经提出"勿报大户"之议,作为协调国计与民生矛盾的一项重要策略。他看到主要问题,就在地方官"往往为书胥所给,数立名色,令房科及各区头查报大户,或云籴米备荒,或云董理工役,或临造册年分,报点县总区总",致使那些承当的"大户",无不破家。除了造册县总及每年北运批头工作,确实要"大户"承当,而且需与乡绅们参酌决定后佥派外,其他很多工作,可以适当优免。此前知县林先春曾接到上级要求查报农民大户的任务,并得知"区头"与衙门房科勾结,对大户勒索钱物卖放,他坚执不行,将这些扰民之事予以排除,吏书们自然更不敢妄行查报。② 这位被钱士升赞为"束身如处子,驭吏如神明,课子衿如严师,抚鳏茕如慈母"的知县,为厘正当地的漕运工作,作出了很多贡献,达到了"勺合不加,军民安堵"的良效。③

到崇祯十四年,又届造册之期,新一轮的赋役秩序与利益平衡工作即将展

---

① 〔明〕陈龙正:《几亭全书》卷二十七《政书·乡筹五》,"均役别议"条,第214—215页。
② 〔明〕陈龙正:《几亭全书》卷二十八《政书·乡筹六》,"勿报大户"条,第228—229页。
③ 〔明〕钱士升:《赐余堂集》卷四《邑令林侯去思碑记》,第474页。

开。陈龙正代表地方撰写"条陈三大要"的"公揭",向官方表达其基本目的,是"革大蠹,平人心,克己私,以绝弊源,以均众役,以苏民困"。主要如下:

一是"区总、里书之顶首宜革"。漕兑工作中不容许影借侵移,嘉善地方近年因图总、里书纳顶首给帖,窠窟相仍,甚至在起征科为在官总书也是私纳区总,更兼纳里书,于是民间书算、官府派征,就总出一人之手,随意增减挪移钱粮,地方上莫能究诘,也莫敢发觉。两年以来,将每里雇役工食嵌入漕粮出兑,官图与民图擅派正米共计达九百七十四石,加耗一百九十四石八斗,紊乱漕规;同时,区总每名只纳银十余两,里书是三四两,其他还有拖欠未全纳的,因连年饥荒而米贵,粮食石价达二三两,获利数倍。这些情形必须严查惩处,"革大蠹以绝百弊之源",是地方财政工作中第一要务。

二是"客宦之混免宜汰"。凡称客宦的,大多因本县富室冒通宗谱,相互勾结,或乘一时之通籍,或借同姓之前绅,欺瞒上官以附名,贿赂吏胥而入册,"田无半亩,里满邑中"。客宦立户有四个方面的情形需要厘清:(1)真产与受寄异;(2)通籍出身与无因搀入者异;(3)身虽发于客土而宗族坟墓世居故乡,与只身新至,认同姓为同宗者异;(4)邑中公举与费,公议与闻,乡邦受其荫庇,与踪影杳然,痛痒漠然者异。根据这些情状判别,客宦之宜存、宜汰、宜量裁之数,就十分清楚,"既不使邑民受剥于客户,亦不致真宦概等于编氓",从而平人心以均众役。

三是"本邑官图里长之宜限制"。官绅的户产在免额之外,实际上还有余田,部分是可设为官图的,并享受"轻运"的待遇,这是县中一惯的通例。但近年来官绅越来益多,一姓或达数十户,间有"己田未盈而护其族属,庇及葭莩者",在优免外,更多立官图,官图既多,则"轻运"全归仕宦家庭,也就是"轻运"基本归富室,而重运只能由贫民承担了,这些问题必须解决。正好逢造册之机,陈龙正认为"定役者造册之纲领,定北运者定役之纲领,定批首者又北运之纲领",既然官图不可废,就应该限数,甲科八名,乡科四名,各视优免原数再加一倍为标准,限外的余田,悉归民图,照例起役。其中产最多、业最崇者,就任批首、北运,依次而定,均役工作就能合理地安排,达到上户力所优为、中下户轮充杂泛而保其身家的良好目的。

崇祯十四年,接替李陈玉的新任知县是进士刘大启。陈龙正认为新官新政,"诚足以格众志,和足以悉物情,真足以绝造请,威足以肖旁感",又逢赋役重新编造,可以将上述三大问题提出并得到有效的解决,而南、北运品搭工作仍宜如旧,并定出先后年分,做到法尽善而德永赖。①

次年秋,刘大启卒于任上,署县事的同知聂胤绪,立即编役十二亩,此前编役的是崇祯五年时的知县蔡鹏霄,以十五亩起役。聂胤绪听任乡绅为册书,每区编役工作初稿要送"大宦"审定,县中遂传出谣语道"编役无聂公,册书依旧穷"②,以示地方的不满情绪。

乡区救济及其地缘性

明末自然灾害的发生较为频繁,在陈龙正的自编文集中,特别强调了崇祯三年所谓的"庚午春荒"和崇祯十三、十四年间(1640—1641)的水旱大灾对乡村社会的打击。对于后者,许多史籍都有记录,但对前者,则并不明确。明末清初人叶梦珠也只是说该年"年荒米贵,民多菜色"③。根据其他一些史志所录,确实可以发现这也是一次遍及江南地区的大灾荒。在该年的宝山、嘉定、崇明、武进、江阴、靖江、乌程、桐乡等地,都有春旱、饥荒、麦子歉收、夏秋大疫等灾荒的发生。④

庚午春荒影响到了嘉善等地在米价方面的大幅度抬升,乡村百姓的生活极其困难。龙正叹道,当时村民"馁病而死、弃捐而死"的已随处可见。⑤ 如何及时地救危助困,渡过饥荒危机,维持社会稳定,陈龙正提出全县二十区各推一名乡绅主持,"写画逐圩地图,一切浜兜村落,凡有民居者,纤悉不遗"。⑥

除富户之外,要认真清核民户中的极贫、次贫,再酌量散米救济。在陈氏家族的祖居地胥五区,其社会规范与生活救济当然更受陈龙正的重视。他说:"庚午之春,米骤贵……念米少不足以救通邑,且通邑之茕独,亦非一家所能稽,乃独访赈胥五区,是通邑二十区之一也,余家累世居于此,急令子侄辈分主其事。"在

---

① 〔明〕陈龙正:《几亭全书》卷二十七《政书·乡筹五》,"辛巳役法议"条,第215—217页。
② 〔清〕佚名:《武塘野史》,不分卷,"崇祯十五年壬午"条,清抄本。
③ 〔清〕叶梦珠:《阅世编》卷七《食货一》,第153页。
④ 光绪《宝山县志》卷十四《祥异》,光绪八年学海书院刊本;同治《上海县志》卷三十《杂记一·祥异》,同治十一年刊本;民国《嘉定县续志》卷三《灾异》,民国十九年铅印本;民国《崇明县志》卷十七《杂事志·灾异》,民国十三年修、十五年刊本;光绪《武进阳湖县志》卷二十九《杂事·祥异》,光绪五年刻本;道光《江阴县志》卷八《祥异》,道光二十年刊本;康熙《靖江县志》卷五《祲祥》,康熙八年刊本;光绪《乌程县志》卷二十七《祥异》,光绪七年刻本;光绪《石门县志》卷十一《祥异》,光绪五年刻本。
⑤ 〔明〕陈龙正:《几亭全书》卷二十一《政书·家载上》,"明发斋偶记"条,第136页;卷二十五《政书·乡筹三》,"庚午急救春荒事宜",第184页。
⑥ 〔明〕陈龙正:《几亭全书》卷二十五《政书·乡筹三》,"庚午急救春荒事宜"条,第184页。

十多天的查访后,共赈济三天,标准是极贫人给三斗、次贫二斗,贫民一千九百二十三户,散白米六百三十五石。其倡导的基本宗旨是"一方之富室,自救一方之贫民"。①

龙正向整个胥五区发出一份告谕,针对的主要是贫民的救济问题:"本生力薄权微,无能普济,惟念胥五一区,祖宗父母生长于斯,尤不忍忘,算除本年家用饭米外,量余冬米六百石,聊出散施,以济饥虚。"至于各区的佃户,如何帮助他们渡过危机,也有很好的举措,也主要着力于胥五区:

> 本家于祖居胥五一区,聊施小惠,其余力难遍及,惟念各区亦有本家佃户,历年服劳,岂忍概遗?今将旧冬欠下糙米扣算随田者,至冬每斗止加利一升。如旧租清楚,即今开仓,每亩速给白米二斗,至冬每斗加利二升,薄示体恤之意。②

同时,为了避免过于关心小社区的利益而有自私之嫌,陈龙正还作了这样的剖白,大意则在"为民父母,命令足以用人,自应兼济。若乡人,当各视其力之所及耳"。而大荒之年赈济工作,只有煮粥、散粮两策,但救荒工作中情势复杂,难有成法,大概可以这四句话定为原则:"小荒先散粮于乡村,大荒兼煮粥于城市,当道会期而煮粥,乡人画地而散粮。"③

胥五区的社会救济与生活保障,基本依赖陈龙正的谋划,并以其乡绅的身份向官府表达了建设社仓的意愿,以便更好地应对饥荒时期的生计问题:

> 胥五区乡宦陈　谨告:
> 本宦世居此土,以宗族则烟火相望,以丘墓则松柏相承。每念一邑之中,惟本区田最高瘠,人最丛聚,耕劳而收薄,富少而贫多。均通有无,谊应倡举,除同宗已有义庄赒济外,窃仿先贤朱文公遗式,拟建社仓于胥五区,……凡居邻墓邻,当插青之际,力稍不足者,每户贷米五斗,多者一石,至冬加息二分纳还,但借贷之时,须贴邻五家共立一票,稍寓

---

① 〔明〕陈龙正:《几亭全书》卷二十一《政书·家载上》,"明发斋偶记"条,第136页。
② 〔明〕陈龙正:《几亭全书》卷二十五《政书·乡筹三》,"庚午急救春荒事宜"条,第185页。
③ 〔明〕陈龙正:《几亭全书》卷二十五《政书·乡筹三》,"庚午急救春荒事宜"条,第185—186页。

保结之意……①

社仓之议，于崇祯十年秋由钱士升提议，陈龙正与钱有过书信往来，专门讨论如何建设的问题。②

此后较大的灾荒就出现于崇祯十三、十四两年。先是十三年的大水灾对嘉、湖等地进行了无情的洗劫，接着十四年的大旱侵袭了整个江南地区，江南地方"泽以龟坼，水萎暵槁"。③一些地方已经出现暴乱事件。官府被迫采取了强硬措施，士绅为防止民变作了很多努力，时人即云"幸在江以南，不致激成大变，若秦、晋、兖、豫，即揭竿斩木之徒由兹而起矣"。但在崇祯十三年的灾荒期间，当地还是出现了饥民抢掠富室的现象。④吴江县地方爆发了以农民的打米、平仓为目的的抢米风潮，反对地主的囤米不粜。⑤

善邑平粜接门册式				善邑平粜合同册式					
某人	住某街系某家房男几丁女	在某街在家几人出外几人侨寓几人	极贫余米几升几合	某人	住某街系某家房男几丁女	在某街在家几人出外几人侨寓几人	极贫余米几升几合	第几号	某坊铺户某人与某坊居民某米每日几升几合
								初一 初六 十一 十六 廿一 廿六	
								初二 初七 十二 十七 廿二 廿七	
								初三 初八 十三 十八 廿三 廿八	
								初四 初九 十四 十九 廿四 廿九	
								初五 初十 十五 二十 廿五 三十	

崇祯十四年嘉善县的平粜票册样式

（据〔明〕陈龙正：《几亭全书》卷二十五《政书·乡筹三》，"庚午急救春荒事宜"条）

---

① 〔明〕陈龙正：《几亭全书》卷二十六《政书·乡筹四》，"社仓"条，第205页。
② 〔明〕许重熙辑：《年谱》，收入〔明〕钱士升：《赐余堂集》，第423页。
③ 〔明〕沈氏：《奇荒纪事》，〔清〕蔡蓉升纂、蔡蒙续纂：《双林镇志》卷三十一《文存·附条议》，上海商务印书馆民国六年铅印本；〔明〕陈子龙：《安雅堂稿》卷四《湖州守陆公德政歌颂序》，载氏著《陈子龙文集》，华东师范大学出版社1988年影印本。
④ 民国《无锡开化乡志》卷下《灾祥》，民国五年侯学愈活字本。
⑤ 傅衣凌：《明清农村社会经济》，读书·生活·新知三联书店1961年版，第128页。

面对南北大饥、富民闭粜、劫掠四起的危局,已经乡居的钱士升与该年归乡的龙正,共同商讨平粜救荒的问题。①

陈龙正代表地方,发出公劝乡绅平粜的告谕,并说邻县各城都有群情嚷闹的危机,而独嘉善帖然无事,正是因官府先期主持了平粜工作的缘故,故更应考虑实际情势,凡是稍有赢余之家,都应该酌量平粜,以慰群望。龙正曾向知县李陈玉(崇祯七年至十四年在任)等人提出增留米粮,以备地方救赈之用。崇祯十四年初夏,米价再次暴涨,龙正继续倡议推行平粜工作;对于乡民的救济,建议采取"管区分任"的办法,每区选出一二位乡绅或吏民,全面负责此项活动,进而做到屋主能自救赁户而田主能救助其佃户。②龙正本人捐出五百两白银救助县学贫生,又捐米五百石赈济胥五区的贫民。③

龙正的举措,得到钱士升的有力支持。钱士升不但在当地发动救赈活动,与龙正一起设法约请同志在城市中分坊认赈、劝说乡村富户各自平粜乡间,也写信给巡抚熊汝望,要求照顾江南地区的救济工作,同时劝谕邻县的绅士们一起展开平粜,同日煮粥施救,还设义冢收埋尸体。钱士升次子、陈龙正的女婿、已经在南京吏部任职的钱棅(崇祯十年进士),也努力在南京地方发出关津免禁的要求,以使各地救济工作能够疏通无碍。④

在他们的有力控制下,面对大灾的打击,嘉善地方相对平安,因而被目为东南千里的"乐国",而海盐县出现民众殴击县官几于毙命、湖州地方剽劫公行、松江则骚乱不宁的局面。⑤

至于赈灾期间的具体办法,首先强调的是陈龙正提倡的担粥法,到后世仍然十分流行。这种办法的优点,在于"无定额,无定期,亦无定所",适宜于通衢要路与乡村地方进行救助,可以时行时止,具有极大的灵活性⑥,且对于缓解粮食紧张,煮粥有所谓"一升可作三升用,两日堪为六日粮"之良好效果。⑦

陈龙正举办煮粥活动的基础工作,首先就是确认聚落的位置,进而弄清楚具

---

① 〔明〕许重熙辑:《年谱》,收入〔明〕钱士升:《赐余堂集》,第424页。
② 〔明〕陈龙正:《几亭全书》卷二十五《政书·乡筹三》,"庚、辛救荒平粜事宜"条,第187、195—196页。
③ 光绪《重修嘉善县志》卷九《食货志一·恤政》。
④ 〔明〕许重熙辑:《年谱》,收入〔明〕钱士升:《赐余堂集》,第425页。
⑤ 〔明〕许重熙辑:《年谱》,收入〔明〕钱士升:《赐余堂集》,第425页;〔明〕钱士升:《赐余堂集》卷七《与陈几亭》,第513页。
⑥ 〔明〕陈龙正:《救荒策会》卷七《粥担述》,上海图书馆藏崇祯十五年洁梁堂刻本。
⑦ 〔明〕李诩:《戒庵老人漫笔》卷七,"煮粥诗"条,中华书局1982年版,第305页。

传统的施粥赈饥

(据冯尔康:《生活在清朝的人们》,中华书局2005年版,第4页)

体的户口数,但胥五区没有重要的中心聚落(市场中心地),其具体工作的展开,就要依赖地方富室的自觉意识和秩序维护工作。绅士以煮粥活动所形成的空间,其实相当于一个独立的地域社会。①

陈龙正等人为救济地方社会而表达的救荒思想和县域秩序的控制方略,都带有一定的地域界划,特别是嘉善富户的救赈活动,最具典型意义,是以地缘结合乡绅和富户为基本特征的救济活动。②

以陈龙正为首的官绅,为平粜诸事一直"尽心酌议"。在积极参与全县赈灾,展开散粮等施赈工作时③,龙正更努力救赈自己的家族成员,保持义庄的正常运作,周济亲族之余,还"远支困乏者"。④ 这种做法,对于县域内的其他大族,起了倡导作用。

---

① [日]滨岛敦俊:《明清江南农村社会与民间信仰》,第133页。
② [日]森正夫:《十六—十八世纪における荒政と地主佃户关系》,《东洋史研究》1969年第27卷第四号,第69—111页。
③ 〔明〕陈龙正:《救荒策会》卷七,上海图书馆藏崇祯十五年洁梁堂刻本。
④ 〔明〕陈龙正:《几亭外书》卷二《家规·〈义庄条约〉序》,光绪六年孙福清校刊"檇李遗书"本。

到崇祯十七年春二月,新知县詹承志到任,五月初一崇祯死难消息传来,县府组织在文庙的哭临活动,由于秩序已形混乱,五月初五日庙中的大行皇帝神位居然被人盗去。龙正提出了"甲申弭变蠲赈事宜",表示愿意竭尽全力输粟捐货,为国效忠,捐出了白米一千石、纹银五百两(也有记载是米五百石、银千两),由官府自由安排赈济。至于陈家的城居社区王黄坊,已经与生监等人,协力访核散给;对胥五区,他表示愿意另捐米粮展开施救工作。五月七日,詹承志以官方的形式回复陈家的义举,认为陈家破格赈济,是当地在甲申之变后仅见的,而且在此危难之际,"乡绅以忠义报国而及士民,士民亦当仰体乡绅之意而忠顺以报国",正逢其时。但后来詹承志难以支撑县政难局,被迫解印绶而去,还有士民乘乱杀了钱士升仆人周忠。到六月初一日,弘光帝在南京登极的诏书下达后,乡绅不再哭临,社会秩序再获稳定。①

秩序稳定和治安问题

陈龙正比较注意借助其力倡的同善会组织,积极从思想教化与劝善积德的实践,来推动社会的和谐与秩序的稳定,以期使基层社会达致"众志以孚、风俗以化、气运以移"这样的良好状态。②

以社会福利为目的的结社——"同善会",自万历到崇祯年间,全国就有十几所,曾展开过大量的救济活动。③ 善会组织都是由当时的地方精英们所促进,而不再是由政府主办。④ "同善会"虽创于无锡的高攀龙,但具体措施则详于陈龙正。⑤

在侄儿陈皋的建议下,陈龙正从崇祯四年开始与丁宾、周丕显、魏学濂等人规划举行⑥,其间得到了钱士升的大力支持。钱士升在乡居时(以城内的息园、城

---

① 〔明〕陈龙正:《几亭全书》卷二十六《政书·乡筹四》,"甲申弭变蠲赈事宜"条,第204—205页;〔清〕佚名:《武塘野史》,不分卷,"崇祯十七年甲申"条,清抄本。
② 〔明〕陈龙正:《几亭全书》卷二十三《政书·乡筹一》,"同善会"条,第167—169页。
③ 夫马进对江南"同善会"及其他善会组织有过细致的考察。参〔日〕夫马进:《善会善堂的出发》,收入〔日〕小野和子编:《明清时代的政治与社会》,京都大学人文科学研究所,1983年3月,第189—232页;《同善会小史》,《史林》1982年第65卷第四号。
④ 梁其姿:《施善与教化:明清的慈善组织》,联经出版事业公司1997年出版,第58页。
⑤ 〔清〕归庄:《归庄集》卷三序,《同善会约序》,中华书局1984年版,第176—177页。
⑥ 〔明〕陈龙正:《几亭全书》卷四十一《文录·书牍一》"上丁大司空改亭翁(辛未)"条,附录卷一《陈祠部公家传》,第404、703页。

外的遁溪为主要空间)甚至每会必到,为小民讲说,强调在生活中要禁奢崇俭,富厚人家更要养其有余以济人,主旨仍在"忧时悯俗,畏天爱物"①。

同善会的活动是以城市为中心的,虽与乡约活动多所契合,是"讲乡约的帮手"②,但对乡区更多的影响,还在那些与"同善会"有类似功能的掩骼会、育婴堂、放生会(或称放生社)、养济院等组织或团体,且普遍渗透于乡村社会,完全介入了地域社会的各个领域。③

陈龙正等人推动的善会活动,还有袁黄思想影响的痕迹④,或者也可以从陈龙正的五十一次演讲中,得以略窥一二。陈氏的最后一次演讲,是在崇祯十七年秋天,明王朝在北方已经覆灭,弘光政权在南京刚刚成立不久。他说:

> 今幸变故已定,国运方新,官民上下一个个如起死回生,又须重新整顿个人生在世的大道。生理如何,只认定同善二字,便是凡与人同的是善,与人异的决是恶。……高皇帝《圣谕六言》,结末二句云"各安生理,毋作非为"。一作非,便反却生理,走向死路上去矣。我们通邑之人,经此大变故,方体贴出这"生理"二字来。切勿遗忘,自家性命还须自家保守。⑤

相对北方而言,明末的江南地区似乎要安定得多。⑥ 但崇祯年间的频繁灾荒极易使地方产生变乱。令地方政府深感棘手的是,由内部萌生的变乱——盗匪开始猖獗起来。⑦

明末地域社会中主要存在的问题,就在救荒、捕盗、吏治整顿、赋役安排等方面。就社会安定而言,平息民间的不满情绪或骚乱暴动,及时的平粜、施粥以及社仓救济,都是十分必要的。这些工作除了乡绅在农村的积极运作外,还需要县府的有力配合。

---

① 〔明〕许重熙辑:《年谱》,收入〔明〕钱士升:《赐余堂集》,第424页。
② 〔明〕陈龙正:《几亭全书》卷二十《四政书·乡筹二》,"同善会讲语"条,第171页。
③ 〔日〕夫马进:《善会善堂の出発》,收入〔日〕小野和子编:《明清时代の政治と社会》,第189—232页。
④ 王卫平:《慈风善脉:明末清代江南地区的慈善传承与发展》,《苏州大学学报》2016年第三期,第182—190页。
⑤ 〔明〕陈龙正:《几亭全书》卷二十四《政书·乡筹二》,"同善会讲语"条,第180—181页。
⑥ 〔明〕钱士升:《赐余堂集》卷一《看详章奏纠参李斑疏》、卷七《答黄黄石》,第437、514页。
⑦ 冯贤亮:《明末清初江南的地方防护》,《云南社会科学》2001年第三期,第49—60页。

可是，县府能直接支配的武装，主要在乡兵或民壮，都十分有限，难以真正起到抑制大规模民变的作用。因此，由乡绅们来主动消弭民间可能存在的乱萌，富有积极意义。

陈龙正给知县李陈玉的信中，既强调了盗匪严重的事实，也强调要提防那些水路要害地方，因为这些地方向来就是盗贼的渊薮。① 并且，他将盗寇横行之祸与人民贫困之忧并提，以致使其得出了这样的看法："大抵敝邑未愁外寇，专忧内变。"② 他还向钱士升提及一个更为严重的问题，即地方官衙的部分公务员也介入了寇盗的行列，"相为表里，久益鸱张"。③

当然，龙正也有其细密的捕盗措施：

首先，仍然要大力倡行保甲法，这是弭盗安民的传统政策④，也是普遍适用于城乡地区的保甲制度。在这样的前提下，任何一个人的行动都难以逃脱邻里亲友的耳目。⑤

其次，在地方士人的观念中，内变之患往往大于外寇，因此防御宜以"固结民心"为要；清查饭店及各寺院，访查核实"屠狗之家"，编定乞丐头目而使强壮的乞丐不得"逞雄攘臂"，对穷民要加强安抚以防止他们作乱。在陈龙正看来，所有这些措施的基础仍在推行王阳明所倡的"十家牌"法。⑥

另外，还有水栅的预防设施。由于地局水乡，河网中散布的各座桥梁，构成了当地的交通或地理的重要标识。据万历时期知县章士雅的治安要求说明，官方要求县域内处水路要津的梁桥，各设木栅，督令本地塘长协同附近总甲，轮拨人夫，以司启闭，加强治安。乡村地方需要设栅的桥本来有356座，都需要由管理地方水利巡捕的相关专门负责建设。胥五区重要的桥梁，至少有35座。哪些属于官方强调要建栅的，由于记载缺乏，已不能确知。⑦ 陈龙正曾强调过，在水域强化治安，严防盗匪，应该有栅须守，由官府召募本地乡勇，添设兵船，并多备火药器械，协同圩长、塘长救助地方，相关经费仍需由官府措置。⑧

---

① 〔明〕陈龙正：《几亭续文录》卷二《复李谦庵父母六》，崇祯间刻本。
② 〔明〕陈龙正：《几亭续文录》卷二《致李谦庵父母二》。
③ 〔明〕陈龙正：《几亭续文录》卷二《寄塞庵阁老二》。
④ 〔明〕陈龙正辑：《救荒策会》卷六《荒政议总纲》，崇祯十五年洁梁堂刻本。
⑤ 瞿同祖：《清代地方政府》，法律出版社2003年版，第251—252页。
⑥ 〔明〕陈龙正：《几亭续文录》卷二《致李谦庵父母二》。
⑦ 〔明〕章士雅《置栅议》，收入嘉庆《嘉善县志》卷二《区域志中·桥梁》，另参光绪《重修嘉善县志》卷四《区域志四·桥梁》。
⑧ 〔明〕陈龙正：《几亭全书》卷三十《政书·乡筹八》，"推广嘉善守御事宜二条"条，康熙云书阁刻本，收入《四库禁毁书丛刊》集部第12册，北京出版社1997年影印版，第247—248页。

陈龙正向李陈玉指出,尽管乡兵巡检的设置对于弭盗是很有助益的,乡兵武装的主要职责也在捕盗,但役务却很繁重,所以当时乡里民兵多情愿"纳勋",希望免去巡役之苦。① 就如钱士升给陈龙正信中所谓的:"乡兵一事,里中殊苦其扰。"② 这对地方治安工作是不利的。

陈龙正给巡嘉道叶香城的信中,对弭盗治安有更清晰的提议:"惟拔麾下一二忠良精巧之人,嘱令默访积窝并其渠魁,置之重辟,余则听令自新。严设十家牌法,互相保举,庶几盗贼可息,民生可安。"③ 龙正认为,捕盗缉匪是"目前最要之事",其他诸事无逾于此。④

龙正曾向史可法去信,强调道:"固境内之人心,清外来之奸细,足以御寇矣。搜所部之奇才,因敌人之间谍,足以荡寇矣。清奸之要,惟我民既固,彼自无所容。而因间之妙则又必先得奇才,然后可委而用之。"⑤ 先得御盗寇之人材,这对当时整个东南地区的防御和秩序稳定而言,具有关键性意义。如崇祯年间的嘉湖参政蔡懋德(号云怡,昆山人,万历四十七年进士),即被认为御盗人材中的典范,甚至被誉为"十三省第一宗师"。他在任不久,曾计擒宿盗巨魁,除却地方十余年的积患。⑥

总之,消弭祸乱的关键,一如陈龙正给钱士升信中的感叹那样,是在选任贤能,由此"天下安而江南在其中矣,江南安而乡邑在其中矣,乡邑安而身家在其中矣"⑦。

非宗族的乡绅社会

在明朝晚期,内忧外患已引起了很多有识之士的深切忧虑。朝廷内争较炽,派系分立。所谓的"东奴西贼"威胁着明政府在北方的统治权威,而攘外与安内问题越益困扰着整个王朝。⑧ "纪纲日坏,吏治日颓,邪教日昌,民生日蹙"的危机

---

① 〔明〕陈龙正:《几亭续文录》卷二《复李谦庵父母六》。
② 〔明〕钱士升:《赐余堂集》卷七《与陈几亭》,第510页。
③ 〔明〕陈龙正:《几亭续文录》卷二《致巡嘉道叶香城公祖》。
④ 〔明〕陈龙正:《几亭续文录》卷二《复李谦庵父母六》。
⑤ 〔明〕陈龙正:《几亭续文录》卷二《致史道邻抚台二》。
⑥ 〔明〕陈龙正:《几亭续文录》卷二《致吕东川铨部一》。
⑦ 〔明〕陈龙正:《几亭续文录》卷二《寄塞庵阁老二》。
⑧ 〔明〕陈龙正:《几亭续文录》卷五《奴寇策》。

情势①，普遍存在。按陈龙正的意见，问题的症结就是没有像王阳明这样的人才，"当今有若人，足食足兵，安内攘外，当不使圣明有乏才之叹"；时局的危机在于民生乱，民生乱是由政事坏，政事坏是由人才衰，人才衰是由学术晦，所以对士大夫阶层而言，就是要"明学术以正人心"。② 平乱弭盗的愁思中，更让他们追怀王阳明的伟业。③

在基层管理制度趋于崩坏的情势下，以绅士为主体的地方精英，成了乡村社会的主要支配阶层，而且大族与经济力量较强的庶民地主的活动能量显著增强。④ 这些精英群体在社会生活中扮演着重要角色，除了群体之间的矛盾冲突外，他们之间的互动与利益共同化及其对社会的影响，仍是值得注意的重要问题。而且，精英阶层确实常常在城市或乡村当中以群体的面貌呈现，在地方公事、社会秩序、文化教育等领域中，发挥着重大的作用。⑤

被地方有力阶层强力建构的江南统治秩序及其相对稳定的实态，与明末北方社会的大面积混乱和秩序的失控，是存在对抗之姿的。⑥

陈龙正对晚明的动荡时局保持着深刻的认识，甚至更多的是焦虑。像他这样的乡绅与地方社会的联系，虽然已经更多地出于责任而非利益⑦，但其实仍与地主、望族那样，代表着整个县域与百姓，是社会的重心所在。钱继登称他这位老友"湛精性命经济之学，探研论著者数十年"⑧；天启五年进士、曾任崇明知县、吴江知县及吏科给事中等职的熊开元，认为国家在多难殷忧之际，如陈龙正这般"留心当世之务，如指诸其掌上"，已十分难能可贵。⑨ 因为在明末，"居官则家于官，居乡则官于家"的现象太过普遍⑩，地方社会中"游民薄夫农，胥吏荣于大夫士，武人杂之子衿，比丘尼多于蚕织妇，侨居者夺土著之利"等风俗日敝而莫之救

---

① 〔明〕钱士升：《赐余堂集》卷六《与魏廊园年兄》，第487页。
② 〔明〕陈龙正：《几亭全书》卷四十五《文录·书牍五》，"与金正希侍御（戊寅）"条，康熙云书阁刻本，收入《四库禁毁书丛刊》集部第12册，北京出版社1997年影印版，第459页。
③ 〔明〕钱士升：《赐余堂集》卷七《与陈几亭》，第517页。
④ 高寿仙：《明代农业经济与农村社会》，黄山书社2006年版，第213页。
⑤ 吴琦：《明清社会群体的新趋向》，《华中师范大学学报（人文社会科学版）》2011年第二期，第76—82页。
⑥ 〔明〕钱士升：《赐余堂集》卷一《看详章奏纠参李琎疏》、卷七《答黄黄石》，第437、514页。
⑦ 〔美〕邓尔麟：《嘉定忠臣——17世纪中国士大夫之统治与社会变迁》，宋华丽译，中央编译出版社2012年版，第108页。
⑧ 〔明〕陈龙正：《几亭全书》，钱继登"序"，《四库禁毁书丛刊》集部第11册，第565页。
⑨ 〔明〕陈龙正：《几亭全书》，熊开元"陈几亭先生全书序"，《四库禁毁书丛刊》集部第11册，第566页。
⑩ 〔明〕钱士升：《赐余堂集》卷八《丁清惠公特祠碑》，第523页。

的情态,随处可见①,知识阶层中确实也存在着较多的道德沉沦感。②

陈龙正于居官居乡时仍能秉持儒家的道德根本,以家国大义为重,尽管他也被人告过"受献"一事(接受其他民众的田产投献其名下以减轻赋役),被迫于天启七年向时任知县林先春辩诬。③

在乡居时期,陈龙正努力倡行过慈善事业,大力推动同善会在嘉善的发展④,并使当地成为晚明善会组织的模范中心⑤,"人心风俗"为之有所转移补救。⑥ 他积极从事明末大灾期间的救赈工作⑦,则充满了士大夫的救世情怀,具有公共社会品格。⑧

陈龙正在地方上基本上能充分借助宗族、姻亲、师友与官绅等群体的力量,着力于区域社会的稳固、民生的救护、秩序的保障和家国大义的秉持之行动中。这在当时应该不是孤立的现象。陈龙正等人的活动,特别是在国家的赋役安排、地方的利益分割、民生的保障维护等重要层面,既影响了知县的施政举措,又发挥了超越小规格县府行政能力的巨大作用。就这样的情形而论,确乎如费孝通所论的,传统社会结构中存在着的"双轨制",即作为中国政治中极其重要的人物,绅士们一方面对底层社会有着巨大的影响力,另一方面,"绅士可以从一切社会关系,亲戚、同乡、同年等等,把压力透到上层,一直可以到皇帝本人"⑨。费正清也曾强调说,士绅的产生是用来填补早期的官僚政府与中国社会之间的真空;帝制政府仍然是一个上层结构,并不直接进入村庄,因为它是以士绅为基础的。⑩ 不过,官府的各类代理人在县以下的社会中广泛存在,无论是常规的赋役工作,还是琐碎的治安捕防,最终还是要通过官府的行政来决断并施行。

---

① 〔清〕朱彝尊:《曝书亭集》卷三十八《太守佟公述德诗序》,光绪十五年刊寒梅馆藏版。
② 赵轶峰:《明末清初中国知识分子的道德沉沦感》,《东北师大学报》1987年第四期,第47—53页。
③ 〔明〕陈龙正:《几亭全书》卷四十一《文录·书牍一》,"与林狷庵邑尊(丁卯)"条,第400页。
④ 王卫平:《做好人和行善事:陈龙正与嘉善同善会的慈善活动》,《历史教学》2016年第四期,第18—25页;王卫平:《清代江南地区慈善事业史综研究》,中国社会科学出版社2017年版,第89—146页。
⑤ 〔明〕钱士升:《赐余堂集》卷四《同善会馆碑记》,第473页。
⑥ 〔明〕陈龙正:《几亭全书》卷四十一《文录·书牍一》,"复钱御冷宗伯(壬申)"条,第406页。
⑦ 冯贤亮:《陈龙正:晚明士绅社会生活的一个侧面》,《浙江学刊》2001年第六期;黄森茂:《晚明陈龙正乡村赈济思想与活动》,台湾大学中文研究所,硕士学位论文,2006年;陈秋安:《明末江南地区的灾荒与救济活动》,台湾暨南国际大学,硕士学位论文,2008年。
⑧ 赵轶峰:《晚明士大夫的救世情怀》,《吉林大学社会科学学报》2012年第五期,第19—29页。
⑨ 费孝通:《乡土中国与乡土重建》,风云出版公司1993年版,第22—29、147—158、270页。
⑩ John King Fairbank(费正清), *The United States and China*, the 4th edition, Harvard University Press, 1983, pp. 32-39.

所以仍需注意的是，尽管势力强大的陈龙正家族及其姻亲之间，是一种紧密合作的关系，但对国家保持着绝对忠诚，没有出现垄断地方社会的强势状态，反而为避免把持官府、接受投献或侵犯公益等嫌疑，不断告诫族人，甚至主动向官方剖白、辩诬，具有必要的收敛之态。从这个意义上说，这样的州县中并不存在所谓"宗族社会"的形态①，即使如胥五区中唯一最庞大的陈氏家族，也没使胥五区成为宗族社区。

明末还有官员指出，地方行政中存在着所谓"和乡绅难，端士习难，清衙蠹难，足赋额难"②，这四"难"恐怕是具有普适性的。就州县管理与乡村制度安排的总体来说，户籍功能确实是以保甲系统来体现的，地域功能则通过里甲制度来表达，而经济功能则多依赖粮长富室等基层领袖来实现。一般的钱谷或民事问题尽量在民间解决，而刑名问题特别是命盗大案，则必须由官方出面处理。而这些事务的处置与讨论，就多由乡绅主导，从而形成地方的主流舆论，并为协调官方与民间的利益平衡，提供可行的方案。

地方治理的模式，有官绅共治的意味，但州县官任期太短而流动性太大，所以一般对于州县行政控制的感受，仍处"绅士社会"的概念逻辑之中。另一方面，明末江南绅士们强力维持的国家垂直控制系统，一直相当稳固，并没有出现政权失控的局面，但其间衍生的吏治问题给人们带来的行政窳败感，却普遍存在③，使人有理由怀疑官方行政的有效性，特别是在崇祯末期。

虽然到15、16世纪，地域的商业化会引起社区结构的变化，趋向松动，甚至形成新的政治秩序，到17世纪，乡村的财政责任已由粮长转向里长，又从里长转移到胥吏及其代理人身上，从而使地主精英阶层趋向没落。④ 这样的新秩序表面上似乎比较清晰，与此前的乡间秩序也有不同，但实际运作仍然比较复杂。由于乡绅阶层的存在，就像陈龙正这样，提出由乡绅充任北运的职役，以其影响力，防止或减少官府衙役与基层管理者对乡村的盘剥。即使乡绅并没有充当北运解户，居于乡间的这个特殊阶层，对乡村社会仍起到了保护作用。小规格的地方政府，无论是否真的有控制乡村的企图，在人力与经费方面，都不可能真正做到由

---

① 有关江南地区"宗族社会"的论述，可参［日］滨岛敦俊：《江南无"宗族"》，收入《复旦史学集刊》第四辑"明清以来江南城市发展与文化交流"，复旦大学出版社2011年版，第281—290页。
② 〔明〕陈龙正：《几亭全书》卷五十七《文录·记》，"昆山县四难三易记（甲戌）"条，第609—610页。
③ 冯贤亮：《明清江南的"蠹吏"》，《学术月刊》2014年第三期，第136—147页。
④ ［美］邓尔麟：《嘉定忠臣——17世纪中国士大夫之统治与社会变迁》，宋华丽译，第83页。

政府直接掌控乡村社会,仍得依赖士人地主,展开行政工作。这似乎已成为今天解读晚明地方社会的一种常识。

总之,统治地域社会的权力结构、组织体系与地方规范,共同建构了乡村的责任网络,并为皇权渗透乡村地方提供了政治基础。以陈龙正为代表的绅士活动,通过道德劝诫与政治动员,将晚明经世之学运用于政治实践中,呈现出明晰的权势关系的影响力,体现了"地方公议"的力量。① 虽然民以士为望、官以士为阶,会导致不良的风习与秩序的失范②,可是在明代人看来,"君子不持公论,将使小人持之乎?荐绅先生不持公论,将使市井细民持之乎?"③或者如侯峒曾所认为的,"为民请命"毫无疑问应当是"贤豪长者之业",至于"导扬圣明,宣悟闾里",更是"乡大夫之事"。④ 乡村公共权力的施展,深受那些贤豪者与乡大夫们的影响,地方也因此受惠于这些对国家保持高度忠诚的阶层的威望与荣耀,认同从中产生的权力象征和社会规范。

---

① 〔日〕滨岛敦俊:《方志与乡绅》,《暨南史学》2003 年第六号,第 252 页。
② 〔明〕陈龙正:《几亭全书》卷二十九《政书·乡筹七》,"学政"条,第 237 页。
③ 〔明〕伍袁萃:《林居漫录》别集卷八,万历间刻本,收入《续修四库全书》子部第 1172 册,上海古籍出版社 2002 年影印版,第 190 页。
④ 〔明〕侯峒曾:《侯忠节公全集》卷十《壬午复折奏疏序》,民国二十二年铅印本,页 12a。

五、断裂的逸乐：围绕青楼的生活世界

由青楼说起

唐人杜牧的七言绝句《题扬州》，流传后世十分著名。其诗云：

> 落托江南载酒行，楚腰纤细掌中轻。
> 十年一觉扬州梦，赢得青楼薄幸名。①

诗中所涉的青楼，已与中国中世以前泛指的青楼，颇有不同。青楼一词，最初并非妓院的雅称，而是比较华丽的屋宇，甚至还是豪门广第的代名词。

宋人林之奇给《尚书》作通释时，引用了这么一段材料："齐废帝东昏侯起宫殿，皆布饰以金碧。武帝兴光楼上施青漆，世谓之'青楼'。东昏侯曰：武帝不巧，何不纯用琉璃？"②于此可见，用青漆粉饰的楼，当时就叫青楼。更早的证明，是曹植创作的一首"美女"诗，其中有这样一段：

> 美女妖且闲，采桑岐路间。
> ……
> 借问女何居，乃在城南端。
> 青楼临大路，高门结重关。

---

① 〔五代〕韦縠：《才调集》卷四《题扬州》，上海涵芬楼借德化李氏藏述古堂影印宋钞本影印本。文渊阁《四库全书》集部之总集类，收于《唐人万首绝句选》卷六的这首绝句，题作《遣怀》，前两句为"落魄江湖载酒行，楚腰纤细掌中情"，稍有不同。本章引用从涵芬楼本。
② 〔宋〕林之奇：《尚书全解》卷三十二，四库全书本。

容华耀朝日,谁不希令颜。①

从中依然可以看出,"青楼"与大路、高门是联结在一起的,与艳游、酒色无关。但在后来,"青楼"一词渐渐偏指后世俗称的妓院娼馆。这其中的转变过程,颇值得深入考察。

正由于青楼一语所代表的意义的转变,"艳丽"的娼妓自然成为了青楼的主体人群。在唐人孟浩然的诗中,有讲述青楼中那些女子的春思与哀愁,十分直白:

青楼晓日珠帘映,红粉春妆宝镜催。已厌交欢怜枕席,相将游戏绕池台。
坐时衣带萦纤草,行即裙裾扫落梅。更道明朝不当作,相期共斗管弦来。②

到偏安东南的南宋时代,沉溺于青楼的士人更不在少数。诗人刘过曾将自己的一次夜渡青楼,居然很坦诚地交待于诗作中,对青楼中生活的奢靡,"客人"之多,青楼女子的美丽,用了四十字淋漓尽致地表达出来:

夜上青楼去,如迷洞府深。妓歌千调曲,客杂五方音。
藕白玲珑玉,柑黄磊落金。酣歌恣萧散,无复越中吟。③

元代曾有一本书,专门记载妓女的生平事迹,即《青楼集》。这样的专书,明代有一本叫《青楼韵语》,清代还有一本小说《青楼梦》。至于有关青楼人物与故事的记忆,多以文学作品的形式,广泛流传世间,也影响着普通民众对于青楼的感知和评判。

明清时代的社会中,至晚从明代中后期开始,出现了大量情色小说或言情文学,以及文人笔记、俗谚歌谣、闺房秘笈、医家养生等媒介,都有十分丰富的关于当时城乡民众的日常家庭生活与私密行为的描述,其中不乏写真的内容,反映了时人在两性交往和生活中的开放程度。兰陵笑笑生的《金瓶梅》,冯梦龙的"三

---

① 〔三国〕曹植:《曹子建集》卷六《美女篇》,上海涵芬楼借印江安傅氏双鉴楼藏明活字本影印本。
② 〔唐〕孟浩然:《孟浩然集》卷四《春情》,上海涵芬楼借江南图书馆藏明刊本影印本。
③ 〔宋〕刘过:《龙洲集》卷七《酒楼》,四库全书本。

言"、《明清民歌时调集》(含《挂枝儿》《山歌》《夹竹桃》《霓裳续谱》《白雪遗音》五种)①,凌濛初的"二拍",李渔的《十二楼》《连城璧》等内中带有情色论述的文学作品,以及民间广受欢迎的笑话故事《笑林广记》②等,都可以看到当时人们的内心世界,以及他们对于家庭伦理生活、私密空间的向往以及身体愉悦的种种关怀。

在考察明清士人生活史的过程中,妇女的日常生活、观念态度、妓女的盛行以及若干地区的特殊风俗等,都是重要的内容。③ 其中,明清两代的娼妓、男风、性病等问题④,堪称构成当时生活史的一大核心。而且在传统制度下,妇女的生活境遇、婚姻生活、贞洁观念与家庭生活中的"妾"与娼妓制度等⑤,又常常密不可分。

到明代后期,大量名妓参与士人活动,甚至在文艺圈中相互辉映,对文人文化的发展具有重大意义。同时也由于她们情感的投注,情色文化构成了当时文人文化的一个重要内容。"美人"成为文人美好人生想象世界与生活世界的一部分,是文人们营造美感情境的重要元素。⑥

因此,要论述那个时代士人的逸乐生活,"青楼"仍然是一个重要方面。除了正式登记于官府、隶属于教坊的"市妓"外,无照营业的"私妓"在大量增加,她们不像"市妓",不能完全以艺为生,主要靠色,服务于三教九流各色人等。青楼女子群体与广泛的城乡妇女生活之丰富与复杂性,散见于士人的笔录。不少生动的故事描画,见诸明清时期的艳情小说(如《思无邪汇

《风月争奇》中所绘的明代青楼妓女

---

① 〔明〕冯梦龙等编述:《明清民歌时调集》,上海古籍出版社1987年影印本。
② 〔清〕游戏主人:《笑林广记》、〔清〕程世爵:《笑林广记》,济南:齐鲁书社1996年版。
③ 陈东原:《中国妇女生活史》,上海文艺出版社1990年影印上海商务印书馆1928年版。
④ 王书奴:《中国娼妓史》,上海三联书店1988年重版本。
⑤ 田家英:《中国妇女生活史话》,中国妇女出版社1982年版。
⑥ 王鸿泰:《美人相伴——明清文人的美色品赏与情艺生活的经营》,《新史学》2013年第二期,第71—122页。

宝》)。① 当然,在这些流行的情色作品中,可以将人们的娱乐生活与启蒙性的阅读行为勾连起来。② 因此妇女生活、情色书画、娼妓与身体健康问题、房中术的流行与变化③,复杂多样,很早就引起文人雅士们的关注。在刘达临所撰《中国性史图鉴》一书中,将传统中国人的私密行为与相关信仰崇拜问题,作了充分的展示。④ 至于明清王朝更替之际的杰出青楼名妓与士人生活交往故事,则更令人感怀至深。其中最具代表的,就是柳如是等人的生活世界,与明末清初的士人生活巨变的勾连⑤,或者如董小宛那般短暂而并不平凡的一生⑥,牵动当时很多杰出士人的情感变化。

文人忆述中的逸乐世界

明代开国,奠都南京。南京地处东南要地,这一带江河清洁,女多佳丽。⑦

到明代中后期,文人们的生活感受中依然是海内承平的时代。钱谦益这样描述道:

> 海宇承平,陪京佳丽,仕宦者夸为仙都,游谭者指为乐土。……嘉靖中年,朱子价、何元朗为寓公;金在衡、盛仲交为地主;皇甫子循(汸)、黄淳父(姬水)之流为旅人;相与授简分题,征歌选胜。秦淮一曲,烟水竞其风华;桃叶诸姬,梅柳滋其妍翠。此金陵之初盛也。⑧

被誉为"仙都""乐土"的南京城中,云集了何良俊、金在衡、皇甫汸、黄姬水等仕宦精英,热衷于烟水风华,纵情于征歌选胜,极大地推动了风月文化。复社名流大多集于生活安逸的江南,如吴伟业所言,"一时高门子弟,才地自许者,相遇于南中,刻坛埠,立名氏"。当中比较杰出的,有宜兴人陈贞慧、归德人侯方域、如

---

① 陈益源:《小说与艳情》,学林出版社2000年版。
② 李孝悌:《娱乐、情色与启蒙——俗文学的几个面向》,《古今论衡》1999年第三期,第43—50页。
③ 刘达临:《中国古代性文化》(内部发行本),宁夏人民出版社1993年版。
④ 刘达临:《中国性史图鉴》,时代文艺出版社2003年版。
⑤ 陈寅恪:《柳如是别传》,读书·生活·新知三联书店2001年版。
⑥ 吴定中编著:《董小宛汇考》,上海书店出版社2001年版。
⑦ 〔明〕谢肇淛:《五杂组》卷五《人部一》,第134页。
⑧ 〔清〕钱谦益:《列朝诗集小传》丁集上,"金陵社集诸诗人"条,上海古籍出版社1983年版,第462页。

皋人冒辟疆,都是所谓"贵公子"之流。陈、侯二人仪观伟然、雄怀顾盼,冒则举止蕴藉、吐纳风流,主导了当时南京城的士人交游与品评活动。① 这些在士人中比较日常的生活,与官场中的饮宴、出游等消闲或狂欢,都脱离不了青楼的影子。一时风华之盛,于秦淮河两岸充分呈现。

《康熙南巡图》第十一卷中所绘的南京旱西门的繁华景观

那时,向官场提供身心愉悦的"正当"经营活动,很早就产生了,而且都是官方经营的。譬如:

> 洪武中,建来宾、重译、清江、石城、鹤鸣、醉仙、乐民、集贤、讴歌、鼓腹、轻烟、淡粉、梅妍、翠柳十四楼于南京,以处官妓。盖时未禁缙绅用妓也。②

这是明朝初期盛行官妓的明证。南京作为全国性的首都,青楼之多,也堪称代表。明人杨荣的《皇都大一统赋》,以华丽的辞藻,这样描绘道:

> 若乃朝市既成,井邑斯列,闾阎辐凑,……至若青楼并峙,绮榭相连,妖姬窈窕,艳女婵娟,秾妆竞倚,粉黛争妍,引歌喉之宛转,回舞袖之

---

① 谢国桢:《明清之际党社运动考》,中华书局1982年版,第146页。
② 〔明〕周晖:《金陵琐事》卷一,"咏十六楼集句"条,万历三十八年刊本。

蹁跹,极酣嬉于暇日,穷胜赏于芳年。①

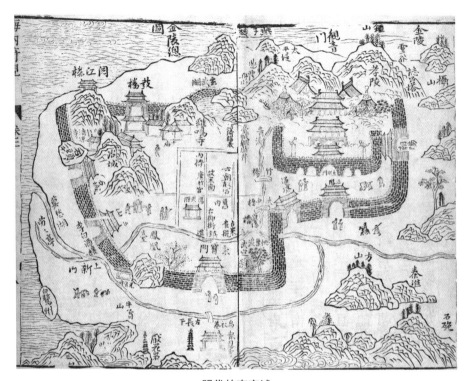

明代的南京城

（据杭州夷白堂万历三十七年刻《新镌海内奇观》）

不过,在明初青楼女子和一般乐伎的地位是很卑下的。后来士人们评述当时朱元璋的一些限制性法令,都记忆深刻。深受家学熏陶的杭州人田艺蘅,在其笔记《留青日札》中云:

> 洪武改元,诏衣冠悉服唐制,士民束发于顶。……士庶则服四带巾、杂色盘领,衣不得用黄玄;士庶妻,首饰许用银镀金、耳环用金珠、钏环用银,服浅色团衫,用纻丝绫罗紬绢。乐妓则带明角皂褪,不许同。二十二年,又申严巾帽之禁。儒生、吏员、人民常戴本等头巾,乡村农夫

---

① 〔明〕杨荣:《皇都大一统赋》,载《明文海》卷二,四库全书本。

许戴斗笠,出入市井不禁,不亲农业者不许。……隆庆四年,奏革杂流、举监忠靖冠服,士庶男女,宋锦云鹤绫段纱罗,女衣花凤通袖,机坊不许织造。①

上述规范,是一般女子可能得到的待遇,而非娼妓。就连普通女子穿耳,戴上耳环,虽自古已有,也会被看作是"贱者之事"。②

与田艺蘅差不多同时的常熟人徐复祚,就乐伎伶人的服饰情况,讲得更为清楚:

国初之制,伶人常戴绿头巾,腰系红褡膊,足穿布毛猪皮靴,不容街中走,止于道旁左右。行乐妇布皂冠,不许金银首饰,身穿皂背子,不许锦绣衣服,亦所以抑淫贱也。今不知此制矣。③

田氏与徐氏的记录,与明代的典制规范或律法要求都是吻合的。而且,他们各自讲述了服饰的时代变化,都看到嘉靖前后,上述限制已无大的作用,多成具文,很多人已不知道历史上还有这样的严格规定。清初出版的《钦定日下旧闻考》,内中所云"青楼之伎,多着穷袴,其被服罗裳者亦鲜"的情况④,也绝非全国的普遍情形。

同时,与服饰变迁相类的,是官营妓院与民间青楼的大量兴起。特别是民间经营的青楼,不胜枚举。16世纪杰出士人的代表王世贞,言及江陵地区的青楼,十分感叹:

江陵城外地,处处青楼曲。
百钱一买醉,千钱一买宿。⑤

从总体上看,在近世中国经济、文化最繁荣的江南地区,青楼妓馆堪称鼎盛,

---

① 〔明〕田艺蘅:《留青日札》卷二十二,"我朝服制"条,上海古籍出版社1985年影印万历己酉刻本。
② 〔明〕田艺蘅:《留青日札》卷二十,"穿耳"条。
③ 〔明〕徐复祚编次:《花当阁丛谈》卷一,"娼盗"条,借月山房汇钞本。
④ 《钦定日下旧闻考》卷一百四十六《风俗》引《析津日记》,文渊阁四库全书本。
⑤ 〔明〕王世贞:《弇州山人四部稿》卷七《诗部》,"江陵曲"条,伟文图书出版社有限公司1976年影印版,第792页。

遍及城镇乡村。在宣德四年清理斥革官妓后,娼妓数量在不断增加,到明中叶后,几乎有"布满天下"之势,南方的娼妓事业就以南京为中心。① 比较著名的地区,有金陵的板桥、苏州的山塘、盛泽的归家院,以及杭州的西湖等。② 这些在明末鼎盛的城镇生活空间中,青楼名妓在士大夫文化中占有重要地位,她们在日常生活中不仅是属于高消费者,也是流行时尚的领导者。③

杭州西湖因其风景名胜引人,周边地带青楼如林,在文人的笔下多有美好的回忆。明人张凯元的一首《西湖即事》,就透露着这样一种味道:

十里长堤柳色新,六桥凝碧水粼粼。桃花似妒青楼女,杨柳如思白舍人。
莺语风前犹自涩,山容雨后尚含颦。武陵旧日通来往,不向渔郎数问津。④

田汝成编撰的《西湖游览志余》,直接就说:西湖"湖山诸奇,名胜之燕集,殆无虚日,鲸吞海吸,青楼红粉,争相承迎"⑤。

至于都会之地的南京,是晚明的"南曲靡丽之乡",更是"纨茵浪子,萧瑟词人"往来游戏的中心地,所谓"马如游龙,车相接也"。其间,风月楼台,娈童狎客,杂技名优,络绎奔赴。各类妓家还分别门户,争妍献媚。⑥

张岱对南京秦淮河边的河房印象很深,说这里方便寓居,方便交际,更方便淫冶,虽然房价较高,但是寓居投宿的无虚日;河面灯船、画舫不断往来于两岸水楼。在河房之外,家有露台,也是朱栏绮疏,竹帘纱幔装饰。夏月暑热,浴后杂坐于露台,两岸水楼中,"茉莉风起动儿女香甚",女客们团扇轻纨,缓鬓倾髻,软媚著人。至于端午节期间,南京城中士女争看灯船,河面上充斥着谶歌弦管之声,腾腾如沸。士女在岸边凭栏轰笑,声光凌乱,令人耳目不能自主。这样的娱乐活动,常常持续到午夜,曲倦灯残,才星星自散。⑦

对此,洪承畴曾以艳羡的口吻说过:"江南佳丽地,秦淮一波,红桥片石,其香

---

① 杨永汉:《从话本"三言"看明代社会》,万卷楼图书股份有限公司2006年版,第293—295页。
② 王家范:《百年颠沛与千年往复》,上海远东出版社2001年版,第241页。
③ 巫仁恕:《优游坊厢:明清江南城市的休闲消费与空间变迁》,"中研院"近代史研究所2013年版,第272—273页。
④ 〔明〕张凯元:《西湖即事》,收入雍正《浙江通志》卷二百七十六《艺文十八》,文渊阁四库全书本。
⑤ 〔明〕田汝成:《西湖游览志余》卷十三《才情雅致》,上海古籍出版社1998年版,第201页。
⑥ 〔清〕余怀:《板桥杂记》卷上《雅游》、卷下《轶事》,李金堂校注,上海古籍出版社2000年版,第8、53页。
⑦ 〔明〕张岱:《陶庵梦忆》卷四,"秦淮河房"条,上海古籍出版社1982年版,第30页。

艳沁人,魂梦至是。"①

南京城中妓馆的极胜之地,当推"旧院",在夫子庙旁,秦淮河畔。浙江临海人王士性(1547—1598)对旧院官方控制的严苛,作了这样的记述:

> 旧院有礼部篆籍,国初传流至今,方、练诸属入者皆绝无存,独黄公子澄有二三人,李仪制三才核而放之。院内俗不肯诣官,亦不易脱籍,今日某妓以事诣官,明日门前车马无一至者,虽破家必浼人为之居间,裘马子弟娶一妓,各官司积蠹共窘吓之,非数百金亦不能脱。②

当然,旧院与周边青楼的生活,其实并不完全像王士性讲得那么没有人情味。孔尚任的一部写实性戏剧《桃花扇》中,年轻的鸨婆李贞丽有一段唱词:"深画眉,不把红楼闭;长板桥头垂杨细,丝丝牵惹游人骑。"显得颇具情调。孔氏借李贞丽在戏剧中的出场,将南京秦淮河一带的风月景观与人情故事,一笔带出:

> 梨花似雪草如烟,春在秦淮两岸边;一带妆楼临水盖,家家分影照婵娟。妾身姓李,表字贞丽,烟花妙部,风月名班;生长旧院之中,迎送长桥之上,铅华未谢,丰韵犹存。养成一个假女,温柔纤小,才陪珧瑁之筵,宛转娇羞,未入芙蓉之帐。③

这短短数言,使秦淮河一湾两岸,杨柳街道,林立的青楼,烟花风月之家,一幅迷人的春色跃然眼前。李贞丽出身的旧院,讲到的"长桥",既是青楼之最,更是文人墨客向往的所在。

也由于青楼的繁盛,使时人颇有"长江两岸娼楼多"之叹。④ 这一点,在余怀的《板桥杂记》中,得到了清晰的再现。

余怀(1616—1696)是福建莆田人,一生的大部分时间都在南京度过,故曾自称江宁余怀或白下余怀。年轻而颇具才华,深受时任南京国子监司业的吴伟业

---

① 佚名:《董小宛别传》,"满清野史三编"本。
② 〔明〕王士性:《广志绎》卷二《两都》,中华书局1981年版,第23页。
③ 〔清〕孔尚任:《桃花扇》卷一《第二出·传歌》,人民文学出版社1982年版,第15页。
④ 〔明〕张来仪:《静居集》卷二《乐府歌行》,"贾客乐"条,上海涵芬楼影印江安傅氏双鉴楼藏明成化刻本。

赏识。吴作过一首《满江红》，赠给余怀，说他是文坛上的少俊领袖。① 崇祯十五年在苏州举行的复社大会，他也参加了。

板桥是长板桥的简称，也就是孔尚任所云的"长桥"，在南京旧院墙外不远的地方，"西南抵武定桥，东折入旧院，近回光寺"，两岸密植许多柳树，环境幽雅宜人。这里的青楼女子多学梨园子以娱客，每到晚上，灯火竞辉，众人就弹起各种乐器，与金缕红牙声相间，"入其中者，无不人人自失"。②

板桥是余怀寓居南京时的重要活动空间。在康熙三十二年（1693），余氏完成了《板桥杂记》，记录的都是明末十里秦淮河南岸长板桥一带旧院诸名妓的情况，及有关各方面的见闻。陈寅恪在《柳如是别传》（特别是第一章与第四章）中，频繁引用《板桥杂记》，认为有很高的史料价值，且颇饶趣味。

在《板桥杂记》中，余怀记录的旧院诸多名妓，大多美丽、聪慧，有才学、识见，有崇高的气节和献身精神。

而著名的科考中心江南贡院，在南京夫子庙东邻，秦淮河北岸。河对岸就是明代的长板桥，西侧就与旧院隔河遥对，都为才子佳人而设。每逢秋风桂子之年，也就是乡试之时，"秋闱"之期，四方应试者毕集于此："结驷连骑，选色征歌。……或邀旬日之欢，或订百年之约。蒲桃架下，戏掷金钱；芍药栏边，闲抛玉马。"③吴县人沈周曾说，在平时，旧院中色艺俱优的女子，多以二三十姓结为"手帕姊妹"。每逢元宵佳节，以春檠、巧具、殽核相赛，称作"盒子会"，席间设灯张乐，各献技能。这些，都堪称南京城的乐事。④

这当中，著名的青楼女子数量实在不少。以下兹举数例而言。

尹春，容貌虽不甚美，但举止风韵绰似大家，且性格温和，工于戏剧排场，颇得余怀等人之关爱。李十娘，外貌出众，所谓"娉婷娟好，肌肤玉雪"，所居之地"曲房秘室，帷帐尊彝，楚楚有致"，余怀与朋友们举行诗文之会，必以李十娘的私人空间为活动场所。⑤

《板桥杂记》中介绍的第三个重要人物，是葛嫩，字蕊芳。余怀与桐城名士孙克咸（1611—1646）相交最善。孙氏文武全才，又好狭游，起初爱上的是名妓

---

① 〔清〕吴伟业：《吴梅村先生编年诗集·诗余》，余世德堂校印"太昆先哲遗书"本。
② 〔清〕余宝硕：《金陵览古》（不分卷），"长桥"条，上海古籍出版社1983年影印本。
③ 〔清〕余怀：《板桥杂记》卷上《雅游》，第13—15页。
④ 〔清〕余怀：《板桥杂记》"附录"，第75页。
⑤ 〔清〕余怀：《板桥杂记》卷中《丽品》，第22—24页。

王月。

据张岱的回忆,她却叫"王月生"。张氏讲过她的一些逸事:

> 南京朱市妓,曲中羞与为伍,王月生出朱市,曲中上下三十年决无其比也。面色如建兰初开,楚楚文弱,纤趾一牙,如出水红菱。矜贵寡言笑,女兄弟闲客,多方狡狯,嘲弄哈侮,不能勾其一粲。善楷书,画兰竹水仙。亦解吴歌,不易出口。南中勋戚大老力致之,亦不能竟一席。富商权胥得其主席半晌,先一日送书帕,非十金则五金,不敢亵订。与合卺,非下聘一二月前,则终岁不得也。好茶,善闵老子,虽大风雨、大宴会,必至老子家啜茶数壶始去。所交有当意者,亦期与老子家会。一日老子邻居有大贾,集曲中妓十数人,群诨嘻笑,环坐纵饮。月生立露台上,倚徙栏楯,眠娗羞涩,群婢见之皆气夺,徙他室避之。月生寒淡如孤梅冷月,含冰傲霜,不喜与俗子交接,或时对面同坐,起若无睹者。有公子狎之,同寝食者半月,不得其一言。一日口嗫嚅动,闲客惊喜走报公子曰:"月生开言矣!"哄然以为祥瑞,急走伺之,面颊,寻又止,公子力请再三,口蹇涩出二字曰:"家去"。①

朱市(珠市)这个地方的青楼女子,大概比板桥的要低档得多,所以板桥地方的妓女都羞与王月为伍。可是,王月的相貌和品格,却是板桥的青楼中很难有人比得上。

余怀即极言其美貌,说她善于修饰,"顾身玉立,皓齿明眸,异常妖冶,名动公卿"。孙克咸甚爱之,将她藏于栖霞山下的雪洞中,经月不出。崇祯十二年七月初七,诸名妓都聚于方以智(1611—1671)在桃叶渡的水阁侨居,四方贤豪轻骑盈巷,征歌选妓,王月在二十余人中,独占"状元",也使"南曲诸姬皆色沮,渐逸去"。孙克咸很想纳王氏为侧室,不想贵阳人蔡如蘅"强有力,以三千金啖其父,夺以归"。此举使孙氏颇为郁闷。②

一次,孙氏与余怀闲坐李十娘家。十娘盛称葛嫩才艺无双,即往访之:"阑入卧室,值嫩梳头,长发委地,双腕如藕,面色微黄,眉如远山,瞳人点漆。叫声'请

---

① 〔明〕张岱:《陶庵梦忆》卷八,"王月生"条,第72页。
② 〔清〕余怀:《板桥杂记》卷中《丽品》,第49—50页。

坐'。克咸曰：'此温柔乡也，吾老是乡矣！'是夕定情，一月不出，后竟纳之闲房。"这二十八个字，尽展葛氏的美丽与其内室的温馨。孙氏将葛氏纳于其私辟的"闲房"，金屋藏娇。其后适逢甲申之变，孙、葛二人移家松江，又从小道避至福建，其间孙还担任兵部右侍郎杨文骢的监军副使。后来兵败被清兵抓获，葛嫩亦遭难。余怀记载了葛氏的卓越品格和可贵气节。他说：当时，"主将欲犯之。嫩大骂，嚼舌碎，含血喷其面。将手刃之"①。关于葛氏之殉节，这是最可靠的说法。

淮安妓女燕顺的结局与葛嫩相仿。燕氏年十六，颇晓义理，厌恶青楼生活，以为一天都待不下去。崇祯十七年三月，凤阳总督马士英的步下发生骚乱，有马步兵五六百人突至淮安城，城内妓女全部被缚，独燕顺坚执不从，且骂詈不止，竟被兵士所杀。②

与上述二人不同，董白除了秀外慧中，基本上是以一种柔美、娴静、多病（每年春天都会患病）的形象长期存留于人们的记忆中。

董白，也就是董小宛，一字青莲，在后世的名声极大。除了冒辟疆的回忆，余怀关于董小宛的记录，应是最好的材料了。余怀这样描述董小宛的生平：

> 天姿巧慧，容貌娟妍。七、八岁时，阿母教以书翰，辄了了。稍长，顾影自怜。针神曲圣、食谱茶经，莫不精晓。性爱闲静，遇幽林远涧、片石孤云，则恋恋不忍舍去；至男女杂坐，歌吹喧阗，心厌色沮，意弗屑也。慕吴门山水，徙居半塘，小筑河滨，竹篱茅舍。经其户者，则时闻歌诗声或鼓琴声，皆曰："此中有人"。已而，扁舟游西子湖，登黄山，礼白岳在安徽休宁县西，仍归吴门。丧母，抱病，画楼以居。随如皋冒辟疆过惠山在无锡西郊，有寄畅园，历澄江江阴县城北、荆溪，抵京口，陟金山绝顶，观大江竞渡以归。后卒归辟疆侧室。事辟疆九年，年二十七，以劳瘵死。死时，辟疆作《影梅庵忆语》二千四百言哭之。③

但据孟森考证，董氏生于天启四年（1624），病逝于顺治八年（1651）正月，得年二十有八。④

---

① 〔清〕余怀：《板桥杂记》卷中《丽品》，第25—27页。
② 〔清〕余怀：《板桥杂记》"附录"，第73页。
③ 〔清〕余怀：《板桥杂记》卷中《丽品》，第34—35页。
④ 孟森：《董小宛考》，载氏著《心史丛刊》，辽宁教育出版社1998年版，第157—181页。

在《影梅庵忆语》中，冒襄追忆他的亡妻董小宛，以及两人在如皋水绘园中的生活，文字华美动人，流传很广。其中有一段是写崇祯十五年时董小宛坚持送冒辟疆北归，在镇江金山观看龙舟竞渡的场景，其时董小宛穿着冒辟疆为她制的轻衫，以退红为里。衣料是从西洋人毕今梁那里获赠的西洋衫，洁比雪艳，且薄如蝉翼。在他们登临金山的时候，游人几乎疑小宛为仙人下凡，数千人就尾随不去。结果是两人所到之处，龙舟争赴，回绕数圈不愿离去。①

毕今梁就是意大利耶稣会士毕方济，万历三十八年（1610）时与艾儒略一同到达澳门，后来到北京传教。崇祯十三年后，主要在江南无锡等地活动，交游十分广泛，如与冒辟疆、方以智、魏学濂、阮大铖等人，都有密切往来。魏学濂还受洗正式成了一位教徒。②

董小宛的妹妹董年，据说艳冶之名可与小宛相颉颃。南京钟山的张紫淀曾作《悼小宛》诗，内云："美人生南国，余见两双成。春与年同艳，花推白主盟。"③《影梅庵忆语》中也有提到，都可资佐证。陈寅恪认为，在小宛病故前，董年已先死了。④

顾喜，一名小喜，体态丰华，双跌不纤妍，人称"顾大脚"，又称"肉屏风"，言其丰也。1644年战乱后，不知所终。⑤

刘元，年纪虽然不轻，但佻达轻盈，"目睛闪闪，注射四筵"。曾有一位过江名士与其同宿，刘氏面向里帏，不与其接。此人拍刘氏的肩说道："汝不知我为名士耶？"刘氏回过身来道："名士是何物？值几文钱耶？"⑥

与青楼有紧密关系的"乐户"⑦，有妻有妾，防闲最严，谨守贞洁，不与客人交言。客人如果强见之，就作一揖，翻身入帘，尚不失礼节。南京在战乱后，旧院大街的顾三之妻李三娘，流落江湖，遂为名妓，后被歹徒所劫，暴系于苏州狱中。余怀与刘梦锡兄弟、姚文燕、张新标极力将她拯救出来。李氏长身玉色，酒量很好，

---

① 〔清〕冒襄：《影梅庵忆语》，载《美化文学名著丛刊》，上海书店1982年据国学整理社1936年刊本影印本。
② 汤宇星：《从桃叶渡到水绘园——十七世纪的江南与冒襄的艺术交往》，中国美术学院出版社2012年版，第135页。
③ 〔清〕余怀：《板桥杂记》卷中《丽品》，第47页。
④ 陈寅恪：《柳如是别传》，第503页。
⑤ 〔清〕余怀：《板桥杂记》卷中《丽品》，第44页。
⑥ 〔清〕余怀：《板桥杂记》卷中《丽品》，第47页。
⑦ 清初称官妓为乐户，康熙间，裁革乐户之目，遂无官妓，"以灯节花鼓中色目替之"。参〔清〕李斗：《扬州画舫录》卷九《小秦淮录》，中华书局1960年版，第197—198页。

与余怀等人欢饮到天明,众人皆大吐,独张氏十分清醒。①

在《板桥杂记》中,至少有 25 位青楼名妓给余怀留下了深刻的记忆。

清前期人李斗的《扬州画舫录》,虽不专述青楼,但以其"目之所见,耳之所闻",在这方面也记录不少内容。扬州是 17、18 世纪中国最为繁华的城市之一,"郡中城内,重城妓馆,每夕燃灯数万,纷黛绮罗甲天下"②。

笔记小说中的现实描叙

无论是官绅地主,还是普通士民,在礼法边缘发展的男女关系,涉及婢女、表亲或妓女等的情欲牵扯。③ 这就关乎私密生活空间的问题。私密空间大多被限定在夫妻生活的内闱,也包括青楼女子的隐秘空间,却较晚得到人们的关注,而提供给研究者的那些素材,多为所谓的"淫邪"小说,在明清时期应属禁毁之列。④

李渔撰写的《十二楼》之"拂云楼"第一回"洗脂粉娇女增娇、弄娉婷丑妻出丑",开篇一首律诗写道:

> 闺中隐祸自谁萌? 狡婢从来易惹情。
> 代送秋波留去客,惯传春信学流莺。
> 只因出阁梅香细,引得窥园蝶翅轻。
> 不是红娘通线索,莺莺何处觅张生?⑤

李渔讲的当然是男女偷欢之事,但他点出了其中的重要媒介,像"红娘""狡婢"等人物,如果没有这些人的沟通,一般人的偷欢行为是存在很大困难的。

冯梦龙《喻世明言》第一回"蒋兴哥重会珍珠衫"讲道,蒋兴哥的娇妻王三巧儿年少、漂亮而贤慧,两人新婚不久,成天只在内闱"成双捉对,朝暮取乐"。在蒋兴哥离家外出经商期间,三巧儿是"目不窥户,足不下楼"。若不是那个每天串街

---

① 〔清〕余怀:《板桥杂记》卷下《轶事》,第 66—67 页。
② 〔清〕李斗:《扬州画舫录》卷九《小秦淮录》,第 197 页。
③ 王鸿泰:《情窦初开——明清士人的异性情缘与情色意识的发展》,《新史学》2015 年第三期,第 1—69 页。
④ 王晓传辑的《元明清三代禁毁小说戏曲史料》(作家出版社 1958 年版)与李梦生著的《中国禁毁小说百话》(上海古籍出版社 1994 年版),是这方面的很好说明。
⑤ 〔清〕李渔:《十二楼》,上海古籍出版社 1992 年版,第 90 页。

走巷、家家熟识的薛婆,费尽心机,而且以极大的耐心安排徽商陈大郎与她私会,否则,陈大郎的偷欢之欲根本不可能成功。①

"坐花散人"编辑的《风流悟》,第二回"以妻易妻暗中交易、矢节失节死后重逢"讲述了福建地方的一个乡绅赵舜生及其私生活。赵舜生二十一岁,就连科中了进士,饱学多才,且外貌清秀无比,娶妻阴氏,有沉鱼落雁之容,两人吟诗作赋,朝歌暮弦,恩爱异常。外边人都羡慕他们,编了四句口号道:"佳人配了佳人,才子嫁了才子。天成一对夫妻,不数弄玉萧史。"然而,赵舜生偏偏心不知足,最爱偷情。丽贞身边的几个丫鬟,虽则串眉,终碍着阴氏,不能畅其所欲,心上又想到外边结识几个妇人。一日,他正闲坐书房,见到一个惯走熟的媒

《初刻拍案惊奇》所绘的大户人家中妇女的休闲活动

婆,名唤鲍一娘,走进书房,向他介绍一个年纪只有二十三四岁的小妇人韩氏。赵舜生见她生得唇红齿白,一双俏眼,两道弯眉,不觉就着魂起来。两人就这样通过媒婆的帮助,而凑合在一起了。②

对于这样的偷情,古人深识其中趣味无穷。凌濛初在《二刻拍案惊奇》卷九中,这样议论道:

> 只如偷情一件,一偷便着,却不早完了事? 然没一些光景了。毕竟历过多少间阻,无限风波,后来到手,方为希罕。所以在行的道:"偷得着不如偷不着。"真有深趣之言也。③

---

① 〔明〕冯梦龙:《喻世明言》第一回《蒋兴哥重会珍珠衫》,人民文学出版社1958年版,第1—39页。
② 〔明〕坐花散人:《风流悟》第二回《以妻易妻暗中交易、矢节失节死后重逢》,华夏出版社2012年版,第199—200页。
③ 〔明〕凌濛初:《二刻拍案惊奇》卷九《莽儿郎惊散新莺燕、㑷梅香认合玉蟾蜍》,人民文学出版社1996年版,第176页。

但很多事例却表明,人们往往是以偷着为乐。《二刻拍案惊奇》卷十,讲到浙江湖州地方,有个莫姓老翁,家资巨万,已有一妻二子三孙。这位莫翁是富家性子,本好淫欲,但莫老姥却是十分利害,防范很严,后来有子有孙了,提防之心渐减。莫翁年已望七,莫老姥房里有个丫鬟双荷,十八岁,莫翁晚间睡觉,都叫她擦背捶腰。莫妈因是老儿年纪已高,无心防他这件事,况且平时奉法惟谨,放心得下惯了。谁知莫翁年纪虽高,欲心未已,乘双荷服侍时节,与她捏手捏脚,私下肉麻。凌濛初引了一首歌谣,饥讽老人家偷情的事:"老人家再不把淫心改变,见了后生家只管歪缠。怎知道行事多不便.揾腮是皱面颊,做嘴是白须髯。正到那要紧关头也,却又软软软软软。"莫翁与双荷偷了几次,家里人渐渐有些晓得了。因为莫妈心性利害,没人敢对他说。连儿子媳妇为着老人家颜面,都替他隐瞒。谁知双荷日渐觉得眉粗眼慢,乳胀腹高,呕吐不停。起初还只道是病,看看肚里动将起来,晓得是有胎了。①

再如,《拍案惊奇》卷十七《西山观设箓度亡魂　开封府备棺追活命》,讲了一位少妇与老道如何勾搭成奸,出于两厢情愿,所以非常顺利。老道知观、两个道童以及少妇吴氏,构成了一个偷情的小圈子,偷情的场所一开始就设在吴氏祭悼亡夫的孝堂,属于非内非外之所。虽然基本上靠个人的努力,但如果没有下人(吴氏的丫鬟与道童)的听从安排,顺利偷情恐怕也很难。②

《拍案惊奇》卷十八《丹客半黍九还、富翁千金一笑》,说到松江府一个潘姓富翁,癖好丹术,请丹客回家炼银子,看丹客的"小娘子"却是雪狮子向火,乘丹客回家安葬猝死的老母,与这位娘子在丹房偷欢。自然,这个炼银子的事,因丹房染了"污秽"之气,也就没有"成功",反而被这个丹客臭骂一顿。原来那银子早被丹客卷起,而那位貌美的"小娘子",在潘翁流落山东临清码头时,才得知是河南的娼妓,是丹客设置骗局中的关键人物。③ 这是偷情没有好下场的一个有趣说教。

冯梦龙《喻世明言》第四卷《闲云庵阮三偿冤债》的故事中,起首有这样一段议论:

常言道:"男大须婚,女大须嫁;不婚不嫁,弄出丑吒。"多少有女儿

---

① 〔明〕凌濛初:《二刻拍案惊奇》卷十《赵五虎合计挑家衅　莫大郎立地散神奸》,第202页。
② 〔明〕凌濛初:《拍案惊奇》卷十七《西山观设箓度亡魂、开封府备棺追活命》,人民文学出版社1991年版,第265—294页。
③ 〔明〕凌濛初:《拍案惊奇》卷十八《丹客半黍九还、富翁千金一笑》,第295—311页。

的人家,只管要拣门择户,扳高嫌低,担误了婚姻日子。情窦开了,谁熬得住?男子便去偷情嫖院;女儿家拿不定定盘星,也要走差了道儿。那时悔之何及!①

冯氏的意思是,男女成人时,都应该早了婚嫁之事,否则难免会出现偷情露丑的尴尬。

《十二楼》中,"夏宜楼"的主翁詹公,家范极严,内外男妇之间最有分别,家人所生的男孩,十岁以上就须屏出二门之外,"即有呼唤,亦不许擅入中堂,只立在阶沿之下,听候使令"。膝下一女,年近十六,尚未婚配,"恐怕他身空闲,又苦于寂寞,未免要动怀春之念,就生个法子出来扰动他"。这个办法就是,将家人所生的女儿,有资性可教、长相可观的,选了十来个,都拜他女儿作老师,每天忙着不得空闲,"自然不生他想"。② 这当然是詹公为防出现家丑,而想出来的良好策略,不过也只能起到暂时的作用。因为,当时有人用西洋"千里镜"(望远镜),寓居高山,整日偷窥大户人家的后院,看过无数佳人,詹公的女儿与下人们也早都被他一一看过。③

这样凭借器物或技能,达到"偷"乐的,恐怕为数甚多。凌濛初曾谈及嘉定县地方的一种特别风俗,是男人流行给小户人家女人篦头剃脸,有人为达到偷淫的目的,就专门要去学一学这种"整容"之技:

> 直隶苏州府嘉定县,有一人家,姓郑,也是经纪行中人,家事不为甚大。生有一女,小名蕊珠,这倒是个绝世佳人,真个有沉鱼落雁之容,闭月羞花之貌。许下本县一个民家,姓谢,是谢三郎,还未曾过门。这个月里拣定了吉日,谢家要来娶去。三日之前,蕊珠要整容开面,郑家老儿去唤整容匠。
>
> 元来嘉定风俗,小户人家女人篦头剃脸,多用着男人。其时有一个后生,姓徐名达,平时最是不守本分,心性奸巧好淫,专一打听人家女子那家生得好,那家生得丑,因为要像心看着内眷,特特去学了那栉工生

---

① 〔明〕冯梦龙:《喻世明言》第四卷《闲云庵阮三偿冤债》,第85页。
② 〔清〕李渔:《十二楼》,上海古籍出版社1992年版,第40—41页。
③ 〔清〕李渔:《十二楼》,第47—48页。

活,得以进入内室;又去做那婚筵茶酒,得以窥看新人。①

侍女与主人或其他男佣的偷情,在其他小说中,也屡见不鲜。冯梦龙的《醒世恒言》第三卷《卖油郎独占花魁》,讲了这么一故事:

> 临安城清波门外,有个开油店的朱十老,三年前过继一个小厮,也是汴京逃难来的,姓秦名重,母亲早丧,父亲秦良,十三岁上将他卖了,自己在上天竺去做香火。朱十老因年老无嗣,又新死了妈妈,把秦重做亲子看成,改名朱重,在店中学做卖油生意。初时父子坐店甚好,后因十老得了腰痛的病,十眠九坐,劳碌不得,另招个伙计,叫做邢权,在店相帮。光阴似箭,不觉四年有余。朱重长成一十七岁,生得一表人才,虽然已冠,尚未娶妻。那朱十老家有个侍女,叫做兰花,年已二十之外,有心看上了朱小官人,几遍的倒下钩子去勾搭他。谁知朱重是个老实人,又且兰花龌龊丑陋,朱重也看不上眼。以此落花有意,流水无情。那兰花见勾搭朱小官人不上,别寻主顾,就去勾搭那伙计邢权。邢权是望四之人,没有老婆,一拍就上。两个暗地偷情,不止一次。反怪朱小官人碍眼,思量寻事赶他出门。②

实际上,当时中上家庭的许多青年男女,一般少有两相私会的机缘,需要有人从中说合,甚至不惜用尽机关,才能得遂偷欢之愿。这里面,有一类人发挥了重要作用。

《喻世明言》第一卷《蒋兴哥重会珍珠衫》,提到四种人是一般正当人家既惹不得,也不应该过多接触,那就是:游方僧道,乞丐,闲汉,牙婆。冯梦龙认为,前三种人对于男妇私情的诱引作用可能还不严重,唯有最后一种牙婆,是穿房入户的,女眷们怕冷静时,十个九个倒要攀她来往,时刻少她不得。③"蒋兴哥重会珍珠衫"故事中,那个"不善之人"薛婆,以甜言软语,想尽办法与蒋妻三巧儿结为至交后,而导致不正当的男女关系。

---

① 〔明〕凌濛初:《二刻拍案惊奇》卷二十五《徐茶酒乘闹劫新人　郑蕊珠鸣冤完旧案》,第478页。
② 〔明〕冯梦龙:《醒世恒言》第三卷《卖油郎独占花魁》,人民文学出版社1956年版,第47—48页。
③ 〔明〕冯梦龙:《喻世明言》第一卷《蒋兴哥重会珍珠衫》,第18页。

李渔的《连城璧》中,还提到这么一种人,既会理发修面,也会按摩,极受家庭女眷们欢迎:

> 本处地方有个篦头的女待诏,叫做殷四娘,极会按摩修养,又替妇人梳得好头,常在院子里走动。吕哉生与那三个姊妹,都是他服事惯的,虽然闭在幽室之中,依旧少他不得,殷四娘竟做了入幕之宾,是人都防备,独不防备他。①

牙婆、"女待诏",其实都可归于明清人习称的"三姑六婆"。这个群体,一般认为首先在元人陶宗仪《南村辍耕录》中提及,并且提醒人们,这些人与"三刑六害"相同,普通人家一旦受其中一种的祸害,即非奸即盗,应当"谨而远之,如避蛇蝎",才是"净宅之法"。② 其中,女医的角色改变(像产婆、女医者等)及社会对女医的控制,都应该引起人们的关注,然而仍有较大的空间留给了女医,因为作为比较专业的妇产科医生,稳婆、医婆和药婆,即使是上层社会,也离不开其所提供的服务。③

明人田艺蘅根据传统的说法,也将"三姑六婆"概括为:尼姑、道姑、卦姑和牙婆、媒婆、师婆、虔婆、药婆、稳婆。一般人家都要提高警惕,因其为害"处处有之"。除此之外,他认为还有绣花娘、插带婆、瞎先生等,都是中国人日常生活中最活跃的人物,而且有着广泛的社会联系,为害亦甚。比如绣花娘,擅长针绣活,大户人家都请其教导闺女,而这些闺女们往往在后来被诱为"花娘"。这个称谓,是杭州人用来骂倡伎和淫妇的。④

与田艺蘅一样,褚人获进一步解释了清初流行的三姑六婆,除当时人熟识的几种外,特别提到了这几种:卦姑,是看相算命的;师娘,就是女巫;药婆,是捉牙虫、卖安胎、堕胎药之类的;虔婆未知何所指,也许就是贼婆的讹音。⑤ 这里的药婆,在小说中的例子,像《水浒传》中的王婆,兼营接生(即"收小的")等业务,可以

---

① 〔清〕李渔:《连城璧》申集《寡妇设计赘新郎、众美齐心夺才子》,上海古籍出版社1992年版,第145页。
② 〔元〕陶宗仪:《南村辍耕录》卷十,"三姑六婆"条,中华书局1959年版,第126页。
③ 梁其姿:《前近代中国的女性医疗从业者》,原载 H. Zurndorfer ed., *Chinese Women in the Imperial Past: New Perspectives*, Leiden: Bill, 1999,收入李贞德、梁其姿主编:《妇女与社会》(台湾学者中国史研究论丛),中国大百科全书出版社2005年版,第355—374页。
④ 〔明〕田艺蘅:《留青日札》卷二十一,"绣花娘、插带婆、瞎先生"条。
⑤ 〔清〕褚人获:《坚瓠集》己集卷四,"三姑六婆"条,柏香书屋校印本。

称为"非专业的民间妇产科医生"。① 在扬州,还有一个"王氏收生堂",堂主王氏,也就是人们习称的"媪婆",年六十,熟谙妇人生产之理,将其理论技艺刻成《达生编》一书行世。②

"三姑六婆"这类人群,"专以淫词亵语诓骗人家妇女,为其所诱者,多致败坏门风,不可收拾"③。显然,她们对于民间婚姻的巨大作用,与作为色情媒介的负面影响,同样都被当时社会所清楚认识。而且,地方上确实存在许多假扮"三姑六婆"等女性侵入闺阁的案件,使得人们更加注重防闲内外。④

《鼓掌绝尘》第二十五回《闹街头媒婆争娶　捱鬼病小姐相思》⑤和《喻世明言》第一卷《蒋兴哥重会珍珠衫》中,形容媒婆、卖花婆的语言,就是能言快语,走千家,踏万户,每天都在串街走巷,哪一家都认得。⑥ 而《喻世明言》第二十八卷《李秀卿义结黄贞女》中,更引用明代江南俗语,将媒婆刻画得入木三分,说是天下有三种口嘴最厉害,一是秀才口,骂遍四方;二是和尚口,吃遍四方;三是媒婆口,传遍四方。冯梦龙特别解释了媒婆口嘴的厉害:

> 东家走,西家走,两脚奔波气常吼。牵三带四有商量,走进人家不怕狗。前街某,后街某,家家户户皆朋友。相逢先把笑颜开,惯报新闻不待叩。说也有,话也有,指长话短舒开手。一家有事百家知,何曾留下隔宿口?要骗茶,要吃酒,脸皮三寸三分厚。若还羡他说作高,拌干涎沫七八斗。⑦

为了消除偷欢可能产生的恐惧后果或不良影响,避孕、堕胎法常为时人所奉行,上述略通妇科医道和避孕堕胎技术的稳婆等人,成了人们最可信赖的私密人群。被民间所广泛接受、但都以隐讳的形式进行的堕胎与避孕手段的传承与实践,在明清时期十分成熟。民间对于堕胎术也有着明显的依赖倾向。⑧

---

① 李伯重:《堕胎、避孕与绝育——宋元明清时期江浙地区的节育方法及其运用与传播》,《中国学术》2000年第一期,第71—99页。
② 〔清〕李斗:《扬州画舫录》卷九《小秦淮录》,第210页。
③ 〔清〕周召:《双桥随笔》卷六,文渊阁四库全书本。
④ 衣若兰:《三姑六婆:明代妇女与社会的探索》,稻香出版社2002年版,第113页。
⑤ 〔明〕金木散人编著:《鼓掌绝尘》,江苏古籍出版社1990年版,第298—306页。
⑥ 〔明〕冯梦龙:《喻世明言》第一卷《蒋兴哥重会珍珠衫》,第18页。
⑦ 〔明〕冯梦龙:《喻世明言》第二十八卷《李秀卿义结黄贞女》,第454页。
⑧ 李伯重:《堕胎、避孕与绝育——宋元明清时期江浙地区的节育方法及其运用与传播》,《中国学术》2000年第一期,第71—99页。

冯梦龙《警世通言》中的"况太守断死孩儿",讲到宣德年间扬州府仪真县,寡妇邵氏与家仆得贵通奸怀孕,"恐人知觉不便,将银与得贵教他悄地赎贴坠胎的药来,打下私胎,免得日后出丑"①。

由《警世通言》的描写来看,这位寡妇晓得一些堕胎之术,因为服了自配的药之后,胎儿很顺利地被打了下来。但多数人家,显然需要得到别人的帮助。

初刊于崇祯十三年的短篇小说集《欢喜冤家》(又名《贪欢报》)第一回《花二娘巧智认情郎》,也写了一个类似的故事:在明末松江府华亭县八团川沙地方,有一个未嫁女子张氏与人通奸怀孕,本人及其母亲均十分焦急。当地一小户人家主妇花二娘得知此事后,对丈夫花二说(张氏身孕)"想不过是三四个月的光景,何不赎一服通经散,下了此胎,有何不可?"花二大以为然,竟往生药铺中购了一服下药,送至张家。张氏把药服了,一时间,一阵腹痛,骨碌碌滚将下来,都是血块,"后来落下一个东西,在马桶内了"。②

明代艳情小说《欢喜缘》第八回,讲了侨居苏州的杭州富户公子崔隆,荒淫无度,与多人淫乱取乐。这位公子的防范措施,也是去买"防免作胎之药",让依依、可儿等人各自都服用。③

可见,偷情既是当时人较为普遍的私欲,而防止其不良影响或后果,仍然是人们在得遂偷欢时,予以高度警惕的事。

苏州山塘的休闲空间

江南的城镇经济活跃,流动人口较多,服务行业兴盛,文人、乡宦、青楼名妓、侠客等人,频频出现于这些地方最优胜的去处,生活方便,信息便捷,更有许多奢侈性的消费场所,共同构建了一幅繁华的生活图像。

譬如,在嘉定县城著名的孔庙之外,隔横沥相望,是一个汇龙潭公园。该园因万历十六年(1588)开凿的汇龙潭而得名。潭的四周有新渠、野奴泾、唐家浜、南杨树浜、北杨树浜五条溪流,汇聚于天顺四年(1460)所筑的应奎山下,素有弹

---

① 〔明〕冯梦龙:《警世通言》第三十五卷《况太守断死孩儿》,人民文学出版社1956年版,第517页。
② 〔明〕西湖渔隐主人:《欢喜冤家》第一回《花二娘巧智认情郎》,春风文艺出版社1989年版,第12—13页。
③ 李伯重:《堕胎、避孕与绝育——宋元明清时期江浙地区的节育方法及其运用与传播》,《中国学术》2000年第一期,第98页。

龙取珠之象,现在仍有遗迹可寻。根据民国《嘉定县志》所载,那时汇龙潭湖面还十分宽畅,中有应奎山,树木丛茂,风景甚佳。遇端阳节,就在这里举行龙舟比赛。清末时,在这里同时举行比赛的有六七艘龙舟,有青乌、绿白、百子、老黄龙等名称;比赛的日程往往依据龙舟的多少来确定。每天龙舟遍游四门,晚上也有全身燃灯的龙舟,称为"夜式"。相传在太平天国战争前,这种"夜式"多达数倍,可以想见当时的盛况。每逢立夏节,赛舟人先用一个竹竿插在柱上,然后焚烧香烛、锭帛,这叫做"立咒",如同宣誓要做某事一样。比赛开始时,再由好事者抓阄以排定先后次序。获得第一的,当然以此为荣,作为领头,轮流竞赛,每年都是这样。每当比赛举行的时候,苏州画舫(俗称灯船)大多到这里来营业,一些富商豪客都来游玩,各地卖艺的也聚集在这里。大概要过十天,比赛才会结束。①

再如,嘉兴的姚北若,用十二楼船放于秦淮,招集四方应试知名之士百余人,每船邀名妓四人陪酒;再加梨园一部,灯火笙歌,为一时之盛事。此前,常熟籍庠生沈雨若,在嘉兴曾费千金征歌选妓,以花之贵贱,定出妓之妍媸,并出榜游街,设筵庆贺,使江南人时常艳称之。②

前文述及的余怀,生性好游,家居不乐,就驾车乘舟出游。他写的《三吴游览志》,"凡江山花鸟、洞壑烟云、画舫朱楼、绮琴锦瑟、美人名士、丽客高僧,以及荒榭遗台、残碑寒驿",都囊括其中。③

这种闲游所带来的身心之愉悦,自非一般人所能轻易获得。如四月十一日,天气晴朗,余怀重游苏州半塘,见舟中多丽人;余怀弃舟登岸,回来时,将采择的花插入胆瓶,使馨香之气溢满几案间。次日天气更暖,余怀来到昆山,在船上偶遇一女郎,"鬒发如绿云,美姿容,衣罗绽,弄手腕荡桨,翩若惊鸿"。后查不知去处,给余怀留下了美好的遗憾,所谓"可恨亦可怜也"。④

像余怀这样的偶遇和美好回忆,在苏州地区应该是很容易发生的。

世代务农的苏州府长洲县相城人王锜(1433—1499)指出,成化年间以来的苏州城,已极形富丽之态:

> 愈益繁盛,间檐辐辏,万瓦甃鳞,城隅濠股,亭馆布列,略无隙地。

---

① 冯贤亮:《嘉定古城揽胜》,《地理知识》1997年第九期。
② 〔清〕余怀:《板桥杂记》卷下《轶事》,第54—55页。
③ 〔清〕余怀:《三吴游览志》,附于氏著《板桥杂记》之后,上海古籍出版社2000年版,第83页。
④ 〔清〕余怀:《三吴游览志》,第90页。

舆马从盖,壶觞罍盒,交驰于通衢。水巷中,光彩耀目。游山之舫,载妓之舟,鱼贯于绿波朱阁之间,丝竹讴舞与市声相杂。凡上供锦绮、文具、花果、珍馐奇异之物,岁有所增,若刻丝累漆之属,自浙宋以来,其艺久废,今皆精妙,人性益巧而物产益多。至于人材辈出,尤为冠绝。①

生活时代较王氏稍晚的吴县人黄省曾(1490—1540),亦有类似的描画:

今吴中士夫画船游泛,携妓登山,而虎丘则以太守胡缵宗创造台阁数重,增益胜眺。自是,四时游客无寥寂之日,寺如喧市,妓女如云。而它所则春初西山踏青,夏则泛观荷荡,秋则桂岭,九月登高,鼓吹沸川以往。②

万历十年(1582),传教士利玛窦(1552—1610)来到长江下游,称其眼中的苏州"是这个地区的最重要的城市之一,以它的繁华富饶,以它的人口众多和以使一个城市变得壮丽所需的一切事物而闻名。它位于一条平静的清水河上,或者可以更恰当地说是位于一个湖上,吹拂着和风"③。

而经历明清鼎革的昆山人归庄(1613—1673)这样论道:"数里之城,园圃相望,膏腴之壤,变为丘壑,绣户雕甍,丛花茂树,恣一时游观之乐,不恤其他。"④

苏州的休闲娱乐十分繁盛。以专为迎神活动的各种表演而言,就包括了傀儡、竿木、刀门、戏马、走索、弄伞、广东狮子等。⑤

苏州的一个重要城门葑门,风光相当引人。天启二年(1622)六月二十日,天气正是炎热之际,张岱来到了苏州,看到士女倾城而出,都涌到了葑门外的荷花宕。这一带都是水乡,楼船、画舫以至鱼船小艇,都已被雇觅一空。有的外来游客,身带数万钱,也找不到一只船,仅能在岸上游荡。张岱来时正好坐船,可以看到这个荷花宕的美妙景象:"宕中以大船为经,小船为纬,游冶子弟,轻舟鼓吹,往来如梭。舟中丽人皆倩妆淡服,摩肩簇舄,汗透重纱。"他感叹道:"舟楫之胜以

---

① 〔明〕王锜:《寓圃杂记》卷五,"吴中近年之盛"条,中华书局1984年版,第42页。
② 〔明〕黄省曾:《吴风录》(一卷),民国二十七年商务印书馆影印明隆庆刻万历增修百陵学山本。
③ 〔意〕利玛窦、金尼阁:《利玛窦中国札记》,何高济等译,中华书局1983年版,第338页。
④ 〔清〕归庄:《归庄集》卷六《记·太仓顾氏宅记》,上海古籍出版社1984年版,第351页。
⑤ 〔明〕王穉登:《订正吴社编》,明刻本。

挤,鼓吹之胜以集,男女之胜以溷",在酷暑时节,这样的状态实在令人沸腾。①

不过,苏州最热闹的地方,要数西北门"破楚门",习称"阊门",曹雪芹言其"最是红尘中一二等富贵风流之地"。② 在城的西部,距阊门不过数里,有山曰虎丘,旧称虎山或虎阜,是个商贾辐辏之所,所谓"列肆鳞比,青翰往来,殆无虚日"。在中秋时节,虎丘地方游迹极盛。③ 除了当地人,流寓、士夫、眷属、女乐、声伎、曲中名妓、戏婆、民间少妇、好女、崽子、娈童及游冶恶少、清客、帮闲、傒童走空之辈,无不鳞集。从生公台、千人石、鹤涧、剑池、申文定祠,到试剑石、一二山门,到处可见游人铺毡席地而坐,登高望之,就像雁落平沙,霞铺江上一般。④

可以认为,到明代中期,以虎丘为中心的生活空间,或者以虎丘为核心的人文地景,已然成为江南文人社群共同体符号化的重要象征形式,隐喻着独特生命存有的感知与生活情感的样态。虎丘地景作为城市之外的公共园林,包容了一种新的审美形式、社会意涵和文化功能,是开启人与地方的情感认同与欲望流动的重要场所,并能建构起人与地方新的感觉结构和社会关系。⑤

乾隆年间的永嘉人周凤岐指出,在苏州地区,虎丘的"岩石之奇,丘壑之邃,殿宇之雄丽,林木之葱蔚",是绅士们游宴之所必集、南北往来之所必经⑥,是一个不可或缺的山水休闲、文化品赏及游冶行乐的重要空间。

山水、丘壑、寺观、祠宇、水陆交通、宴游生活等这些已然固化的景观物事,都使整个虎丘山塘一带的文化与生活的内容更臻丰满,从而形塑了人们对山塘"终古繁华阅绮罗,山温水软艳情多"的基本观念或感觉。⑦

在端午前后,这里的娱乐活动,令人瞠目。时人称"画舫珠帘,人云汗雨,填流塞渠",其间"纨绔子又复征歌选妓于其间,郡中士女倾城而往",这显然给娱乐业带来更多的利益,即使是划船的,长年在此为生,也因此"值增数倍"。人们在这些时间里一日的消费,往往达中人数家之产,堪称奢靡。吴县人顾禄主要生活

---

① 〔明〕张岱:《陶庵梦忆》卷一,"葑门荷宕"条,上海古籍出版社1982年版,第6页。
② 〔清〕曹雪芹、高鹗:《红楼梦》第一回《甄士隐梦幻识通灵 贾雨村风尘怀闺秀》,人民文学出版社1982年版,第7页。
③ 〔清〕褚逢椿:《〈桐桥倚棹录〉序》,载〔清〕顾禄:《桐桥倚棹录》,上海古籍出版社1980年版,第1页。
④ 〔明〕张岱:《陶庵梦忆》卷五,"虎丘中秋夜"条,第46—47页。
⑤ 郑文惠:《公共园林与人文建构:明代中期虎丘地景的文化书写》,台湾《政大中文学报》2009年第十一期,第127—162页。
⑥ 〔清〕陆肇域、任兆麟编纂:《虎阜志》卷十《杂记》,古吴轩出版社1995年版,第593页。
⑦ 〔清〕姚承绪:《吴趋访古录》卷一《苏州》,"姑苏怀古"条,江苏古籍出版社1999年版,第1页。

于嘉庆、道光年间,在这里的斟酌桥西面置有别墅,生活逸乐,"白袷芒鞋,间与花农为钓叟相往还,遍历名胜",深为时人所艳羡。① 他对虎丘山塘一带山水、名胜、人物故事等十分稔熟,写就《桐桥倚棹录》一书,刊行于道光壬寅年(1842),细致呈现了清代中前期山塘地区人们的休闲生活和娱乐世界。

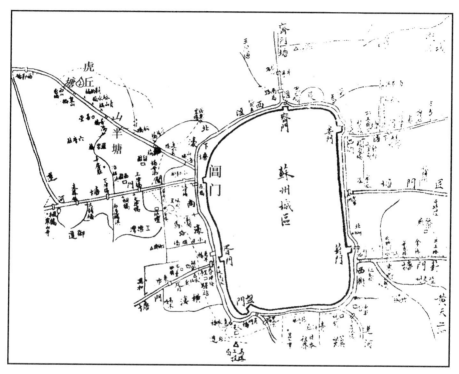

阊门外七里山塘
(据民国二十二年刊《吴县志》)

虎丘山是当地最著名的古迹,此外还有剑池、陆羽石井、放生池、点头石、试剑石等。其中,能与剑池并称的是千人坐,又称千人石。清初文社如林,各标名目,"复社"生童聚五百人于千人石上会课,敦请吴伟业执牛耳,一时被慕为雅事。②

虎丘二山门内,苏州府的附郭长洲、元和、吴县共同祭有一个厉坛,全部用石头堆成,纵横各有三丈,高四丈;每年的清明节、七月望、十月朔,是城隍神出巡的

---

① 〔清〕褚逢椿:《〈桐桥倚棹录〉序》,载〔清〕顾禄:《桐桥倚棹录》,上海古籍出版社1980年版,第1页。
② 〔清〕顾公燮:《丹午笔记》,"吴梅村被嘲"条,江苏古籍出版社1985年版,第56—57页。

日期,仪仗队会将神像抬到这里,宣读祭文,祭祀苏州府地区的无祀鬼神。活动由知府主持,上述三县令队陪祀。① 表面上,这似乎是纯粹的娱神行为,其实,已成为民众实际上的娱乐时节。清代的地方志编撰者们说,每次到厉坛举行祭祀活动,都是"箫鼓悠扬,旌旗璀璨,卤簿台阁,斗丽争妍,七里山塘,游人骈集",当时人将这种情形称作"看会",游侠、贵介、妖姬、艳妓驾画舫,徜徉于斟酌桥一带,如鱼尾之相接,时称"打招"。②

在斟酌桥一带,还有不少酒楼,大概是看中这一地段适合举行宴饮,有巨利可图。其中的三山馆历史最长,旧称白堤老店,清初就已创建,不过那时"壶觞有限,只一饭桶而已"。凡是往来客经虎丘,遇到风雨,赶不及入城的,就在这里住宿。厨师的手艺十分出名,吸引了大量的顾客,后来又改设了凉亭、暖阁,游客们很喜欢在这里聚饮作乐。一年四季,三山馆不断烹庖,虎丘山前后居民有婚丧宴会之事的,都前来订餐,生意极旺。酒楼提供的满汉大餐与汤炒小吃达上百味,风味独特,远近闻名;盆碟有十二、十六之分;菜有八盆四菜、四大八小、五菜、四荤八拆,以及五簋、六菜、八菜、十大碗之别。每桌酒席必须在七折钱一两以上,到十余两不等。所以时人的《忆江南》词写道"苏州好,酒肆半朱楼",专指此类饮宴风尚。此外,茶楼也很多,为人们提供了档次各别的饮料。在虎丘,茶楼都依着塘河而造,有十多家,所谓危楼杰阁,装潢极好。斟酌楼以东的情园茶楼最受时人欢迎,在春秋花市和龙舟竞渡时节,"裙衩争集";逢木樨花开之时,香满茶楼,更令人流连忘返。③

虎丘山寺以东,试剑石的左面,有一花神庙,内中因花草秀石之繁,而成为士人游观的一大胜地;庙中的司花神像与侍列的 12 花神,自明代洪武年间以来,成为园客赛愿之地,特别是每年农历二月十二日的"百花生日",庙中极其热闹。④

在普济桥下塘,有一个野芳浜,俗称冶坊浜。浜之本意,乃是泊船的河沟,所谓纳舟之所。据《任心斋笔记》称,"吴人常时游虎阜,每于山塘泊舟宴乐,多不登山。冶春避暑,吴娘棹船者咸集野芳浜口"。可见,这里也是一个娱乐的好所在。不过与其他地方略有不同的是,这里以男女寻欢为主。所以当时人有诗云:"觅

---

① 〔清〕顾禄:《桐桥倚棹录》卷四《祠宇》,第 57 页。
② 光绪《吴县志》卷五十二上《风俗一》,民国二十二年铅字本。
③ 〔清〕顾禄:《桐桥倚棹录》卷十《市廛》,第 143—146 页。
④ 〔清〕顾禄:《桐桥倚棹录》卷三《寺院》,第 31 页。

得百花深处泊,销魂只在野芳浜。"顾禄解释道,这个销魂之处也就是"销金之窝"。① 实非贫穷人士消受得起。

另外,在胜安桥内,属于十字洋,南面是俗称的"桐桥圩",是过去人们竞渡龙舟的主要场所;后来慢慢蜕化成为避暑之区,偶而也有一二小舟停泊,在此休息。②

而在通贵桥的东面,是明代文端公吴一鹏的旧居,叫玉涵堂(清代被改作戏园);也有真趣园,是吴氏的别墅,目的是"备游观之娱"。类似这样的休闲建筑,在山塘地区还有很多。有的人十分喜爱自己的别墅,对其优异处大加称赏,如顾简在竹亭的寓舍,顾氏自题诗赞曰:"渐暖或妨出,微阴宜荡舟。桥东红药好,何必主人幽。"再如董小宛的寓宅,也在半塘。董氏爱慕苏州山水之美,徙居于此,在湖边筑了别墅,虽然只是竹篱茅舍,建筑简朴,但是,凡是经过其寓宅的人,经常能在户外到咏歌诗声,或者是鼓琴之音,体现了主人的许多闲趣。③

苏州半塘

(据〔清〕吴泰来绘:《虎丘山全图》,收入〔清〕顾治禄:《虎丘山志》,石光明、董光和、杨光辉主编:《中华山水志丛刊》第12册,线装书局2004年影印版,第59页)

---

① 〔清〕顾禄:《桐桥倚棹录》卷七《溪桥》,第93页。
② 〔清〕顾禄:《桐桥倚棹录》卷七《溪桥》,第96页。
③ 〔清〕顾禄:《桐桥倚棹录》卷八《第宅》,第111、119页。

在明末清初人的观念中,与其他地方相较,"吴门多妓女"。① 像上述这样的青楼女子,多选择虎丘山塘一带为寓居之所,而非苏州城内。南京的所谓"旧院姝丽","赋性好游",往往因雅慕苏州的繁盛生活,即"轻装一舸"移居于此。苏州地方士人因此称她们为"京帮",以示其与土著之不同。其他有名的,还有所谓"维扬帮",在时人眼中只能算是"京帮"的附庸。"京帮"中最著名者,就是卞玉京、董小宛等人,所谓"风流文采,倾倒一时"。② 南京妓女沙宛在(字嫩儿),自称桃叶女郎,与其姊游苏州后,一起卜居山塘,"名噪一时",时人将她们称作"二赵"或"二乔"。③

由于地局水乡,人们的出行与游玩都爱坐船,船是最方便的工具。在船上不仅可欣赏湖光山色,还可以与朋友把酒言欢,其中乐趣非陆上行走所能享得。在虎丘山塘一带,有许多有名的舟船,可供人们游玩之用,也有的是用来做生意的,主要有沙飞船、郡城灯船、快船、虎丘游船、卖水果子船、杂耍船、摆渡船、小艇(俗称"关快")等。比如快船,俗称"摇杀船",大的堪与灯船相匹,用双橹驾摇,行驶迅速;小的只能容纳三四位客人,故又叫"小快船",行动更为疾速,所谓"吴儿驶船如驶马";至于停泊的地方,也有专称,叫"船涡";掌橹的一般都是妇女,当时有人作诗称:"理楫吴娘年二九,玉立人前花不偶。步摇两朵压香云,跳脱一双垂素手。"有的船类似于扬州画舫,专门蓄养歌妓以招引顾客,还有的船上与岸上共建歌院,顾客可以登岸寻欢。这样的船,大多散泊于山塘桥、杨安浜、方基口、头摆渡等处,行船时故意开得很慢,好像逆水行舟,歌妓们"分眉写黛,量髻安花",据说很令人销魂。此外,船中弦索侑酒,还有辫发雏姬女扮男装,多方取悦客人,俗称"鼻烟壶",言其年幼未解风情,只堪一嗅而已。所以,这类船一时被人呼为"色界之仙航,柔乡之宝筏"。④

一些富民豪商,竞买灯舫,行至虎丘山浜,占据柳阴深处,所谓赌酒征歌,"四窗八拓,放乎中流,往而复回,篙橹相应,谓之水啣头,日哺络绎于冶芳浜中"。⑤ 这些船下层百姓一般不敢光顾,如果要坐船去虎丘、浒关等地,他们就到小普陀、花园弄口、快口五场、桐桥、缸甓河头、白姆桥、新桥、通贵桥、山塘桥这九个地方

---

① 〔清〕陆文衡:《啬庵随笔》卷五《鉴戒》,光绪二十三年吴江陆同寿刻本,台湾广文书局1969年影印版。
② 〔清〕陈去病:《五石脂》,江苏古籍出版社1985年版,第354页。
③ 〔清〕顾禄:《桐桥倚棹录》卷八《第宅》,第119页。
④ 〔清〕顾禄:《桐桥倚棹录》卷十二《舟楫》,第160—164页。
⑤ 〔清〕顾禄:《清嘉录》卷六《六月》,"虎丘灯船"条,江苏古籍出版社1999年版,第135页。

雇乘；驾船的都是西郭桥八都、九都地方的农民，早出晚归，驶船捷如飞凫，俗称"关快"，但价格极为低廉。①

虽然这里的生活会招致所谓"俗浮靡，人夸诈"的批评，而且也确实存在"百工士庶，殚智竭力，以为奇技淫巧"②，以迎合各类人群的要求，但无论有钱有闲者，还是贫民大众，都能在其中获得各自所需。

社会风尚的刻画

虽然明代的政治有积弱不振的表现，社会风气却活泼奔放，特别是逸乐、标榜流行的气氛，弥漫明清之际的文化活动中。③ 日常生活中，传统礼制对男女接触有着许多的限制，有的家族甚至定有严苛的家规，反对男女杂处，要求"男不言内，女不言外，皆以居室为之限"，否则与禽兽无异。④ 男女不同席、不授受的限制，常见于明人训诫之文中。而官方更要禁绝有碍男女之防的行为，以维系"良善"的风俗。⑤ 然而，仍有很多史料表明，明清时期社会风尚，特别是男女关系，具有较大的开放程度。有所谓禁欲与纵欲并存，处性爱观念最为混乱的时期。⑥

以《肉蒲团》《痴婆子传》《浪史》等小说而言，情欲空间的区隔与逾越，在中下层的士绅家庭场景下，表面上皆须遵守礼教所规范的"男外女内"，但实际仍在不断地逾越此一界限，以偷听、偷窥来满足自身的视听快感，其比较直接的逾越方式就是偷情。男女之防，私密空间的营建，本来多依赖房门、墙壁、窗子、灯光控制、帷帐、床铺、衣物等物质条件；男主人、妻妾、丫鬟、奴婢等，则构成了士绅家庭的主要形态。⑦ 这是一般所能理解的关于传统家庭私密空间的营造及其凭借。当然"内与外"，也包蕴了私密空间与公共的空间联接，在《九尾龟》《海上花列传》这类小说中，"嫖界"这个广义的妓院及其青楼世界，展示出了传统时代的男女在

---

① 〔清〕顾禄：《桐桥倚棹录》卷十二《舟楫》，第164页。
② 〔清〕孙嘉淦：《南游记》（一卷），收入山西省文献委员会编：《山右丛书初编》第九册，山西人民出版社1986年据民国年间刊本影印版。
③ ［美］史景迁：《前朝梦忆：张岱的浮华与苍凉》，温洽溢译，广西师范大学出版社2010年版，第4页。
④ 明弘治十七年已修成的华亭宋氏家族的《宋氏家要部》就有这方面的内容。参〔明〕宋诩：《宋氏家要部》卷二《治家之要》，"分内外"条，明刻本。
⑤ 衣若兰：《三姑六婆：明代妇女与社会的探索》，稻香出版社2002年版，第107—108页。
⑥ 吴存存：《明清社会性爱风气》，人民文学出版社2000年版，第1页。
⑦ 黄克武：《暗通款曲：明清艳情小说中的情欲与空间》，载熊秉真主编，王瑷玲、胡晓真合编：《欲掩弥彰：中国历史文化中的"私"与"情"——私情篇》，台湾：汉学研究中心2003年编印，第243—278页。

《苏州市景商业图册》局部

（据法国国家图书馆藏清代绘本）

公与私之间的复杂处境与人生观。男女爱情也会通过既复杂又矛盾的方式而被商品化。①

明代有人看到："今天下风俗，惟江之南靡而尚华侈，人情乖薄，视本实者竞嗤鄙之。"②明代中后期的浙江临海人王士性，则特别指出了苏州风俗深为时人所仿效的事实：苏州地区的人，"善操海内上下进退之权，苏人以为雅者，则四方随而雅之，俗者，则随而俗之"③。杭州人张瀚也有类似的评论："民间风俗，大都江南侈于江北，而江南之侈尤莫过于三吴。自昔吴俗习奢华、乐奇异，人情皆观赴焉。……吴俗之侈者愈侈，而四方之观赴于吴者，又安能挽之俭也。"④经商的牙人，只要碰到商货价值达一二百两的，就盛情款待，"割鹅开宴、招妓演

---

① Paola Zamperini, *In and Out: Love's Marketplace in late Qing Fiction*（《内与外：晚清小说里的"爱情市场"》），载熊秉真主编，王瑷玲、胡晓真合编：《欲掩弥彰：中国历史文化中的"私"与"情"——私情篇》，台湾汉学研究中心2003年编印，第317—348页。
② 〔明〕徐献忠：《吴兴掌故集》卷十二《风土》，嘉靖三十九年范唯一等刻本。
③ 〔明〕王士性：《广志绎》卷二《两都》，第33页。
④ 〔明〕张瀚：《松窗梦语》卷四《百工纪》，中华书局1985年版，第79页。

戏以为常"。① 有的人家,甚至到了"但求声势烜赫,不顾道望污隆"的地步,令人惊叹。②

显然,嘉靖以后,风俗日奢,消费增加,既提供给民众更多的就业机会,也使整个明末社会风气发生较大的变迁,破坏了嘉靖以前较为宽厚的政治风气,使贪贿成风,且恬为不怪。③ 以杭州为例:

> 杭俗儇巧繁华,恶拘检而乐游旷,大都渐染南渡盘游余习,而山川又足以鼓舞之,然皆勤勉自食,出其余以乐残日。男女自五岁以上无活计者,即缙绅家亦然。城中米珠取于湖,薪桂取于严,本地止以商贾为业,人无担石之储,然亦不以储蓄为意。即舆夫仆隶奔劳终日,夜则归市肴酒,夫妇团醉而后已,明日又别为计。故一日不可有病,不可有饥,不可有兵,有则无自存之策。

> 古者妇人用安车,其后以舆轿代之,男子虽将相不过乘车骑马而已,无轿制也。……人轿自宋南渡即。故今俗惟杭最多最善,岂其遗耶?

> 游观虽非朴俗,然西湖业已为游地,则细民所借为利,日不止千金,有司时禁之,固以易俗,但渔者、舟者、戏者、市者、酤者咸失其本业,反不便于此辈也。

> 杭城北湖州市,南浙江驿,咸延袤十里,井屋鳞次,烟火数十万家,非独城中居民也。④

以上四段文字,十分具体地说明了风俗的各种变化,以及在这个变化过程中,下层民众得以获取的谋生途径。也正因如此,政府一旦将"游观"等高消费性的活动禁止,那将深刻影响民众的衣食之源。所以,风俗的淫靡,并非仅为有钱人所能接受的东西。嘉兴布衣陈尧德,家无三日粮,母、妻、弟相继离世,萧然一

---

① 〔明〕李乐:《见闻杂记》续卷十一,上海古籍出版社1986年影印万历间刻本。
② 〔清〕潘耒:《救狂砭语》(不分卷),"《与长寿院主石濂书》"条,上海古籍出版社1983年影印本。
③ 徐泓:《明代社会风气的变迁——以江、浙地区为例》,原载《第二届国际汉学会议论文集:明清与近代史组》,收入邢义田、林丽月主编:《社会变迁》(台湾学者中国史研究论丛),中国大百科全书出版社2005年版,第293—318页。
④ 〔明〕王士性:《广志绎》卷四《江南诸省》,中华书局1981年版,第69页。

身浪迹江湖,"或曳裾王门,或涤器酒市,或寓兴青楼,或栖静梵宇",虽然没钱,生活上好像也很快活。①

再以苏州而例,从明代中期以来文人的大量笔记、话本小说,对此都有所反映。女子私箱窃藏春宫画,"百有二三",一般人"出谈鄙亵便牵娘",连寺庙的斋僧大多不免"色相"之戒。②

李渔在那时也多遭毁语,说他"性龌龊,善逢迎",虽遨游缙绅间,但所作词曲小说"备极淫亵",而且"常挟小妓三四人,遇贵游子弟,便令隔帘度曲,或使之捧觞行酒,并纵谈房中术"。因此被诟为"士林中所不齿者"。江南地方有一县令,"性贪而淫",县衙前有一民家妇,人称"花冠菩萨",颇有姿色。县令见而悦之,"遣役通意,民不敢违",往来很长时间。后来有一帮读书人知晓其事,对正在行事的县令进行了一番羞辱和敲诈。③

遭到诋毁的偷藏春宫画、纵谈房中术、携妓闲游等,恐怕正是当时的新鲜时尚。所以《痴婆子传》的序言中说:

> 从来情者性之动也,性发为情,情由于性,而性实具于心者也。心不正则偏,偏则无拘无束,随其心之所欲,发而为情,未有不流于痴矣。矧闺门衽席间,尤情之易痴者乎?④

就"女色"群体而言,明清中国最出名的,一般认为产自扬州,俗称"瘦马"。明人有这样的解释:

> 广陵蓄姬妾家,俗称养瘦马,多谓取他人子女而鞠育之,然不啻己生也。天下不少美妇人,而必于广陵者,其保姆教训,严闺门,习礼法,上者善琴棋歌咏,最上者书画,次者亦刺绣女工。至于趋侍嫡长,退让侪辈,极其进退浅深,不失常度,不致憝懋起争,费男子心神,故纳侍者类于广陵觅之。⑤

---

① 〔清〕沈季友:《槜李诗系》卷十八,"陈布衣尧德"条,文渊阁四库全书本。沈季友,平湖人。
② 详参康熙年间瓶园子的《苏州竹枝词》"咄苏州"条,收入章法等著:《苏州竹枝词》,抄本。
③ 〔清〕董含:《三冈识略》卷二"吴中墨令"条、卷四"李笠翁"条,第637、680页。
④ 〔清〕芙蓉主人辑、情痴子批校:《新刻痴婆子传》,京都大学图书藏乾隆甲申序刻本。
⑤ 〔明〕王士性《广志绎》卷二《两都》,中华书局1981年版,第29页。

华嵒绘《东山携妓图》局部

看来,这类"瘦马"在保姆的教导下,能够守闺门礼法,兼擅琴棋书画及刺绣等,品质应高于一般的普通青楼女子,更高于私娼野妓,纳为妾侍后,能够不大会争风吃醋,耗费男人的心神。

在扬州靠做瘦马生意的,每天据说都有数十百人。而想娶瘦马为妾的人,不能流露消息,否则牙婆等中介,会很快找上门来,如蝇附膻,赶也赶不走。且在次日黎明,就有人来催促出门,先到的媒婆就挟他而去,其他的都跟在后面。到瘦马家,坐定后,先进茶,牙婆就扶瘦马出来道:"姑娘拜客。"拜毕,又说:"姑娘往上走。"走毕,再说:"姑娘转身。"转身向光亮处,面容就清楚了。牙婆说:"姑娘借手睄睄。"拉上袖子,手、臂、肌肤都一目了然;接着道:"姑娘睄相公。"转身偷觑,眼睛就看清了。问道:"姑娘几岁了?"答毕,声音的感觉也有了。又要求道:"姑娘再走走。"用手拉她的裙子,脚就看到了。最后才说:"姑娘请回。"这个瘦马进去后,后面的接着再看一个,看一个瘦马家,总归要看五六人,程序都跟上面的一样。如果有看中的,就用金簪或钗一股插在瘦马的鬓角,称"插带";如果看不中,就出钱数百文,还要打赏牙婆或者其家侍婢,再去看别的。假如有牙婆累了,马上会有别的牙婆顶上。看一天,两天,甚至四五天,牙婆们都不会累倒,当然瘦马也看不完。不过,看到五六十人时,大概就差不多了,无非白面红衫,千篇一律。

看中插带后,瘦马家要出一个红单,上写需要多少彩缎、金花、财礼和布匹,送给男方点阅。双方都满意后,男方还没到寓所,鼓乐、盘担、红绿、羊酒等早被安排停当,不一会儿礼币、糕果都已齐全,随着鼓乐队而去,花轿、花灯、火把、山人、傧相、纸烛、供果、牲醴等,在门前环侍。其他的婚礼用品及相关礼仪,都不需要男方劳心。新夫妇拜堂后,自然需要热闹一番。那些讨赏的人还没有到中午急忙走了,因为他们还要到别的结婚人家去。①

至于与瘦马相当的男色盛产地,李渔说是东南的福建省。他说:"从来女色出在扬州,男色出在福建,这两件土产是天下闻名的。"他在《连城璧》中谈及的吕春阳,少年时就是一个"绝标致的龙阳",娶的那位妻子,恰恰是一个"极美丽的瘦马"。正像俗语说的那样:"低铜铸低钱,好窑烧好瓦;要生上相骡,先拣好驴马。"②

在风花雪月场所,年幼的"龙阳"俗称娈童,名义上实与妓女相当,为那些喜

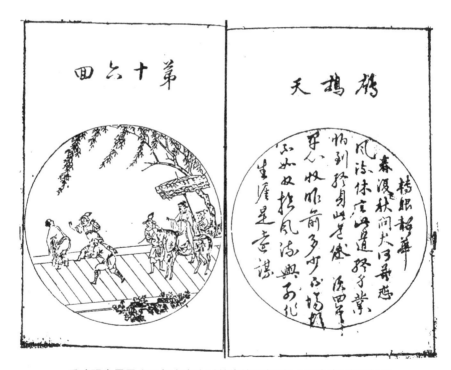

反映明末男风盛况与小官生活的崇祯五年刊《龙阳逸史》中的插图

---

① 〔明〕张岱:《陶庵梦忆》卷五,"扬州瘦马"条,第50—51页。
② 〔清〕李渔:《连城璧》申集《寡妇设计赘新郎、众美齐心夺才子》,上海古籍出版社1992年版,第133页。

好男色的人服务。他们的身价,与青楼妓女一样,也有等第区分。小说《宜春香质》中讲到,在南京旧院:"小官内穿女服,外罩男衣。酒后留宿,便去了罩服,内衣红紫,一如妓女也。分高低上下,有三钱一夜的,有五钱一夜的,有一两一夜的,以才貌双全为第一。"①这里讲的"小官",就是娈童。

男色之盛行,其实在明代宣德年间,已很严重。当时的巡抚周忱在苏州视察时,告诫其门人说:"汝辈慎之。近来男色甚于女,其必至之势也。"②周忱忧虑的,正是那个时代开始流行起来的一股风潮,使政府与民间秉奉的所谓"正统"礼法在日常生活中遭遇很大的挑战。

号称文坛宗师的钱谦益,既好女色,也爱娈童。清初的时候,有一个叫王郎(即王紫稼)的优童,深得当时一些豪绅的喜爱。

清代有人回忆说,钱谦益曾狎一个歌童,甚爱之,有一天这个歌童要去北京,钱就写诗相送,洒泪为别。侍郎熊文举也写诗相和道:"金台玉峡总沧桑,细雨梨花枉断肠。惆怅虞山老宗伯,浪垂清泪送王郎。"③这个诗似乎带些讥讽的味道;诗中提到的王郎,正是钱谦益深爱的那位歌童。

钱谦益的送别诗计有十四首,题作《辛卯春尽歌者王郎北游告别戏题十四绝句以当折柳赠别之外杂有寄托谐谈无端讔谜间出览者可以一笑也》。其中,第一首这样写道:"桃李芳年冰雪身,青鞋席走风尘。铁衣毳帐三千里,刀软弓欹为玉人。"后面还有一首这样写道:"阁道雕梁双燕栖,小红花发御沟西。太常莫倚清斋禁,一曲看他醉似泥。"在这首诗的后面,钱谦益附注"王郎云此行将倚龚太常"。④王郎去北京的目的,应该是去投靠龚鼎孳。龚鼎孳(1615—1673)曾官兵科给事中,降清后官至礼部尚书。

吴伟业也见过王郎,初见时,说他"鬈而皙明慧善歌";十六七年后,应该是在北京的龚宅中,他又见到王郎,十分感慨,说"风流儇巧,犹承平时,故习酒酣,一出其伎,坐上为之倾靡"。因而,他写了著名的《王郎曲》:

王郎十五吴趋坊,覆额青丝白皙长。

孝穆园亭常置酒,风流前辈醉人狂。

---

① 吴存存:《明清社会性爱风气》,人民文学出版社2000年版,第151页。
② 〔明〕谢肇淛:《五杂组》卷五《人部一》,第136页。
③ 〔清〕金埴:《不下带编》卷五,中华书局1982年版,第99页。
④ 〔清〕钱谦益:《牧斋有学集》卷四《绛云余烬集上》,上海涵芬楼影印本。

同伴李生柘枝鼓,结束新翻善财舞。
锁骨观音变现身,反腰贴地莲花吐。
莲花婀娜不禁风,一斛珠倾宛转中。
此际可怜明月夜,此时脆管出帘栊。
王郎水调歌缓缓,新莺嘹呖花枝暖。
惯抛斜袖卸长肩,眼看欲化愁应懒。
推藏掩抑未分明,拍数移来发曼声。
最是转喉偷入破,殢人肠断脸波横。
十年芳草长洲绿,主人池馆惟乔木。
王郎三十长安城,老大伤心故园曲。
谁知颜色更美好,瞳神翦水清如玉。
五陵侠少豪华子,甘心欲为王郎死。
宁失尚书期,恐见王郎迟。
宁犯金吾夜,难得王郎暇。
座中莫禁狂呼客,王郎一声声顿息。
移床歌坐看王郎,都似与郎不相识。
往昔京师推小宋,外戚田家旧供奉。
只今重听王郎歌,不须再把昭文痛。
时世工弹白翎雀,婆罗门舞龟兹乐。
梨园子弟爱传头,请事王郎教弦索。
耻向王门作伎儿,博徒酒伴贪欢谑。
君不见,康昆仑,黄幡绰,承恩白首华清阁。
古来绝艺当通都,盛名肯放优闲多,王郎王郎可奈何!

龚鼎孳看了以后,立刻口占一首相赠:"蓟宛霜高舞柘枝,当年杨柳尚如丝。酒阑却唱梅村曲,肠断王郎十五时。"[1]即便王郎已过而立之年,那么多官绅都痴迷于王郎的才貌,实在令人惊愕。但像王郎这样的男优,时常成为官绅们的消遣玩物,仍然令人可悲。

康熙初年,出身世家大族的海宁查继佐(伊璜),蓄养家伶,十分出名,号称独

---

[1] 〔清〕吴伟业:《梅村家藏稿》卷十四《王郎曲》,上海涵芬楼影印董氏新刊本。

步江南。后来绍兴人金埴(1663—1740)这样记载道:

> 娇童十辈,容并如姝,咸以"些"名。有"十些班"之目,小生曰风些,小旦曰月些,二乐色尤蕴妙绝伦,伊璜酷怜爱之,数以花舫载往大江南北诸胜区,与贵达名流,歌宴赋诗以为娱,诸家文集多纪咏其事。至今南北勾栏部必有"风月生"、"风月旦"者,其名自查氏始也。①

袁枚也以酷好男风著名。一生的不同时期,都有不同的男性歌伶相伴。其中,在北京时,有一位苏州籍歌郎陆才官,与袁感情较深,虽然已有一妻二妾,但居然愿携妻妾共侍袁枚,后因袁枚母亲的反对,未能如愿。三十多年后,与袁枚偶然在苏州虎丘相逢,当时袁枚已六十多岁了,不胜欷歔感慨。②

明朝曾规定,只有官宦人家的贵妇才能戴珠宝、翠玉,但到明末,大半的妇女,甚至娼妇也满头珠翠,招摇过市;市井贩鬻、厮仆胥吏,多"缨帽细鞋,纱裙细袴"。晚明的江南地区,甚至流行男子穿女装,头戴红纱巾,穿红色内衣等,使一些老成之士为之骇目,称作"服妖"。有些士人还习惯施粉薰装,把自己装扮得"洁白如美妇人"。③

明代成化以后,朝野竞谈房中术,甚至有人借着进献房中术与春方而骤贵,促成社会淫势之风,也影响了文学创作。④ 而且,太湖平原地区的许多妇人,"尚有穿大脚开裆裤者";而蒲城地区的妇女连这种简单的褒衣也不穿了,因此被时人视为"淫风薄俗"。⑤

清代江南的书商稽留曾说:"每刻小说及春宫图像……以为卖古书不如卖时文,印时文不如印小说春宫,以售多而利速也。"⑥深刻地揭示了当时社会对这些东西接受的广泛性。

文人士大夫因其社会地位和财力,在这方面的休闲消费,显然不会有太多的困难和顾虑。

---

① 〔清〕金埴:《不下带编》卷六,第116—117页。
② 吴存存:《明清社会性爱风气》,第165—166页。
③ 杜正胜主编,陈弱水、李孝悌等著:《中国文化史》,三民书局1996年第二版,第214页。
④ 茅盾:《中国文学内的性欲描写》,收入张国星编:《中国古代小说中的性描写》,百花文艺出版社1993年版,第27—28页。
⑤ 〔明〕田艺蘅:《留青日札》卷二十二,"禪袴松"条。
⑥ 王晓传辑:《元明清三代禁毁小说戏曲史料》,作家出版社1958年版,第239页。

《桃花扇》里教习李香君演艺的苏昆生,放弃了在势宦阮大铖家做馆师的优厚待遇,宁愿到青楼做教习,乐得清闲自在:

> 闲来翠馆调鹦鹉,懒去朱门看牡丹。在下固始苏昆生是也,自出阮衙,便投妓院,做这美人的教习,不强似做那义子的帮闲么。①

"闲来翠馆调鹦鹉,懒去朱门看牡丹",可谓苏昆生闲适生活的写照,也是他拒绝结交势宦的气节的反映。

对生活的细心经营与享受,多为文人们的普遍追求。不消说著名文人袁枚的随园,明清之际的社会动荡时期冒襄与其爱妾董小宛共同生活于如皋城中的"水绘园",沉溺于美食、好茶、诗文酬唱、书画赏鉴、曲艺品评等生活,堪称闲隐自在。②

万历二十三年,二十七岁的袁宏道(1568—1610)出任吴县知县,吴县堪称江南剧邑。袁氏毕竟是个文人,行政伊始对工作充满了信心,当年写给汤显祖(时任遂昌知县)的信中就说:"作令无甚难事,但捐得一分,便是一分才。彼多事者,非生事即是不及事耳。吴地宿称难治,弟一简持之,颇觉就绪,但无奈奔走何!兄老吏也,有可以请益者,不妨教我。"③关于在生活上的追求,给友人龚仲庆写的一封信中,他提出人生在世,生活上应达到五大快活:

> 目极世间之色,耳极世间之声,身极世间之新,口极世间之谈,一快活也。
>
> 堂前列鼎,堂后度曲,宾客满席,男女交舄,烛气熏天,珠翠委地,金钱不足,继以土田,二快活也。
>
> 箧中藏书万卷,书皆珍异。宅畔置一馆,馆中再约真正同心友十余人,人中立一识见极高,如司马迁、罗贯中、关汉卿者为主,分曹别署,各成一书,远文唐、宋酸儒之陋,近完一代未竟之篇,三快活也。

---

① 〔清〕孔尚任:《桃花扇》卷一《第二出·传歌》,人民文学出版社1982年版,第17页。据梁启超考证(《桃花扇》梁氏注本,第二出),苏昆生就是周如松,与柳敬亭一起做过左良玉的幕僚,后流落吴门数年。
② 李孝悌:《冒辟疆与水绘园中的遗民世界》,收入氏著《恋恋红尘:中国的城市、欲望和生活》,上海人民出版社2007年版,第54—102页。
③ 〔明〕袁宏道:《袁宏道集笺校》卷五《锦帆集之三·尺牍》,"沈广乘"条,钱伯城笺校,上海古籍出版社1981年版,第242页。

> 千金买一舟，舟中置鼓吹一部，妓妾数人，游闲数人，泛家浮宅，不知老之将至，四快活也。
>
> 然人生受用至此，不及十年，家资田地荡尽矣。然后一生狼狈，朝不谋夕，托钵歌妓之院，分餐孤老之盘，往来乡亲，恬不知耻，五快活也。①

上述内容，都被袁氏认为是世间的"真乐"，哪怕只做到一条，也就"生可无愧，死可不朽"了。也许这几条，袁本人未必能够做到一条，但是，从中我们至少可以窥见一部分人的至高生活追求，也应该是当时社会的一种深刻写照。

再如张岱，在其《自为墓志铭》中，对自己的优裕生活，作了这样的自白：

> 少为纨绔子弟，极好繁华，好精舍，好美婢，好娈童，好鲜衣，好美食，好骏马，好华灯，好烟火，好梨园，好鼓吹，好古董，好花鸟，兼以茶淫橘虐，书蠹诗魔。②

不仅如此，被晚明士大夫们视为叛逆的李贽，甚至这样号称："一日受千金不为贪，一夜御十女不为淫。"③据医书记载，肉苁蓉、五味子、远志、甘草、生地黄、慎火草、楮子、干漆，这八味药用地黄汁浸泡一晚后，拿出晒干，再浸渍，将汁散尽，空腹用酒服下，只要用上三十天，性能力倍于常人，而且"御十女无损"。④ 这样看来，李贽的号召不无实现的可能。但其实，李贽本人多病寡欲，其妻庄氏殁后，从不近女色，痛恶伪学，在讲学时，他说："此时正不如携歌妓舞女，浅斟低唱！"诸生中有挟妓女的，他也微笑说："也强似与道学先生作伴。"⑤据说，他曾强迫他的幼弟狎妓，有一次还率领僧众到一个寡妇的卧室里去化缘；但对寡妇的守节，他又褒扬得不遗余力。⑥

在当时文人中，李贽显然是个"只说不做"的特例。今天看来，时人耽于青楼之乐，不惜性命的例子，非常之多。清代杭州人魏之琇讲过这么一个医案，聊为

---

① 〔明〕袁宏道：《袁宏道集笺校》卷五《锦帆集之三·尺牍》，第205—206页。
② 〔明〕张岱：《琅嬛文集》卷五《自为墓志铭》，岳麓书社1985年版，第199页。
③ 吴存存：《明清社会性爱风气》，第66页。
④ 〔唐〕孙思邈撰、〔宋〕林亿等校正：《备急千金要方》卷六十二，四库全书本。
⑤ 〔清〕郑方坤：《全闽诗话》卷七，"李贽"条，文渊阁四库全书本。
⑥ 黄仁宇：《万历十五年》，中华书局1982年版，第221、227页。

一证：

> 湖广张仲虎客邸，耽于青楼，且多拂意之事，至冬底，发大寒热，咳嗽。吴中医者皆以外感，治之发表和解，无不遍试。适毛子晋拉视之，见其神色少耗，脉气虚，数中时复一结，咳嗽有血，卧不贴席，缪（仲纯）谓子晋曰，此阴虚内伤症也。……不数日而殁。①

至于在家庭中因沉溺男女之欢而丧命的，最有名的两个故事，一是《金瓶梅》中的西门庆，二是《红楼梦》中的秦可卿（至于王熙凤毒设相思局害死的贾瑞，则不当属此类）。而其他大量的笔记小说中的，这样的例子，更是不克详述。

高罗佩在《秘戏图考》（东京，1951年）的自序中指出，十八、十九世纪访华的西方人，考察"风俗"书籍既不易得手，询问人们又讳莫甚深，感觉中国人之房内必淫污不堪，且不可告人；但经过长期的深入研究，在阅读所搜集的书后，"殆可谓有睦家之家，无败德之讥者，可知古代房术不菅不涉放荡，抑符合卫生，且无暴虐之狂、诡异之行。"他的另一本研究名著《中国古代房内考》②，堪称《秘戏图考》的姊妹篇，影响广远。

总之，文人绅士的生活，正如谢肇淛所云，极力追求"宫室之美，妻妾之奉，口厌粱肉，身薄纨绮，通宵歌舞之场，半昼床第之上。"基本上都是物质上的享受。③

生活与观念

倘从现存史料中有限的婢女、妾、青楼名妓的身价资料来看，对家境尚可的一般士人而言，纳妾宿妓可谓花费不巨，故而相当流行。④ 士绅们拥姬纳妾，在当时社会被视为当然之事。中山公子徐青君，是魏国公徐文爵之弟，家资巨万，且性华侈，广蓄姬妾，在中山王徐达王府两侧的大功坊建造园林。每当夏月开宴，每天选名妓四、五人为宾客陪酒。⑤

---

① 〔清〕魏之琇：《续名医类案》卷十五《虚损》，文渊阁四库全书本。
② ［荷］高罗佩著，李零、郭晓蕙等译：《中国古代房内考》，上海人民出版社1990年版。
③ 〔明〕谢肇淛：《五杂组》卷十三《事部一》，第374页。
④ 王家范：《百年颠沛与千年往复》，上海远东出版社2001年版，第241—242页。
⑤ 〔清〕余怀：《板桥杂记》卷下《轶事》，第58—59页。

明清时期两淮一带业盐的徽州商贾，具有远超一般绅士的庞大财力，他们的生活方式与文化倡导在当时有着强大的影响力。① 但徽商生活中存在的俭啬行为，常成为时人所嘲笑。谢肇淛指出："新安人衣食亦甚菲啬，薄糜盐齑，欣然一饱矣。惟娶妾，宿妓，争讼，则挥金如土"。② 还有不少小说，多描摩徽商的吝啬，但在女人、权势上，却从不吝惜银两。凌濛初也说：徽州人有个癖性，是乌纱帽、红绣鞋，一生只这两件事不争银子，其余诸事就悭吝了。他在《二刻拍案惊奇》中讲了一个故事：

> 忽一日，一个徽州商人经过，偶然间瞥见爱娘颜色，访问邻人，晓得是卖饼江家。因问："可肯与人家为妾否？"邻人道："往年为官事时，曾送与人做妾。那家行善事，不肯受，还了的。做妾的事只怕也肯。"徽商听得此话去，央个熟事的媒婆，到江家来说此亲事，只要事成，不惜重价。媒婆得了口气，走到江家，便说出徽商许多富厚处，情愿出重礼，聘小娘子为偏房。江老夫妻正在猴急头上，见说得动火，便问道："讨何处去的？"媒婆道："这个朝奉只在扬州开当种盐，大孺人自在徽州家里。今讨去做二孺人，住在扬州当中，是两头大的，好不受用。亦且路不多远。"江老夫妻道："肯出多少礼？"媒婆道："说过只要事成，不惜重价。你每能要得多少？那富家心性，料必勾你每心下的。凭你们讨礼罢了。"江老夫妻商量道："你我心下不割舍得女儿，欲待留下他，遇不着这样好主。有心得把与别处人去，多讨得些礼钱，也勾下半世做生意度日方可。是必要他三百两，不可少了。"商量已定，对媒婆说过。媒婆道："三百两忒重些。"江嬷嬷道："少一厘我也不肯。"媒婆道："且替你们说说看。只要事成后，谢我多些儿。"三个人尽说三百两是一大主财物，极顶价钱了。不想商人慕色心重，二三百金之物，那里在他心上？一说就允。如数下了财礼，拣个日子，娶了过去，开船往扬州。③

这里强调了徽州人只要能将喜欢的女子纳入其偏房为妾，"不惜重价"，与媒婆的能言会道，同样给人以深刻印象。

---

① 王振忠：《明清徽商与淮扬社会变迁》（修订版），三联书店2014年版，第134—218页。
② 〔明〕谢肇淛：《五杂组》卷四《地部二》，第108页。
③ 〔明〕凌濛初：《二刻拍案惊奇》卷十五《韩侍郎婢作夫人　顾提控掾居郎署》，第300—301页。

一般的名士豪杰，在这方面也在所难免。如明末松江地方的抗清名将兼大学者陈子龙，家境贫寒，先是在崇祯元年冬，娶邵阳知县张轨端十九岁的女儿为妻；后又纳妾薄氏、蔡氏、沈氏。① 昆山的顾炎武，先在金陵纳一妾，收纳于清江浦的闲房②；北上后又于太原纳一妾。其好友杨子常年逾六十还要纳妾，顾炎武还以自身的教训写信劝阻。③

唐甄（1630—1704）指出："吴中之民，多鬻男女于远方；男之美者为优，恶者为奴；女之美者为妾，恶者为婢，遍满海内矣。"④这句话，既表明了江南地区贫富方面的差距，也说明了当时婢妾来源之多的原因。

士大夫家一般都广蓄奴婢，僮仆侍婢多至千人。王家范根据《金梅瓶》、吴伟业的诗文集等资料，大致揭示了当时婢妾的身价，可作当时文人绅士们在这方面消费情况的参考。他指出，明代婢女的价格较贱，从《金瓶梅》看，十二三岁丫头卖价银仅五两，十七岁为十两，也有七两五钱的；妾的卖价较高，以婢为妾的约五十两，余皆为百两以上，一般为三百两。⑤

康熙四十六年（1707）间，王鸿绪的密奏中，提到苏州地区买卖婢妾之盛，比如苏州关差章京先买昆山盛姓之女，后买太仓吴姓之女，又买广行邹姓之女；不少人买卖婢妾都是通过媒婆成交。从价格上看，要较明代为高。革职科员陈世安的小妾，原来的买价不过百两，过了几年转卖，还是这个价，这位小妾大出怨言，表示不满；侍卫五哥买女人一名，价格高达450两，又买一名价为140两的女子，后买一婢，价为70两。⑥ 至于名姝娶为妾者，价值千金，如嘉兴黄媛者，应该视为特例。⑦

与此形成鲜明对照的是，江南的上层女子，大多数颇具才艺，由于商业化、教育的拓展，导致女性生活空间的扩大，有些女子还能突破家居范围，写作、旅游、教书，以及活动于公共社群（如诗社），当然也可以在家"卧游"。妓院的部分从业

---

① 〔明〕陈子龙：《陈子龙诗集》，附录"陈子龙年谱"，上海古籍出版社1983年版，特别是第642—643、662页。
② 〔清〕归庄：《归庄集》卷一《戏赠顾宁人》，上海古籍出版社1984年版，第136页。
③ 王家范：《百年颠沛与千年往复》，上海远东出版社2001年版，第241页。
④ 〔清〕唐甄：《潜书》下篇上《存言》，第114页。
⑤ 王家范：《百年颠沛与千年往复》，第241页。
⑥ 中国人民大学清史研究所、档案系中国政治制度史教研室合编：《康雍乾时期城乡人民反抗斗争资料》上册，康熙四十六年四月至九月《王鸿绪密缮小折》，中华书局1979年版，第373页。
⑦ 〔清〕吴伟业：《吴梅村全集》卷五十八《梅村诗话》，上海古籍出版社1990年版，第1143页。

女子,也能突破内外与出身的桎梏,广泛活跃于绅商阶层的男性世界。①

另外值得关注的,是明清时期女性作家群的涌现。除了柳如是、董小宛等才艺卓绝的名妓,一些女作家创作的长篇弹词小说及其那时的读者,都隐含有性别与阶级的意义。这是从女性文学的角度讲的。如陈端生的《再生缘》(乾隆中叶开始写作)、陶贞怀的《天雨花》(成书于 1651 年)、朱素仙的《玉连环》(成书于 1805 年前)、邱心如的《笔生花》(完稿于 1857 年左右)、郑澹若的《梦影录》(成书于 1843 年前后)、程蕙英的《凤双飞》(成书于 1899 年前后)、目前所知最早的弹词作品《玉钏缘》(明末清初由佚名的母女二人所写,1842 年成文堂刊本),等等,讲述的大多是陈腐不堪的才子扬名显亲、佳人宜室宜家的故事。②

也正是这些弹词故事,对一般女子却有"引动春心"的显著效果,让文人们颇感担忧。民间擅长弹词的人物,多称"瞎先生",其实就是双目瞽女:

> 自幼学习小说、辞曲,弹琵琶为生,多有美色,精技艺,善笑谑,可动人者。大家妇女骄奢之极,无以度日,必招致此辈,养之深院静室,昼夜狎集饮宴,称之曰"先生",若南唐女冠耿先者。淫词秽语,汙人闺耳,引动春心,多致败坏门风。今习以成俗,恬不知怪,甚至家主亦悦之,留荐枕席,而忘其瞎。③

大户人家中妇女的家庭生活比较骄奢,经常招徕"瞎先生"来丰富内闱的娱乐,甚至昼夜聚会饮宴,已经成为生活中的流行风习。这让正统士人颇感紧张。

但这些会被很多视为闺房逸乐与雅趣,也常常流露于文人的笔端,颇令时人艳羡。比如,崇祯年间的老艺人朱云崃,在家中教女戏,在别人看来并非是在教戏:"未教戏,先教琴,先教琵琶,先教提琴、弦子、箫管、鼓吹、歌舞",是借戏为之,不专教戏。朱云崃性好胜,遇得意之处,就盱目众客,得一赞语,就奔入戏房,说与诸姬听。每次都是这样,这样奔忙,让人觉得十分劳顿。朱云崃还有多疑多忌的毛病,家中诸姬都在曲房密户之中,重重封锁,外人绝对难以窥见。他还要每

---

① [美]高彦颐:《闺塾师——明末清初江南的才女文化》,李志生译,江苏人民出版社 2005 年版。
② 胡晓真:《才女彻夜未眠——清代妇女弹词小说中的自我呈现》,原载《近代中国妇女史研究》1995 年第三期,收入李贞德、梁其姿主编《妇女与社会》(台湾学者中国史研究论丛),中国大百科全书出版社 2005 年版,第 330—354 页。
③〔明〕田艺蘅:《留青日札》卷二十一,"绣花娘、插带婆、瞎先生"条。

夜出来巡历,让诸姬十分憎恶。当晚要轮到陪睡,就早早躲了起来,可是也只能躲在内闱中,最后遭到的仍是朱云崃的痛骂。这样的日夜劳乏,一般人都觉得不堪。所以,朱云崃被张岱认为是老年人的好色之戒。①

一些家计富裕的民妇,生活上都喜欢稍事修琢。表现在发式上,最初梳发只高三寸许,称为"新样"。后来渐高至六七寸,蓬松光润,谓之"牡丹头",都用假发衬垫,使头不堪重负。②

最下层的乡村妇女的生活景象,则多有不同。她们的生活当然极为繁苦,除了事夫、抚幼、敬老的本分工作外,还要从事与男子等量甚至更重的田间劳动,更要主持家庭中的育蚕纺织等经济作业。尽管在蚕桑产区为主的地区,已有农家妇女脱离大田劳作的众多现象③,但据一些历史文献和当代社会的乡村历史追溯调查,这是不普遍的。如在太湖东南隅的陈墓镇,乡村妇女的日常劳动,几乎与男子同。"凡耘耨刈获桔槔之事,与男子共其劳"。④ 此外,还要积极从事家庭手工纺织等副业,以维持生计。如青浦县的龙盘镇,村妇以纺织为主,一般一天只能织一匹,甚至通宵不得休息,"日用所需都从此出"。⑤ 有的乡村地方曾有这样的歌谣:"有女莫嫁耕田人,六月戽水苦万分;一年四季不见四两肉,吃碗螺蛳开大荤。"⑥颇含这些农妇的困苦和辛劳。

所以,对下层贫寒家庭而言,要勉力达到上述生活的境界,是存在不少困窘的。

至于那些严守贞节观念的妇女,既要压抑生理上的需求,也要忍受心理上的许多重负。

明人周晖在《金陵琐事》中,举了隆庆年间一个贞节烈妇的故事:烈妇陈伯之妻,是秀才黄心源之女,十八岁时嫁到陈家,嫁不到三月,父病死,母氏欲改嫁,告之于女,女苦口谏之曰:"妇人不幸而寡,惟有守节与死而已,不可嫁也。"母叹道:"汝年幼不解世事,不近人情。"竟尔改嫁。一日母氏念其女,来视之,女闭门不与相见,说:"既适他人,非吾母也。"后其夫染疾沉重,夫劝其早择良家,妇坚执不

---

① 〔明〕张岱:《陶庵梦忆》卷一,"朱云崃女戏"条,第13页。
② 〔清〕董含:《三冈识略》卷六,"三吴风俗十六则"条,第715—717页。
③ 李伯重:《从"夫妇并作"到"男耕女织"——明清江南农家妇女劳动问题探讨之一》,载《中国经济史研究》1996年第三期,第99—107页。
④ 〔清〕陈尚隆纂、陈树榖续纂:《陈墓镇志》卷三《风俗》,雍正二年成书,乾隆三十五年续修,抄本。
⑤ 〔清〕金惟騄纂:《龙盘镇志》(不分卷),"风俗",光绪元年(1875)抄本。
⑥ 金山县张堰镇志办公室编:《张堰镇志》,"民间歌谣选",交通大学出版社1995年版,第184页。

从,说死要同时,"决不后时",结果用菜刀先行自杀,时年二十一岁。①

显然,不能守节,夫死再嫁,或男女间有不慎的"接触"行为,都要被视为"不干净";而女体本身,在男性的视野中,也常常是一个秽体。这样一种"不净观",强烈笼罩着旧时的守节妇人。

女人一旦再嫁,就被认为不是好事。还有嫁了三次,而被人作诗嘲笑的:"辞灵羹饭焚金钱,哭出先天与后天。明日洞房花烛夜,三天门下会神仙。"②表面是嘲谑,实深蕴鄙薄之意。

周作人的《秉烛谈》,曾以汪龙庄《双节堂庸训》中的一位贞节寡妇的两件轶事为例,在这方面作了细致解读:一是寡妇在病中出门去打水,病得举不了步,邻媪劝她在门前石条上稍坐一下,她说:"此过路人坐处,非妇人所宜。"坚持不肯坐。一是她犯头晕病,曾将待客的龙眼汤剥剩下的核煎了喝,觉得好了些,后来又发病,她的儿子特地买了龙眼肉来孝敬,她说:"此可办一餐饭,吾何须此!"坚持不肯喝。周作人指出:两件小事,"正可代表大多数女人的苦况。"又说:"我读了不禁黯然,这里重复的说,于此可以见女人的永劫的苦难。"那位寡妇不肯喝龙眼肉汤,是觉得女人的命很贱,不值得用贵重补品来治病;她不肯坐路边石条,一方面因为那是许多男人坐过的,女人去坐,便有了间接的性接触;另一方面是因为,女人以秽恶之体接触过,对将来去坐的男人,便有不祥。钱锺书的《围城》里,也有这样的说法。他写一辆拥挤的长途汽车上,一个女青年坐到一个米袋上,便受到米袋男主人的呵叱:"这是要进嘴的东西呀?"意思显然相近。在舒芜看来,后一方面的"不净观",在当时恐怕是更主要的,所以周作人把这看作"不净观"给予女人永劫的苦难。③

所有这些,都反映了当时社会的风尚和人们复杂的生活观念。

才子佳人及其时代变迁

王实甫《西厢记》里有一段反映张生与崔莺莺的相思词曲,借"红娘传书"一节,颇能体现所谓才子与佳人相会在即的某种感受:

---

① 〔明〕周晖:《金陵琐事》卷一,"陈烈妇拒母"条,万历三十八年刊本。
② 〔清〕褚人获:《坚瓠集》甲集卷四,"三天"条,柏香书屋校印本。
③ 舒芜编录:《女性的发现——知堂妇女论类抄》,《导言》,北京:文化艺术出版社1990年版,第24页。

(末云)"待月西厢下",着我月上来;"迎风户半开",他开门待我;"隔墙花影动,疑是玉人来",着我跳过墙来。

(红笑云)他着你跳过墙来,你做下来。端的有此说么?

(末云)俺是个猜诗谜的社家,风流隋河,浪子陆贾,我那里有差的勾当。

(红云)你看我姐姐,在我行也使这般道儿。

【耍孩儿】几曾见寄书的颠倒瞒着鱼雁,小则小心肠儿转关。写着西厢待月等得更阑,着你跳东墙"女"字边"干"。原来那诗句儿里包笼着三更枣,简帖儿里埋伏着九里山。他着紧处将人慢,恁会云雨闹中取静,我寄音书忙里偷闲。①

男女鱼雁传书中,确如王实甫所谓的"诗句儿里包笼着三更枣,简帖儿里埋伏着九里山"。而小说《照世杯》中的"七松园弄假成真"故事,则描述了财力不继的才子阮江兰,爱上扬州青楼第一名妓畹娘,被老鸨拆散后的相思之苦,而且根本没有鱼雁传书的机会。② 这与张生的相思心情,显然是类同的。同样在扬州,以善画白描美人著称的周叔球,年不过三十,居然因深恋一名女妓,"钟情而死"。③

明清时期文人们的大量笔记小说和名士们的诗文集中,都可以看到上述那些所谓才子佳人情意绵绵的种种艳闻轶事。

清代嘉、道之际的浙江钱塘人陈裴之,曾官南河候补通判,因妻室汪端体弱多病,湘雨、伫云、兰语诸楼名妓,都想成为陈裴之的妾侍,后慕南京名妓王子湘(字紫湘,又字畹君)之才艺,将她迎归钱塘,王氏时年十九岁。初到陈家后,倒是服侍汪氏的时间较多,所以汪氏对她十分感激。不久王氏得咯血症,"讳疾不言,渐至沉笃",终因肺病而殁,终年二十三岁。陈裴之也很短命,只活了三十三岁。陈裴之这样形容王氏:

发长委地,光可鉴人,指爪皆长数寸,最自珍惜。每有操作,必以金弓区护之。弥留之际,郑媪为理遗发,令勿轻弃,更倩闰湘尽翦长爪,并

---

① 〔元〕王实甫:《西厢记》第三本:"张君瑞害相思杂剧",第二折。
② 〔清〕酌元亭主人编:《照世杯》,上海古籍出版社1985年版,第1—24页。
③ 〔清〕李斗:《扬州画舫录》卷十三《桥西录》,第297页。

藏翠桃香盒中。闰湘曰："留以遗公子耶？"含泪点首者再。①

由此可见，陈、王二人情爱之深。当然，更为著名的才子佳人，像钱谦益与柳如是，侯朝宗与李香君，龚鼎孳与顾眉，冒辟疆与董小宛，吴伟业与卞玉京，张溥与徐佛，孙克咸与葛嫩等，都是明清之际较有代表的。另外有关陈圆圆、顾寿、寇湄等名妓一生悲欢离合的许多正传、野史，同样让后人感怀至深。

龚炜认为，钱谦益与龚鼎孳堪称"真兄弟"。其理由是："其才望同，其官位同，其出处亦同"，而且柳如是与顾眉又堪称女性"兄弟"，"其所事同，其专宠同，其妖蛊同"。②

至于侯方域（朝宗，1618—1655）与李香君的故事，已在孔尚任的《桃花扇》中，描述殆尽。其中有一段，专门讲到侯氏最初渴望能在南京觅得绝色佳丽的心情：

> 小生侯方域，书剑飘零，归家无日，对三月艳阳之节，住六朝佳丽之场，虽是客况不堪，却也春情难按。昨日会着杨龙友，盛夸李香君妙龄绝色，平康第一。现在苏昆生教他吹歌，也来劝俺梳栊；争奈萧索奚囊，难成好事。③

当侯朝宗第一眼见到香君，即惊为"天人下界"。李香君的假母是李贞丽，颇有豪侠之气，曾经一夜豪赌，输尽千金。李香君时年十三，亦侠而慧，从苏昆生（即周如松）学歌，擅长演唱《玉茗堂四梦》，尤工琵琶。侯朝宗是明末著名四大公子之一，与李香君有终身之约。朝宗离去后，马士英的亲戚田仰想用重金罗致香君。香君坚决不去，说："妾不敢负侯公子也。"④香君不畏权势，对侯氏的痴情亦可见一斑。

而冒辟疆初识董小宛时，就坦言董氏在苏州半塘风尘之中颇有艳名，"才色为一时之冠"，那时董氏也才十六岁。⑤

---

① 参〔清〕陈裴之：《香畹楼忆语》，上海古籍出版社2000年版，特别是第115、142页。
② 〔清〕龚炜：《巢林笔谈》卷三，"钱谦益与龚鼎孳"条，中华书局1981年版，第76页
③ 〔清〕孔尚任：《桃花扇》卷一《第五出·访翠》，人民文学出版社1982年版，第37—39页。
④ 〔清〕余怀：《板桥杂记》卷下《轶事》，第69页。
⑤ 〔清〕冒襄：《影梅庵忆语》，载《美化文学名著丛刊》，上海书店1982年据国学整理社1936年刊本影印本。

崇祯十五年(1642),著名的复社年会,仍在苏州虎丘举行,新的盟主是诗人、号称"云间三子"之一的李雯(1607—1647),许多少年才子都前往参加。冒辟疆可能也出席了这次盛会,尽管他对朝廷命运的关注不及对个人私生活的兴趣。他失去了有倾国倾城之色的陈圆圆,她落入了外戚田畹之手,后来田畹又将她转赠给了吴三桂。因为偶然的机缘,冒辟疆结识了一心要委身于他的董小宛。当时,董小宛因为其父以她的名义在苏州到处借钱,冒辟疆要想将已经债台高筑的董小宛赎出,唯一的希望是乡试中举。但就在这一年,他乡试落第,希望落空。①

在南京与冒辟疆初识于崇祯九年乡试时期的魏学濂,被冒襄在《同人集》卷九《往昔行迹》中称赏为"秀挺清奇,不可一世"。②

崇祯十五年再次乡试时,魏学濂在桃叶寓馆正好碰到来南京寻找冒辟疆的董小宛,遂认定冒氏是在招妓,引发了一个小误会。事后魏氏向小宛表示了歉意,并当场铺纸作《美人画》,题诗于上云:"某不避盗贼风波之险而从辟疆,殊为可敬,破例作画,系之以诗。"③

董小宛归为冒氏侧室,就在崇祯十五年秋末。这年秋试发榜,冒氏中副榜,衣锦还乡。钱谦益偕柳如是亲到苏州半塘,花费了3 000两巨资,帮助董氏摆脱乐籍、偿还债务,又帮助买舟送往如皋,与冒氏完婚。④

在冒辟疆与董小宛交往的过程中,冒氏与陈圆圆的插曲,在《影梅庵忆语》中专门被提及,时为崇祯十四年春天:

> 辛巳早春,余省觐去衡岳,由浙路往,过半塘汛姬,则仍滞黄山。许忠节公赴粤任,与余联舟行。偶一日,赴饮归,谓余曰:"此中有陈姬某,擅梨园之胜,不可不见。"余佐忠节治舟数往返,始得之。其人淡而韵,盈盈冉冉,衣椒茧时背顾湘裙。真如孤鸾之在烟雾。⑤

那时,冒辟疆经由大运河,准备再经浙江,前往湖南看望被调往战争前线的父亲冒起宗。辟疆对父亲的处境比较担忧,准备四处请托,希望能调职他处。到

---

① 参[美]魏斐德:《洪业——清朝开国史》,陈苏镇、薄小莹等译,江苏人民出版社1998年版,第129页。
② 谢国桢:《明清之际党社运动考》,中华书局1982年版,第143页。
③ 李勇:《魏大中评传》,上海三联书店2018年版,第297、308—309页。
④〔清〕冒襄:《影梅庵忆语》,载《美化文学名著丛刊》,上海书店1982年据国学整理社1936年刊本影印本。
⑤〔清〕冒襄:《影梅庵忆语》。

苏州半塘时,董小宛早至皖南游玩了。与辟疆同行的同乡官员许直则准备前往广东赴任,在一次酒后,许直建议可以在半塘另寻一位陈姓的美女,并强调不可不见。辟疆即与许直一起,坐船数次前往,才得以见之。见面的感觉,辟疆用聊聊数笔,将陈姬之美活现眼前。这一天,陈姬还演绎了一段弋阳腔的"红梅","令人欲仙欲死"。可是,等到冒氏省亲回到苏州,陈姬已被所谓的势家劫去。出于清初平西王吴三桂之讳,冒氏并未直书陈姬的全名,其实就是陈沅(圆圆)。①

清人钮琇在其笔记《觚賸》中,盛称陈氏之才华美艳,并略述其生世命运:

> 崇祯末,流氛日炽。……而大江以南,阻于天堑,民物晏如,方极声色之娱,吴门尤盛。有名妓陈圆圆,容辞闲雅,额秀颐丰,有林下风致。年十八,隶籍梨园,每一登场,花明雪艳,独出冠时,观者魂断。维时田妃擅宠,两宫不协。……外戚周嘉定伯以营葬归苏,将求色艺兼绝之女,由母后进之,以纾宵旰忧,且分西宫之宠,因出重资购圆圆,载之以北,纳于椒庭。一旦侍后侧,上见之,问所从来。后对:"左右供御,鲜同里顺意者。兹女吴人,且娴昆伎,令侍栉盥耳。"上制于田妃,复念国事,不甚顾。遂命遣还。故圆圆仍入周邸。②

冒氏所记陈圆圆被劫而未去,在崇祯十四年秋,故陈氏入宫至迟不过十五年之春夏。③ 自吴三桂入关、清朝在北京建立正统后,陈氏一直归于吴三桂。吴梅村的《圆圆曲》,讲的就是吴三桂与陈圆圆的遇合经过:

> 鼎湖当日弃人间,破敌收京下玉关。恸哭六军俱缟素,冲冠一怒为红颜。
> ……
> 一斛明珠万斛愁,关山漂泊腰支细。错怨狂风飙落花,无边春色来天地。
> 尝闻倾国与倾城,翻使周郎受重名。妻子岂应关大计,英雄无奈是

---

① 孟森:《董小宛考》,载氏著《心史丛刊》,辽宁教育出版社1998年版,第157—181页。
② 〔清〕钮琇:《觚賸》,"圆圆"条,浙江古籍出版社1988年版,第54—55页。
③ 孟森:《董小宛考》,载氏著《心史丛刊》,沈阳:辽宁教育出版社1998年版,第157—181页

多情。①

……

在《影梅庵忆语》中,冒襄还曾言,陈圆圆虎口脱身后,与冒氏见面,说:"余此身脱樊笼,欲择人事之终身可托者,无出君右。"她颇愿随冒氏生活,冒氏却说与陈氏见面不过是"无聊闲步"而婉拒之。②

可以想象,当时的那些名流对这些"国色天香",不是"挥金如土",恐怕也是"倾囊而尽"。当时,一个名妓的赎身之价,往往高至千金。

再如寇湄,字白门。钱谦益作诗称:"寇家姊妹总芳菲,十八年来花信违。今日秦淮恐相值,防他红泪一沾衣。"说明寇家多佳丽。白门不但外表美貌,而且"能度曲,善画兰,粗知拈韵吟诗"。十八九岁时,据说为保国公朱国弼购之,金屋藏娇。甲申三月,京师陷落,朱国弼生降,家口没入官,白门就以千金为朱氏赎身,结果寇氏"跳匹马,短衣,从一婢南归",气度潇洒。寇氏之举,被时人冠以"女侠"。③

出身嘉兴儒家的黄媛介,字皆令,能诗善画,其夫杨兴公,聘后贫不能娶,后媛介流落吴门时,其诗名日高,"有以千金聘为名人妾者",其兄坚持不肯。媛介后客于钱夫人柳如是住的绛云楼,楼毁于火,而钱谦益后来因一场官司而一蹶不振。④ 陈寅恪在《柳如是别传》中考证,这位聘主就是钱谦益,用千两银子想聘为小妾,都没能成功,可见其身价之高。

至如顾眉,也称顾媚,鬒发如云、桃花满面、弓腰纤小、腰支轻亚,有"庄妍靓雅,风度超群"之赞,才华出众,被时人推为"南曲第一"。所居"眉楼",在旧院大街东,距古桃叶渡不远处,绮窗绣帘、香烟缭绕、檐马丁当。余怀戏称顾氏的内闱是一座"迷楼"。据说,江南文酒之宴,"红妆与乌巾紫裘相间,座无眉娘不乐"。在崇祯十二年,顾眉与龚鼎孳(1615—1673)相识。鼎孳是合肥人,崇祯七年的进士,在崇祯十六年,两人成婚。据说龚鼎孳视金玉如粪土,得顾眉后,更加轻财好客,怜才下士,名盛当时。顾氏也有"横波夫人"之谓,病殁于康熙二年(1663)。清人程春庐之侄世樾藏有《顾横波小像》一幅,称其"丰姿嫣然,呼之欲出"。⑤

---

① 〔清〕吴梅村:《吴梅村全集》卷三《诗前集三》,"圆圆曲"条,第78—79页。
② 〔清〕冒襄:《影梅庵忆语》,载《美化文学名著丛刊》,上海书店1982年据国学整理社1936年刊本影本。
③ 〔清〕余怀:《板桥杂记》卷中《丽品》,第51页。
④ 〔清〕吴梅村:《吴梅村全集》卷五十八《梅村诗话》,第1143页。
⑤ 〔清〕余怀:《板桥杂记》卷中《丽品》,第29—33页。

不过关于顾氏的气节,通过冯龙见的《绅志略》与顾苓的《河东君传》的比照,清代中期桐乡人陆以湉认为,她远不如柳如是。龚鼎孳在降清前,一度投顺李闯,官授指挥使,常对人说:"我原欲死,奈小妾不肯何?"这位小妾就是顾眉。①

沈虬的《河东君传》(据葛昌楣《蘼芜纪闻》上引)称:河东君柳如是本姓杨,听其音,为嘉兴人。柳如是身材短小,装扮俏利,特别是那一双小脚,是其平生最为自负的②,而且"色艺冠绝",以致一时才俊奔走枇杷花下,车马如烟。③ 柳如是曾适陈子龙为妾,其实就是做外妇,当时子龙还是一名举人。陈子龙是崇祯三年的举人,崇祯十年成进士,历官刑部主事,惠州、绍兴推官,兵科给事中,兵部右侍郎兼翰林学士。

柳如是与亦称"云间三子"之一的宋徵舆(1617—1667)关系交好,当柳面临被驱逐的窘境时,她约宋征舆来商量对策,在其寓所的几案上,放着一张古琴,还有一把倭刀。两人交谈之际,大概大违柳的心意,柳大怒,持刀斫琴,七弦俱断。④ 由此可概见柳的气节与秉性。柳氏的行谊、交往与性情,足以表征晚明文人文化。其中透露的柳氏尚侠风格,堪称晚明文人文化之一端。⑤

崇祯十三年,柳如是二十三岁,陈子龙三十三岁,而钱谦益已五十九岁。⑥ 这年冬天,柳如是扁舟拜访钱谦益,"幅巾弓鞋,着男子服,口便给,神情潇洒,有林下风",使钱谦益颇为倾倒,盛称"天下风流佳丽,独王修微、杨宛叔与君鼎足而三"。次年六月初七定情,柳时年二十四岁。钱谦益为她专门在半野堂之西造了绛云楼居住。⑦ 为营建此楼,钱氏忍痛将一套宋版两汉书削价200两卖给宁波谢氏,得银1 000两,作为造楼之资。⑧ 该楼雕梁画栋自不必说,光在楼内藏的宋版书就有几万卷,还有许多珍贵的书画古玩,实是在"金屋藏娇"了。钱谦益晚年的

---

① 〔清〕陆以湉:《冷庐杂识》卷八,"顾媚柳是"条,中华书局1984年版,第455—456页。
② 陈寅恪对柳氏的小脚,特别予以关注,参《柳如是别传》,第657页。
③ 〔清〕雪苑怀圃居士录:《柳如是事辑》,文字同盟社刊本。
④ 陈寅恪:《柳如是别传》,第68—69页。
⑤ 王鸿泰:《倭刀与侠士——明代倭乱冲击下江南士人的武侠风尚》,《汉学研究》2012年第三期,第65页。
⑥ 陈寅恪:《柳如是别传》,第574页。
⑦ 钱氏主宅在常熟城内,起名"荣木楼",内有"半野堂""闻我室";在虞山胜景最佳处有别墅"拂水山庄",小东门外建有"碧梧红豆庄"。详参陈寅恪在《柳如是别传》中的详细考证。
⑧ 钱氏以婉惜的口气,讲述了这一缘由:"赵吴兴家藏宋椠'两汉书',王弇州先生以一庄得之陆水邨太宰家,后归于新安富人,余以千二百金从黄尚宝购之。崇祯癸未,损二百金售诸四明谢氏。庚寅之冬,吾家藏书尽为六丁下取,此书却仍在人间。朕其流落不偶,殊可念也。"参氏著《牧斋有学集》卷四十六《书旧藏宋雕两汉书后》,上海涵芬楼影印原刊本。

大部分时间,都陪伴着柳如是,似乎有着钱谦益弟子王士禛所称为"神韵"的那种时代精神的体现。①

顺治二年乙酉(1645)五月,南明弘光朝败亡,清兵东南侵,柳如是劝钱谦益殉节,钱谦益称"不能";柳如是自己就奋身跳入池塘,欲自沉,结果被拦住了。这一情景,被钱谦益的馆师、长洲人沈明抢亲眼目睹。顺治七年冬,绛云楼失火,延及半野堂,楼中所藏的珍贵书、画、古董等物,全部葬身火海。②

上述记载,与顾苓《河东君传》中的说法一致:"乙酉五月之变,君劝宗伯死,宗伯谢不能,君奋身欲沉池水中,持之不得入。其奋身池上也,长洲明经沈明抢馆宗伯寓中见之,而劝宗伯死,则宗伯以语兵科都给事中宝丰王之晋,之晋语余者也。"陈寅恪在《柳如是别传》中详细考证,认为顾氏所记可以信为实录。

顺治四年,陈子龙殉国。顺治五年,钱谦益本以黄毓祺案当死,为柳如是所救,使不死。陈寅恪认为,如果柳氏后来的归所是陈子龙,很有可能与陈子龙一同殉国,或与钱谦益在顺治五年同死。③ 比照陈子龙的殉节,钱谦益被人讥为"有文无行"。④

钱氏失职后,自号"东涧遗老",赋闲在家。钱氏一次戏柳氏云:"我爱你乌个头发白个肉。"柳应云:"我爱你白个头发乌个肉。"当时传以为笑。钱谦益暮年显然不甚得意,常恨曰:"要死,要死。"柳如是就正色骂他:"公不死于乙酉,而死于今日,晚已。"柳氏亦被时人称为"女中丈夫"。⑤ 据说钱谦益的钱财,一般都由柳如是经理,钱族中人都怀疑柳氏有私蓄,钱谦益死后,钱家族人突于柳如是处索要,如是安慰众人后,入内室,长久不出,早已自缢而亡,众人方始散去。⑥ 而在今天的常熟,哪怕是春光最为明丽的时节,柳如是与钱谦益的土墓,各自孤单地静卧在虞山北麓,很不起眼,隔开它们的,是满眼金灿灿的油菜花。

---

① 〔美〕魏斐德:《洪业——清朝开国史》,陈苏镇、薄小莹等译,江苏人民出版社1998年版,第130页。
② 〔清〕顾公燮:《丹午笔记》,"柳如是"条,江苏古籍出版社1985年版,第93—94页。
③ 陈寅恪:《柳如是别传》,第574页。
④ 〔清〕顾公燮:《丹午笔记》,"钱牧斋"条,第92—93页。
⑤ 〔清〕顾公燮:《丹午笔记》,"柳如是"条。生活于康熙二十二年至乾隆二十五年间的常熟人王应奎,也有类似的记载:"我闻室"是专为柳如是建的;一日,两坐室中,钱目注柳如是,柳问:"公胡爱我?"钱答:"爱汝之黑者发,而白者面耳。然则汝胡爱我?"柳曰:"即爱公之白者发,而墨者面也。"侍婢皆为匿笑。参王应奎:《柳南随笔》卷二,中华书局1983年版,第26页。陈寅恪认为,尽管钱、柳二人的戏语,有记载的文献尚有不少,但以顾所载最为真实可贵,最主要的原因,是顾氏所用的吴语,既简单,又契合彼时情景,自然也最能反映当日钱、柳对话的原词。参陈寅恪:《柳如是别传》,第543页。
⑥ 〔清〕王应奎:《柳南随笔》卷三,第53页。

《再生缘》的作者陈端生,与柳如是似有相类之处,两者皆为一代才女,而生活境遇都不甚如意,在社会动荡时期,却都有凛然气节和令人感佩的事迹。①

柳如是的密友卞玉京,也是一代名妓,他们两人都为董、冒之事的促成,起了关键作用。②

卞玉京,原名卞赛,自号"玉京道人"。她知书、工小楷、善画兰、鼓琴。年十八,游于苏州,侨居虎丘,其卧房相当雅洁,"湘帘棐几,地无纤尘";而且谈辞如云,令人倾倒。《香艳丛书》第一集卷一《十美词记》记载卞玉京寓居虎丘山塘白公堤侧时,"慕而邀之者,香车画舫,不绝于道",但她不好华饰,不轻与人狎。不久,她回到南京秦淮河边生活,适逢战乱,又返苏州。《梅村诗话》中有一段吴伟业的回忆:卞玉京后往南京,七年不得消息,忽过常熟尚湖,寓一友家不出。吴伟业在钱谦益家,谈及这位故人,钱说一定能找到,即乘轿前往,已而登楼,卞氏说要化好妆才肯相见,过了很久,又传出话来是旧病突发,不便相见,改日到吴氏山庄拜访。吴很遗憾,写了一诗云:"缘知薄幸逢应恨,恰便多情唤却羞。"是当日情景的实语。③

大概在顺治七年秋末,吴伟业曾作《听女道士卞玉京弹琴歌》,赠给卞氏。其诗云:

> 驾鹅逢天风,北向惊飞鸣。飞鸣入夜急,侧听弹琴声。借问弹者谁?云是当年卞玉京。玉京与我南中遇,家近大功坊底路。小院青楼大道边,对门却是中山住。……

一开篇,就盛赞卞玉京琴艺的高超。后来卞氏在苏州选筑别馆,长斋侍佛,到顺治十七年亡故,葬于无锡惠山祇陀庵锦树林。④ 据载,吴梅村病殁前的"绝命词",有这样两句:"忍死偷生廿载余,而今罪孽怎消除?"⑤吴伟业与钱谦益,都是在明亡后降顺于清朝,这两句清楚地体现了他们对家国的悲悯和无尽的怅意。

---

① 王鸿泰:《青楼名妓与情艺生活:明清间的妓女与文人》,收入熊秉真等编:《礼教与情欲:前近代中国文化中的后/现代性》,中研院近代史研究所,1999年,第73—123页。
② 陈寅恪:《柳如是别传》,第507页。
③ 〔清〕吴梅村:《吴梅村全集》卷五十八《梅村诗话》,第1139—1140页。
④ 〔清〕余怀:《板桥杂记》卷中《丽品》,第37—38页;〔清〕吴梅村:《吴梅村全集》卷三《诗前集三》,第63—64页。
⑤ 〔清〕王士禛:《池北偶谈》卷十一《谈艺一》,"梅村病中诗"条,第265页。

与江南名士张溥有密切关系的佳人徐翙,字雪翾,小字阿佛,是嘉兴籍妓人,性慧能诗,随母迁居吴江盛泽镇,遂著声青楼间,每同当湖(平湖县城)、武原(海盐县城)诸公游,然心厌秾华,常与一士有所约,不果,因作《秋怨诗》,后归贵介周某,周死后,祝发为尼。她的《秋怨诗》共五首,其中之一是:"自许恩情百岁同,那堪弃置任秋风。开帘见月还羞月,似笑齐纨箄簏中。"①

明人谢晋曾作《青楼怨》一诗,更体现了广泛的青楼女子,有着不一样身世和命运的共同心境:"钿筝理罢久支颐,帘外黄昏月上时。莺去燕来春暗老,含情惟有镜鸾知。"②

风流总被雨打风吹去。孔尚任在《桃花扇》第四十出最后撰有一首小诗,标示的时间是乙酉(1645年)七月。他这样写道:"白骨青灰长艾萧,桃花扇底送南朝;不因重做兴亡梦,儿女浓情何处消。"孔尚任借乱世儿女的悲歌,抒发对于前朝的幽思,也就是他所谓的"借离合之情,写兴亡之感,实事实人,有凭有据"。③

虽然明清时期不少世家大族中颇多才女,而且介入文学社会之深,已成为一种突出的现象④,但是更多的妇女,包括青楼女子,由于没有留名,也没有文人们帮她们写述生平,常常淹没不彰,留给后人更多的想像空间。她们对于当时社会的影响,以及从下层到上流社会角色的变动,引起时人不少的关注。要了解处于那个时代人们的日常生活,她们的存在无疑是不容忽视的。

《品花宝鉴》的作者陈森(约1797—约1870),是江苏常州人,自称用游戏之笔来描写游戏人生。他认为游戏之中最难的,是几个用情守礼的君子,与几个洁身自好的优伶,真合着《国风》"好色不淫"一句。他将官绅子弟、梨园名旦及其中下等人物,都分了十等,以示正邪和高低差别。他说:

> 先将缙绅中子弟分作十种,皆是一个情字,分别是情中正、情中上、情中高、情中逸、情中华、情中豪、情中狂、情中趣、情中和、情中乐。再将梨园中的名旦分作十种,也是一个情字,分别是情中至、情中慧、情中韵、情中醇、情中淑、情中烈、情中直、情中酣、情中艳、情中媚。这两类,

---

① 〔清〕沈季友:《槜李诗系》卷三十四,"伎人徐翙"条。
② 〔明〕谢晋《兰庭集》卷下《青楼怨》,四库全书本。
③ 〔清〕孔尚任:《桃花扇》卷一《试一出·先声》、卷四《第四十出·入道》,第1、252页。
④ 罗时进:《清代江南文化家族姻娅网络与文学创造力再生》,收入氏著《地域·家族·文学:清代江南诗文研究》,上海古籍出版社2010年版,第68—69页。

都是"上等人物"。还有"下等人物",根本不配用情字,分别十种是:淫、邪、黠、荡、贪、魔、祟、蠹。①

而明清时代盛行的各种性爱之风,无论是正统之性爱观与节烈风气、晚明的纵欲主义思潮,还是男同性恋风气、女子缠足的流行与金莲崇拜、生活中的异装癖风气,都是那时社会中男女生活的重要呈现。② 这些内容,其实已建构出传统时代性别问题与生活的系列主题,包括传统生活中的自由、情欲与身体等方面。③

至于情色小说的泛滥,娱乐场所娼女娈童的众多,对金莲的爱好,春宫画、亵玩品、春药等的公开流行,以及各类青楼娼馆的兴盛,都代表了一个时代的风气及内在转向。十八世纪以后到清末,那时的名妓素质与整体青楼文化的定位,已大不如前。④

民国十九年(1930)冬,邓之诚为《柳如是事辑》撰跋时称:"明季风俗之流荡,士人夫不立学行,唯鹜声气,至于佻达放纵,征逐于娈童姹女之室,穷极声色,服食器玩之好,而自以为风流。"⑤这短短数言,是对那个时代,那样一种特定社会的面貌,所作的精辟概括。经历了明清交替,昔日的繁华地都归于荒墟。就像孔尚任(1648—1718)描绘的旧院故地感受:

> 行到那旧院门,何用轻敲,也不怕小犬哞哞。无非是枯井颓巢,不过些砖苔砌草。手种的花条柳梢,尽意儿采樵;这黑灰是谁家厨灶?⑥

---

① 〔清〕陈森:《品花玉鉴》第一回《史南湘制谱选名花 梅子玉闻香惊绝艳》,宣统元年幻中了幻斋刊本。
② 吴存存:《明清社会性爱风气》,人民文学出版社2000年版。
③ 参李孝悌:《恋恋红尘:中国的城市、欲望与生活》,上海人民出版社2007年版。
④ 〔美〕高彦颐:《闺塾师——明末清初江南的才女文化》,第24页。
⑤ 〔清〕雪苑怀圃居士录:《柳如是事辑》,邓之诚"跋"。
⑥ 〔清〕孔尚任:《桃花扇》卷四《续四十出·余韵》,第259页。

六、董含与三冈：地方士人的生活变动

明清鼎革之际的士人生活

明清鼎革之后，地方民情之中时或存在怕惧之情态，明末以来的绅士阶层则饱受打击。从清初奏销案以后，"役隶威加衿士"的状况形成常态，已非昔日"优文之象"。①

戴名世（1653—1713）回忆说："岁戊辰、己巳（康熙二十七、二十八年）以后，十余年来，江南缙绅之体陵夷极矣。其祸始于一二家之横，致得重罪，他处遂多效之。官吏务以挫辱士大夫为能，逢迎上官，皆得美擢。"就连普通百姓，也经常让曾经威风煊赫的绅士们斯文扫地，即使发生诉讼纠纷，老百姓往往能够胜诉。最后，在与百姓发生纠纷时，居然有绅士冒充布衣百姓，才敢到官府打官司。戴名世对此很不解，知情者言："生员辈与百姓讼，无问曲直，必百姓胜，遂有自匿衣衿而诈称百姓，遂获直者。"②原来，只有诈称普通百姓，在诉讼中才有获胜的机会，否则，即使有理也打不赢官司。所以，生活于康、乾时期的常熟人王应奎就有这样的感叹：古称秀才为"措大"，是能措办大事之士，可是"今日之秀才，偷懦惮事，无廉耻而嗜饮食，大半皆子游氏之贱儒也"，"贱儒"自然不配"措大事"了。③其原因，多与上述政治背景有关。

在松江，华亭人董含为代表的士人，在清初的隐居生活及其心灵世界，多多少少呈现于"野史"之类的著述中。他们的存在实态、地方的官民关系等重要内容，在原来丰富的遗民史或明清交替史的论述中，其实未被真正全部廓清，还需要寻找更为生动的史料与细致的案例，予以进一步揭示。

而且，在鼎革之后，16世纪以来的地域商业化进程等促动集中于城镇生活的

---

① 〔清〕计六奇：《明季北略》卷十八，"锡邑诸生逐县令"条，中华书局1984年版，第337—338页。
② 〔清〕戴名世：《戴名世遗文集》，王树民等编校，中华书局2002年版，第130—131页。
③ 〔清〕王应奎：《柳南随笔》卷二，中华书局1983年版，第24页。

态势①,其实多趋于消散。从城市(至少是县城)退隐至远离官府治所(地方政治中心)的乡村者颇多,出现了很多蹈行"不入城"的遗民们②,也可以视为一种"山林"(前朝)与"城市"(当代)隔离的士人文化的残留形式。③

像崇祯十五年举人、苏州人徐枋在国变后即"脱身亡命",避地于上沙之涧边,"终身不入城市,不通宾客,卖字画以给"。④ 他回忆过往,十分感慨地说道,从二十四岁惨遭国变伊始,"世变至今四十年","前二十年不入城市,后二十年不出户庭"。⑤ 无锡籍国子监生王永嘉,"生有至性,而躁急不能谐俗",在鼎革后与很多遗民一样是"不入城邑",最终皈依佛门。⑥ 上海人、都谏许霞城(誉卿)在鼎革后,"削发为僧"。曾掌户部之职的张元始,曾受特旨督催苏、松粮饷,因鼎革归里里,闭门谢客。⑦ 明末官绅们这类生活方式的选择,当然与他们的政治取向相一致⑧,从而在原来复杂的乡村生活情境中,呈现出更为迷离的面相。

其实,因缘明朝的覆灭而从科举或仕宦道路上被迫退下来的士人们,内部情形也非一律。像桐乡的张履祥、绍兴的张岱、昆山的陈瑚等人,情况即各有不同。⑨ 更

---

① 地域变动与城居化的若干论述,可参[日]滨岛敦俊的《农村社会——觉书》(收入森正夫等编:《明清时代史的基本问题》,汲古书院 1997 年版,第 155—180 页)、《明代中后期江南士大夫的乡居和城居——从"民望"到"乡绅"》(《复旦史学集刊》第三辑"江南与中外交流",复旦大学出版社 2009 年版)、《再论李日华〈味水轩日记〉——明代后期江南乡绅的生活》(收入刘昶、陆文宝编:《水乡江南:历史与文化论集》,上海古籍出版社 2014 年版,第 274—275 页)、《明代松江何氏之变迁》(收入陈支平主编:《相聚休休亭:傅衣凌教授诞辰 100 周年纪念文集》,厦门大学出版社 2011 年版,第 109—129 页)、巫仁恕的《优游坊厢:明清江南城市的休闲消费与空间变迁》(中研院近代史研究所 2013 版,第 352—356 页)等。
② 王汎森:《清初士人的悔罪心态与消极行为——不入城、不赴讲会、不结社》,收入氏著《明末清初思想十论》,复旦大学出版社 2004 年版,第 187—247 页。
③ 林丽月:《故国衣冠:鼎革易服与明清之际的遗民心态》,收入氏著《奢俭·本末·出处——明清社会的秩序心态》,新文丰出版公司 2014 年版,第 287—309 页。
④ 乾隆《长洲县志》卷二十五《人物四》。
⑤ 〔明〕徐枋:《居易堂集》,"序"(康熙二十三年秋),华东师范大学出版社 2009 年版,第 1—2 页。
⑥ 光绪《无锡金匮县志》卷二十九《释道》,光绪七年刊本。
⑦ 〔清〕叶梦珠:《阅世编》卷五《门祚一》《门祚二》,上海古籍出版社 1981 年版,第 120、130 页。
⑧ 不入城等问题的考察,可何冠彪的《生与死:明季士大夫的抉择》(联经出版事业公司 1997 年版)、王汎森的《清初士人的悔罪心态与消极行为——不入城、不赴讲会、不结社》(收入氏著《明末清初思想十论》,复旦大学出版社 2004 年版,第 187—247 页)、范金民的《鼎革与变迁:明清之际江南士人行为方式的转向》(《清华大学学报》2010 年第二期)、王成勉的《气节与变节——明末清初士人的处境与抉择》(黎明文化事业股份有限公司 2012 年版)等。
⑨ 相关研究可参[美]魏斐德的《洪业——清朝开国史》(江苏人民出版社 1998 年中文版)、胡益民的《张岱研究》(安徽教育出版社 2004 年版)、王成勉的《文史述情衷——张岱的遗民书写》(收入氏著《气节与变节——明末清初士人的处境与抉择》,黎明文化事业股份有限公司 2012 年版,第 143—167 页)张天杰的《张履祥与清初学术》(浙江古籍出版社 2011 年版)、王汎森的《清初的下层经世思想》(收入氏著《明末清初思想十论》,复旦大学出版社 2004 年版,第 331—368 页)等。

多的人，可能与吴江人陆文衡一样，日常生活就以"惜阴宝俭"为第一义，在清初回思甲申、乙酉之交家遭颠覆，所谓"国亡家破，萃于一时"，而又不能赴君父之难，"天长地久，此恨何穷？"有着既不敢自附于绅，也不敢自比于人的"绝人逃世"的难言心境。①

比较惨烈的，则如"嘉定三屠"后，侯岐曾与昆山的顾咸正（顾鼎臣的曾孙）父子、松江的陈子龙与夏完淳等人，仍在坚持地下抗清，图谋复明活动。他们面临的危险，就如侯岐曾给姻亲顾咸正的信中所说的那样："两年来偷生异域，无刻不经历龙潭虎窟，宛转刀山剑树之下，待死而已。然而一寸丹心，数茎白发，相依为命，死生之盟，尚不以远近隔也。"②至1647年，他们都被新政府清洗干净了。③

至于顺从新政的江南籍著名绅士中，与陈子龙、宋徵舆曾并称"云间三子"的李雯，在清兵下江南时，早与一些人在北京准备参加新朝举行的科考，目的是要搏功名。④ 不管是否真的有举业上的成就，李雯被清廷授职弘文院撰文、中书舍人，也剃了发，但他仍颇感悔痛，自称"失身"⑤，且"深以得官为恨"，同时又染有重病。⑥ 顺治四年五月，子龙殉难后，据说当年冬天，李雯在北京"郁郁道死"了。⑦

自明兴以来代有闻人的松江大族虹桥宋氏，到宋徵舆这一代，依然兴盛。徵舆本人中顺治四年进士，后官至御史中丞。⑧ 出身吴江曹村名族的金之俊⑨，在鼎革后，则比较顺利地转入新政府，并很得顺治帝的宠爱⑩；钱谦益与吴伟业等人虽然仍能在政治上保得高位，但都过得不太愉快，甚至希冀借助海上郑成功的力

---

① 〔清〕陆文衡：《啬庵随笔》卷末《附录乡贤公感忆生平篇》，光绪二十三年吴江陆同寿刻本，广文书局1969年影印版。
② 〔明〕侯岐曾：《侯岐曾日记》，丙戌正月廿一日，收入《明清上海稀见文献五种》，人民文学出版社2006年版，第489页。
③ 冯贤亮：《清初嘉定侯氏的"抗清"生活与江南社会》，《学术月刊》2011年第八期，第123—134页。
④ 谢国桢：《清初利用汉族地主集团所施行的统治政策》，收入氏著《明末清初的学风》，人民出版社1982年版，第73页。
⑤ 参〔清〕李雯：《蓼斋后集》卷一《乐府·东门行寄陈氏》、卷一《五言古诗·李子自丧乱以来追往事、诉今情、道其悲苦之作、得十章》、卷五《杂文·答发责文》，收入《四库禁毁书丛刊》集部第111册，据中国科学院图书馆藏顺治十四年石维昆刻本影印，第653—654、690—691页。
⑥ 〔清〕宋徵舆：《林屋文稿》卷十《云间李舒章行状》，上海图书馆藏康熙九钥楼刻本。
⑦ 〔清〕吴伟业：《吴梅村全集》卷五十八《诗话》，李学颖集评标校，上海古籍出版社1990年版，第1135页；〔清〕宋徵舆：《林屋文稿》卷十《云间李舒章行状》。
⑧ 〔清〕叶梦珠：《阅世编》卷五《门祚一》，第121页。
⑨ 〔清〕钮琇：《觚賸续编》卷三《事觚》，"名字前定"条，临野堂康熙四十一年序刻本，收入《续修四库全书》子部第1177册，第130页。
⑩ 赵丹青：《顺从与退却——金之俊与明末清初政治变迁》，复旦大学硕士学位论文，2015年，未刊本。

量,规复东南地区。①

当然,那些开始准备投入新朝怀抱的士子们,数量依然庞大,都在认真准备科考,预期像在晚明一样,可以重启"改换门庭"的旧梦。② 其实,这仍如嘉定知县陆陇其(1630—1692)为太仓人陆世仪(1611—1672)遗著所写的叙言中所指出的那样,是"功利之习"久已浸淫于人心,到了根深蒂固而不可拔的境地。③

董含就在这样的背景下,荣耀地获得了进士的功名,时为顺治十八年。但接踵而来的奏销之祸,彻底毁了董家的仕途之路,终使董家再无复兴的可能。对明清易代后江南地方士人生存状态的考察,董含本身就是一个极好的研究样例。故本章以董含及其生活场域为中心④,作一初步的探讨,并试图解明董家屡屡言及的三冈、董家在松江城内的居所、董含的光复堂与艺葵草堂以及康熙年间董含的生活场境、社会交游之面相与所撰《三冈识略》的历史价值等重要内容。

三冈董氏

嘉靖三十五年(1556)时,寓于紫冈、号"紫冈"或"紫冈山樵"的董宜阳,明确指出:"吾家本汴人",是宋室南渡时从开封迁居松江华亭(后从华亭析出上海,又为上海人)。华亭董氏的始迁祖是董官一,最终选择的居所是在"竹冈洪桥东",后称"居吴会里东沙冈之上",再后就是华亭的车墩地方,故人多称"吴会董氏"。⑤

---

① 参陈寅恪:《柳如是别传》,特别是第五章"复明运动"。
② "改换门庭"的说法,可参〔清〕顾公燮:《消夏闲记摘抄》卷上,"明季绅衿之横"条,旧抄本,收入孙毓修编:《涵芬楼秘笈》第二集,北京图书馆出版社2000年影印版,第630—631页。
③ 〔清〕吴德旋:《初月楼续闻见录》卷一,台湾商务印书馆1976年版影印本,页1a。
④ 在以往的江南地方史特别是松江社会史研究中,对董含缺乏关注,甚至完全被忽略。而对董含的笔记《三冈识略》,则或多或少有些利用。吴仁安在《明清时期上海地区的著姓望族》(上海人民出版社1997年版,第195—201页)中,全面梳理过像董氏家族这样的望族群体,不过对董含此人未予展开。后来白亚仁的《董含〈三冈识略〉的成书、肇祸及其改编》(《清史论丛》2015年第一辑,社会科学文献出版社2015年版,第213—239页),专论董含的《三冈识略》,堪称目前为止最好、最重要的相关研究。不过,论述的内容主要在版本与文献流传等问题。其他还有陈雪军的《董含和他的〈三冈识略〉》(《明清小说研究》2000年第二期,第207—218页)、任丽洁的《从〈三冈识略〉看清人笔记》(《文史杂志》1997年第五期,第50—51页)、王家范的《明清史料感知录(九)》(《历史教学问题》2012年第三期,第68—72页)等文,所述内容,大体不出文献考述或评价的范围,当然都为全面考察《三冈识略》的文献价值,提供了较好的研究基础。
⑤ 〔明〕董宜阳、董传性等编:《董氏族谱》卷一《世系》、卷二《世谱》,康熙五十八年光训堂新刻板、雍正二年周錞元序本。

后来因倭寇之乱等影响,宗族出现离散。①

因此就明代而言,自董官一至其子董仲庄以降,都入籍上海,其后经历五代,在董恬、董宜阳父子时正是第六、七世。② 到第八世董其昌(1555—1636)于万历十七年(1589)中进士时,占籍华亭,时董父汉儒已殁③,董家从董家汇迁入府城中的坐化庵(在清代新设的娄县县衙旁)附近生活。④ 也由于科考冒籍华亭以及避役等问题,董家隐讳至深,不再自称上海董氏而以"华亭董氏"为世称了。⑤ 董家在三冈的旧居,据今人的说法,就在上海马桥乡沙港(董家汇)、紫兴村(董家老宅)一带。

至晚在嘉靖年间,董家即号称"上海之望族"了。按松江人何良俊(1506—1573)的说法⑥,董家的先世,很早就"雄长里中",到侍御公董纶(伦)时家族更为壮大。在其子董怀(隐君)的生活时代,乡里亲友"有匮乏者,时加赈赡,虽数至无倦色",以致有所谓董家"与里巷人处,和易率直,人乐与之亲,不知其为势门"的言说。而且董家家风颇好,兄弟之间情深意长,何良俊就记述了下面这样的事例:

> 隐君三兄从宦者,皆为经理其家事。后次第归老,隐君以全产付之,毫发不自私。有过责隐君者,曲意承顺,终不至失欢。隐君于大理公最厚善。大理公归时,年已五十余,与隐君同处二十年,每日必大食,非旦暮不至私舍。大理公好贤隐君,常延致郡中名士,相与琴奕、觞咏、酬唱竟日;客退,则探养鱼、种树书,疏渠、艺竹,备林泉之致,兄弟徜徉其间,间取彝鼎图史,摩挲赏玩,共陶暮年。家之有无,与岁事登耗,相与共之,不问尔汝。⑦

---

① 〔明〕董宜阳、董传性等编:《董氏族谱》卷一《家乘小序》。
② 〔明〕董宜阳、董传性等编:《董氏族谱》卷一《世系》、卷二《世谱》。
③ 任道斌编著:《董其昌系年》卷二《中进士之后》,文物出版社1988年版,第20—22页。
④ 乾隆《华亭县志》卷二《建置志·祠》,乾隆五十六年刊本。
⑤ 吴仁安:《明清时期上海地区的著姓望族》,上海人民出版社1997年版,第196页。
⑥ 关于何良俊及其家事的考述,可参〔日〕滨岛敦俊:《明代松江何氏之变迁》,收入陈支平主编:《相聚休休亭:傅衣凌教授诞辰100周年纪念文集》,第109—129页。
⑦ 〔明〕何良俊:《何翰林集》卷二十三《董隐君墓表》,嘉靖四十四年刻本。这篇墓表后来收入〔清〕黄宗羲编:《明文海》卷四百七十《墓文四十一》,清涵芬楼钞本。

在董怀之子光裕(国子监生)的要求下,何良俊为董怀撰写了一篇墓志。这时距董怀弃世已有十四年,为嘉靖三十五年(1556)。

何良俊的墓志文字,怀有丰富的同乡情感与地域认同。所谓地域上的认同感,是何家早期与董家有着共同的生活空间,与董家是"并之以居"。两家所居之地,都在松江城内,否则何家世居地原在滨海的柘林①,而董家在黄浦江之北的"三冈"一带,根本不可能"相望一舍所"。倘若城居的话,良俊所言的大理公经常"延致郡中名士,相与琴奕、觞咏"的活动才能得以比较方便的展开。有意思的是,何良俊强调了董家当时在乡里的声望极著②,对小民常施恩德。据说在何良俊撰写墓志时,地方上曾得到董怀恩德的人,都来向良俊告知相关事例,由此可窥一二。这是何良俊的亲历。而更有趣的,是良俊所招收的女弟子,后来成了董家的媳妇。良俊在墓志中写道:"每一归省,辄为余诵说其详。"良俊父亲也是"好贤能,得客四方",获知董怀事迹颇多,幼时的良俊时常能亲聆到这样的故事。所以,他自负地说:"余所述隐君事,皆实不虚。"并特别指出,这个董怀,就有"三冈居士"的别号。③

何良俊所谓的大理公,就是董恬,育有宜阳、宜春、宜旭、继美、继显五子,与董悌之子汉儒(董其昌之父)为兄弟辈。④

从一世祖董官一到二世董仲庄、三世董思忠、四世董真到五世董纶,家族益显庞大。人称"御史公"的董纶(天顺甲申科进士,曾任河南道监察御史等职,死后葬于竹冈以西的新阡),育有怀、忱、恢、恬、怿、愉兄弟共六人,属于六世,从宦的是恬、忱、怿。他们这一辈之后,董家著名的人物是汉儒(董其昌之父)、宜春、宜阳、继芳(董传策的祖父)等,为第七世。董其昌这一代,属于第八世,主要有董体仁(董怿之孙、传策之父)等。此后,就是第九世的传性、传策(即董幼海,嘉靖庚戌进士,任刑部主事等职)这一辈了,包括董其昌的四子(祖和、祖权、祖源、祖京)、体仁的三子(传史、传文、传策)、羽宸(董含的祖父,万历癸丑进士)等人。算起来,董含、董俞兄弟是董其昌的重曾孙。而与董含平辈之中有名者,就只剩下董传史之孙董象恒(万历四十七年进士,曾任巡抚浙江都察院右佥都御史)了。⑤

---

① 〔明〕何良俊:《何翰林集》卷二十四《先府君讷轩先生行状》。
② 后文已详明这个乡里所在主要以董家的生活区,即松江城通波门内艾家桥以东的崇厚里为中心。而何家就在这里与董家相邻而居。
③ 〔明〕何良俊:《何翰林集》卷二十三《董隐君墓表》。
④ 〔明〕董宜阳、董传性等编:《董氏族谱》卷一《世系》。
⑤ 〔明〕董宜阳、董传性等编:《董氏族谱》卷一《世系》、卷二《世谱》。

当然,董氏一族至董其昌一代,声名特著,"直薄海外,称极盛焉"①,而且董其昌精于品题,"收藏家得片语只字以为重"。② 可是由于所谓"民抄董宦"事件的发生,使董家的声望极受影响,而董其昌等人的口碑亦一落千丈。③ 不过,董其昌在崇祯九年九月病故后,次年崇祯帝还"遣官葬祭",赠太子太傅,并准补荫一子入国子监读书。④

至顺治初年,少宰董羽宸(邃初)、浙抚中丞董象恒"相继而殁,门第渐衰"。⑤ 董家复兴的希望,就落在了董含、董俞兄弟等人身上了。毕竟,世家大族要想保持长久的富贵,必须依靠子孙能在科第上有延续性的成功。⑥

董含祖父董羽宸曾任左副都御史、吏部左侍郎,居官时厘奸剔弊,公忠亢直,官声颇佳。父亲卞申不事生产⑦,虽常急公好义,为文也"颖异绝伦",但屡困场屋,不能以科考通显,与母亲隐居于东墅。已属董家第十一世的董含,自小体弱,却苦读不辍,十五岁补博士弟子员,三十四岁再次会试没有成功,至三十六岁才获得进士的功名,位列二甲第二。当时一些前贤都表示惋惜,认为以他的才学应该有更出色的成绩。⑧

在董含的自我认识中,其弱龄时虽已入清朝,但"家世挂仕籍",董家门户是仍存"鼎盛"之态的。⑨ 与董家有"相契之雅"的松江知府周锽元,在雍正二年时还说:"松江望族,首推董氏,余始至郡即闻之。"在他看来,这样一个望族自明初以来能够久而不替,就在"勿但以贵著,勿但以富称,勿但以势盛,勿但以才重,意者

---

① 〔明〕董宜阳、董传性等编:《董氏族谱》卷十《请廕谥疏》。
② 《明史》卷二二八《董其昌传》,第7396页。
③ 参任道斌编著:《董其昌系年》,文物出版社1988年版;吴建华:《晚明江南的社区与大众心态:乡绅的宣言——"民抄"董宦事件的个案分析之一》,收入唐力行主编:《家庭·社区·大众心态变迁国际学术研讨会论文集》,黄山书社1999年版,第496—511页,后收入氏著《姓氏文化与家族社会探微》,苏州大学出版社2014年版,第188—198页;马蹄非:《董其昌研究》,南开大学出版社2010年版;冯玉荣:《明末清初松江士人与地方社会》第二章"地方社会秩序中的'国家'在场:以明伦堂为中心的考察",中国社会科学出版社2011年版;吴耀明:《董其昌的生平和家世述论》,华东师范大学硕士学位论文,2010年,未刊本,等。
④ 〔明〕董宜阳、董传性等编:《董氏族谱》卷十《请廕谥疏》。
⑤ 〔清〕叶梦珠:《阅世编》卷五《门祚一》,上海古籍出版社1981年版,第117页。
⑥ 陈宝良:《明代士大夫的精神世界》,北京师范大学出版社2017年版,第483页。
⑦ 董卞申,乃华亭县学廪生,恩贡。参〔明〕董宜阳、董传性等编:《董氏族谱》卷二《世谱》。
⑧ 〔清〕董含:《三冈识略》,"蓴乡赘客自述",清钞本,收入《四库未收书辑刊》第4辑第29册,第610页;〔明〕董宜阳、董传性等编:《董氏族谱》卷十《族谱跋》。
⑨ 〔清〕姜兆翀辑:《国朝松江诗钞》卷四《董含》,"夏日杂咏"条,嘉庆十四年刻本。

宁厚毋薄,宁忠毋欺,宁义毋苟,宁廉毋贪,宁节毋懦,其道足与日月争光"。① 这类评价应该是比较实在的。曾为董其昌之师的莫如忠(1508—1588)很早就认为,董家"世德渊源忠孝家法",成就家族子孙在松江地方的绵延长盛。②

自明末以降,"三十年来,海内言文章者必归云间",陈子龙、夏允彝、徐孚远、李雯等人在其间堪称领袖,功不可没③,他们极大地抬升了整个松江地区的文化地位,"文辞倾动海内"。④ 董含兄弟幼时就在这样的人文环境中深受影响,文学成就或诗文创作都多有可述者。

早年的董含,不但"好学有文名",而且经常"与海内名流,扁舟草笠,往来吴越山水间"。他顺治十八年中进士,观政吏部。⑤ 弟弟董俞,"自其为童子时,喜读古人之诗,略上口即能为声偶之言",三十岁时以孝廉举于乡。⑥ 在世人眼中,董氏这个"云间世家",自董其昌、董羽宸"凋丧之后",董含兄弟乃能联翩鹊起,克绳克武,无疑是当今的陆机、陆云兄弟。⑦ 然而可惜的是,他们不久都因奏销案而被黜。此后董含的生活态度及表现,似乎就是地方史志中描述的那样,"益放情诗酒。"⑧董俞也是"弃去帖括,究极于《风》《雅》正变之故。"⑨他们当时的心境及人生处境,或如董含诗中所言,"陋巷屏人事,往来绝俦侣"⑩。

这些历史片断,在清代地方史志中的各种记述大多一致。常被地方志引述的《国朝松江诗钞》中云:

> 董含,字阆石,号尊乡赘客,华亭人。顺治甲午举人,辛丑进士。殿试卷益都孙□□拟列第二,而满州人巴□□改为第五,进呈如拟,因归班,旋以奏销案除籍,归里后,优游林下三十余年。⑪

---

① 〔明〕董宜阳、董传性等编:《董氏族谱》卷一《董氏族谱序》。
② 〔明〕莫如忠:《崇兰馆集》卷十四《董氏世墓记》,万历十四年冯大受、董其昌等刻本,收入《四库全书存目丛书》集部第104册,第615页。
③ 〔清〕宋琬:《安雅堂文集》卷一《尚木兄诗序》,第18页。
④ 〔清〕朱彝尊:《静志居诗话》卷十九,"徐孚远"条,人民文学出版社1990年版,第585页。
⑤ 〔清〕姜兆翀辑:《国朝松江诗钞》卷三《董俞》,嘉庆十四年刻本。
⑥ 〔清〕宋琬:《安雅堂文集》卷一《董苍水诗序》,收入氏著《宋琬全集》,齐鲁书社2003年版,第35页。
⑦ 〔清〕宋琬:《安雅堂文集》卷一《董阆石诗序》,第20页。
⑧ 光绪《重修华亭县志》卷十六《人物五·列传下》,光绪4年刊本。
⑨ 〔清〕宋琬:《安雅堂文集》卷一《董苍水诗序》,第35页。
⑩ 〔清〕姜兆翀辑:《国朝松江诗钞》卷四《董含》,"夏日杂咏"条,嘉庆十四年刻本。
⑪ 〔清〕姜兆翀辑:《国朝松江诗钞》卷四《董含》。这个传记后来择要地被抄入嘉庆《松江府志》卷五十六《古今人传八》。

地方志中补充说，董含"少好学至忘寝食，比长，有文名"①。而据《漱芳斋诗话》的记载："国初甲午，时社事复兴，阆石与其弟苍水掉鞅词坛，声振吴越，在都中陈悦岩太宰尤所赏拔。其初，诗宗盛唐，晚年有渐近范、陆者。䌷叔祖禹承公配董太孺人，为阆石公孙女，诸生东集公女以乏嗣故，其家书籍，叔祖母携归我家，䌷幼时曾见《安蔬堂集》十卷、《盍簪集》一卷，曾欲付梓，未果，今又残缺，尚藏于家，故所钞较多。"②可知这个《诗话》的作者，当是董含的后辈，且与董家有着姻亲关系。其幼时即知董家的藏书被他家所收归，也曾见过《安蔬堂集》与《盍簪集》这两种未刊的钞本。

诗坛名家宋琬（1614—1673）在《董阆石诗序》中讲，董含曾将《艺葵堂诗》嘱其作序，"因而论之，为广其意，以释其忧。"③另据光绪《重修华亭县志》的综合记载，董含的著述较丰，有《安蔬堂集》二十八卷、《闲居草》一卷（列入四库全书存目）④，另外还有《盍簪感逝录》《三冈识略》（后被改为《蓴乡赘笔》）等著述。⑤ 除《三冈识略》外，上述各种文稿的总名，其实就是《安蔬堂集》。⑥ 其中《盍簪感逝录》本是董含与各地友朋交游的诗文之汇，四十年间多数散落殆尽，仅剩下仅二卷的小集子。⑦

董含之弟董俞，字苍水，号樗亭。据说在童年时，即喜读古人诗，"略一上口，即能为偶之言"，结果遭致父、师的叱责，毕竟这对举业是有妨碍的。董俞是顺治十七年卫籍举人，"尝荐举博学鸿儒，不遇"。与董含一样，终以奏销除名。时人曾含蓄地揭示了这一点："显后坐公事，摧挫不得用于世。"他此后的人生态度与董含相仿："遂弃帖括，益肆力于诗。"成为了一名纯粹的文人。他卜筑南村方塘小榭，"竹翠花深，灌园锄菜，歌啸自得，虽爨烟常冷，竟豁如也"。⑧ 据说，他曾有一次险历，令后人叹服，也可显见其胆气："渡洞庭，至鹿角山，风大作，波翻浪涌，上流覆舟，蔽湖而下，僮仆震慴无人色。董坦然危坐，赋二诗投湖中，竟得无恙。

---

① 嘉庆《松江府志》卷五十六《古今人传八》。
② 〔清〕姜兆翀辑：《国朝松江诗钞》卷四《董含》。
③ 〔清〕宋琬：《安雅堂文集》卷一《董阆石诗序》，收入氏著《宋琬全集》，齐鲁书社2003年版，第20页。
④ 光绪《重修华亭县志》卷二十《艺文》。
⑤ 光绪《松江府续志》卷三十七《艺文志》。
⑥ 〔清〕姜兆翀辑：《国朝松江诗钞》卷四《董含》。
⑦ 〔清〕董含：《三冈识略》卷十，"盍簪感逝录序"条，第780页。
⑧ 嘉庆《松江府志》卷五十六《古今人传八》；光绪《重修华亭县志》卷十六《人物五·列传下》；〔清〕王晫：《今世说》卷四《雅量》，华东师大图书馆藏康熙二十二年霞举堂刻本，收入《续修四库全书》子部第1175册，第510页。

数时辄行三百余里,见者疑有神助。"①另有记载说,董俞在晚年曾自定诗稿一册,客寓山东时遇盗,"与盗争箧"时胳膊受伤。诗稿只剩下《楚游草》。②

董俞的著述不多。有记载指出,董俞著有《浮湘度岭》诸稿③,有《南村渔舍草》七卷④,或者说著有《樗亭稿》。大概是后人检拾其残剩付梓后刊出。其诗风是学陈子龙的,"较清苍"。⑤ 沈德潜(1673—1769)在编《清诗别裁集》时指出:"董俞,有《浮湘度岭》诸稿。康熙初江南奏销案起,绅士同日除名者万余人,苍水与其列,于是弃举子业,专心风雅,正变天欲使之为诗人也。"⑥而宋琬对董俞的评价似乎更高,认为"其诗亦闳深涵演,非复专家小乘所敢望",而且自认"才不逮董君"⑦,这也是他给很多清初文坛名家作诗文之序中少有的自谦。总之按当时人的言说,董俞诗文与含齐名,时称"二董"⑧,当符合实际。

董氏兄弟二人的子息情况尚可。含有子汉闳、威宝、虞瑞、骧衢四人,孙继(威宝子)、永燧(骧衢子)二人;俞有子亦四人:桂岩、彧、溶、渊,孙仅一人,即桂岩子鸿业。⑨ 不过,都有秀才功名的威宝与溶,虽具才名,但都"早卒"。⑩

"早卒"的说法显然比较笼统。据族谱的记录,董威宝与董溶各有子嗣。威宝是府学廪生,死后葬在沙冈东。⑪另按董含的自述,他到四十六岁时,才有了第一个儿子,自此连举六男四女。⑫ 但族谱中只记了四个儿子。七十岁时(康熙三十三年)他有了第一个孙儿,也来得晚了些。⑬ 由此推断,威宝卒时,应该三十岁不到,所以称"早"。

在董含兄弟时代,他们当然都属所谓的地方名流,"皆好诗酒",可是到此际,

---

① 〔清〕王晫:《今世说》卷四《雅量》,华东师大图书馆藏康熙二十二年霞举堂刻本,收入《续修四库全书》子部第 1175 册,第 510 页。
② 〔清〕姜兆翀辑:《国朝松江诗钞》卷四《董含》,"夏日杂咏"条。
③ 〔清〕沈德潜:《清诗别裁集》卷六《董俞》,乾隆二十五年教忠堂刻本,中华书局 1975 年影印版,第 102 页。
④ 光绪《重修华亭县志》卷二十《艺文》。
⑤ 〔清〕姜兆翀辑:《国朝松江诗钞》卷四《董含》,"夏日杂咏"条。
⑥ 〔清〕沈德潜:《清诗别裁集》卷六《董俞》,乾隆二十五年教忠堂刻本,第 102 页。
⑦ 〔清〕宋琬:《安雅堂文集》卷一《董苍水诗序》,收入氏著《宋琬全集》,第 35 页。
⑧ 〔清〕姜兆翀辑:《国朝松江诗钞》卷四《董含》,"同吴山人六益招朱锡鬯、周青士饮藻野阁"条。
⑨ 〔明〕董宜阳、董传性等编:《董氏族谱》卷一《世系》。
⑩ 〔清〕姜兆翀辑:《国朝松江诗钞》卷四《董含》,"同吴山人六益招朱锡鬯、周青士饮藻野阁"条;嘉庆《松江府志》卷五十六《古今人传八》;光绪《重修华亭县志》卷十六《人物五·列传下》。
⑪ 〔明〕董宜阳、董传性等编:《董氏族谱》卷二《世谱》。
⑫ 〔清〕董含:《三冈识略》,"莼乡赘客自述",第 610 页。
⑬ 〔清〕董含:《三冈续识略》,"生孙"条,第 789 页。

董家总体如叶梦珠所谓的"尚未有达人"①,堪称荒凉。

董含死后,就葬在沙冈东的家族墓地。② 需要说明的是,董家的族墓自仲庄公以上已湮没无考,到嘉靖、万历时期董家已于杨泾之原、竹冈、茭门三处固定为族墓所在③,分别是董家族谱所言的杨泾之原、竹冈西望海塘北原、沙冈西茭门塘北原这三个地方。④ 董含的墓地当在第三处。

乡里的生活世界

就史籍所述与今天的考察来看,董家人常说的三冈(沙冈、竹冈与紫冈)的位置,即处黄浦江以北的古冈身一带。董家祖居的地址,大概在今天上海郊区马桥董家汇、车墩等地⑤,原始的故居形态早已堙灭。

在古代,三冈属滨海前沿,与古海岸线密切相关。"冈"字也应由此得名。明末清初昆山人顾炎武在《肇域志》抄录的资料中这样概括道:

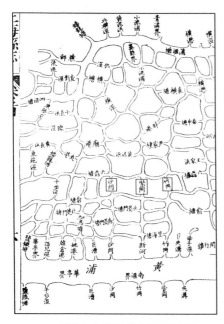

华亭与上海两县之间的三冈
(据同治十一年刊《上海县志》卷首《图说》)

> 沙冈镇,在三十六保。前志:古冈身凡三所,南属于海,北抵松江,长一百里。其二所曰竹冈、紫冈,与镇为三镇。镇地即古三冈之一。相去凡五里,府道上海经焉。《通志》云:入土数尺,皆螺蚌殼,世传海中涌三浪而成。今市北数里,下皆黄沙,乡人凿砌闭之。⑥

---

① 〔清〕叶梦珠:《阅世编》卷五《门祚一》,第117页。
② 〔明〕董宜阳、董传性等编:《董氏族谱》卷二《世谱》。
③ 〔明〕莫如忠:《崇兰馆集》卷十四《董氏世墓记》,万历十四年冯大受、董其昌等刻本,收入《四库全书存目丛书》集部第104册,第615页。
④ 〔明〕董宜阳、董传性等编:《董氏族谱》卷九《董氏世墓记》。
⑤ 〔明〕董宜阳、董传性等编:《董氏族谱》卷二《世谱》;乾隆《华亭县志》卷二《建置志·祠》。
⑥ 〔清〕顾炎武:《肇域志》江南九"松江府",上海图书馆藏清钞本,收入《续修四库全书》史部第588册,上海古籍出版社2002年影印版,第6页。

清初上海人叶梦珠指出:"淞郡滨海带江,渔盐灌溉,民命寄于水利。"滨海环境中,只有青村、柘林以西直至金山卫,水势冲决最为严重,潮汐会直带海塘,"日剥月蚀,咸潮有冲入之虞"。① 而在海塘以内,从柘林等地向东,三冈就是其中一个关键地域。在地方官绅论述环境水利时,曾予特别注意。清人所撰的《奉贤水利纪略》即云:"从来论松属水利者,谓西北地卑,不患旱而患潦;东南地高,不患潦而患旱。地莫高于奉贤,濒海而实无海口。所恃三冈等干河,北接黄浦潮源,借以灌田、通舟,尤冀留心民瘼者,相度通浦各河,递年轮浚,俾高不苦旱亦卑不苦潦,务在蓄泄之得其宜耳。"宋元以来,由于自然、人为的各种原因,地方水利不良,环境趋恶,需要适时调整应对。但是奉贤人说:"欲导来源,实非我界,欲疏去委,更在彼疆,甚至一河而首尾各分,一港而东西异,此虽通而彼仍塞,倘非和衷共议,安能因地制宜,通力合作?"这也表明三冈地区在行政上兼跨了多个政区,奉贤是所谓的"邑有四境,南北适中,曰南桥塘,东接青村港,系为由县入郡要河,东西适中,曰金汇塘,南接和尚塘,又为自奉至沪要道,东境通浦有洋泾、运盐、小闸等河,西境通浦有横沥、竹冈、沙冈三干并柘沥、巨漕、千步泾等河"②。

透过上述各种言说,可以略知三冈在地域环境中的关键意义,也显现出三冈延伸至黄浦江以南的奉贤,于地方环境特质认识中的重要性以及对民生可能产生的影响。可是,从社会生活状况的角度来看,三冈地方确实已很偏僻,令人多少有荒落之感,至少在黄浦江以南的南汇地方士人看来,早已如此:

> 沙冈,邑西南隅,即古三冈之一,去竹冈三里,去紫冈六里。入土数尺,皆螺蚌壳。其北数里,尤多黄沙,土人砌甃,咸取给于此。市已久废。③

这些内容,也是清代很多文献中共有的表达。

而各种有关三冈地理与生活空间的说明,均关涉松江府下属的奉贤、南汇、上海、华亭等县,不妨再说详细罗列说明之:

> 沙冈,在巨漕东三里,合紫、竹二冈为古三冈,相传海中涌三浪而

---

① 〔清〕叶梦珠:《阅世编》卷一《水利》,第10页。
② 光绪《重修奉贤县志》卷四《水利志·川港》,光绪四年刊本。
③ 光绪《南汇县志》卷一《疆域志·邑镇》,民国十六年重印本。

成。港口东岸十四啚,进一里半,为二十、廿一二啚;西岸俱二十、廿一二啚。自口至奉贤邹家桥镇后,南北三里半,阔八丈,深二丈,直达南桥塘,近已淤浅。

附:渔沥港:沙冈西岸支河,由渔沥庙前西进向达千步泾,近已淤塞,仅二里许,即不通。

竹冈,在沙冈东三里,港口东岸十六啚,进一里十五啚,西岸十四啚;进一里半为奉贤十五保三啚,自口至奉贤境,计东滩南北三里,西滩半之,阔六丈,深二丈,直达南桥塘。

附:竹安溪:竹冈东岸支河,曲折抱李氏金鸡坟及东西三宅,俗称李氏宅,河近已淤,周达不及二里。

夹沟,在竹冈东一里半,东西两岸俱十六啚,口阔二丈,深丈许,南仅一里,已淤塞。

横泾,在夹沟东一里半,古称紫冈(对浦北闵行镇),港口东岸十一啚,西岸十五啚,进一里余,东属十啚,再进一里,属十四啚,西进二里,亦属十四啚,自口至奉贤境,南北三里,阔六丈,深二丈五尺,直达南桥塘。闸港以西,惟此港最通利。按自千步泾至横泾诸河,俱贯浦之南北,在浦北者,属华亭、上海境。①

不过,在沙冈、竹冈、紫冈这些地域中逐渐形成了乡间基层的集市中心,并以这三个冈为名。明代中期人这样说过:"沙冈镇,在三十六保,镇地即古三冈之一,与竹冈、紫冈相去五里,自府至上海,必由于是,其北数里,下皆黄沙,乡人甓砌须焉。"②

三冈的间距,大约是五里的范围。沙冈是从松江府城前往上海县城的所谓必经之地,交通应该是方便的。

后来,嘉庆年间的人们这样描述这个乡里生活世界:

> 沙冈:在三十六保,府东北四十里,古三冈之一。《通志》云,入土数尺皆螺蚌壳,世传海中涌三浪而成。今市北数里,下皆黄沙,乡人甓砌

---

① 光绪《南汇县志》卷二《水利志·川港》。
② 正德《松江府志》卷九《镇市》,正德七年刊本。

咸需之。①

黄冈市当时是一个周边大概五里范围内的集市中心，而"市北数里，下皆黄沙"的说法，表明这一带因为滨海，土质以黄沙为主要成份，并且成了乡间建筑的重要材料，相信在地方上当有一定的产业需求。

在董家贵显后，族人从三冈地区多移居城市。嘉庆《松江府志》中有这样一段记载：

> 少宰董羽宸宅：在艾家桥东，有印浦堂。国朝高不骞《光复堂与董进士含话旧诗》："谁能劫火后，自有先人庐。脱手对三策，轩眉返一隅。崇情寄花竹，小录及樵渔。远胜陶元亮，敛裳彭泽余。"②

这段记述为光绪《重修华亭县志》所抄录，但稍有不同：

> 印浦堂（董其昌书），在艾家桥东，少宰董羽宸居。参宋《府志·第宅志》。孙进士含，有光复堂。国朝高不骞《光复堂与董含话旧诗》有云："谁能劫火后，自有先人庐。"见宋《府志》。③

松江府城内的艾家桥，建于北宋咸淳年间，位于后来洪武十年重建的大吴桥北。这两座桥都在府衙以北。④ 具体来说，距离府城通波门约二百五十步⑤，直通华亭县衙北面的直街⑥，也就是后来所说的中亭桥巷大街。⑦

在通波门内艾家桥下以东的生活区是崇厚里⑧，董家与何良俊家族应该都曾经生活在这里。据董含的回忆，这里的董氏祖宅之西原是唐文献公的大宅，唐家衰落后宅第几经易主，入清后被学士沈荃买下。⑨ 这个沈荃（1624—1684）也是华

---

① 嘉庆《松江府志》卷二《疆域志·镇市》。
② 嘉庆《松江府志》卷七十七《名迹志·第宅》。
③ 光绪《重修华亭县志》卷二十一《名迹》，光绪四年刻本。
④ 正德《松江府志》卷十《桥梁》，正德七年刊本。
⑤ 乾隆《华亭县志》卷一《疆域志·桥梁》，乾隆五十六年刻本；嘉庆《松江府志》卷四《疆域志四·桥梁》。
⑥ 光绪《重修华亭县志》卷一《疆域·街巷》。
⑦ 光绪《重修华亭县志》卷一《疆域·桥梁》。
⑧ 光绪《松江府续志》卷二《疆域志·衢巷》、光绪《重修华亭县志》卷一《疆域·街巷》。
⑨〔清〕董含：《三冈识略》卷九，"一宅两文恪"条，第759—760页。

亭人,顺治九年(1652)进士,曾任国史院编修、礼部侍郎等职。董含盛赞他"清修自好,不问家产,独好汲引寒素,曲加荐扬,是以困贫之士望门而赴"。① 由上述情形约略可以想见,这一带是晚明以来松江豪族的聚居区,在当时及以后都给世人以较深的记忆。

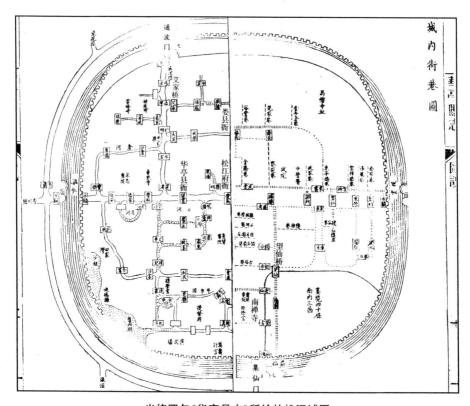

光绪四年《华亭县志》所绘的松江城图

由董其昌题额的"卬浦堂",是董羽宸(万历四十一年进士,吏部侍郎掌翰林院)的居所,位置明确,就在所谓的艾家桥以东。

董渌之孙、第八世的董嘉相(复初)在崇祯十六年于城内故宅上兴建了光复楼,希望后世子孙维持祖宗二百余年相传之绪。② 或许就是董含的光复堂所在,具体处在什么位置,仅据后来清代文人的记忆,根本无法准确还原,能够了解的,也只是那些怀旧与友情的零星复述而已。当然在清末人的回忆中,这些故址陈

---

① 〔清〕姜兆翀辑:《国朝松江诗钞》卷二《沈荃》,嘉庆十四年刻本。
② 〔明〕董宜阳、董传性等编:《董氏族谱》卷十《光复楼记》。

迹也仅存这些内容了。

华亭人高不骞与董含生活于同一个时代。据说他不屑为举子业，年五十还是一介布衣，在康熙南巡时被招至北京，授职翰林院待诏，待在国史馆工作，承担《御选唐诗》的注释任务，完成后即乞假归葬其母，遂不复出。他家在府城东部的披云门外，曾有白鸥池，卒时年已八十七。① 上述他的《光复堂与董含话旧诗》中"谁能劫火后，自有先人庐"一句所蕴的意味，也实在太过明显。董含在乡里悠游闲适的生活，被高不骞夸耀为"远胜"陶渊明。而光复堂应当就是明清鼎革后董家在崇厚里遗存的旧址。以"光复"名之，更能体现其字面的朴实含义。

至于董其昌这一支，在万历十七年后从乡间移居府城内坐化庵附近的所在②，已不能详考。据地方志的说法，在兴圣寺后就有"董文敏祠"，位于棠溪书院故址。③ 历史悠久的兴圣教寺，位于在府衙东南、谷市桥西。洪武三年时，松江知府林庆曾经以其地三分之二建为城隍庙。④ 而棠溪书院就在府城隍庙之东，本属兴圣寺地。⑤ 坐化庵正好在兴圣寺的南面。后改"积庆禅寺"，在城南的集仙门内，与龙门寺相望，嘉庆十四年间还得到重修。⑥ 后来改为梓楠庵，清末已废。⑦ 显然，早期定居于集仙门内的董其昌这一支族人，与居于通波门内的董含这一支，虽都在府城内，但并非一处。

清末华亭地方志中曾说，董含曾隐居于北郊紫竹庵西。⑧ 而在董含简单的记述中，关于董氏所居地方的空间感与历史记忆，与此略有不同，是在华亭县城以东较远的乡间。其《三冈识略》自序中即称"甲申、乙酉之际，海内鼎沸，时余年未弱冠，避乱转徙，卜居三冈之东（三冈，紫冈、沙冈、竹冈也），敝庐数椽，足蔽风雨，昼耕夜读。"最后署"蓴乡赘客董含题于东冈之艺葵草堂"。⑨ 同时也表明，这个"艺葵草堂"应该是与城内"光复堂"并存的一个重要生活空间，位置在笼统的所谓东冈。

颇可注意的是，董含讲过一个紫竹庵盗发古冢的故事，其中言"敝庐东数武，

---

① 乾隆《华亭县志》卷十四《文苑》，乾隆五十六年刊本；嘉庆《松江府志》卷五十八《古今人传十》。
② 任道斌编著：《董其昌系年》卷二《中进士之后》，第22页。
③ 乾隆《华亭县志》卷二《建置志·祠》，乾隆五十六年刊本。
④ 嘉庆《松江府志》卷七十五《名迹志·寺观》。
⑤ 正德《松江府志》卷十一《官署上》，正德七年刊本。
⑥ 光绪《娄县续志》卷九《祠祀志》，光绪五年刊本。
⑦ 光绪《松江府续志》卷三十八《名迹志·寺观》，光绪九年刊本。
⑧ 光绪《重修华亭县志》卷十六《人物五·列传下》，光绪四年刊本。
⑨ 〔清〕董含：《三冈识略》，"自序"，清钞本，收入《四库未收书辑刊》第4辑第29册，第609页。

有紫竹庵,乃尼僧所居"①。这在光绪《重修华亭县志》的记载中,比较明确:

> (宋代)某尚书墓,在北城内。《松江诗钞》:董含《紫竹庵古冢诗》注云:"敝庐东,相去数武,有紫竹庵。屋后古冢,岁久,砖为尼发掘。闻内树一碑,乃宋季某尚书墓,盗取所有,复以砖封之。邻人知者报之官,尼挟宝而遁,竟不得尚书姓名。"②

这段辗转抄自《国朝松江诗钞》的故事③,完整保留了董含写述居所空间的小诗及其注释。很明确,他所说的这个居所,确实在紫竹庵之西,且两者相距极近,"相去数武"。紫竹庵的得名,或许与紫冈、竹冈这两个地方泛称有关。总体上即在华亭地方志中所谓的"北城内"或"北郊",应该是董含在松江城的生活空间。

后来董含长期隐居于《三冈识略》自序中所言的"三冈之东",但所识、所录绝不仅限于这狭小的乡间。他对王朝生活的关心、地方人物的评判、天象灾变的描述等等,都超越了三冈的生活世界,并非真的如其避居三冈之东后所自言"人事都绝"的境况④。至于他个人清晰的地域身份感,自然也不会囿于这个狭小的乡间,而是广泛的松江地区。

《三冈识略》的文本意义

既然董含生活在三冈地区,其笔记称《三冈识略》,也算名符其实。从王朝鼎革伊始直至长期隐居于三冈之东后,董含即将自少及老耳目所及的内容,汇辑成笔记,大概以五年为一卷,"以月系岁,以日系月,天道将周",总计十卷,即名《三冈识略》。⑤ 同治年间的地方士人已经明确指出,《蓴乡赘笔》三卷,"本名《三冈识略》,今改名,刻入《说铃》"。⑥ 关于这一点,已有研究作了进一步解明。⑦ 但为什

---

① 〔清〕董含:《三冈识略》卷一,"紫竹庵发冢"条,第630页。
② 光绪《重修华亭县志》卷二十一《名迹》。
③ 〔清〕姜兆翀辑:《国朝松江诗钞》卷四《董含》,"紫竹庵古冢"条,嘉庆十四年刻本。
④ 〔清〕董含:《三冈识略》,"自序",第609页。
⑤ 〔清〕董含:《三冈识略》,"自序",第609页。
⑥ 同治《上海县志》卷二十七《艺文·游宦著述》,同治十一年刻本。
⑦ 白亚仁:《董含〈三冈识略〉的成书、肇祸及其改编》,《清史论丛》2015年第一辑,社会科学文献出版社2015年版,第213—239页。

清钞本《三冈识略》书影

么要改称蓴乡这样极富乡土特色的名字,以及是否经由董含本人之手而成,且大致是于什么时期改的,或言与当地土产蓴菜,并以此谦称,都无明晰的史料可证。《三冈识略》在地方志中的引述中,多有简单的介绍。不过,嘉庆《松江府志》称《蓴乡赘笔》有八卷,乃董含所著。① 后来的方志也只作了这样的简单说明:"(董)含作《三冈识略》,后改为《蓴乡赘笔》。"② 董含至晚在康熙三十六年完成《三冈识略》十卷时,确实已自署"蓴乡居士"③,或者是其序言中的"蓴乡赘客","蓴乡"因此而来。

《三冈识略》的内容,一如董含之自订"凡例"中所述,主要是"始于甲申(顺治元年),终于丁丑(康熙三十六年),共五十四年,皆本朝事",强调了"事具国史者不敢载""事涉忌讳者不敢载""事虽细故,各有依据,不敢妄为传述""偶有褒贬,俱出至公,不敢任私意为去取"等原则。④ 据董含在康熙年间的自序,记述的内容,"或得之邸报,或得之目击,或得之交游所称道,可以备稽考、广听睹、益劝戒

---

① 嘉庆《松江府志》卷七十二《艺文志》。
② 光绪《松江府续志》卷三十七《艺文志》。
③ 〔清〕董含:《三冈识略》,"自序",第609页。
④ 〔清〕董含:《三冈识略》,"凡例",第612页。

者"①,有着重要的史料意义。

康熙四十七年董含的同乡卢元昌就说,董氏所记,都是他"留心天下事,凡耳闻目击,或见邸报,或系传述;上而日薄星回,下而山崩地震,中而人妖物怪,靡不详核颠末,付诸赫蹄",而且"简而核,详而赡,典而有则,不诡不滥,大旨善善长,恶恶短,间有刺讥,义归劝惩",有《诗经·小雅·巷伯》之义。所以,董含在《三冈识略》中所述的各种内容,表面上都类似于"悯时悼俗者之所为",但是"其间忠臣孝子之媷行,贤人君子之达节,以至士女讴歌,野老吟叹,有关于世道人心、风俗伦常者,一卷之中,未尝不留连致意焉"②,都有其独到的意涵与价值。

董含自然会将李自成农民军写作"闯贼",附和的就称"逆臣"。③ 这种人在他眼中,与"逆贼"一样,禽兽不如。④ 对维时一载的南明弘光朝,则绝无好感,骂弘光帝"质性暗弱"、荒淫程度远过蜀后主、晋惠帝,对弘光朝的腐败与卖官鬻爵行径更为痛恶。⑤

他十分关心清兵南下之际的形势变化,钦佩松江乡绅沈犹龙的"倡义守城"之壮举⑥,更敬重共赴国难、一门殉节的夏允彝、殷之辂等地方杰出人物。⑦

他认为与明代相比,"本朝立法宽大",与明初立法之酷形成鲜明对比,清朝"虽当改革,禁网疏阔,除数大端外,不复苛求,真生民之大幸也"。⑧ 认为松江长期困于重役,有细布北运等大役名色,入清后推行的均田、均役新政,使百年之弊"一朝而革",也保证了城乡富室、故宦子孙们的既得利益。⑨ 所以他说,"今上登极以来,蠲租之诏屡下,甚至额征地丁、岁运粮米有全蠲者。呜呼! 我皇上之轸恤民隐,何其至也! 故能膏泽傍流,仁风远播。天变地震,不足为我虞;封豕长蛇,不足为我害。群黎望幸,薄海归心。"⑩

当然,他十分痛恨贪淫不良的地方官吏⑪,指出华亭县新析出娄县的做法,也

---

① 〔清〕董含:《三冈识略》,"自序",第609页。
② 〔清〕董含:《三冈识略》,卢元昌"序",第608页。
③ 〔清〕董含:《三冈识略》卷一,"逆臣草檄"条,第614页。
④ 〔清〕董含:《三冈识略》卷一,"兽知忠义"条,第621页。
⑤ 〔清〕董含:《三冈识略》卷一,"弘光改元"、"江左称号"条,第616—617页。
⑥ 〔清〕董含:《三冈识略》卷一,"松城屠"条,第619—620页。
⑦ 〔清〕董含:《三冈识略》卷一,"殷公尽节"条,第622页。
⑧ 〔清〕董含:《三冈识略》卷一,"本朝立法宽大"条,第628页。
⑨ 〔清〕董含:《三冈识略》卷二,"均田均役"条,第639页。
⑩ 〔清〕董含:《三冈识略》卷十,"蠲漕"条,第780页。
⑪ 〔清〕董含:《三冈识略》卷二,"吴中墨令"条,第637页。

没有减轻民众的负担、解决长期的逋赋问题,反而加倍了学宫、衙署、官吏廪饩,更使大量的"游手无赖"投充胥役,"弊端愈繁,民生骚然,而积逋如故",感叹"贻害有不可胜言者",因而对分县负主要责任的知府李正华大为不满,其罪深重①,还说李正华是一个"小有才,矫廉饰诈"之人,证据就在下车伊始行李萧然,但离任时所敛财物"方舟不能载"②;他颂扬了"聪明天纵"的顺治帝,言其"恩威并用,身致太平"③,对同时发生的奏销案又极度不满,认为太过苛责确有逋欠的绅士,而放任不问"侵役多至千万"的"贪吏蠹胥","过矣"。④

康熙年间地方上依然繁重的赋役、迭现的灾害,以及"官吏贪污,民不堪命"的社会现实,令他感叹不已。⑤ 康熙五年爆发的所谓"松郡大狱",被捕者实际是市井卖菜佣者,被官府一概以结党谋叛而制造的冤案,令他感到十分可哀。⑥ 至于江、浙联合发动疏浚吴淞江的水利工程,本来都由朝廷出钱雇夫开凿,地方官府"仍照田分派",结果"业多者贿脱,而穷民反承役,百姓苦之"。⑦ 青浦地方田亩丈量时,官吏与"图蠹"狼狈为奸,"田之增减,视贿之重轻",引起极大的民愤,他认为极需要有为民请命的人来阻止这种恶行。⑧ 他认识到"吏治日非,民生日困"的情形,也很难消弭。⑨ "衙役之横,莫甚于吴下,设机横毒,酷于虎狼",则一直存在。⑩ 青浦知县张庚在他笔下就是一个"才器褊浅,遇事竟日不能决,下笔判字往往多误,为胥吏辈所窃笑"的人,为官十分"昏暴"。⑪ 华亭知县等官吏的私派苛敛,"胥役土蠹"们的贪污侵没,既让董含愤慨,也觉无可奈何。⑫ 总之"百姓造孽者多,官府明断者少,刑章冤滥,是非混淆"的社会现实⑬,让他感到十分不满。

但与他关系极好的地方官,又不吝赞美之词,对嘉善知县、宜兴人莫大勋就

---

① 〔清〕董含:《三冈识略》卷二,"分县"条,第644页。
② 〔清〕董含:《三冈识略》卷三,"谣谶"条,第655页。
③ 〔清〕董含:《三冈识略》卷四,"崇奉释教",第672页。
④ 〔清〕董含:《三冈识略》卷四,"江南奏销之祸"条,第674页。
⑤ 〔清〕董含:《三冈识略》卷五,"谣谚"条,第688页。
⑥ 〔清〕董含:《三冈识略》卷五,"松郡大狱"条,第689页。
⑦ 〔清〕董含:《三冈识略》卷六,"凿吴淞江"条,第708—709页。
⑧ 〔清〕董含:《三冈识略》卷八,"私增田额"条,第741页。
⑨ 〔清〕董含:《三冈识略》卷八,"由贴"条,第746页。
⑩ 〔清〕董含:《三冈识略》卷八,"纸皂行"条,第747页。
⑪ 〔清〕董含:《三冈识略》卷十,"酷吏"条,第773页。
⑫ 〔清〕董含:《三冈识略》卷十,"修海塘"条,第779—780页。
⑬ 〔清〕董含:《三冈识略》卷五,"天狱"条,第699页。

有"多善政,厘奸剔弊,群然有卓鲁之目"的评说①,感恩那些为纾缓地方积逋民困而竭尽全力议蠲的官吏。② "三藩"被削平后,他认定"神器不可以力争"。③ 对性格刚正、"以清节自厉"的两江总督于成龙评价极高,认为在他的治下,"贪吏皆望风敛迹,民气一新";④而且平日居官廉洁、为人刚直,"孜孜以爱民为念",是"旷世一见"的好官。⑤ 类似的,他对上海知县任辰旦为地方减浮粮、均国课而敢于直言的行为,十分称赏,尽管最后任知县的要求没有被批准。⑥ 而康熙三十六年任江南督学的张鹏翮,"信心直行,矢公矢慎",在他的监管下,科考"无一人私者",去任后士子们"思之不置,每谈及,辄为欷嘘流涕云"。⑦

他极力批评地方社会的诸多不良风习,包括不管良贱而极喜通谱之风⑧,也因不屑相从而令人见讶⑨;他内心认定性极吝啬的富人不会有好报⑩;而与他仅见过一次、"坏人伦、伤风化"的李渔是"士林中所不齿"之徒,应当"堕拔舌地狱"⑪,认为像这样"喜纵谈闺阁事"、对人"淫词秽语"冲口而出的,都会有恶报。⑫ 常熟就有生活穷极侈丽、"性淫纵"的人,忽然得疮不治而亡,在董含看来是所谓"冥报"。⑬ 地方上流行的没有子嗣即以药石助之而伤身坏体,而不去修德行善⑭,也属恶习。风俗之最恶的,在他看来就是吴下流行的"劫婚",即"凡已通媒妁,而女家或有他意,或故为迟留,则乘夜劫去"。⑮ 他深深地感受到,"风俗之日趋于下也,犹江湖之流而不返也",在其生活时代这种情势更为明显。比如,缙绅们不够自重,官长日尊,"于是曲意承奉,备极卑污",而且恬不为怪;衙门差役更为嚣张,上下串成一局,对士民把持挟诈,可谓无所不至;上下不分、体统莫辨是彼时社会的普遍情形,像乏于财力的董含坚持以清望为重,为乡里富人们讥讪为"清旷",

---

① 〔清〕董含:《三冈识略》卷三,"鹤湖谣"条,第663页。
② 〔清〕董含:《三冈识略》卷六,"议蠲"条,第701—702页。
③ 〔清〕董含:《三冈识略》卷八,"削平诸逆"条,第744页。
④ 〔清〕董含:《三冈识略》卷八,"于公清节"条,第746页。
⑤ 〔清〕董含:《三冈识略》卷九,"于公遗爱"条,第754页。
⑥ 〔清〕董含:《三冈识略》卷九,"请减浮粮"条,第753页。
⑦ 〔清〕董含:《三冈续识略》,"张公清严"条,第791页。
⑧ 〔清〕董含:《三冈识略》卷二,"冒族"条,第640页。
⑨ 〔清〕董含:《三冈识略》卷四,"骄凤篇"条,第681页。
⑩ 〔清〕董含:《三冈识略》卷三,"托生为猪"条,第660页。
⑪ 〔清〕董含:《三冈识略》卷四,"李笠翁"条,第680页。
⑫ 〔清〕董含:《三冈识略》卷七,"口舌报"条,第719—720页。
⑬ 〔清〕董含:《三冈识略》卷八,"见冥报"条,第747页。
⑭ 〔清〕董含:《三冈识略》卷九,"种子方"条,第763页。
⑮ 〔清〕董含:《三冈识略》卷九,"劫妻得僧"条,第764页。

也是当时"崇尚财货"的恶俗表现。① 对于巡抚汤斌整顿有伤风化的地方淫祠的大动作,他深表赞许,认为"数百年恶俗,一朝而革",有狄公(狄仁杰)风范。② 地方官吏中他所钦佩的并不多,像平湖人陆陇其任嘉定知县时,号称惠政颇多,"锄强剔弊,大得民心";晚年讲学于洞庭东山,从游者甚众,据说曾梦见在嘉定县任上的那些旧部下来迎他做城隍神,次日即怡然而逝了。③

他指出彼时缙绅家居者中存在的注重美宫室、广田地、蓄金银、盛仆从、受投谒、结官长、勤宴馈之风④,本来应该以自重为贵的乡居士大夫,不可轻易干涉地方有司,以免"上下蒙蔽,贵贱不分",甚至使"刁民蠹役"肆行无忌。⑤ 而且已经贵贱混淆、侪类错杂的"乡党序齿",既不雅观,更失古礼之义⑥,甚至说富人不可作缘,因为他们多是"斗筲龌龊、目不识丁"且"收息细民,献媚当事"之徒。⑦

在个人道德评判上,他颂扬了柳如是的节操⑧,贬斥了"一代伟人"钱谦益⑨,也看不起同样因奏销案而被惩治的苏州才子金圣叹,认为金氏所著多是"夸诞不经",谐词俚句连篇累牍,其悲惨结局实际上是"以笔舌贾祸"的。⑩

有意思的是,《三冈识略》中很多有关灾异的描述,多被后来编修的府县志所采用,具体所涉的时段都在康熙年间。

例如,光绪《松江府志》载"(康熙)四年乙巳秋九月,柘林金姓妇产一子,四手四足,目生额间,耳生额上"、"十四年乙卯夏闰五月,郡城东门民家李树生黄瓜,华亭三十保地方黄瓜生茄"、"三十一年壬申春二月二十九日,左营韦元鼎廨中雄鸡生二卵"等11条。⑪ 再如,民国《南汇县志》引了1条:"(康熙)五年丙午冬十月十一,四更有大星见东南,众小星随之,或上或下,忽左忽右,大星陨,小星亦随之陨。"在这些条目之下,都有小字注明引自《三冈识略》。⑫

文廷式(1856—1904)曾指出:"董含《三冈识略》卷八,记朱方旦伏法一条云:

---

① 〔清〕董含:《三冈识略》卷六,"三吴风俗十六则"条,第715—717页。
② 〔清〕董含:《三冈识略》卷九,"革淫祠"条,第758页。
③ 〔清〕董含:《三冈识略》卷十,"陆公为神"条,第783页。
④ 〔清〕董含:《三冈识略》卷四,"读书种子不可绝"条,第676页。
⑤ 〔清〕董含:《三冈识略》卷十,"官绅接见有禁"条,第775—776页。
⑥ 〔清〕董含:《三冈识略》卷四,"同辈序齿"条,第679—680页。
⑦ 〔清〕董含:《三冈识略》卷四,"富人不可作缘"条,第677页。
⑧ 〔清〕董含:《三冈识略》卷六,"拂水山庄"条,第709页。
⑨ 〔清〕董含:《三冈识略》卷一,"诗讽"条,第627页。
⑩ 〔清〕董含:《三冈识略》卷九,"才子书"条,第768页。
⑪ 光绪《松江府志》卷三十九《祥异志》。
⑫ 民国《南汇县志》卷二十二《杂志·祥异》,民国十八年刻本。

又有钦天监南怀仁者,上所著《穷理学》一书,其言以灵魂为性,谓一切知识记忆不在于心,而在头脑之内。语既不经,旨极刺谬,命立焚之。按天主教人,每有传言,圣祖极好其教,且欲奉行,因教例止许一夫一妇,而中国制度,后宫宜有妃嫔,故遂中止。盖知圣祖定历,特用西术,而不知有焚南勤敏进书之事也。"虽然误书"董含为康熙进士"(顺治十八年很快转入康熙元年,时间上太过接近,容易使人产生模糊感),但认为董氏所述"见闻至确",所以"特录之,以息群喙焉"①,评价颇高。

出身世医之家的杭州人魏之琇(1722—1772)在其《续名医类案》中,抄了一则《三冈识略》的故事②,把董含所述为其小妾治病的医者,纳入了"名医"之列。不妨详录于下:

> 董含妾腹内生一痞,始如弹丸,五六年后大类鹅卵,中似有一窟,往来移动,或痛或止,百药罔效,久之遍体发肿,内作水声,日夕呻吟,死而复苏者再。诸医束手无策,皆云此名水鼓,病已成,不可复痊矣。章文学旭,字东生,名医也,善治奇疾,往邀之。曰此非水症,乃积聚所致,不半日可愈,但所用药性猛,利转斗而下,驱水甚疾,试问疾人愿服与否?病者曰:我已垂殆,苟一线可救,死无憾也。于是取红丸十粒,如菉豆大,以槟榔、枳实等五六味煎汤下之。初觉喉中响声,可畏势将不支,顷之胸膈间如刀刃乱刺,哀号转掷,痛不可状,又顷之,下水斗许,头面肿退,不逾时,又下数升,腹背肿退。病人曰:我今觉胸背顿宽,遂熟睡片刻。时章君犹在坐也,曰此番不独水去,痞亦当渐散矣。留补剂二,曰明后日可连服之,遂辞去。至晚,又下水四五升,手足肿全退,不三日,病痊愈。既而忽痞势摇动,下红黑痢,三昼夜,痞亦不见。众医惊服,往叩其故。章笑曰:此名肠覃,在《内经》"水胀论"中,君辈自坐不读书耳。皆惭而退。③

《三冈识略》的价值,当然是多方面的。从史学之意义层面而言,曾历工部郎中、太仆寺卿、广西乡试官等职的归安人戴璐((1739—1806)这样盛赞道:"所著

---

① 〔清〕文廷式:《纯常子枝语》卷二十八,民国三十二年刻本,页18a。
② 详参[清]董含:《三冈识略》卷八,"肠覃"条,第751页。
③ 〔清〕魏之琇:《续名医类案》卷十三《症瘕》,文渊阁四库全书本。

《三冈识略》,为国初野乘之最。"①这个评价应当是合适的。

地方的场境与秩序问题

清初的政治变化与地方统治秩序之重建,对每个人生活的影响都是巨大的。到顺治三年二月间,朝廷要求的剃发,"虽非人心之愿",但不剃者已然大大减少。② 更可注意的是,官府对江南绅士们的打压,其实一直在持续。③ 像周寿昌所谓的"国初,江南赋重,士绅包揽,不无侵蚀",应该是当时的普遍现象,非仅仅吴中而然,两江士绅因而被黜革,"得全者无几",即为显例:

> 时为康熙己酉(康熙八年,1669)科,有乡试中式而生员已革,且有中进士而举人已革,如董含辈者,非一人。方光琛者,歙县廪生,亦中式后被黜,遂亡命至滇,入吴三桂幕……吴世璠败,光琛亦就擒,磔于市。④

从顺治十二年(1655)开始到康熙元年(1662)发生的奏销案,对江南地区的影响自然是巨大的。

本来,江南钱粮累年拖欠是"习为故常"的事,乡绅拖欠之多,连县官也莫可如何。在顺治十六年(1659),江苏巡抚朱国治莅任,适逢苏州大荒,民间即混称其为"朱白地"。朱国治下令,"凡绅衿欠粮者,无论多寡,一概奏请褫革",名曰"奏销"。次年,朝廷颁定了这样的条例:凡绅衿欠八九分者,革去名色,枷两个月,责四十板,仍追未完钱粮;即至三四分以下,亦责二十板,革去名色,但免枷号。江南地方乡绅士夫对此十分不满。次年冬天,政府以嘉定县乡绅生员拖欠国家粮额,兵备道即"擒拿"了数十人作为榜样,锁于县衙的尊经阁中。这件事使地方倍受震惊。十八年原来也要照常规进行追索欠额,但顺治帝于当年驾崩,地方因而暂得幸免。不料康熙登基后,以康熙元年视为顺治十八年,不到一月时

---

① 〔清〕戴璐:《吴兴诗话》卷十三,民国五年刘氏嘉业堂刻吴兴丛书本,收入《续修四库全书》集部第 1705 册,上海古籍出版社 2002 年影印版,第 247 页。
② 〔明〕佚名:《崇祯记闻录》卷六,收入《台湾文献史料丛刊》第三辑第 52 册,台湾大通书局 1984 年印行本,第 86—87 页。
③ 〔清〕戴名世:《戴名世遗文集》,王树民等编校,中华书局 2002 年版,第 130—131 页。
④ 〔清〕周寿昌:《思益堂日札》卷四,"方光琛"条,中华书局 2007 年版,第 61 页。

间,即下令仍要催纳顺治十七年奏销钱粮,地方上顿时紧张起来。胆小怕事的,很快就在正月内完清,但大多数坚持对抗的姿态。这些人的拖欠数占了总数的十分之八。七月间,朝廷再次下达正式文件,在二月份以后输纳钱粮的所有士绅"概行革职"。这次共奏销苏、松、常、镇四府进士、举人、贡监生员达13 500多人;衙役等250余人受到惩办。奏销案的发生,使当时"人皆落胆"。①

在当时已退居吴江乡间陆文衡的记忆中,"奏销"的起因则是吴县的生员倪用宾等人控告知县任维初(顺天人)私卖漕粮,触怒了朱国治,最后倪用宾、沈玥、顾伟业、王仲儒、薛尔能、姚刚、丁子伟与金圣叹被处斩,妻子家产籍没入官;张韩、来献琪、丁观生、朱世若、朱章培、周江、徐玠、叶琪、唐尧治、冯郢被处斩,妻子家产免籍没,都是"因言获罪"。他感叹道:"江南绅士何多难也。丁酉、戊戌间有发觉科场一案;己亥海舟宗内犯,有绅士投贼一案;庚子有嘟水逋粮一案;今辛丑又有吴庠诸生攻讦县令一案,前后逮系、黜革、斩戍、籍没、株连,累累不下千人,惨祸不忍见闻!"②

就松江府地方来说,出身大族的张醉石,曾入太学,以奏销被议免归,优游林下十余载而殁。类似地,顺治六年进士、曾任刑部主事等职的华亭人周茂源,也因奏销一案被降职归里,遂绝意仕途。董含称其"挂冠后年甫及艾,优游林泉,间与四方之交商榷古今,讨论风雅",不数年而卒。上海县东的朱思皇、朱周望都是因奏销被撤职,以后子孙中也没有一个在科考上成功的。川沙乔氏,子孙中有进秩仪部郎者,声望交游之盛不减两榜,后来也多在奏销后衰落了。③

董含认为,尽管江南绅衿被斥革者达一万三千余人,"衣冠扫地",但其间的"贪吏蠹胥"们,平时贪污侵没多至千万的,却反置不问,则此奏销大案实在是太过了:④

> 江南赋役,百倍他省,而苏松尤重。迩来役外之征,有兑役、里役、该年、催办、捆头等名,杂派有钻夫、水夫、牛税、马苴、马草、大树钉、蔴

---

① 《清圣祖实录》卷三,"顺治十八年七月初三日"条;〔清〕顾公燮:《丹午笔记》,"哭庙异闻"条,江苏古籍出版社1999年版,第155页;〔清〕曾羽王:《乙酉笔记》,旧抄本,收入上海人民出版社编:《清代日记汇抄》,上海人民出版社1982年版,第11、24—25页;〔清〕叶梦珠:《阅世编》卷六《赋税》,第137页。
② 〔清〕陆文衡:《啬庵随笔》卷三《时事》,光绪二十三年吴江陆同寿刻本,台北:广文书局1969年影印版。
③ 〔清〕叶梦珠:《阅世编》卷五《门祚一》、《门祚二》,第115、123、128、129页;〔清〕姜兆翀辑:《国朝松江诗钞》卷二《周茂源》。
④ 〔清〕董含:《三冈识略》卷四,"江南奏销之祸"条,第674页。

油、铁箭竹、铅弹、火药、造仓等项,又有黄册、人丁、三捆、军田、壮丁、逃兵等册。大约旧赋未清,新饷已迫,积逋常数十万。时司农告匮,始十年并征,民力已竭,而逋欠如故。巡抚朱国治强愎自用,造欠册达部,悉列江南绅衿一万三千余人,号曰"抗粮"。既而尽行褫革,发本处枷责,鞭扑纷纷,衣冠扫地。如某探花欠一钱,亦被黜,民间有"探花不值一文钱"之谣。夫士大夫自宜急公,乃轩冕与杂犯同科,千金与一毫等罪,仕籍学校,为之一空。至贪吏蠹胥,侵没多至千万,反置不问。吁,过矣!

政治的变化,会导致文化以及地方权势格局的演替。明朝的遗老遗少看重的明朝礼制与道德,虽经晚明社会的巨大变革已遭受很多冲击,但于王朝鼎革、剃发改服后,所面临的危机,在清初似乎显得更为严重。① 如古人所重的乡饮酒礼,到清初早已被地方官府视为"奉行故事"之举,只要有钱,就可以参加到这个隆重的典礼活动中。据华亭人董含的观察:"东村有一土豪陈姓,西郊有一市侩黄姓,二人最微贱,胥以贿得之,虽不敢赴饮,而俨然以大宾自居。"这样的情形,被董氏视为对古礼的玷辱。②

董含特别描画了在三藩之乱平定十年后江南地方萌生的乘乱"报复"、互相攻讦的秩序混乱的场境,尤可注意:

> 今上皇帝豁达大度,王路荡平,而搢上君子,间有怀报复,致互相讦者。于是习风四起,动以绅宦为辞,揭讼纷纭,冠履倒置,士大夫皆重足而立。上知之,遂传谕云:"从来致治之道,在正人心。人心偏私,则诈伪日生,习俗滋敝……乃近见内外各官,间有彼此倾轧,党同伐异,私怨相寻,牵连报复。或代人纠参,阴为主使,业已解职,仍复推求不止,株连逮于子弟,颠覆及于身家。甚且市井奸民,亦得借端凌侮,蔑纪伤化,不可胜言。朕总揽几务三十年,情态最悉。倘因仍陋习,益致蔓延,殊非朝廷体臣工、保全爱惜之意。夫谗诐媢嫉之害,历代皆有,而明季为甚。公家之事,置若罔闻,树党诬陷,祸延国祚,深切痛恨。自今以往,内外大小诸臣,尽蠲私愤,共矢公忠,岂独国事有裨,亦身名俱泰。倘执

---

① 林丽月:《故国衣冠:鼎革易服与明清之际的遗民心态》,收入氏著《奢俭·本末·出处——明清社会的秩序心态》,新文丰出版公司2014年版,第287—309页。
② 〔清〕董含:《三冈识略》卷六,"乡饮酒"条,第711页。

迷不悟,复蹈前非,朕将穷极根株,悉坐以交结朋党之罪。"大哉王言,自有此谕,而在朝在籍,庶得安枕而寝矣。①

董含认为,有了康熙这个秩序整顿的圣谕,"在朝在籍,庶得安枕而寝矣"。

当然,在上述大背景下,董含个人的生活境遇已经发生了极大的变化,"自少寡外慕,好静恶喧,畏近权势"的态度或行动,也已可能引起别人的不满。他含蓄地说过:"生平不与人为仇,而人往往嫉予,曲加诋毁,终不与较。"②

清初社会生活的巨变,很有董含诗中所言"古今既茫茫,天地殊浩浩。吾生等石火,陨落同腐草"的意味③,是董氏那一代人生活场合与境况的写照。

社会交游与情怀

在康熙初年,董含的功名虽然已被"奏销",但其身份仍与城乡布衣者流不同。

他曾努力科考一途,后来因奏销等原因而心灰意冷。到三十四岁时,乘云、贵等地的藩乱被荡平之际,他再次到北京参加会议,结果没有成功,回到了他所谓的"弊庐数椽,傍水负郭"的乡居空间,与其二三位知心好友,"赋诗浮白"相往返,意兴淡然,已经不再是热衷营取仕途的青年士人了,所以"常与世违",人生的寄托似乎都在诗酒之间了。④ 好友卢元昌也说他对于宠辱得失是"泊如也"⑤。不过,其间的生活形态,可能十分复杂。董含自己曾隐约地说过,在清初江南社会稳定后,曾经"奔走四方,三入京洛",最后仍是"栖迟里门"⑥,显然是为个人的科考前程努力过,也为家族的复兴谋划过,但都泯于绝望。正如董含自况"赋命穷薄"的那样,他就在奏销之例。此后"屏居田里",晚年回思往事,真是"恍如一梦"。⑦

尽管这样,董含等人早期在科考生活中自然形成的那种官绅关系,对举子们

---

① 〔清〕董含:《三冈识略》卷十,"圣谕"条,第779页。
② 〔清〕董含:《三冈识略》,"蓴乡赘客自述",第611页。
③ 〔清〕姜兆翀辑:《国朝松江诗钞》卷四《董含》,"夏日杂咏"条。
④ 〔清〕董含:《三冈识略》,"蓴乡赘客自述",第610页。
⑤ 〔清〕董含:《三冈识略》,卢元昌"序",第608页。
⑥ 〔清〕董含:《三冈识略》,"自序",第609页。
⑦ 〔清〕董含:《三冈识略》,"蓴乡赘客自述",第610页。

未来的政治生活仍会有较大的影响。法式善(1752—1813)抄录过阮葵生有关会试同考的房运问题,认为房运有盛衰之相,但每一科得中的举子,在科场生活中形成了一种同科同年的关系①,将来无论在朝在野中有可能产生的私谊,都会为其政治生活与仕途搭建起较好的联络平台。从阮葵生有关科考名士的同科罗列的表述中,也可推知大概:"会试同考,房运亦有盛衰。……又陈午亭相国,官庶常时,辛丑为同考,本房马士俊(一甲一名)、孙钤(二甲一名)、董含(二甲二名)。……"②

即便后来因奏销而被黜革,但"居乡"期间的地位与常人已然不同。当然影响更大的,是那些退任、告假在乡的官绅,堪称乡居"大老"。像都谏许霞城屡次罢归上海后,"居乡侃侃,郡邑长及缙绅俱惮之"。而万历十七年己丑科进士、历任南铨部郎等职的陈同乡(所蕴),性格刚介,地方绅士都严敬之,"郡邑有不平事,则于当事前慷慨直陈,守令重之",而贫民们都称颂之。③ 顺治四年丁亥科进士、曾任刑部主事与吏部考功员外郎的长洲人顾咸予,回到江南休养时,"居乡风采峻整,为后进所惮",亦为世人所称道。④

这些居乡之"大老",应该都是地方上极具权威性的绅士领袖。⑤ 通过科考进入缙绅阶层的,在地方上确实"令人有不敢犯之意",这不仅仅是因其地位使然,而且"其品望有足重也"。所以,那些"养高自重者,不特郡邑长敬畏服教,即上台亦往往禀命咨访焉"。⑥

可是,隐退于吴江乡下的陆文衡表示,绅士们在居官时"有言责者当建言,有事权者当任事",而在居乡时,倘若"值地方扰扰、物情汹汹之日","只宜闭户缄默,随乡里大例,奉官府之施行而已",特别是在清初江南,"好事多言,即是招尤取祸之本"。⑦ 陆氏此说的生成,显然是受现实的政治氛围影响所致,反映出彼时乡居绅士大多已丧失了应有的地方责任感与威仪,与晚明的威风情形大不同。

与董含比较亲近的那些友朋们,生活取向与政治态度自然是接近的。相应

---

① 〔清〕法式善:《槐厅载笔》卷十一,清嘉庆刻本。
② 〔清〕阮葵生:《茶余客话》卷二,"会试同考房运"条,中华书局1959年版,第51页。
③ 〔清〕叶梦珠:《阅世编》卷五《门祚一》、《门祚二》,第120、127页。
④ 同治《苏州府志》卷八十八《人物十五·长洲县》。
⑤ 〔清〕曹家驹:《说梦》,道光八年醉沤居士钞本,收入《四库未收书辑刊》第10辑第12册,北京出版社2000年影印版,第250页。
⑥ 〔清〕叶梦珠:《阅世编》卷四《士风》,第83—84页。
⑦ 〔清〕陆文衡:《啬庵随笔》卷五《鉴戒》,光绪二十三年吴江陆同寿刻本,广文书局1969年影印版。

地,若干交游关系由兹得以呈现。譬如他的一位好友张若羲,与嘉兴人朱彝尊还是中表兄弟。张氏也是华亭人,崇祯癸未科进士。① 朱尊彝在《静志居诗话》中即言,这位字昊东的张若羲,"为余中表兄",在甲申鼎革以后,"潜身家巷,躬自灌园"。朱氏曾前往华亭县西郊相访,适值张氏"荷锄带笠",所谓"相揖于紫瓜白苋之间,破屋数椽,下一榻以留"②,完全是一幅悠然乡居的闲适图景。而居于嘉兴王店镇的朱彝尊,又是海宁人查慎行的表兄③,诗文往来也颇频繁。

张若羲这种"避世不仕"或"终身披缁"的人生取向,被时人归入与《社事本末》中所载的熊鱼山(开元)、许霞城(誉卿)、倪伯坪(长圩)、方密之(以智)、张冷石(昂之)、梁蚡之、林垐、林之蕃、祁彪佳等并入并称的群体,为世人所钦重。④

这也是董含敬仰张若羲的原因所在。他说:"张带三先生,性高洁,隐居菜花泾,不入城市,缁衣禅笠,萧然世外。"在董含看来,张氏"喜饮酒,每从相知浮白纵谈,意气甚壮,然外虽颓唐,而内实沈照,隐约玩世,人莫能窥其际也"。董含曾于上巳节赠送新蒻给张若羲,张氏答以一首绝句:"臆间犹记老狂生,翠酿春灯眼倍明。世事悠悠交态变,绿杨深处尽埋名。"⑤或许这种情态,也可以拟比董含。

其他类似的交游关系或活动,应该还很丰富,惜乎资料阙如,多不能详举。譬如,在某年夏天,董含曾招集陈昌箕、许九日、徐松之、钱武子、吴六益、沈彦澈诸友朋,举行诗酒之会于私宅之光复堂⑥,即属其中一次比较有名的聚会。这样的情景,应当发生于奏销案之前、董含人生得意之际。再如,某年夏末,与山阴朱晋叔、朱敬身、傅德乎与松江蒋大鸿等人,在寿介堂的一次"良会",所谓"开轩集群项,共举南皮觞。胜事傅山阴,风流数尊乡"。⑦ 这个尊乡就是董含自寓的隐居之地,也可能泛称松江。还有一次酒会,是与山人吴六益一起招集朱锡鬯、周青士在藻野阁欢饮,"重携双屐听松声","小阁衔杯送晚晴"。⑧ 康熙三十三年上巳

---

① 〔清〕陈田:《明诗纪事》辛签卷二十一《张若羲》,清陈氏听诗斋刻本。
② 〔清〕朱彝尊:《静志居诗话》卷十九,"张若羲"条,人民文学出版社 1990 年版,第 588—589 页。
③ 〔清〕查慎行:《敬业堂诗集》卷二十三《近游集·同竹垞表兄饮谭㺯城给谏南楼看海棠》,上海古籍出版社 1986 年版,第 659 页。
④ 〔清〕袁翼:《邃怀堂全集·骈文笺注》卷二《书几社考后》,光绪十四年袁镇嵩刻本。
⑤ 〔清〕董含:《三冈识略》卷八,"前辈风流"条,第 746 页。
⑥ 〔清〕魏宪:《枕江堂集》卷五《五言律》,康熙十二年有恒书屋刻本。另参〔清〕姜兆翀辑:《国朝松江诗钞》卷四《董含》,"光复堂再集赋诗者八人分得江字余韵悉和"条。
⑦ 〔清〕姜兆翀辑:《国朝松江诗钞》卷四《董含》,"夏杪偕山阴朱晋叔、朱敬身、傅德乎、同郡蒋大鸿诸子集寿介堂"条。
⑧ 〔清〕姜兆翀辑:《国朝松江诗钞》卷四《董含》,"同吴山人六益招朱锡鬯、周青士饮藻野阁"条。

节时,昆山乡宦徐乾学、徐秉义等人准备在徐氏的别业遂园中举行修禊活动,邀请了包括董含在内的十五人参加,董含说"以儿病,未获追随杖履,一观盛事",表示无比遗憾,但仍寄赠了两首诗给徐乾学,以示歉意。①

而董含的家居生活与休闲情致,透过他本人的零星记述而得以大致呈现。他曾说:

> 性本孤介,不善治生,尤不喜见俗人,杜门者十日常八九。每晨兴,抱瓮灌园,事毕课诸儿文义,间出酬酢。午后或泛滥陈编,或采纂轶事,或坐或卧,或信手拈小诗,不拘体裁,不计工拙。长夏则晞发行吟,颓然自放。向多四方之交,客有见诣者,虽不能具宾主礼,必典衣贳酒,相与网罗古今,商榷风雅,握手谈心,款款不忍别。以故予愿交天下士,而天下士亦莫予弃也。②

董含讲得很清楚,他"孤介"的性格与"不喜见人"的态度,加上不善经营,使其家境在奏销之后更形窘困,家中招待客人,居然要"典衣贳酒"。

与董氏兄弟交好的宋琬,既言董俞的出身是松江"贵公子孙",在清初奏销案后已是"贫至不能具舟楫"③,又说作为"云间世家"子弟的董含,在此时"既已嘿不自得,而其家徒四壁立,于是愈益无惮,幽忧侘傺,酒酣以往,悲歌慷慨"④,都有常人难言的窘境。在这样的家境条件下,卢元昌仍然应该是能让董含"典衣贳酒"热情款待的挚友。这位据说以所评月旦倾动海内的名士,与董含一样"素善饮酒",每当高朋会饮,"浮白拊掌,千人辟易"。⑤

在《三冈识略》中,董含也强调过,"余自少懒散,不善治生。放弃以来,家贫累重,不无忧生之嗟"⑥。不过这可能全非事实,因为在康熙三十四年七月遭遇罕见的大风灾后,他曾说"予薄田二顷,连遭荒歉,今木棉、豆花尽行脱落,何其厄乎!"⑦倘在正常年景,这二顷薄田绝对可以支撑起他在乡间比较像样的生活。

---

① 〔清〕董含:《三冈续识略》,"遂园禊饮"条,第788页。
② 〔清〕董含:《三冈识略》,"菰乡赘客自述",第610—611页。
③ 〔清〕宋琬:《安雅堂文集》卷一《董苍水诗序》,收入氏著《宋琬全集》,齐鲁书社2003年版,第35页。
④ 〔清〕宋琬:《安雅堂文集》卷一《董阆石诗序》,第20页。
⑤ 〔清〕董含:《三冈识略》卷十,"卢先生"条,第773页。
⑥ 〔清〕董含:《三冈识略》卷七,"记梦"条,第728页。
⑦ 〔清〕董含:《三冈续识略》,"风变"条,第790页。

董含在六十多时回顾道:"遇良辰佳景,携双童,蹑短屐,登山临水,不废游览,此外嗜好都尽",又说"迩来希风向平、天随子、桑苎翁诸人,誓为山泽之游。乘兴便发,任其所之。"①一如宋琬所言,"遇夫高山广谷、精蓝名梵、乔松嘉卉、草虫沙鸟,凡可以解其郁陶者,莫不有诗",既有横山、泖、淀之胜以资眺览,又有兄弟朋友之乐相与上下。② 在董含的诗文表达中,也可以知晓他的才情逸致。

董含的一些诗文,曾被收入清代重要的诗文汇编中。如被收入《国朝词综续编》的《点绛唇·晚妆》:"燕语莺啼,困人天气当初夏。斜阳欲下,楼上闲妆罢。渐渐黄昏,霜冷鸳鸯瓦,冰蟾挂,浓熏兰麝,笑捻冰绡帕。"③同样是这首《点绛唇》,在收入《国朝词综补》时,文字略有不同:"燕惰莺娇,困人天气当初夏。斜阳西挂,楼上闲妆罢。渐渐黄昏,露湿鸳鸯瓦,银蟾射,花阴柳下,笑捻冰绡帕。"④这首词作未注明明确的时间,但词义优美,亦可见董含的雅趣。

再如,收入《清诗别裁集》的《登穹窿谒句曲行宫》:"山势岩崿欲到难,玉真宫殿拥千官。香飘下界青冥近,磬入诸天碧落寒。洞口断云朝放鹤,石根晴树暮栖鸾。金门羽客龙泥印,夜礼星辰上醮坛。"⑤看上去是纯粹的访古思幽之作,但因完全不见提示性的文字,也很难说一定就有现实生活际遇或心境的投射。但在同样遭受奏销惨痛的周茂源看来,董含这样的访古思幽之作,如《建业宫词》,就很有"读罢新词一怅然,烟花如梦只终年"的感喟。⑥

而且在嘉兴的游闲之作,大体亦是如此。收入《檇李诗系》的多首诗作,有《游当湖塔院眺乍浦诸山》:"登临还极目,浩荡踏金鳌。近海涛声壮,连山雾气高。岸腥鱼集网,霜冷雁投壕。野渡归来晚,秋风绕桔槔。"有《登烟雨楼》:"片帆落日下鸳湖,烟雨依然似画图。殿废只余新覆瓦,楼倾空对旧啼乌。屧穿翠幔无僧问,酒扬青帘待客沽。作吏几人能好事,一川风景至今孤。"有《泊西林禅子道场》:"舣棹重经落照湾,古松残碣一追攀。殿门雨过金书湿,石径云荒碧藓斑。沙拥墓潮垂钓坐,江翻寒月覆舟还。摩挲遗像空归去,那得机缘似夹山。"但《吊朱买臣墓》一首:"行年五十尚飘蓬,乍绾金章意气雄。半世功名瓯越外,六时钟磬墓门东。檐花落处窜饥?,松露滴时吟野蛩。富贵浮云何足羡,手摩残碣问西

---

① 〔清〕董含:《三冈识略》,"荨乡絷客自述",第611页。
② 〔清〕宋琬:《安雅堂文集》卷一《董阆石诗序》,收入氏著《宋琬全集》,第20页。
③ 〔清〕黄燮清:《国朝词综续编》卷一《董含》,同治十二年刻本。
④ 〔清〕丁绍仪:《国朝词综补》卷二《董含》,清光绪刻前五十八卷本。
⑤ 〔清〕沈德潜:《清诗别裁集》卷四《董含》,乾隆二十五年教忠堂刻本,第77页。
⑥ 〔清〕姜兆翀辑:《国朝松江诗钞》卷二《周茂源》,"读阆石建业宫词感赋"条。

风。"当中抒发的情感,或许可以视为彼时董含心境的写照。至于地方生活感受,像《枫溪晓发》:"栅外渔灯明灭,林间烟霭霏微。自起呼童贳酒,紫螯黄雀初肥。"以及从西湖一路游玩至嘉兴南湖一带的《鸳湖夜泊》:"西湖才别又南湖,倚柂秋风兴不孤。葭菼渐稀霜信早,夕阳红树散啼乌。"以及直到嘉善地方的《舟经武塘,蒋亭彦、杜于皇枉过,予以行促,怅然而别》之诗:"相看颜鬓各蹉跎,欲话心期奈别何。准拟论文重放艇,白牛塘下水微波。"①则所在多有。

董含对离家乡较远的湖州山水尤为钟意:"吴兴山水之胜,闻于远近"。康熙二十四年九月,他与二三好友前往岘山等地,所谓"搜奇历邃,访古遗迹",泊舟于碧浪湖,前后在湖州畅游半月之久。② 临行之际,还于岘山石壁上题有小诗云:"白苹洲畔蓼花横,小艇烟波任意行。拟向吴兴赋《招隐》,采菱缫茧寄余生。"③当然,这部分所言董含放情吴兴山水的表现,是奏销案后董氏舒缓抑郁心情的某种反映,也能体现他本身秉具的闲情雅趣。诗中集中所述的,正是碧浪湖一带的优美风光。

宋琬认为:"吴兴山水,秀绝东南。"④文人们对湖山景观的描画,在地方史志中也多有转述,表明碧浪湖是一个声名久著之所。以下是有关碧浪湖的若干环境描述及文人心目中的感觉。

同治《湖州府志》中言:"碧浪湖,在府城南二里,一名岘山漾,一名玉湖。中为浮玉山,与归安分界。"从水利关系而论,此湖乃"诸山水所汇",因为地处岘山前,所以又名岘山漾,其西即玉湖,以浮玉山而得名。⑤

都穆的《游道场山记略》曾说:予至吴兴,太守同年吕文郁招予为道场之游,舟出南门三里,入砚山寺,已而泛碧浪湖,夹岸之山,远近起伏,苍翠欲滴,而湖水如玉,每风生浪涌,色尤可爱。⑥ 谢肇淛的《岘山记略》指出:"吴兴山至多,独岘山蟠郡南而近,下据碧浪湖,游客盖肩相摩云。"⑦就江南地区的比较而言,很早就有人称"吴兴山水清远,为天下第一",指的就是碧浪湖一带。⑧

---

① 〔清〕沈季友:《樵李诗系》卷四十一《董含》,文渊阁四库全书本。
② 〔清〕董含:《三冈识略》卷九,"岘山"条,第758页。
③ 〔清〕戴璐:《吴兴诗话》卷十三,民国五年刘氏嘉业堂刻吴兴丛书本,收入《续修四库全书》集部第1705册,上海古籍出版社,2002年影印版,第247页。
④ 〔清〕宋琬:《安雅堂文集》卷一《吴菌次艺香词序》,第26页。
⑤ 同治《湖州府志》卷二十一《舆地略·水》,同治十三年刊本。
⑥ 乾隆《乌程县志》卷二《山川》,乾隆十一年刻本。
⑦ 乾隆《乌程县志》卷二《山川》,乾隆十一年刻本。
⑧ 崇祯《乌程县志》卷十《艺文》,崇祯十年刻本。

董含还曾兴致勃勃地准备与友人相会于太湖洞庭东西两山,他说"洞庭两山之胜,予神往已久",打算"登缥缈之峰,憩林屋之馆,探洞天之轶事,访甪里之故居"。可是在山中友人相邀下于冬季出游时,刚抵太湖湖口,"忽风浪大作,三昼夜不息",被迫辍棹而返。最后口占一绝,以示遗憾之情:"白雁横空木叶飞,峭帆西去访灵威。那知咫尺三山路,万顷风涛辍棹归。"①

当然,太湖周边有不少名胜古迹,董含大概都去过。时间应该多在奏销案之后,他已疏离政治,有比较多的闲暇,纵情于山水名胜之间。这也可以视为其在清初被政治打压后,心情难以排遣的表达,能反映出与董含同一时期在仕途上遭遇挫折的绅士类似的人生态度或生活境遇,多有绝意仕进、"优游林下"的相同表现。②

山川犹是而风俗非故

经历了王朝更替的清初士人,其政治命运、生活空间以及从明末以来维续的社会关系、清初在地方社会形成的新网络、可能保持的社会关怀心理状态,在以董含的个人生活史为中心的剖析中,多少得以映现。

孔尚任(1648—1718)在《桃花扇》中对明末清初那种短期内盛极而衰的快速变化的描述,可谓精彩绝伦:"眼看他起朱楼,眼看他宴宾客,眼看他楼塌了"③,也令人感怀至深。由于甲申、乙酉之际"大朝代"的更迭④,"海内鼎沸",年轻的董含与很多人一样,大难避乡⑤,转徙于三冈之东,"人事都绝";此后"奔走四方,三入京洛,既而栖迟里门"⑥,一切趋于平淡。

即如同样身历明清鼎革的上海人叶梦珠而言,三十余年之间,所闻所见地方社会豪族的废兴显晦,就如浮云之变幻,"俯仰改观,几同隔世"。而如前辈两榜乡绅那样,出入必乘大轿,伴门下皂隶跟随,五名轿伞夫都要穿红背心,头戴红毡

---

① 〔清〕董含:《三冈识略》卷二,"五湖"条,第647页。
② 〔清〕叶梦珠:《阅世编》卷五《门祚一》,第115、123页。
③ 〔清〕孔尚任:《桃花扇》卷四《续四十出·余韵》,人民文学出版社1982年版,第260页。
④ 大朝代的概念,参杨联陞:《国史诸朝兴衰刍论》,收入氏著《国史探微》,新星出版社2005年版,第14页。
⑤ 巫仁恕:《逃离城市:明清之际江南城居士人的逃难经历》,《中研院近代史研究所集刊》2014年第83期,第1—46页。
⑥ 〔清〕董含:《三冈识略》,"自序",第609页。

笠，如现任官的体统完全一样①，或者如何良俊生活时代每名致仕乡官都由官衙拨派皂夫二名、轿夫四名、伞夫一名侍候②，吴江县乡绅家居时期县衙曾要专门拨派九名"舆隶"（轿夫）以供他们出入使用的威风情形③，在当时也根本不会有了。随着新王朝的建立，"士多长往而不返者"，即使有"不得已而身依城阙"的，也是必有所托而"自适于形骸之外者"。④

江南许多大族在清初由于王朝鼎革、奏销大案以及其他原因，出现了长程下流⑤，甚至已然淹没无闻。

清初政治的严酷以及文字大狱的兴起，令人寒战。身历鼎革的宋琬就说："近今以来，时移势殊，兵燹之后，继以大狱，鸡连鱼烂，井屋榛墟。桀骜不逞之徒，因之以为奸利，……山川犹是，而风俗则非故。"⑥自16世纪以来与董家有着世交之谊、并曾以粮长等身份控制着乡村社会的何良俊家族，曾经生活"豪侈"，而据董含的记载，到康熙年间何家子孙们已衰落至十分不堪而"呜呼，亦可悲"的境地了。⑦

董家从董其昌、董羽宸之后到清初已极形衰落，此时董氏家族中仅剩的杰出人物董含、董俞兄弟一辈，在顺治年间科考仕途上的顺利，本来可以有振举家族再兴的机会，却都因奏销大案被削落除籍，消泯了他们光复家族的雄心。董含这种并非"遗民"，最多只如归庄所言的那种"怀道抱德不用于世"的"逸民"⑧，其内心的苦痛与绝望，应该是可以想象的。明清之际原来生活优裕的文人，就像张岱那般跌入了人生的低谷，恐亦不在少数。更有不少人，从明末以来，一直是学书不成，学剑不成，学节义不成，学文章不成，学仙学佛与学农学圃都不成，任世人呼他们为败家子，可称废物，是顽民，是钝秀才，是瞌睡汉，是死老魅了，总归是一事无成。⑨

---

① 〔清〕叶梦珠：《阅世编》卷四《士风》、卷五《门祚一》，第85、114页。
② 〔明〕何良俊：《四友斋丛说》卷三十五《正俗二》，第318页。
③ 〔清〕陆文衡：《啬庵随笔》卷四《风俗》，光绪二十三年吴江陆同寿刻本，台北：广文书局1969年影印版。
④ 〔明〕徐枋：《居易堂集》卷八《芥舟饮酒记》，华东师范大学出版社2009年版，第181页。
⑤ 何炳棣作了详细的考察，认为高地位家庭出现长期的向下流动，主要在未给子女适当的教育、其于个人能力而非家庭地位的竞争性科举考试制度、高级官员只享有限的荫叙制度、有闲阶级的生活方式与文化表现、未实行长子继承制致使家产稀薄化这五大方面的因素所致。但未讨论王朝更替在其间的影响。参氏著《明清社会史论》，徐泓译注，台北：联经出版事业公司2014年版，第203页。
⑥ 〔清〕宋琬：《安雅堂文集》卷一《吴蘭次艺香词序》，第26页。
⑦ 〔清〕董含：《三冈识略》卷八，"发掘祖墓"条，第739页。
⑧ 〔清〕归庄：《归庄集》卷三《历代遗民录序》，上海古籍出版社1984年版，第170页。
⑨ 〔明〕张岱：《琅嬛文集》卷五《自为墓志铭》，岳麓书社1985年版，第200页。

从晚明发展而来的那些所谓江南望族,在清初的处境确实艰难,甚至充满危险。在顺治十八年那场奏销惨痛之后,江南士人中的绝望心境、政治情绪与生活态度,有着不同的表现,但大多相同或类似。而且,仍有像董含这样努力从"地方"的立场,以有限的"空间"范围,显现出晚明以来这种江南世族在清初也应有的地位与社会影响力,同时,可能希冀将他们的影响力再度辐射到新朝的地方官府中,引起官吏们必要的关注。可是,对他所疾恶的官府代表,在其笔下仍不会轻易放过,形象描画可谓糟糕透顶。

因此可以说,董含对清代初期(主要是康熙年间)地方的政治与经济生活,在其笔下时常怀持批评的态度。他通过对当时官府相关代表的讽评之态,或者对他所欣赏的若干官吏的颂扬方式,来表达对于时政的情绪与立场。这一点,已为清人所揭示,以为有"谤讪朝廷""刺讥宰执"等罪,并引起官方一定的注意,产生了些许不良的后果。① 所以流传后世的文本中,《三冈识略》出现了节略本,正本则以钞本传世。这是清初政治氛围影响士人生活的一个真实写照。

后来,董家再度迎来朝廷恩荣的契机,是康熙四十四年(1705)时,董其昌嫡孙建中(祖源之子,国子监生)向第五次南巡至松江的康熙帝进献了董其昌的画,得到康熙帝的传谕是:

> 你进呈的俱收了,你的画上谕很好,你祖董其昌的书法,皇上自幼临写的,对你子孙说知。②

---

① 白亚仁:《董含〈三冈识略〉的成书、肇祸及其改编》,《清史论丛》2015 年第一辑,第 213—239 页。
② 〔明〕董宜阳、董传性等编:《董氏族谱》卷十《恩荣纪述》。

七、王翚的登场：江南画坛的场境与王朝统治的影响

以丹青闻世的常熟王氏

"日月逝酒浆，山川生笔墨。"①

清代后的无锡人丁绍仪认为，在苏州的园亭中，以"蒋园"为胜。他特别强调了"乌目山人王翚、林屋山人王存愫均为绘图"的事情，以显现"蒋园"的特殊性。他还说，在清初的时候，园主蒋兆侯凿池时得一大石，上刻"绣谷"二字，遂以名园，并赋百字为之记。② 这个蒋兆侯就是举人蒋垓，在阊门内购得此园居住。③ 所以这个"蒋园"，并非同治《苏州府志》中所谓在虎丘东南隅的"蒋氏塔影园"，俗称"蒋园"，乃蒋重光所筑之别业，有宝月廊、香草庐、浮苍阁、随鸥亭诸名胜。④

在丁绍仪的记述中，阊门内的这个"蒋园"，因有王翚与王存愫的绘图，显得不同凡响。

王翚（1632—1717），字石谷，号耕烟外史，江苏常熟人，作画以宋元笔墨而泽以唐人气韵，在清初被尊为"画圣"。⑤ 显然，由于有"画圣"的园林图绘，"蒋园"在丁绍仪的心中似乎远优于苏州的其他园林了。

在比较通行而被广为征引的张庚《国朝画徵录》中，王翚的故事十分清晰，且对王氏之成就有着极高的评说。而且在王翚殁后，其画作益受世人重视，有论者

---

① 康熙《常熟县志》卷二十一《人物·艺学》，康熙二十六年刻本。
② 〔清〕丁绍仪：《听秋声馆词话》卷十七，同治八年刻本，收入《续修四库全书》集部第1734册，上海古籍出版社2002年影印版，第185页。
③ 民国《吴县志》卷三十九上《舆地考·第宅园林》，民国二十二年铅印本。
④ 同治《苏州府志》卷四十六《第宅园林二》，同治间修、光绪九年江苏书局刊本。
⑤ 〔清〕方濬颐：《梦园书画录》卷十六《国朝名人山水册》，光绪三年刻定远方氏成都刻本，收入《续修四库全书》子部第1086册，上海古籍出版社2002年影印版，第587页。

品评喻为诗界的王士禛(1634—1711)。① 所以,对于王翚的画,有所谓"无贵贱雅俗,莫不珍购,或赝其名,以要厚值"的说法。②

一般认为,王翚从小即嗜画,"运笔构思,天机迸露,迥出时流"。③ 十六岁即拜乡人张珂为师,走上职业画家的道路。④ 但实际上,当与其常熟的家庭环境之培育有着必然的联系。

依王翚生前的同乡世交陈祖范(1676—1754)的说法,王家系出宋代忠臣王坚之后,"家常熟累叶矣",至其四世祖伯臣已因擅画而"为沈石田所称"。⑤ 虽然能得到沈周的称赏,并不一定意味着画艺的高超,但据王家几代人的画艺传承来说,擅画确属事实。伯臣之子载仕,是一名县学生员,"尚志高雅,隐于丹青",画艺成就亦高,为当时画坛名流所推重。⑥ 王翚的父亲豢龙,"湛隐嗜古,亦以画闻"。⑦ 在这样世代习画的家庭环境下,到王翚时,是所谓"益集大成"。⑧ 后来在研习穷尽唐宋元名迹之精蕴后,王翚"声名惊爆海内",远近求画者至户外履满。⑨

所以,王翚的出身并非真正的"寒素"⑩,他自己就说"吾家世业儒,大父淹通典籍,旁及丹青,以博雅为乡间推重"⑪,而且,为后人所一致追怀、颂扬的王鉴与王时敏对他的赏拔之功⑫,都属实态。

王翚在青年时代随从太仓王鉴、王时敏在艺术上极力精进之后,到老年被举荐至北京从事《康熙南巡图》浩大工程的绘画主导工作,最后返回江南、优游于画

---

① 〔清〕张庚:《国朝画徵录》卷中,"王翚"条,浙江人民美术出版社2011年版,第50—51页。
② 〔清〕陈祖范:《司业文集》卷四《王耕烟墓表》,乾隆二十九年刻本,收入《四库全书存目丛书》集部第274册,齐鲁书社1997年影印版,第188页。
③ 〔清〕张庚:《国朝画征录》卷中,"王翚"条,第50页。
④ 〔清〕王时敏、王鉴、王翚、王原祁著,杨亮、何琪编校:《清初四王山水画论》,周积寅《序》,山东画报出版社2012年版,第7页。
⑤ 〔清〕陈祖范:《司业文集》卷四《王耕烟墓表》,第188页。
⑥ 康熙《常熟县志》卷二十一《人物·艺学》,康熙二十六年刻本。
⑦ 〔清〕沈德潜:《王耕烟墓志铭》,〔清〕王昶:《湖海文传》卷五十三《墓志》,道光十七年经训堂刻本,收入《续修四库全书》集部第1668—69册,上海古籍出版社2002年版影印版,第108页。
⑧ 〔清〕陈祖范:《司业文集》卷四《王耕烟墓表》,第188页。
⑨ 〔清〕王时敏:《西庐画跋》,收入〔清〕王时敏、王鉴、王翚、王原祁著:《清初四王山水画论》,杨亮、何琪编校,山东画报出版社2012年版,第19页。
⑩ 〔清〕陈祖范:《司业文集》卷四《王耕烟墓表》,第188页。
⑪ 〔清〕王时敏:《王时敏集》卷十六《王时敏集辑佚》,"虞山二子字说"条,毛小庆点校,浙江人民出版社2016年版,第465—466页。
⑫ 〔清〕张庚:《国朝画徵录》卷中,"王翚"条,第50—51页;〔清〕沈德潜:《王耕烟墓志铭》,〔清〕王昶:《湖海文传》卷五十三《墓志》,第108页。

坛艺林的人生历程①，基本可以映照出明清王朝更替后地方文人绅士的关系状态、社会交往情况以及在艺术史分析路向能提供出的若干史实。当然，从中也能呈现江南地域社会中深厚的人文传统与世家大族的雅好之风，且两者相互依托，映衬出独特的江南人文面向，与文人生活中推重的书艺、篆刻等，并相流传，形成不同的风格和派别。

不过，同样成长于常熟一地且也以画名的吴历，与王翚可能存在的交恶，并非画事技艺方面的比攀，当在思想信仰的层面。但是政治上曾经的耀眼表现，确实使王翚远远盖过了吴历等人的光芒，尽管王翚最后多以低调之姿来趋避政治上带来的热效，实际上可以揣度的，是其私心仍以此为荣。

梳理上述历史记述的若干实态，可以揭示出经历王朝更替后，特别是康熙年间江南画坛的代表人物与基本情状，画家的交游关系和不同的评说，以及其间王朝统治对他们的影响②，特别是江南士人群体网络的力量呈现，《康熙南巡图》的绘制对于王翚等人地位的确立，和清初以来饱受政治打压后朝廷对于士人的优容表现等问题。而他们所创作的图画本身之论析，因有太多的前人相关研究，本章不再赘述。

从二王到六大家

明末以来，由于松江、苏州等地文化的鼎盛，画艺群体的卓越，使之成为整个中国最重要的画艺创作与品鉴空间，从松江为重心（以董其昌为代表），到清初转换至太仓、常熟两地，塑造了所谓的娄东画派和虞山画派，并以之为重心，产生出清初"六大家"，被后世尊为画坛的正统。③ 当时画坛最推重的就在山水画，也最能显现绘画者的功力。明末山水画理论家、泰州人唐志契（1579—1652）曾指出："画中惟山水最高，虽人物花鸟草虫，未始不可称绝，然终不及山水之气味风流潇洒。"④

在精通山水画、"名满区宇"的吴伟业《画中九友歌》中，就包括了董其昌、王

---

① 〔清〕张庚：《国朝画徵录》卷中，"王翚"条，第50—51页。
② ［英］迈珂·苏立文：《山川悠远：中国山水画艺术》，上海书画出版社2015年版，第130页。
③ 参童教英：《中国古代绘画简史》，复旦大学出版社1991年版，第206—207页；徐建融：《"四王"艺术综论》，收入氏著《元明清绘画研究十论》，复旦大学出版社2004年版，第271—272页。
④ 〔明〕唐志契：《绘事微言》，"画尊山水"条，张曼华校注，山东画报出版社2015年版，第1页。

时敏与王鉴这些画坛领袖。① 也自董其昌延续至"四王",在绘画上完成了传统的自觉改造,开辟出了一个全新或称集大成的时代。② 可以说,到了整个17世纪,是以"四王"为代表的传统画派和以"四僧"(髡残、石涛、朱耷、渐江)为代表的野逸画派分庭抗礼的时期。山水画成为画坛的主流,花鸟画次之,人物画则退居末流。③ 可是在他们看来,"画道"又正处极盛极衰之时,画者们都竞习时趋,不仅使谬种流传,且与古人日远。王时敏认为,就吴中地区而论,自文徵明、沈周之后,能够"直接古人一派"的,当属王鉴。④ 而在扭转弊俗的过程中,于康熙年间得以大成的王翚,更是显得特殊而耀眼。

一般而言,出身太仓世族的王鉴(1598—1677,曾祖是嘉靖二十六年的进士

康熙十三年王翚、杨晋所绘王时敏八十三岁时小照
(故宫博物院藏《王时敏小照》局部)

---

① 〔清〕张庚:《国朝画徵录》卷上,"吴伟业"条,第42页。
② 莫小也:《十七—十八世纪传教士与西画东渐》,中国美术学院出版社2006年版,第129页。
③ 朱万章:《十七世纪宫廷画家顾见龙研究》,收入澳门博物馆编:《画应神全:明清人物肖像学术研讨会论文集》,故宫出版社2015年版,第212页。
④ 〔清〕王时敏:《烟客题跋》之《题玄照仿梅花道人山水》、《题玄照画册后》,收入〔清〕王时敏、王鉴、王翚、王原祁:《清初四王山水画论》,杨亮、何琪编校,第31、44页。

王世贞)与王时敏(1592—1680,祖父是嘉靖四十一年的榜眼王锡爵)作为画坛前辈,在明末已然很有声望。① 王鉴是崇祯六年举人,曾任官廉州府知府,早年曾由董其昌教授画艺。王时敏家世较为显贵,以恩荫官至太常寺少卿,少时亦曾向董其昌学画,在揣摩黄公望等前贤的画中,"探骊得珠,独开生面"②,王朝鼎革后即家居不出。世人论其可比黄公望,而且同样高寿,"非烟云供养不能"。③

从画道传承来说,在晚明董其昌起一代画道之衰,抉董源、巨然之精,后学风靡,其中王鉴与王时敏即为最杰出者,也使远近争相仿效,娄东画派因而形成。④ 在太仓地方,像他们这样的人,在当地名士陈瑚(1613—1675)眼中是"一乡之望",是一方之福,是"吾乡之元气";艺术上的地位,则是所谓"书法丹青,妙绝今古"。⑤

因为江南绘画群体的繁盛,明末清初曾有"三王""二王""四王""六大家"等习称。

但在清初较早出现的画界领袖之习称,并非上述二王,而是"三王",另一王就是王翚。⑥ 后来有人说,清初因为有"三王"与吴历、恽寿平这五家的存在,绘画地位不减于明朝。但是哪"三王"并没有被明确列出。⑦ 沈德潜(1673—1769)在《王耕烟墓志铭》中明确指出:"予闻国初画有'三王'之称,谓奉常、廉州与先生也"。此后,才有"二王"之名,即王翚与王原祁的并称,两人"分位悬殊,声望则一"。⑧

孙承泽(1593—1676)在其笔记中有一条这样记述道:"王翚,字石谷,自号乌目山人,常熟人,画与太仓王太常时敏、王廉州鉴齐名,江左称'三王'……"⑨孙承

---

① 〔清〕张庚:《国朝画徵录》卷上,"王鉴"条,第43页。
② 〔清〕王原祁:《麓台题画稿》之《题仿大痴手卷》,收入〔清〕王时敏、王鉴、王翚、王原祁著:《清初四王山水画论》,杨亮、何琪编校,山东画报出版社2012年版,第171页。
③ 〔清〕冯金伯:《国朝画识》卷一,"王时敏"条,道光十一年刻本,收入《续修四库全书》子部第1081册,上海古籍出版社2002年影印版,第495页。
④ 〔清〕王翚:《清晖画跋》,收入〔清〕王时敏、王鉴、王翚、王原祁著:《清初四王山水画论》,第130页。
⑤ 〔清〕陈瑚:《确庵文稿》卷之古文《王烟客太常七十寿序》,康熙间毛氏汲古阁刻本,收入《四库禁毁书丛刊》集部第184册,北京出版社1997年影印本,第361页。
⑥ 〔清〕吴清鹏:《笏庵诗》卷九《王石谷画卷》,咸丰五年刻吴氏一家稿本,收入《续修四库全书》集部第1514册,上海古籍出版社2002年影印本,第294页。
⑦ 在论述所谓"三王"时,一并列举了王时敏、王鉴、王翚、王原祁四人,使人不明所以。参〔清〕方濬颐:《梦园书录》卷十六《国朝名人山水册》,光绪三年刻定远方氏成都刻本,第585—587页。
⑧ 〔清〕沈德潜:《王耕烟墓志铭》,〔清〕王昶:《湖海文传》卷五十三《墓志》,第109页。
⑨ 〔清〕孙承泽:《砚山斋杂记》卷三《砚说前篇》,文渊阁四库全书本。

泽生活的时代,王翚在画坛的成就当不能与王鉴、王时敏相颉颃。

有趣的是,后来王士禛(1634—1711)的《带经堂诗话》中有一段与之完全一致的文字,王氏生活时代又比较契合王翚名扬天下的时期,所以相对可信。这两段资料之间的抄录关系,暂不细究,但如果王氏写述属实的话,那他所说的因曾得到过王翚的画作而颇为感动或者显现自夸之意的记录,就很有意趣了。他说:"王翚,字石谷,自号乌目山人,常熟人,画与太仓王太常时敏、王廉州鉴齐名,江左称'三王'。辛未来京师,颇自贵重其画,不为人作,独欲得予一诗为赠,屡属诸公通意于予,又特作长幅及册子八幅相遗,其意浓至可感。"这八幅画是:一仿大痴溪山雨意图;一仿王叔明小景;一题夕阳山外山,仿巨然;一仿赵吴兴采菱图;一仿北苑;一仿黄子久天池石壁图;一写唐伯虎诗意。① 其中,他还引了朱彝尊题王翚画册三首古诗之一,予以颂赞:"王翚老去画尤工,横幅吴装仿惠崇。曾记北高峰上望,村村风景似图中。"②

因此,"三王"之称在前,"二王"在后③,而"四王"只是添加了太仓人王原祁,显得比较清楚。所以"四王"的出现,当在"三王""二王"之后。到乾隆四十一年间,太仓人陆时化已习称"四王"了④,并且在其共六卷的《吴越所见书画录》中,辟出一卷(即第六卷)专述"四王"的许多作品。⑤ 当然在清初,世人已将这四王与吴历、恽寿平并称"六大家"。⑥

"六大家"中的恽寿平(格),是常州武进人,年少时专攻山水画,且颇为自负⑦,"兼神品逸品"。⑧ 可是在他看到王翚的画后,"度不能及,则改写生以避之",并称"古今来笔墨之至龃龉不能相入者,石谷则罗而置之笔端,融洽以出,神哉技乎!"⑨他还对王翚说:"是道让兄独矣,格安,耻为天下第二手。"⑩这应该是恽寿平

---

① 〔清〕王士禛:《带经堂诗话》卷二十三《记载门五·书画类下》,人民文学出版社1963年版,第660页。
② 参〔清〕朱彝尊:《曝书亭集》卷十三《古今诗十二》,"王翚画三首",四部丛刊影印康熙本。
③ 〔清〕黄鼎:《王石谷先生事略》,〔清〕李元度辑:《国朝先正事略》卷四十四《文苑》,同治八年循陔草堂刻本,收入《续修四库全书》史部第539册,上海古籍出版社2002年影印版,第142页。
④ 〔清〕陆时化:《吴越所见书画录》,"凡例",上海古籍出版社2015年版,第2页。
⑤ 黄小峰:《绘画史中"四王"概念的出现——读〈吴越所见书画录〉》,收入顾工主编:《明末清初艺术史研究文集》,湖南美术出版社2013年版,第239页。
⑥ 赵尔巽等:《清史稿》卷五百四《吴历传》,中华书局1977年版,第13905页。
⑦ 同治《苏州府志》卷一百十《艺术二》。
⑧ 〔清〕沈德潜:《王耕烟墓志铭》,〔清〕王昶:《湖海文传》卷五十三《墓志》,第109页。
⑨ 〔清〕张庚:《国朝画徵录》卷中,"王翚"条,第51页。
⑩ 〔清〕张庚:《国朝画徵录》卷中,"恽寿平"条,第52页。

的真实感喟,而他竟然自动放弃山水画艺,"专工花卉",世人亦称其"绝艺"。① 后人认为,于此可见恽氏之虚衷和品格,这种画艺风格上的退让,并未影响其作为"大家"的地位,且"画外之品,尤有足重也"。②

被称为"名贤后裔"的吴历③,又名子历,字渔山,号墨井道人,文恪公吴讷十一世孙,"为人简远不群,弹琴、咏诗、写山水皆有高韵"。④ 嘉定人张云章(1648—1726)指出,从小由母亲养大的吴历,曾学儒于陈瑚、学诗于钱谦益、学画于王时敏、学琴于陈岷,"洁清自好,于世俗都不屑意"。⑤ 钱谦益称其不独善画,而且于诗尤工,"思清格老,命笔造微",绘画上与王翚同出王时敏之门⑥,所谓"心思独运,气韵厚重沉郁,迥不犹人"⑦。王时敏认为吴历"文心道韵,笔墨秀绝",在很快临摹完他所藏的宋元名画后,即能深得古人用笔之意,"信是当今独步"。⑧

吴历在诗、画两方面,都很得钱谦益与王时敏的称赏。王时敏对他的评价极高,称他"以名贤后裔清标玉立,博物工诗,兼精绘事",涵茹风雅,笔端变化不穷,画作有"诗中画,画中诗"之意,令其"叹服"。⑨

在王原祁而言,是"右历而左翚",且说"迩时画手,惟吴渔山而已"。⑩ 这样看来,在清初的江南画坛,同属常熟人的王翚与吴历的关系以及画坛地位,颇耐人寻味。

地方志中说吴历"少与王翚同学,翚名满天下"⑪,影响力远没有王翚大,这是略可哀的。南汇人冯金伯抄录的相关记载中这样论道:"石谷名满天下,持缣素而请者无虚日,然高官大贾皆得饱所欲以去。"相比之下,吴历"跧伏海滨,名隐隐与之前埒,求其寸纸尺幅莫能致也"。⑫

---

① 〔清〕黄鼎:《王石谷先生事略》,〔清〕李元度辑:《国朝先正事略》卷四十四《文苑》,第142页。
② 〔清〕沈德潜:《王耕烟墓志铭》,〔清〕王昶:《湖海文传》卷五十三《墓志》,第109页。
③ 〔清〕王时敏:《王时敏集》卷十五《王奉常书画题跋卷下》,"题吴渔山苦雨诗图后"条,毛小庆点校,浙江人民出版社2016年版,第426页。
④ 雍正《昭文县志》卷九《列传·隐逸》,雍正九年刻本。
⑤ 〔清〕张云章:《墨井道人传》,收入〔清〕吴历著、章文钦笺注:《吴渔山集笺注》,中华书局2007年版,第42页。
⑥ 〔清〕陆廷灿:《南村随笔》卷三,"墨井道人"条,雍正十三年陆氏寿椿堂刻本,收入《续修四库全书》子部第1137册,上海古籍出版社2002年影印版,第139页。
⑦ 赵尔巽等:《清史稿》卷五百四《吴历传》,第13905页。
⑧ 〔清〕王时敏:《王时敏集》卷十四《王奉常书画题跋卷上》,"题自画为吴渔山"条,第385页。
⑨ 〔清〕王时敏:《烟客题跋》之《题吴渔山〈苦雨诗图〉后》《题吴渔山临宋元画缩本》,收入〔清〕王时敏、王鉴、王翚、王原祁著:《清初四王山水画论》,第97、110—111页。
⑩ 赵尔巽等:《清史稿》卷五百四《吴历传》,第13905页。
⑪ 同治《苏州府志》卷一百十《艺术二》。
⑫ 〔清〕冯金伯:《国朝画识》卷四,"吴历"条,道光十一年刻本,收入《续修四库全书》子部第1081册,上海古籍出版社2002年影印版,第542页。

按清初嘉定人陆廷灿的感受，吴历在绘画、作诗方面的才思，实际超过了王翚："人品高逸，书法规模东坡，欲其画者不可以利动，不可以力得，贵官大贾求其寸楮尺幅莫能致也。尝为余画山水大幅，累月而就，题曰'陶圃松菊'，又系以诗云：漫拟山樵晚兴好，菊松陶圃写秋华；研朱细点成霜叶，绝胜春林二月花。笔墨奇逸，实出耕烟散人之上。"① 而王翚于康熙三十一年时也说过，吴历的画作"出宋入远，登峰造极"，所绘可与倪瓒、沈周"并垂天壤"②，评价很高。

传闻吴历晚年弃家从天主教，曾经再游欧洲，绘画上参入了西洋技法，"云气绵渺凌虚，迥异平时"③，似乎又增添了中西绘画交流史上的重要一面。

但吴历应该没有去成欧洲，传闻所谓"晚年绝人逃世，泛海不知所之"④，或者说他"晚年浮海，经数万里，归而隐于上海，或往来嘉定，画益奇逸"⑤，以及他以八十七岁死于康熙五十七年，后人于上海南郭得其墓碣题字有"天学修士"⑥，都表明他与西方艺术的某种关联。事实上，他是取了一个西文名 Simon Xavier，在澳门三巴寺加入了耶稣会，西行却最终未果。⑦ 而且其画作中，也没有显现出任何西洋影响的痕迹。⑧

正史中说他与王翚的关系是初与友善，后绝交⑨，表述比较模糊。张庚曾指出，这两位常熟"画友"，"相得最深"，后来吴历向王翚借其所摹的黄公望《陡壑密林图》不还，关系因而疏远。⑩ 另一方面，吴历确实写信给王翚，从他信奉的天主教义的层面，规劝过王翚，要虔领教义，以增加绘画方面的"神力"。⑪ 两人在宗教信仰上，当然是存在差异的。⑫ 而且也因信仰的关系，恽寿平与吴历交恶，甚至论吴氏画作有憔悴不堪之意。⑬

---

① 〔清〕陆廷灿：《南村随笔》卷三，"墨井道人"条，第139页。
② 〔清〕王翚：《清晖画跋》，收入〔清〕王时敏、王鉴、王翚、王原祁著：《清初四王山水画论》，第134页。
③ 赵尔巽等：《清史稿》卷五百四《吴历传》，第13905页。
④ 雍正《昭文县志》卷九《列传·隐逸》，雍正九年刻本。
⑤ 同治《苏州府志》卷一百十《艺术二》。
⑥ 赵尔巽等：《清史稿》卷五百四《吴历传》，第13905页。
⑦ 莫小也：《十七—十八世纪传教士与西画东渐》，第159页。
⑧ [美]高居翰：《图说中国绘画史》，李渝译，读书·生活·新知三联书店2014年版，第191页。
⑨ 赵尔巽等：《清史稿》卷五百四《吴历传》，第13905页。
⑩ 〔清〕张庚：《国朝画徵录》卷中，"吴历"条，第78页。
⑪ 〔清〕吴历著、章文钦笺注：《吴渔山集笺注》卷六《致王石谷尺牍》，第526页。
⑫ 民国三十一年间，叶恭绰认为王翚与吴历的交恶，并非真的是因天主教信仰差异之故，真实缘由恐怕在箪豆刀锥，计较小利罢了。参叶恭绰：《王时敏致王翚七札跋》，收入〔清〕王时敏：《王时敏集》附录七《诸书序跋汇编》，第882页。
⑬ 〔清〕恽寿平：《论吴生画》，收入〔清〕吴历著、章文钦笺注：《吴渔山集笺注》，第697页。

王翚的登场

当王翚幼时,即能摹一二名迹,已显现出异于常人的天份。① 其绘画上的天赋即为画坛名流王鉴所发现,则有着这样的传闻故事:

> 太仓王鉴游虞山,见其所画扇,大惊异,请相见。翚遂执弟子礼,鉴即载之归,与奉常时敏邀至西田别墅,悉发所藏,相与探寻。翚逐一临摹,自董、巨而下,至黄、王、倪、吴诸家,尽得其用笔之法。由是其业遂冠一代,时敏称其画品在沈石田上。②

其中所云的西田别墅,是王时敏在顺治三年开始选择在太仓州城西北十二里的幽僻所在经营的"荒郊胜境"。③ 这个在归泾上的别业中,构有农庆堂、语稼轩、饭犊轩、逢渠处、巢安室,吴伟业为之作有《归村躬耕记》。④ 虽然,"垒石为山,引水为池,优游结隐,荡涤心志于园亭花鸟之间"的隐居地⑤,让王时敏十分满足,但他一如往昔关心太仓地方公益,"无日不以激薄停浇为志,持此道也以往,由一家而推之一乡,由一乡而推之一邑,由一邑而推之天下,勃谿谇语之风,庶其有瘳乎?"⑥在他的一生中,"前以一身系一家安危三十年,而后以一身系乡党之安危者又四十年"⑦。正是有了王时敏这样的人,让陈瑚觉得太仓一地人心之厚、风俗之美,都要归因于王氏这样的地方精英的存在,所谓"荐绅先达,后进之楷模也;世家大族,寒素之表帅也"⑧。作为清初的"画苑领袖",王时敏淡于仕进,优游笔墨,家中不仅富于收藏,而且平生爱才若渴⑨,"奖掖英髦,不遗余力,人素钦服"⑩。与

---

① 雍正《昭文县志》卷九《列传·艺术》,雍正九年刻本。
② 同治《苏州府志》卷一百十《艺术二》。
③ 〔清〕王时敏:《王时敏集》卷八《遗训》,"西田预嘱兼答祭公田议"条,第133—134页。
④ 〔清〕王宝仁:《奉常公年谱》(道光间刊本),收入〔清〕王时敏:《王时敏集》附录四,第772页;〔清〕顾文彬:《过云楼书画记》卷六《画类六》,"(王时敏)年谱"条,上海古籍出版社2011年版,第193—194页。
⑤ 〔清〕陈瑚:《确庵文稿》卷之古文《王烟客太常七十寿序》,第361页。
⑥ 〔清〕周家明:《西庐家训跋》,收入〔清〕王时敏:《王时敏集》附录七《诸书序跋汇编》,第876页。
⑦ 〔清〕宋德宜:《神道碑》,收入〔清〕王时敏:《王时敏集》附录三《传记及评论资料选辑》,第715—716页。
⑧ 〔清〕陈瑚:《确庵文稿》卷之古文《王烟客太常七十寿序》,第361页。
⑨ 〔清〕张庚:《国朝画徵录》卷上,"王时敏"条,第18—19页。
⑩ 〔清〕宋德宜:《神道碑》,收入〔清〕王时敏:《王时敏集》附录三《传记及评论资料选辑》,第715—716页。

王翚的相遇，是其一生最足堪慰者。时敏称王翚的画在沈周之上①，确乎已是极高的赞誉。

而因扇面画而得到画界领袖王鉴的赏识，是王翚有机缘与二王结识学艺的流行故事。比较翔实的记录，是张庚的《国朝画徵录》：

> 太仓王廉州游虞山，翚以画扇倩所知呈廉州，廉州大惊异，即索见。翚遂以弟子礼见，与谈，益异之，曰："子学当造古人。"即载之归，先命学古法书数月，乃亲指授古人名迹稿本，遂大进。既而廉州将远宦，念非奉常勿能卒此子业，即引谒奉常。奉常叩其学，叹曰："此烟客师也，乃师烟客耶？"翚之游江南北，尽得观摸收藏家秘本。石谷既神悟力学，又亲受二王教，遂为一代作家。奉常每见其业，叹曰："气韵位置，何生动天然如古人竟乃尔耶？！吾年垂暮，何幸得见石谷，又恨石谷不及为董宗伯见也。"后廉州见其画，亦叹曰："石谷乃能至此，师不必贤于弟子，信然！"②

南汇人冯金伯在《国朝画识》中所抄的有关王翚的三段史料中，完全迻录了这段记载，似可显现其对于王翚的认知或评价。③

但是，另一种王翚与二王结缘的记载，却颇为不同。与王翚同时代的常熟著名画家黄鼎是这样说的：

> 童时无嗜好，常引获画壁，作山水，即生动。会廉州过虞山，于壁间见小幅，惊喜甚，问谁作，知为王氏子，年甫冠也。归语太常，具舟迎之，馆于西田。④

沈德潜后来给王翚撰的墓志铭也是这样写的，文字略详细：

---

① 〔清〕葛金烺：《爱日吟庐书画别录》卷二，民国二年葛氏刻本，收入《续修四库全书》子部第1088册，上海古籍出版社2002年影印版，第649页。
② 〔清〕张庚：《国朝画徵录》卷中，"王翚"条，第50—51页。
③ 〔清〕冯金伯：《国朝画识》卷四，"王翚"条，第540页。
④ 〔清〕黄鼎：《王石谷先生事略》，〔清〕李元度辑：《国朝先正事略》卷四十四《文苑》，第142页。

先生童时无嗜好，常引荻画壁，作山水即生动。时娄东二王先生以画擅当代名。二王者，奉常公烟客、廉州公元照也。廉州过虞山，偶于壁间见小幅，惊喜甚，询之，知王氏子。物色之，甫弱冠也。归语奉常，奉常具舟，迎馆于西田。①

比较模糊的说法，仍是在《清史稿》中，只云"太仓王鉴游虞山，见其画，大惊异，索见，时年甫冠。载归，谒王时敏，馆之西田"②。此时是顺治八年，王翚约二十岁。

王翚的机遇实在太过难得。在一般人看来，"凡画入门，必须名家指点，令理路大通，然后不妨各成一家，甚而青出于蓝，未可知者。若非名家指点，须不惜重资，大积古今名画，朝夕探求，下笔乃能精妙过人。"③无论是名家，还是古今名画，王翚都极幸运地遇到了。

起初，王鉴对于王翚的培养，先是让他学古法书数月后，亲自指授古人名迹稿本，王翚画艺因而大进。不久王鉴要到外地为官，就将王翚交付王时敏指导。在王时敏看来，王翚的造诣已经很高，因而有这样的感叹："此烟客师也，乃师烟客耶？"他带着王翚遍游大江南北，使其尽得观橅收藏家之秘本。而王翚本来是"神悟力学"，又亲受这二王的指教，"遂为一代作家"。王时敏每见王翚的绘画作品，就很是赞叹："气韵位置，何生动天然，如古人竟乃尔耶?!吾年垂暮，何幸得见石谷，又恨石谷不及为董宗伯见也！"他认为倘若王翚能见到董其昌，将是怎样幸运的际遇；董其昌将"不知如何击节叹赏"。王鉴后来见到王翚的画作，也是这样的赞叹："石谷乃能至此，师不必贤于弟子，信然！"④

到王翚四十岁时，王时敏给他的评价，已是"泼墨已追黄子久，挥毫重见李公麟"⑤。他后来又说，"石谷画道甲天下，鉴赏家定论久归"，每见王翚新作，"必诧为登峰造极，无以复加"⑥。甚至称颂他是"艺林独步、三吴无敌、百年仅觏者"⑦。

---

① 〔清〕沈德潜：《王耕烟墓志铭》，〔清〕王昶：《湖海文传》卷五十三《墓志》，第108页。
② 赵尔巽等：《清史稿》卷五百四《王翚传》，第13904页。
③ 〔明〕唐志契：《绘事微言》，"传授"条，张曼华校注，山东画报出版社2015年版，第7页。
④ 〔清〕张庚：《国朝画徵录》卷中，"王翚"条，第51页；〔清〕王时敏：《西庐画跋》，收入〔清〕王时敏、王鉴、王翚、王原祁著：《清初四王山水画论》，第12页。
⑤ 〔清〕王时敏：《王时敏集》卷十六《王时敏集辑佚》，"辛亥仲春为石谷老兄四十寿"条，第451页。
⑥ 〔清〕王时敏：《烟客题跋》之《题王石谷画册》，收入〔清〕王时敏、王鉴、王翚、王原祁著：《清初四王山水画论》，第71—72页。
⑦ 〔清〕王时敏：《王时敏集》卷十《致清晖阁尺牍》，第195页。

王翚绘《烟村散牧图》局部

就像顾祖禹所谓的,在绘事方面未尝轻相许可的王时敏,心中何以独挈王翚,忘年订交,真的是因王翚太过杰出,而发出了"微先生不能窥石谷之造诣,微石谷岂能当先生之颂扬"的感叹。① 王翚就这样在二王的无私提携和帮助下,"业益进,名益起"。②

因为有了二王的精心培养,王翚得以坐卧游泳于唐以后名画,而且又能于四方收藏家往还搜讨各种秘本③,"心游目想,尽得古人秘奥",在二十年后,已成大家。王鉴赞道:"此非吾弟子也,三百年罕觏此人矣!"而前后对其称扬的,除二王外,还有钱谦益、吴伟业、王士禛、周亮工、宋荦等名流,"或见之记载,或形之咏歌",都无异辞地将王翚推为画坛大家。④ 王时敏的褒扬简直是不遗余力:"笔墨逼真,形神俱似,罗古人于尺幅,萃众美于笔下,五百年从未之见,惟吾石谷一人而已。"王翚的才气"固自胎性带来",而于画学上又能取精去粗、研深入微,从而产生与时流迥别的见解。王时敏认为他于暮年得遇王翚,并亲见其盘礴,"如古

---

① 〔清〕顾祖禹:《西田独赏序》,收入〔清〕王时敏、王鉴、王翚、王原祁著:《清初四王山水画论》,杨亮、何琪编校,山东画报出版社 2012 年版,第 201 页。
② 雍正《昭文縣志》卷九《列传·艺术》,雍正九年刻本。
③ 赵尔巽等:《清史稿》卷五百四《王翚传》,第 13904 页。
④ 〔清〕黄鼎:《王石谷先生事略》,〔清〕李元度辑:《国朝先正事略》卷四十四《文苑》,第 142 页;〔清〕沈德潜:《王耕烟墓志铭》,〔清〕王昶:《湖海文传》卷五十三《墓志》,第 108 页。

人忽复现前,讵非大幸?"①

而真正得到社会普遍认同的,是他被邀至北京,主持绘制《康熙南巡图》。时值康熙二十八年(1689)康熙帝第二次南巡之后。关于这一点,曾有不少争论,主要就在到底谁是真正的主持者、主绘者。一般而言,主持者是宋骏业。且粉本《南巡图》的尾跋上,有写宋骏业在康熙二十九年奉命恭绘并延请王翚等诸多名手齐集京邸斟酌布置,于康熙三十四年完成总计十二卷之事。综合各种零星记载,宋氏实际主持的可能性要大于王翚。②

宋骏业,字声求,苏州人,官至兵部右侍郎,笃好山水,曾受业于王翚,擅长作宋元人小品,"清韵可挹"。③ 所以,王翚能赴京主持绘事,不仅由于他在彼时画坛的声望,而且更由于宋骏业等人的推荐④,才真正有可能使内廷知其名,将一名所谓的"布衣"召入京师,供奉内廷。

《康熙南巡图》第七卷中所绘的无锡(局部)

---

① 〔清〕王时敏:《西庐画跋》,收入〔清〕王时敏、王鉴、王翚、王原祁著:《清初四王山水画论》,杨亮、何琪编校,山东画报出版社 2012 年版,第 3 页。
② 严丽娟:《试论〈康熙南巡图〉的主持者与绘制者》,《东南文化》1991 年第六期,第 245—248 页。
③ 〔清〕张庚:《国朝画徵录》卷中,"宋骏业"条,第 67 页。
④ 乾隆《江南通志》卷一百七十《人物志·艺术》,文渊阁四库全书本。

《南巡图》细致描画了康熙帝第二次南巡的全部行程,已近六十岁的王翚,先期有很多描绘山水风光的作品,譬如他在康熙七年(1668)就已绘好的《秣陵秋色图》,几乎是《南巡图》第十一卷中的部分内容的底稿。而整个画卷创作的仔细、慎重和不惜工本,以及有大量草图和不少以前现成的作品为基础,甚至有原封不动地搬到了《南巡图》中,最后耗时六载而告成。①

《南巡图》中大量的内容,就是山水风光。王时敏认为:"画山水之法,凡间架位置,设色布景,全资工力,非深造精诣,不能臻妙。"②而且如何与其他主题相配合,极费筹划。唐志契就说:"画必须静坐,凝神存想,何处是山,何处是水,何处是树,何处是楼阁寺观、村庄篱落,何处是桥梁人物舟车,然后下笔,则丘壑才新。"③这种存想的情境,在王翚构思《南巡图》之过程中,都得到了体现。

北京故宫博物院藏《康熙南巡图》第十二卷末尾由士、农、工、商各界人士组成的"天子万年"

在组织绘制《南巡图》时,京师可谓"风雅宗匠所集"④,汇聚了"天下能手",如何展布绘图格局,都是所谓逡巡莫敢下笔,几乎是由王翚"口讲指画,咫尺千里,令众分绘而已"。陈祖范对此情境的描摹很是生动:"先生曳草衣,占上座,瞪目凝神良久,乃授以意匠曰:于此置都邑,于彼位山川,若者望幸,若者法从,若者驻跸,若者回銮。数千里形势曲折,指顾而稿遂定。众工遵其布置惟谨,先生略为点缀,神采有加焉。"最后由王翚总其成,完成这一浩大工程。康熙帝十分称赏《南巡图》的成功,欲授官王翚。已到老年的王翚,以不能任职辞出。据说在离京

---

① 聂崇正:《王翚·〈秣陵秋色图〉和〈康熙南巡图〉》,《紫禁城》2011年第四期,第84—88页。
② 〔清〕王时敏:《王时敏集》卷十四《王奉常书画题跋卷上》,"题黄丽农画册"条,第387页。
③ 〔明〕唐志契:《绘事微言》,"存想"条,第21页。
④ 〔清〕王原祁:《麓台题画稿》之《大横披仿设色大痴》,收入〔清〕王时敏、王鉴、王翚、王原祁著:《清初四王山水画论》,第190页。

之际,公卿祖饯,赋诗赠行的卷轴,加起来如牛腰一般。① 就此而言,后人多有盛赞,认为以此可知王翚"所重不在人爵,而杜老所云'丹青不知老将至,富贵于我如浮云'者,乃于先生信之也"。②

康熙三十八年王翚南归时,五十六岁的弟子杨晋,为他画了一幅《石谷骑牛图》。③ 画中的王翚就是一个戴斗笠、穿长袍、披蓑衣、骑着水牛的老翁,乡居意趣盎然。画面上方还有杨晋代写的小诗:

> 老夫自是骑牛汉,一蓑一笠春江岸;白发生来六十年,落日青山牛背看。酷怜牛背隐于车,社饮陶陶夜到家;村中无虎豚犬间,平圸小径穿桑麻;也无《汉书》挂牛角,聊挂一壶春醑酒;南山白石不必歌,功名富贵如余何?
>
> 己卯小春画白石翁诗意,沧州道人杨晋④

返乡三十年间,王翚依然应酬不断,"焚膏以继日",他也乐此不疲。⑤ 实际上,王翚作画,"一落笔便思传世",年逾八十,盘礴不衰,"无一懈笔"⑥,四方求画者都持高价,"冀获其真"。⑦ 在后人看来,王翚的山水画是"神乎技矣"。⑧

另一方面,王翚为人"笃孝友,慎交游,尤敦风义"。在王鉴、王时敏殁后,每年必省其墓。由于王翚的盛名,乞画者无数,王翚必择人而与,否则"巧取

北京故宫博物院藏杨晋绘《石谷骑牛图》局部

---

① 详参〔清〕黄鼎:《王石谷先生事略》,〔清〕李元度辑:《国朝先正事略》卷四十四《文苑》,第142页;赵尔巽等:《清史稿》卷五百四《王翚传》,第13904页;〔清〕陈祖范:《司业文集》卷四《王耕烟墓表》,第188页;雍正《昭文县志》卷九《列传·艺术》,雍正九年刻本。
② 〔清〕沈德潜:《王耕烟墓志铭》,〔清〕王昶:《湖海文传》卷五十三《墓志》,第108页。
③ 萧燕翼:《杨晋的肖像画》,收入澳门博物馆编:《画应神全:明清人物消像学术研究会论文集》,故宫出版社2015年版,第250—251页。
④ 参聂崇正:《王翚·〈秣陵秋色图〉和〈康熙南巡图〉》,《紫禁城》2011年第四期,第84—88页。
⑤ 〔清〕张庚:《国朝画徵录》卷中,"王翚"条,第51页。
⑥ 〔清〕王应奎:《柳南随笔》卷五,中华书局1983年版,第87页。
⑦ 雍正《昭文县志》卷九《列传·艺术》,雍正九年刻本。
⑧ 〔清〕顾文彬:《过云楼书画记》卷六《画类六》,"耕烟江山无尽图卷"条,第205页。

豪夺不能得"。晚年于烟云供养外,真正是"吟风弄月终其身"。① 康熙五十六年(1717),杨晋为"岷逸先生"画肖像,时年八十六岁的王翚补图松风幽谷。不久,王翚于十月十三日辞世。这幅《坐听松风图》大概是王翚最晚的作品。②

总体来看,传抄后世的人物传记或评述中,王翚的形象一直十分高大,且大多类似,主要称颂其"神襟妙远,道风秀世,邱壑在胸落,于楮素特兼六法,足举二宗"③。不过,当中有些记述中存在若干不太引人注意的语句,颇耐人寻味,应该予以必要的揭示。

时人都知道,王翚的辞官归乡,是得到了康熙帝的"厚赐"。据苏州府长洲县人、康熙十二年状元韩菼(1637—1704)的说法④,王翚还曾得到康熙帝的题赠"山水清晖"四大字,是节取谢灵运句以宠之。⑤ 朝廷权贵因而就有为他题额"清晖阁"者,王翚也自号"清晖主人",并将平生那些名公卿的投赠诗文厘定十卷⑥,题名即称《清晖赠言》⑦,同时自己还著有《清晖堂集》。⑧

可以说,王翚应该还是十分看重这种一般画者难以企望的恩遇的。陈祖范讲得很清楚,王翚不但得到了帝王的恩遇,当其归里时,"群公咸赋诗以宠其行",所以说"先生之于画,可谓遭遇其时者哉";又说:"先生容貌质雅,笃行孝谨,与人交有终始,不降意于贵游,不希荣于供奉,意所不欲,不可以豪夺计取而利购"。⑨ 这些表述,可以反映王翚的秉性和特质。

对于明末清初绘画领域的不同特质和评判,时人当然有着各种评判。秀水人张庚(1685—1760)认为,从王翚个人的画艺言说,就可以窥见"其技之神妙",令人叹服:

> 石谷曰:"画有明有暗,如鸟双翼,不可偏废。"又曰:"繁不可重,密

---

① 〔清〕黄鼎:《王石谷先生事略》,〔清〕李元度辑:《国朝先正事略》卷四十四《文苑》,第142页。
② 萧燕翼:《杨晋的肖像画》,收入澳门博物馆编:《画应神全:明清人物消像学术研讨会论文集》,第252—253页。
③ 〔清〕冯金伯:《国朝画识》卷四,"王翚"条,第540页。
④ 乾隆《长洲县志》卷二十五《人物四》,乾隆十八年刻本。
⑤ 〔清〕冯金伯:《国朝画识》卷四,"王翚"条,第540页。
⑥ 〔清〕张庚:《国朝画徵录》卷中,"王翚"条,第51页。
⑦ 〔清〕方濬颐:《梦园书画录》卷十六《国朝名人山水册》,第587页。
⑧ 〔清〕葛金烺:《爱日吟庐书画别录》卷二,民国二年葛氏刻本,收入《续修四库全书》子部第1088册,上海古籍出版社2002年影印版,第649页。
⑨ 〔清〕陈祖范:《司业文集》卷四《王耕烟墓表》,第188页。

不可窒,要伸手放脚,宽闲自在。"又曰:"以元人笔墨运宋人邱壑,而泽以唐人气韵,乃为大成。"又曰:"皴擦不可多,厚在神气,不在多也。"又曰:"余于青绿静悟三十年,始尽其妙。"又曰:"凡设青绿,体要严重,气要轻清,得力全在渲晕。"又曰:"气愈清则愈厚。"①

这些论说,可以简约地表现王翚的艺术风格与特点,且能有所创新,被清初江南文坛的领袖人物钱谦益、曹溶、吴伟业等,共称"画圣"。当然,彼时名流推重王翚的一个原因,还有所谓"画有南北宗,至石谷而合焉"②。《清史稿》中对此有所强调:"古今笔墨之龃龉不相入者,翚罗而置之笔端,融冶以出。画有南北宗,至翚而合。"③

"不生不熟"的王原祁

必须提及的是,较王翚年轻十岁、出身太仓世家的王原祁(1642—1715),对王翚在画坛上的成功,也起过重要的作用,特别是举荐王翚北上参与《南巡图》的绘制工作。④

王原祁,字茂京,号麓台,是王时敏的孙子,童时即有过人的绘画天赋,偶作山水小画黏于书斋壁间,令王时敏十分讶异,还以为是自己的画作,所以时敏很惊叹:"是子业必出我右。"因此对原祁的培养很是用心,及至原祁康熙九年(1670)会试成功,他说:"汝幸成进士,宜专心画理,以继我学。"此后原祁的画艺大进,有所谓"熟不甜,生不涩,淡而厚,实而清,书卷之气盎然楮墨外"的评说。⑤

倘说此时王翚的绘画"以清丽之笔名倾中外",那么王原祁则是"以高旷之品突过之",同样被世人推赞为"大家"。就王原祁的画,王鉴与王时敏讲过:"吾两人当让一头地。"王时敏深以为然,说元代四大家首推黄公望,得黄公望画艺之神者只有董其昌,得其形者是他本人,至于形神俱得者,就是他这个孙子王原祁了。对这样的评说,王鉴深表赞同。⑥

---

① 〔清〕张庚:《国朝画徵录》卷中,"王翚"条,第51页。
② 〔清〕张庚:《国朝画徵录》卷中,"王翚"条,第51页。
③ 赵尔巽等:《清史稿》卷五百四《王翚传》,第13905页。
④ 〔清〕王时敏、王鉴、王翚、王原祁著:《清初四王山水画论》,周积寅《序》,第7页。
⑤ 〔清〕张庚:《国朝画徵录》卷下,"王原祁"条,第83页。
⑥ 〔清〕张庚:《国朝画徵录》卷下,"王原祁"条,第83—84页。

王原祁的仕途还算顺利,中进士后先是观政吏部,康熙二十年(1681)担任顺天乡试同考官,堪称得士,履职任县知县时,不怕得罪上官,能为民请命;后任刑科给事中,很快转到礼科。康熙三十九(1700)年,特旨改中允,入侍南书房,最后升至詹事府詹事、掌院学士。① 原祁获得了一般文官很难得到的恩遇,也有助于其在清初书画界中确立一代宗师的地位。

康熙帝对于王原祁的画十分称赏。在南书房时,常命原祁作山水画,"圣祖凭几而观,不觉移晷"。还曾赐诗有"画图留与人看"句,原祁就镌石为印章,有纪恩之义。原祁在内庭供奉时,担任鉴定古今名书画的工作,直至康熙五十四年(1715),于七十岁时卒于任上,康熙帝"特赐全葬予祭"。② 可以说,王原祁是"以文章翰墨结主知"③,所受恩宠异常,也是王翚等人所不能比的。后来还有人问:当日所刻"画图留与后人看"印章,不知尚驻人间否?④

王原祁每作画,必用宣德纸、重毫笔、顶烟墨,号称三者缺一不可,否则"不足以发古隽浑逸之趣"。可见他对作画的条件是挑剔的,而且自视又甚高。有人问及王翚的画作如何评价,他说"太熟";又问查士标(1615—1698)的山水画如何,他说"太生"。由此可以推知,他本人是以"不生不熟自处"。原祁自题《秋山晴爽图卷》,其中有云"不在古法,不在吾手,而又不出古法吾手之外。笔端金刚杵在,脱尽习气",从中亦可略窥一二。⑤ 因王原祁是仕途出身,极擅画理,后人对他的评价一直很高:"工诗文,尤精画法,臻神品。"⑥

王原祁还以其绘画声望,经常眷顾门下宾客,但平时代笔者颇多,常有十七八。张庚指出:"公官京师时,每岁秋冬之交,予门下宾客画,人一幅,以为制裘之需。"但求画者往往缄金以俟,让王原祁根本应付不过来,所以让宾客及弟子代笔而自题其名,"大率十之七八"。所以在张庚看来,鉴画者若徒凭款识就有失手之虞。王原祁的弟子辈颇多,有名的有华鲲(字子千,无锡人,官州同知)、金明吉(苏州人)、唐岱(字毓东,号静岩,满洲人,以荫官参领)、王敬铭(字丹思,嘉定人,

---

① 〔清〕王昶:《春融堂集》卷六十五《传二·小传·王原祁传》,嘉庆十二年塾南书舍刻本,收入《续修四库全书》集部第1438册,上海古籍出版社2002年影印版,第298页。王昶所作的王原祁传,被完整地收入钱仪吉编的《碑传集》卷二十,道光刻本。
② 〔清〕张庚:《国朝画徵录》卷下,"王原祁"条,第83—84页。
③ 〔清〕王昶:《春融堂集》卷六十五《传二·小传·王原祁传》,第298页。
④ 〔清〕方濬颐:《梦园书画录》卷十六《国朝名人山水册》,第587页。
⑤ 〔清〕张庚:《国朝画徵录》卷下,"王原祁"条,第84页。
⑥ 〔清〕王昶:《春融堂集》卷六十五《传二·小传·王原祁传》,第298页。

癸已进士,廷试第一,官翰林院修撰)、黄鼎、赵晓、温仪、姚培源、外甥李为宪、族弟王昱等人,其中原祁最称赏的是王昱的画艺。原祁晚年好作吴镇(1280—1354)的墨法,被评为"最得神味"。① 在原祁死后,社会上流传他的画作,"寸缣尺素,宝若拱璧";而江浙一带之工山水画的,都取本原祁,子孙当中以画知名者也不少②,影响深远。

需要补充说明的是,因有康熙帝的信任,王原祁还担当了《佩文斋书画谱》的编辑总裁③,由此可以显现王原祁在清初政治与文化上的地位。

《佩文斋书画谱》是由康熙帝因前代纪录书画诸编散见往籍,漫无统纪,利用不便,故指授儒臣纂辑成书,使之以类相从、有所资考,包括论书十卷、论画八卷、历代帝王书画三卷、书家传二十二卷、画家传十四卷、无名氏书画八卷、康熙帝御制书画跋一卷、历代帝王书画跋二卷、名人书跋十一卷、名人画跋七卷、书画辨证三卷、历代鉴藏十卷,总共一百卷。全书于康熙四十六年(1707)校刊,由康熙帝制序。④ 后人评价这部书画类书,"搜罗宏富,突过《宣和》,多重画艺"。⑤ 而且"一字一句必有所征,而前后条贯无所重复,亦无所抵牾",四库馆臣的评价极高:"非惟寻源竟委,殚艺事之精微,即引据详赅、义例精密,抑亦考证之资粮、著作之轨范也。"⑥

画艺与政治的关联,使王原祁的艺术地位得以极大地抬升。此种情形当在彼时学术领域中已然具有普遍性。

黄鼎与杨晋

在常熟地方社会的艺术圈中,还有黄鼎与杨晋二人,堪称十分杰出。一般而言,黄、杨二人都属王翚之后的著名画家。

黄鼎(1561—1730),字尊古,名鼎,号旷亭,自称"独往客",世居常熟唐墅镇,

---

① 〔清〕张庚:《国朝画徵录》卷下,"王原祁"条,第84页。
② 〔清〕王昶:《春融堂集》卷六十五《传二·小传·王原祁传》,第298页。
③ 〔清〕张庚:《国朝画徵录》卷下,"王原祁"条,第83页。
④ 〔清〕于敏中等:《国朝官史》卷三十四《书籍十三·类书》,台湾学生书局1965年影印版,第1081—1082页。
⑤ 〔清〕陈锦:《勤余文牍续编》卷二《图释》,光绪五年橘荫轩刻、光绪十年增修本,收入《续修四库全书》集部第1548册,上海古籍出版社2002年影印版,第678页。
⑥ 〔清〕永瑢:《四库全书总目》卷一百十三《子部二十三》,乾隆武英殿刻本。

生平喜好游览,曾到山东登泰山,经燕、赵、韩、魏故地入秦,历长城南北,甚至到过于闐,行旅迹近印度。又遍游长江流域诸名山形胜,"凡诡奇怪伟之状,一寄之于画"①,所画山水"苍古秀润"。②

沈德潜为黄鼎所撰的墓志中曾说,"当代以画名者"就是恽寿平、吴历、王原祁、王翚与黄鼎。由于原祁是进士,所以显名最易,而恽寿平、吴历与王翚有吴伟业、王士禛的前后导扬,利于名声流播远近,而在诸名流徂谢后唯一"推挽无人"的就是黄鼎,真是"尤难之难"。③ 对这一点,乾隆时代的著名诗人阮葵生(1727—1789)也是认同的。④ 不过在后人看来,黄鼎的画"小幅精妙,大幅稍嫌精彩不足",很难符"大家"之谓。⑤

黄鼎对于王翚,应当是极敬重的,亦可从其所撰《王石谷先生事略》中略窥一二。⑥ 不过,两人的关系,在浙江鄞县人、曾任昭文知县的陈康祺(1840—1890)的笔下,则有另一番表述:

> 国初,常熟多画师。有黄鼎者,足迹半天下,尤在秦蜀间久,故所作多离奇傲诡,为古人屐齿所不到,然亦坐是多病败。同里王石谷翚,稍后起,陶铸董、巨,含跨关、李,名遂出鼎右。识者谓譬诸诗家,鼎其青莲,而翚则少陵。翚尝绘《南巡图》进呈,天子嘉赏,议官之。翚不乐仕进,遽归。一时名公巨卿,投诗攀援,卒不可得。立品如此,其笔墨始可宝贵也。⑦

但黄鼎的自述,则明显不同:"同县有黄尊古先生者,稍晚出,名与先生齐。"有论画者言:"石谷看尽古今名画,下笔具有渊源;尊古看尽九州山水,下笔具有生气,并称大家焉。"而且与王翚一样,性孝友,"独力葬大父母、父母,兄子贫无归,分产给之,养姊妹之寡者,四方馈遗随手尽,不为后日毫发计"。年少时,他曾随高士邱屿雪学画,后来从王原祁学画,但每与人言时,必说"我邱先生弟子也"。

---

① 〔清〕黄鼎:《王石谷先生事略》,〔清〕李元度辑:《国朝先正事略》卷四十四《文苑》,第142—143页。
② 乾隆《江南通志》卷一百七十《人物志·艺术》,文渊阁四库全书本。
③ 〔清〕沈德潜:《黄尊古墓志铭》,〔清〕王昶:《湖海文传》卷五十三《墓志》,第109页。
④ 〔清〕阮葵生:《茶余客话》卷十七,"黄鼎"条,中华书局1959年版,第521页。
⑤ 〔清〕秦祖永:《桐阴论画》下卷,"黄鼎"条,上海古籍出版社2015年版,第51页。
⑥ 〔清〕黄鼎:《王石谷先生事略》,〔清〕李元度辑:《国朝先正事略》卷四十四《文苑》,第142页。
⑦ 〔清〕陈康祺:《郎潜纪闻初笔》卷四,"常熟多画师"条,中华书局1984年版,第77页。

卒于雍正八年,得年七十一。①

至于杨晋(1644—1728),字子鹤,也是常熟人②,受笔法于王翚③,称"王石谷高弟",所绘山水清秀,兼工人物、写真、花草,悉精妙,张庚称他"洵足名家"。杨晋最擅长的是画牛,虽然大多写意,但或降,或饮,或寝,或讹,夕阳芳草,郊牧之风宛然。杨晋经常从王翚出游,王翚作图时,凡有人物、舆轿、驼马、牛羊等,都命杨晋绘之。④ 王时敏认为,吴中画道自沈周、文徵明、唐伯虎、仇英之后,幸有王翚始树正鹄,而王翚的及门弟子中英俊辈出,以杨晋为最杰出,"笔墨有出蓝之妙",在摹古方面真可谓衣钵相传,"与宋人血战,不让其师"。⑤ 一直到杨晋晚年,还兼能写生传神。⑥

康熙十三年(1674)春天,杨晋为王时敏画肖像,并由王翚补绘背景。同年,他又给王鉴画像,约七寸许,像中的王鉴居然是"明时便服坐于修篁"。⑦ 杨晋的肖像画技艺,当时得到了高度认可。在王时敏看来,其水准应该有超越前辈名家曾鲸(1568—1650)的地方。他对杨晋为其绘的这个肖像,有如是记述:"甲寅春仲,虞山子鹤杨兄同石谷归自邗江,扁舟过访,雨窗清暇,为图小影,竟日而成,见者无不骇叹,诧为酷肖。即余揽镜自照,恍若相对共误,呀然一笑。盖子鹤为石谷高足,其于画道探幽测微,妙得神解,悉用以会通写生,故宜其超轶时流若此。"⑧

但总的来说,杨晋未能另出手眼而真正"摆脱师规,纵极工妙,终不免为石所掩耳"。⑨ 这自是在乃师王翚之盛名下,难有出头之日,且师徒二之间的画艺也确实存在着相当的差距。⑩

王翚门下的弟子极多,据说在宋骏业、杨晋之外,只有张雪帆、蔡天涯、胡竹

---

① 〔清〕黄鼎:《王石谷先生事略》,〔清〕李元度辑:《国朝先正事略》卷四十四《文苑》,第142—143页。
② 赵尔巽等:《清史稿》卷五百四《杨晋传》,第13905页。
③ 乾隆《江南通志》卷一百七十《人物志·艺术》,文渊阁四库全书本。
④ 〔清〕张庚:《国朝画征录》卷下,"杨晋"条,第90页。
⑤ 〔清〕王时敏:《烟客题跋》之《题杨子鹤山水册》、《题杨子鹤画卷》,收入〔清〕王时敏、王鉴、王翚、王原祁著:《清初四王山水画论》,第104、119页。
⑥ 同治《苏州府志》卷一百十《艺术二》。
⑦ 萧燕翼:《杨晋的肖像画》,收入澳门博物馆编:《画应神全:明清人物消像学术研讨会论文集》,第248页。
⑧ 〔清〕王时敏:《王时敏集》卷十五《王奉常书画题跋卷下》,"杨子鹤为余写照题赠"条,第421页。
⑨ 〔清〕秦祖永:《桐阴论画》下卷,"杨晋"条,上海古籍出版社2015年版,第53—54页。
⑩ 萧燕翼:《杨晋的肖像画》,收入澳门博物馆编:《画应神全:明清人物消像学术研讨会论文集》,第261页。

君等人较负盛名。①

像侨居常熟的福建人蔡天涯,学山水画于王翚,画牛堪与杨晋并驾齐驱,但资质上稍逊。② 而太仓人,"极有名"的胡竹君,笔墨超逸,骨格秀灵,画作有一种超尘拔俗之趣,有人认为即使王翚也"不能不放出一头地",在王门弟子中当属首屈一指③,可惜画作罕有流传。④ 再如移居常熟的江都人虞沅,得到王翚的亲授,画作用笔用墨颇妙,"着墨不多,其全体功夫已可想见"。⑤

在他们之后,还有一个常熟人唐俊,字石耕,绘画先学蔡天涯,后师法王翚,虽然"体微气弱,不能自抒胸臆"⑥,但擅画山水花竹,以鲜妍见称。⑦

另有一人绝少传闻的,是顾荇父。据《黄鹤传镫卷》,是王翚为顾氏所作,可以推想王翚在作此卷时,"当亦踌躇满志,以薪尽火传相期"。⑧

画外别有事在

在明清人的视野中,画艺属于"艺学"一流,习艺者的地位在"方技"之上,"稍近于士大夫之业"。⑨ 但王原祁认为,"画虽一艺,古人于此冥心搜讨,惨淡经营,必功参造化,思接混茫,乃能垂千而开后学"⑩,意义非凡。

作为清初江南画坛最为耀眼的画者,王翚在时人及后人的评说中,形象颇具立体感。而在王翚那些师友亲朋与后世的若干传述中,其内心世界也约略可以感知。

王翚过世三十六年后,王氏子孙在乾隆十八年(1753)冬月改葬王翚于虞山北麓之际,由王翚曾孙王玖、王大椿敦请,沈德潜撰写了《王耕烟墓志铭》。沈氏指出:"从来艺事之极者,必归大家。论诗推少陵,论书推平原,而论画于宋推北苑,于元、明推子久、石田,此三人者,画中之少陵、平原也。当今之能继北苑、子

---

① 〔清〕顾文彬:《过云楼书画记》卷六《画类六》,"王耕烟黄鹤传镫卷"条,第203页。
② 〔清〕秦祖永:《桐阴论画》二编下卷,"蔡远"条,上海古籍出版社2015年版,第172—173页。
③ 〔清〕秦祖永:《桐阴论画》下卷,"胡节"条,第54页。
④ 〔清〕张庚:《国朝画徵录》卷下,"杨晋"条,第90页。
⑤ 〔清〕秦祖永:《桐阴论画》二编下卷,"虞沅"条,第172页。
⑥ 〔清〕秦祖永:《桐阴论画》二编下卷,"唐俊"条,第175页。
⑦ 同治《苏州府志》卷一百十《艺术二》。
⑧ 〔清〕顾文彬:《过云楼书画记》卷六《画类六》,"王耕烟黄鹤传镫卷"条,第204页。
⑨ 康熙《常熟县志》卷二十一《人物·艺学》,康熙二十六年刻本。
⑩ 〔清〕王时敏:《西庐画跋》,收入〔清〕王时敏、王鉴、王翚、王原祁著:《清初四王山水画论》,第3页。

久、石田而兴起者,则有耕烟王先生。"①在沈氏看来,王翚是在董源、黄公望、沈周之后绘画上的重要继承者与集大成者。于此改葬之际,陈祖范这样论道:"人谓先生以画显,吾谓先生隐于画焉。画讵足以尽其为人哉?!"②次年,祖范也过世了。

在董其昌之后,画坛的领袖人物已以王鉴与王时敏等人为代表,他们对于王翚的提携和栽培③,完全不存在任何利益之诉求,只有赏识,只有喜爱。这是王翚的幸运,而这种幸运实非一般人所能轻易获致。就像张庚所言,假如王翚没有遇到二王,假如嘉兴的朱彝尊与李良年没有遇到曹溶(1613—1685),"安知不悒郁风尘而终老也",所以更可令人敬仰的是二王、曹溶这样的前贤。④

对王翚而言,其过人的天分和几达二十年长期的努力,成就其世人心中的"画圣"地位,似也自然。所谓"天性孝友,笃于风义"的道德评说,以及在王时敏、王鉴殁后,岁时"犹省其墓"⑤,在时人看来,是做人应具的品质。沈德潜说:"先生笃孝友,慎交与,不翕翕热,尤重感知。奉常、廉州没,岁省其墓,至老不忘。"妻配钱氏,亦有淑德⑥,事王翚父"无不曲体其志"。王父对钱氏赞誉有加:"妇,他人子也,不意亦如吾子之体贴吾也。"对此张庚十分感叹:"石谷家本寒畯,以艺享盛名,受知圣主,取润笔致裕,而其根本固如是,此所以为石谷欤?"⑦从顺治八年(1651)之后,王翚在王鉴、王时敏的照护下,长期优游于太仓西田这样的生活空间,前后时长约二十年,到王时敏辞世,王翚在王时敏的生活世界中,已是一个须臾不可离的重要人物了。这在王时敏留下的大量信札中,可以明确知晓。

但是,必须指出的是,在王时敏七世孙王宝仁编写的王时敏年谱中,只在康熙十九年(1680)六月八日这一天,提及恽寿平适与王翚同至王家看望走到人生边上的王时敏,其他地方并未见有王翚的记录。⑧难道是王氏后人对王翚有不同的看法造成的吗?可类似的情况,在其他人编的年谱中也能发现。⑨叶恭绰甚至

---

① 〔清〕沈德潜:《王耕烟墓志铭》,〔清〕王昶:《湖海文传》卷五十三《墓志》,第108页。
② 〔清〕陈祖范:《司业文集》卷四《王耕烟墓表》,第188页。
③ 赵尔巽等:《清史稿》卷五百四《王翚传》,第13904页。
④ 〔清〕张庚:《国朝画徵录》卷上,"王时敏"条,第19页。
⑤ 赵尔巽等:《清史稿》卷五百四《王翚传》,第13904页。
⑥ 〔清〕沈德潜:《王耕烟墓志铭》,〔清〕王昶:《湖海文传》卷五十三《墓志》,第108—109页。
⑦ 〔清〕张庚:《国朝画征录》卷中,"王翚"条,第52页。
⑧ 〔清〕王宝仁:《奉常公年谱》,收入〔清〕王时敏:《王时敏集》附录四,毛小庆点校,浙江人民出版社2016年版,第802页。
⑨ 参〔清〕顾文彬:《过云楼书画记》卷六《画类六》,"(王时敏)年谱"。

通过王时敏致王翚的七份手札,认定"石谷之嗜利忘义,亦可于言外得之"①,颇令人吃惊。无论从艺术价值观上的差异还是道德品评上的不同,尽管没有更多的资料可据,对于王翚这样的论说,仍是值得进一步探究的。

而王翚登场的大背景,正是从清朝开国至康熙南巡之际。这一阶段,江南士人一直备受打压,气氛紧张。

明清两朝更替之际,地方士人都经历了"国变"的苦痛。顺治元年,五十三岁的王时敏正抱病里居,"五内摧裂,不自意生",对于南明小朝廷的成立且已被起用为太常寺正卿,都已无望而引疾疏辞。次年二月,他在邓村与后来于嘉定坚持抗清而殉难的侯峒曾、黄淳耀会面。②嘉定等地抗清的惨烈后果,使得王时敏与吴伟业等人不得不思考他们家族与地方百姓生存的"万全之策",在明伦堂与众绅士集议后,决定出城迎降,是其所谓"宁失一人之节,以救阖城百姓"之意。③

顺治十八年爆发的奏销案,在王时敏一家看来,同样是惊恐不安。他在《西庐老人为子颛庵仿古册》的跋语中就这样说道:"吾年来为赋役所困,尘坌满眼,愁郁填胸,于笔研诸缘久复落落。此册为儿子掞乞画,日置案头,每当烦懑交并,无可奈何,辄一弄笔以自遣,而境违神滞,心手相乖,如古井无澜、老蚕抽茧,了无佳思,以发奇趣。"④后来元和县人、曾官至浙江宁绍道台的顾文彬(1811—1889)另据《朴村文集》等资料指出:"奉常当日必为所累,跋中故有赋役语也。"⑤实际上,王时敏与其子王揆"俱在欠册中",为了脱免此难,王家大费经营。⑥在后人偶然获得的王时敏的尺牍中,就有"揆儿远出,独为料理,愁肠几碎"等语,关乎追逋之累。⑦

至康熙帝南巡时,王朝统治者似乎已输送出了缓和之风,"怀柔"的一面体现得尤其明显。清廷借此希望更多地获取江南士人的支持,无论是政治、经济还是文化领域。而此际的江南士人早已从王朝鼎革的悲难情绪或对新王朝的敌对态

---

① 叶恭绰:《王时敏致王翚七札跋》,收入〔清〕王时敏:《王时敏集》附录七《诸书序跋汇编》,第882页。
② 〔清〕顾文彬:《过云楼书画记》卷六《画类六》,"(王时敏)年谱"条,第193—194页。
③ 汪曾武:《外家纪闻》,收入〔清〕王时敏:《王时敏集》附录三《传记及评论资料选辑》,第731页。
④ 〔清〕王时敏:《王时敏集》卷十四《王奉常书画题跋卷上》,"题自画册"条,第383页。
⑤ 〔清〕顾文彬:《过云楼书画记》卷六《画类六》,"西庐老人为子颛庵仿古册"条,第188页。
⑥ 〔清〕王宝仁:《奉常公年谱》,收入〔清〕王时敏:《王时敏集》附录四,第786页。
⑦ 叶景葵:《卷盦书跋》,"王烟客与王子彦尺牍"条,收入〔清〕王时敏:《王时敏集》附录三《传记及评论资料选辑》,第732—733页。

度中缓解过来,清初抗清的潜在影响①,也希图被消弥,以获得新朝眷护的社会政治地位。而所谓"圣人爱惜人才",仍不过是士人们企望邀宠的托辞或希冀。

像清初的萧云从,艺术地位较高,笔法"清快可喜",绘画自成一家②,但所受的重视程度远逊"二王"。这种不受朝廷关注的失落感,则分明显示出时代造成的不可弥合性以及汉族士人复杂的认同心态。

陈康祺曾这样记述道:"国初高士芜湖萧云从尺木,工画山水人物,具有北宋人遗轨,闭门著述,品格亦复高峻。"乾隆三十九年(1774)时,四库全书馆进呈萧云从所画的《离骚图》,乾隆帝就命馆臣补《天问》以下萧云从未画的部分,并题其山水长卷诗道:四库呈览《离骚图》,始识云从其人也。一般人所推赞的清初"善画人"主要就是王时敏、王鉴、王翚、王原祁、恽寿平、黄鼎,就连恽、黄氏手迹多为石渠所藏,屡为帝王赏玩,但萧云从的作品石渠无一收藏,侍臣因推荐萧氏的作品,为乾隆帝所赞赏,并赋诗达二十六句。陈康祺认为,就此事可以感受到"圣人爱惜人才,虽荒江野老,一艺之长,身后犹蒙甄录,著之天章,尺木可不朽矣"。接着,他说:"自尺木画邀宸赏,江南大吏好事者,遂访其萧家巷老屋,遗址犹存。"③也许萧云从还属幸运,最终获得了"圣人"的赏识,也引发了地方大员的重视。

可以说,获得帝王恩宠或特别注目的首要条件,当然仍在他们的学养与书画技艺。一旦与契机相遇,在政治上表现出的活力,更可以使其在文坛上放射出别样的光芒,并且影响深远。《康熙南巡图》这样的图像绘画,可以成为一种政治的言说,绘者的关键人物,大都有江南地域的背景。倘以此而论,似乎绘者与组织者之"地域化"观念明显。同时,我们亦能注意到,王翚虽身为布衣,在学生宋骏业等人的支持下,能利用帝王的恩遇,带领学生杨晋等人出道,参与此时代性绘画巨制。当然,参与绘制《南巡图》的人,从中多能获得绘画的重要技法或启发。《江南通志》中就提到了这样一个例子:"顾昉,字若周,上海人,初至京,宋骏业集名手绘《南巡图》,令王翚总其事。昉得其秘,遂以擅称。"④顾昉就很受王翚欣赏,名声因而较大,画作饶有雅致,与王翚相比有"具体而微"的评价⑤,其画坛地位就

---

① 冯贤亮:《清初嘉定侯氏的"抗清"生活与江南社会》,《学术月刊》2011年第八期,第123—134页。
② 〔清〕张庚:《国朝画徵录》卷上,"萧云从"条,第40页。
③ 〔清〕陈康祺:《郎潜纪闻二笔》卷十五,光绪刻本。
④ 乾隆《江南通志》卷一百七十《人物志·艺术》,文渊阁四库全书本。
⑤ 〔清〕秦祖永:《桐阴论画》下卷,"顾昉"条,第54页。

有可能高于蔡天涯。① 类似这样获益的画者,当非少数。

王翚自刻的印章、文集名、书房名、个人名号,都有"清晖"二字,作为特殊荣耀的显示,重新标示了其地位,实际上也签注了某种政治意味。同时,他选择退官归里的生活,表达出一种恬淡的态度或所谓士人的风骨,赢得了更多士人的钦敬。

在不同的文献记载或转抄中,王翚及其师友们的故事基本雷同,都是才艺上的杰出表现、师友圈中的相互推重以及主绘《康熙南巡图》的无上荣耀等。晚年江南乡居的王翚,让世人所感受到他身上的那种所谓"清旷"和悠远的盛名:

> 王翚,字石谷,常熟人,工画,幼摹一二名迹,王时敏见而奇之,邀至西田别墅,尽发所藏,相与探寻,业大进而名起。尝奉诏绘《南巡图》。年踰八十,犹磅礴不衰。②

最后仍须指出的是,经历了康熙帝的几次南巡后,彼时江南士人的才华与风貌,在王翚等人身上多有清晰的映现。清人吴清鹏述及王翚画卷时称:

> 三王画手数国初,山水一家绝世无。
> 翚也弟子独能事,青蓝往往互相逾。
> 康熙之间驾南幸,迎銮曾献南巡图。
> 一日声名满朝市,半生落宕仍江湖。
> 此幅意致亦殊妙,闲原风景何清疏。
> 吾知王荦不解办,决非私窃能临摹。③
> 前山似送雨声至,隔水欲动云光铺。
> 乱松冥冥野径合,葭菼揭揭渔舟呼。
> 人间有境果类此,正好佳处规吾庐。

---

① 〔清〕秦祖永:《桐阴论画》二编下卷,"蔡远"条,第172—173页。
② 乾隆《江南通志》卷一百七十《人物志·艺术》,文渊阁四库全书本。
③ 张庚对王荦有这样的传记:王荦,字耕南,号稼亭,又号梅峤,吴人,与石谷同时,而山水纯仿王翚,然远不逮也,盖貌似耳。恒托其名以专利,王翚深恨之。近时托王翚名者尤多,则又不逮荦笔矣。参〔清〕张庚:《国朝画徵录》卷中,"王荦"条,第65页。另据秦祖永的评述,王荦擅长摹仿王翚,"不过志在阿堵,宜为人所轻也"。参〔清〕秦祖永:《桐阴论画》二编下卷,"王荦"条,上海古籍出版社2015年版,第169页。

令人忽忆清晖居,此老岂独画品殊。
白鸥难驯没浩荡,黄鹤不返游太虚。
奉宸院里掉头出,一身早办真恬如。
谁能虞山买泉石,拂衣共赋归来乎。①

　　一句"一日声名满朝市,半生落宕仍江湖",涵括了王翚这一类人在清代初期人生的重要转折以及名满天下后的存在形态。而沈德潜那一句"殆隐于画,而画外别有事在者耶",则更是意味深长。②

七、王翚的登场:江南画坛的场境与王朝统治的影响

---

① 〔清〕吴清鹏:《笏庵诗》卷九《王石谷画卷》,第294—295页。
② 〔清〕沈德潜:《王耕烟墓志铭》,〔清〕王昶:《湖海文传》卷五十三《墓志》,第108页。

八、赋役故事：一个松江秀才的经历和记忆

被奉入报功祠中的秀才

明朝末年，江南的松江府城虽然不大，但东西南北"非官家栉比，即商贾杂居"，然而在明清鼎革之后，昔日繁华，已减十分之七。①

在附郭府城的华亭县东南的濒海地方，从柘林堡延袤而西数里，即为漕泾，中间地势拗入之所习称漴阙。②据说早在宋代，这里的乡民就以栽桑为生，故地名"桑阙"。在明初，这里已有市集，比较繁荣，所谓"外泊海舶，商贾咸集"。但在遭受明清之际的兵燹后，当地商人被迫避往上海，漴阙商业因而衰落。③

在漴阙东面，有一个报功祠，原称"方太守祠"。④ 从基层系统来看，它位于十二保十八图，由天启四年（1624）举人、弘光时期曾任户部主事的松江人吴嘉胤所建，专祀明末松江知府方岳贡。⑤

方岳贡，字四长，湖北襄阳谷城人，天启二年进士，曾授户部主事；崇祯元年（1628），出任松江知府，时长十四年，令人印象深刻。无论在地方史志的叙述中，还是在《明史》中的评价，方岳贡都有着良好的官声。他在任期间，"明敏强记，案牍过目不忘，谢绝馈问，罢诸征索"，以致"廉能之誉，腾于远迩"。《明史》中说他是以"廉谨闻"。方岳贡在松江为官的政绩，多次被朝廷评定为"卓异"，主要表现在重视捕盗以加强治安、强化海塘筑堤工作、为储存数十万石漕粮的仓库建筑城

---

① 〔清〕曾羽王：《乙酉笔记》，旧抄本，收入上海人民出版社编：《清代日记汇抄》，上海人民出版社1982年版，第14页。
② 〔清〕何刚：《续筑海塘记》，收入嘉庆《松江府志》卷十二《山川志·海塘》，嘉庆二十二年松江府学刻本。
③ 〔清〕章鸣鹤：《谷水旧闻》，收入上海市松江区博物馆、华东师范大学古籍研究所编：《明清松江稀见文献丛刊》第一辑，第30页。
④ 光绪《重修华亭县志》卷六《祠祀·禩祀》，光绪四年刊本。
⑤ 嘉庆《松江府志》卷十七《建置志·坛庙》，嘉庆二十二年松江府学刻本。

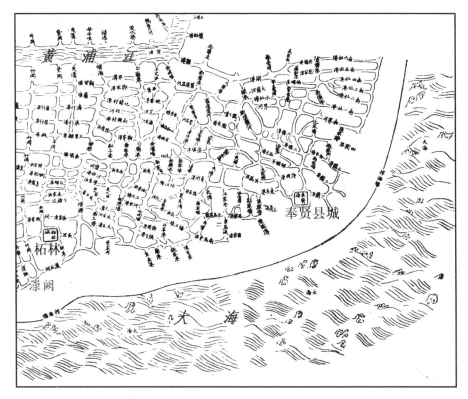

嘉庆《松江府志》中所绘的柘林与漴阙的位置

垣（时称"仓城"或"西仓城"），以及救荒助役、修学课士等方面。虽然后来被人诬告行贿，但经地方士民与巡抚王希的辩诬，方岳贡很快得以还清白之身，且被提拔到北京任职至左副都御史，兼东阁大学士。① 方岳贡在松江工作期间，不仅使当地的"法纪"得到强化，而且风俗为一变。②

在江南一般士人看来，方岳贡"清酷非凡"，地方政事较为"周折"，但对民间"无害"。③ 在重大工程中，总体上他能做到不费公帑、不扰民财，且设法捐输、委任得人，是一位"才大而量优"的清介之官，受到后任知府特别是顺治年间李正华的钦慕。④

---

① 参〔清〕叶梦珠：《阅世编》卷四《士风》，上海古籍出版社1981年版；嘉庆《松江府志》卷四十二《名宦传》；〔清〕张廷玉等：《明史》卷二百五十一《方岳贡传》，中华书局1974年版，第6504—6505页。
② 〔清〕叶梦珠：《阅世编》卷四《士风》，第84页。
③ 〔清〕姚廷遴：《历年记》，"历年记上"，稿本，收入上海人民出版社编：《清代日记汇抄》，第44页。
④ 〔清〕叶梦珠：《阅世编》卷四《宦迹》，第90页。

按清代后期当地人的观察,在报功祠中一并奉祀的,除了方岳贡外,后来还加入了吴嘉胤(清代地方志为避讳,一般写作吴嘉允或吴嘉印)、曾任遵义府知府的何刚以及诸生曹家驹、举人吴钦章(吴嘉胤之子,即吴含文)、圣公府司乐宋际、贡生庄徵麒等人。① 地方上这样崇祀的举动,也许迎合了王朝统治中褒扬忠孝节义、"正人心、维风俗"的宏旨。②

另外值得注意的,是乾隆《江南通志》中有关报功祠的记述,略具意味:"报功祠,在府治漴阙,祀明知府方岳贡、邑人曹家驹、吴嘉胤、何刚,国朝邑人吴含文、宋际、庄徵麒。"③

从上述这些记载来看,在彼时官方的视野下,曹家驹的身份相对低微。即如奉贤县青村人宋际(字峨修),曾有任职至山东孔府司乐这样的荣衔,且在诗学方面曾从吴骐游,有一定的文学成就。他与庄徵麒、曹家驹一样,都是在修筑海塘工作中因表现杰出而被后人奉入报功祠的。④ 庄徵麒也是华亭人,出身家世较好、族多业贾的"庄家行",其功名为诸生,因奏销案被斥革,年五十二卒。⑤ 他们都成了城乡地方的模范式人物,在明末清初这个特定的历史时期,曾维持着政治体制的有效运转与城乡生活的秩序稳定,具有"精英"色彩。这为进一步讨论传统社会结构与演进形态⑥,能展现实证性的论述事例。

有趣的是,曹家驹虽然在康熙朝后期仍在世,但被明确地认作明朝人。在后人的记忆中,一般都是这样认同的,称他为"前明诸生"。⑦ 相对而言,这样的秀才在明末社会的公共场域中也属最热心的支持者与参与者,为考察社会整体的继承性,提供了很重要的样例。⑧ 而且确实能为地方官府于民间的财政工作与秩序

---

① 光绪《重修华亭县志》卷六《祠祀·襑祀》,光绪四年刊本;光绪《重修奉贤县志》卷十二《人物志三·行谊》,光绪四年刊本。
② 〔清〕叶梦珠:《阅世编》卷四《名节一》,第101页。
③ 乾隆《江南通志》卷三十九《舆地志》,文渊阁四库全书本。需要说明的是,《通志》中将庄徵麒写作庄徵麟(光绪《重修华亭县志》卷八《田赋下·役法》中的记述也是如此),吴嘉允作吴嘉印,这里据府、县志所载的一般通行写法改。
④ 光绪《重修华亭县志》卷六《祠祀·杂祀》,光绪四年刊本;光绪《重修奉贤县志》卷十一《人物志二·文苑》,光绪四年刊本。
⑤ 〔清〕姜兆翀辑:《国朝松江诗钞》卷八《庄徵麟》,嘉庆十四年刻本。
⑥ 有关明清社会形态的具体分析与理论思考,可参赵轶峰:《明清帝国农商社会论纲》,《古代文明》2011年第三期,第101—111页。
⑦ 〔清〕章鸣鹤:《谷水旧闻》,收入上海市松江区博物馆、华东师范大学古籍研究所编:《明清松江稀见文献丛刊》第一辑,第30页。
⑧ 陈宝良:《明代生员与地方社会:以政治参与为例》,《明史研究》第8辑,黄山书社2003年版,第17—37页。

整顿承担起相应的责任,且很受那些能臣循吏们的重视。① 秀才可以认为已与乡绅、衙役等特殊阶层一起,构成了地域社会的主要力量。②

但关于曹家驹生平和活动的有限论述,显得十分破碎散乱,不成系统,也无专门的研究。曹氏的家世与生平情况并不清楚③,曹氏本人并非地方上的显要人物,没有荣耀的头衔,但在王朝更替之际直至康熙年间,他却是一个可以代表多数人命运的普通士人,经历了王朝秩序在地方由乱到治的全过程。他晚年留下的笔记《说梦》,掺杂了很多自传性质的材料,足以显示其生平概要与地方情势。

曹家驹应该能切身地感受到,从明末至清初的王朝统治者,既想追求赋役政策稳定在比较高的征收水平上,又想达到社会秩序正常化的目的。④ 故而对于这样一位地方士人的考察,就显得别有意趣。酒井忠夫很早就提出,举人以下未入仕者称为"士人"。这与有官职经历者的乡绅们相比,更契合"士民阶层"的论说,也可看作是平民中的指导层,从而可以从比较广泛的层面上,探讨国家与社会的课题。⑤ 而且,曹家驹亲身参与了地方的赋役制度改革。这为了解明末清初的这一重大变化,提供了地方人事与社会变革的细致样例⑥,以及制度沿革史不能呈现的社会实践内容。

曹家驹与地方豪绅

综合有关资料的记载,号称"茧庵"的曹家驹,字千里,晚年完成了一部《说梦》的书稿,可以获知时为康熙四十八年,曹氏八十岁。⑦ 按年推算,曹家驹约生

---

① 瞿红伟:《化民与从俗——国家与社会中的清代生员》,《河北师范大学学报》2013年第三期,第108—113页。
② 陈宝良:《明代生员新论》,《史学集刊》2001年第三期,第38—43页。
③ 曾记有曹家驹等人生平资料的《曹氏家谱》,已佚。参上海市奉贤县县志修编委员会编著:《奉贤县志》,上海人民出版社1987年版,第1094页。
④ 李洵:《四十天与一百年——论明清两王朝交替的历史对中国社会发展的影响》,《史学集刊》1985年第一期,第38—47页。
⑤ 〔韩〕吴金成:《明、清时代绅士层研究的诸问题》,收入〔韩〕朴元熇主编:《韩国的中国史研究成果与展望》,中国社会科学出版社2015年版,第177—180页。
⑥ 本章考察的重点主要在地方赋役问题,有关曹家驹参与松江海塘公共工程的情况,可参王大学的《明清"江南海塘"的建设与环境》(上海人民出版社2008年版,第42—60页)、冯玉荣的《明末清初松江士人与地方社会》(中国社会科学出版社2011年版,第108—133页)中的相关考察,文中不作赘述。
⑦ 〔清〕曹家驹:《说梦》,曹家驹"说梦叙言"、姚济题识,收入〔清〕雷瑨辑:《清人说荟》初集,扫叶山房1913年石印本。另据上海图书所藏钞本《说梦》卷首陈璨的序,参杜怡顺:《上海清代中前期著述研究》,复旦大学博士学位论文,2012年,第135页。

于崇祯三年(1630)。倘若他活到八十七岁①,那么约终于康熙五十五年(1716)。如果据这样的计算,在崇祯末年,曹氏不到十五岁,显然太过年轻,但仍然符合生员进学的正常年龄范围②,与"神童"、夏允彝之子完淳(1631—1647)的年纪相近。完淳因地下抗清而死,与曹家驹的结局大不相同。

曹家驹一般被认为是华亭人,居于柘林之西村③,实际上是在曹家市。曹家市后来属于雍正二年(1724)从华亭县分置的新县奉贤④,具体位于奉贤县城西南六十里阮巷的东北,近华亭县境。⑤ 作为明末清初的松江人,曹家驹虽然在科考上一直十分努力⑥,但功名只是一个未进阶至举人的诸生,还停留在普通"士民"的生活圈中。⑦

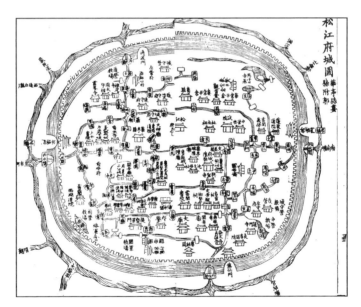

嘉庆《松江府志》所绘的松江城图

---

① 〔清〕蔡显:《闲渔闲闲录》卷二,民国嘉业堂丛书本。
② 左松涛:《清代生员的进学年龄》,《史学月刊》2010年第一期,第42—50页。
③ 〔清〕王文珪:《听莺仙馆随笔》卷一,"均田"条,收入上海市松江区博物馆、华东师范大学古籍研究所编:《明清松江稀见文献丛刊》第一辑,第240页。
④ 《清世宗实录》卷二十四,"雍正二年九月甲辰"条。
⑤ 光绪《重修奉贤县志》卷一《疆域志·市镇》,光绪四年刊本;光绪《重修华亭县志》卷六《祠祀·禩祀》,光绪四年刊本。
⑥ 〔清〕曹家驹:《说梦》,曹家驹"说梦叙言",收入〔清〕雷瑨辑:《清人说荟》初集,扫叶山房1913年石印本。
⑦ 松江人、曾任遵义府知府的何刚,就是这样认同曹家驹的身份的。参〔清〕何刚:《续筑海塘记》,收入嘉庆《松江府志》卷十二《山川志·海塘》。何刚的《续筑海塘记》,也见诸乾隆《华亭县志》卷三《海塘志·筑修》(乾隆五十六年刊本),但十分简单,题目即称《续筑记略》。

曹家驹被人誉为"亢直负气,有经济才",但要在豪族聚居、顶级乡绅丛杂的松江地方社会中,在关乎国家与地方公共利益、关乎社会影响较大的松江公共工程的开展过程中,有他这个小秀才发声的机缘,甚至能被举荐承担当地重要事务的董事,没有地方精英领袖的赏拔、推赞,是根本不可能的。

明末的松江城虽小,聚居的名宦却甚多,"旗杆稠密,牌坊满路"。① 特别是在崇祯年间,松江缙绅大僚最多,子弟僮仆借势横行,"兼并小民,侵渔百姓",凡触犯他们利益或与他们对抗的,即使是中人之产,也无不立破。② 那些包含了广泛士绅阶层、可以泛称"士大夫"的势力集团,是16世纪以来"中国历史上有特点的社会势力",更是江南地区政治的核心,既有政治上的特殊地位,又有乡里社会的牢固基础,并有能力从政治利益共同性的层面,突破地域性的限制。③

著名乡绅夏允彝(1596—1645),即属当地的领袖人物。在其为诸生时,即与陈子龙齐名,两人一起同登进士后,声气益盛。时人有所谓"天下莫不知云间陈、夏"之论。④ 在夏允彝主盟"几社"时,据说恒以气节自许,有俯视松江地方的豪气,却独与曹家驹有着忘年之交谊,并将曹氏视为"国士",评价甚高。⑤ 而在后人的记忆中,曹氏确实"有经济才",到顺治年间修筑海塘时,他又出力较多⑥,为此一直被后世所称道。毕竟松江滨海地域,"民命寄于水利",从崇祯年间方岳贡主导海塘修护工作后,到康熙初年,海塘不断崩坏,威胁地方民生⑦,但凡有功于海塘公共事业的,当然令人敬仰。

《夏节愍全集》中所附的夏允彝与夏完淳父子合像

---

① 〔清〕姚廷遴:《历年记》,"历年记上",稿本,收入上海人民出版社编:《清代日记汇抄》,上海人民出版社1982年版,第59页。
② 〔清〕叶梦珠:《阅世编》卷四《宦迹》,第89页。
③ 李洵:《论明代江南地区士大夫势力的兴衰》,《史学集刊》1987年第四期,第34—42页。
④ 〔清〕叶梦珠:《阅世编》卷五《门祚一》,第121页。
⑤ 光绪《重修奉贤县志》卷十二《人物志三·行谊》,光绪四年刊本。
⑥ 〔清〕章鸣鹤:《谷水旧闻》,收入上海市松江区博物馆、华东师范大学古籍研究所编:《明清松江稀见文献丛刊》第一辑,第31页。
⑦ 〔清〕叶梦珠:《阅世编》卷一《水利》,上海古籍出版社1981年版,第10页。

另外,许霞城、吴嘉胤、陈继儒等人,对曹家驹也都很看重,评价亦高。如"名重海内"、有"山中宰相"之称的陈继儒,寓居佘山时,与曹家驹常有过往。陈氏虽奔走豪杰之间,平时对于地方利弊"极肯昌言",对于赋役问题"尤讲求不倦"。曹家驹通过这位前辈名儒,还结识了在苏州抵抗过税官的葛诚。① 他们在曹家驹遭遇困境的时候,还能及时地回护他。特别是许霞城(誉卿),以其巨大的影响力,在赋役工作中极力支持曹家驹。许氏为隆庆五年(1571)进士、曾任巡按直隶御史等职的许惺所(乐善)之从孙,经历万历、泰昌、天启、崇祯四朝,因好直谏,屡次罢归。但居乡期间对于地方公事仍侃侃而论,"郡邑长及缙绅俱惮之"。明清鼎革后削发为僧,但其从弟许缵曾考中了顺治六年进士,并出任过高官(云南按察使),直至康熙十二年告归松江,仍维持了许氏家族在当地的鼎盛之态。②

明末的社会和政治形势危难而多变,常令人有无所适从之感。在松江地方士人眼中,夏允彝的"文章节义"可与日月争光,堪为明末士人的楷模。在清兵下江南前夕,夏允彝就曾与小友曹家驹说过"天下必归清朝无疑",又说"我唯有一死,但争迟速耳"。平时在家中常告诫家人:"我若赴水,汝辈决不可捞救,救起必甦,甦而复死,是两次死矣,非所以爱我!"因此在他投池自尽之际,据说家人都是"环视"之。因池塘水浅,允彝低头伏水气绝时,背上的衣裳还是干的。其绝命词有云:"卓哉吾友,虞求、广成、勿斋、绳如,子才、蕴生!"夏允彝最后提到的这六位明末江南的忠义之士,分别是徐石麒、侯峒曾、徐汧、吴嘉胤、盛玉赞和黄淳耀,都是与其砥砺有素之友朋。在曹家驹的记忆中,清兵南下时,吴嘉胤面对危难时局,也慨然有揽辔之意,对他说:"我非乐仕进,特欲觅一死所耳。"③这些人都有晚明以来"士大夫"的忧危意识,表现出普遍的救世情怀,并付诸相关实践行动中。④

正因有夏允彝、吴嘉胤等这样可以领袖群伦的乡绅的照护,有"国士"之誉的曹家驹,在明末以来的松江地方敢于担当,任事杰出。所以在地方志中的形象,曹氏就是一个"遇事敢言,不畏权势"的年轻秀才。而所谓不畏其他权势的背后,当然有夏、吴这样的权势人物撑腰,也就会有邑中每逢大事,当事暨缙绅必曰"曹

---

① 〔清〕曹家驹:《说梦》,道光八年醉沤居士钞本,收入《四库未收书辑刊》第10辑第12册,北京出版社2000年影印版,第265、275页。
② 〔清〕叶梦珠:《阅世编》卷五《门祚一》,第109—110页。
③ 〔清〕曹家驹:《说梦》,道光八年醉沤居士钞本,第253—254页;〔清〕黄宗羲:《弘光实录钞》卷四,浙江省图书馆藏光绪三年傅氏长恩阁钞本,收入《续修四库全书》史部367册,上海古籍出版社2002年影印版,第413页。
④ 赵轶峰:《晚明士大夫的救世情怀》,《吉林大学社会科学学报》2012年第五期,第19—29页。

生云何,请与商榷",以示曹氏远较同侪为杰出和重要。曹家驹的表现是积极努力的,后来于地方史志中描述他的形象就是"奋髯抵掌,区画较然,或以身任,不辞劳勚"。在他所参与的地方重大事务中,像白粮之官收官解、漕米之官收官兑、里中之均田均役以及松江沿海石塘之修筑,他皆出力甚多,很为地方官府依赖。① 其基本情形,主要见诸曹家驹所撰的笔记《说梦》中。

关于《说梦》

曹家驹晚年所著的《说梦》,内容并不复杂,呈现的基本是明清之际的王朝制度与地方生活之变化、政治变革与家族兴衰以及社会文化的评述等内容,当然也包括了曹家驹本人在地方政治、经济、生活中的表现,并且鲜明地表达出他对于利益冲突、社会变化的好恶。② 通过阅读《说梦》这样的文本,可以探究明末至清初地方历史的进程中,这类人物所秉持的家国情怀和政治态度,特别是从明末过渡至新的清王朝过程中的历史感受。

对于《说梦》,清末地方的官绅们认为,"文直事核,议论平允,可以广见闻、备法戒"。③ 这个评价不可谓不高。不过,这个书长期以抄本流传④,清代后期的松江人都说此书"罕见"⑤,至清末才有整理标目的石印本。⑥

据杜怡顺的考察,上海图书馆所藏钞本《说梦》(一卷,半叶十行、行二十二字)卷首有陈璇的序云:"曹茧庵先生天资明敏,博学多才,洵为俭岁丰年之谷玉,盖不惟家丞之秋实,亦兼擅庶子之春华。"陈璇认为曹家驹的文章与经济之才是"卓然可观"的,指出曹氏在松江海塘建设方面的卓越贡献,尤以曹氏所著《海塘

---

① 光绪《重修奉贤县志》卷十二《人物志三·行谊》,光绪四年刊本。另外可以一提的是,在报功祠附近,即十二保十图,曹家驹还负责主建过一个迎龙庙,直到清代道光三年由顾廷和重修。参光绪《松江府续志》卷十《建置志·坛庙补遗》,光绪九年刊本。
② 本章使用的《说梦》,主要是道光八年醉沤居抄本(收入《四库未收书辑刊》第10辑第12册,北京出版社2000年影印版)。
③ 光绪《重修奉贤县志》卷十二《人物志三·行谊》,光绪四年刊本。
④ 有关《说梦》文本流传的基本情况,可参杜怡顺:《上海清代中前期著述研究》,复旦大学博士学位论文,2012年,第134—135页。
⑤ 〔清〕王文珪:《听莺仙馆随笔》卷一,"均田"条,收入上海市松江区博物馆、华东师范大学古籍研究所编:《明清松江稀见文献丛刊》第一辑,第241页。
⑥ 清人雷瑨辑《清人说荟》初集(扫叶山房1913年石印本)中收有整理本《说梦》,后附有《华亭县均田均役碑记》《募建均田均役碑亭小引》《论开国功臣》《论靖难功臣》四条,为有些钞本所无。本章在相关论述中予以征引。

道光八年醉沤居抄本《说梦》书影

纪略》一书为代表，"则先生济世利物之老谋已见一斑"。至于这本《说梦》，"又何其叙述之典雅，机趣之悠扬。至其飞辨骋词，殊不减马迁、孟坚之笔法也。"而上海图书馆所藏的另一种钞本《说梦》（一册，半叶十行、行二十四字），卷首则是僧人志莹的序。序文同样比较简单。但他的序文中提供了很重要的信息，特别点出了在康熙四十八年（1709）夏季避暑于旷心丈室时，曹家驹与他"畅谭禅旨，深得三昧"。在曹氏看来，"世人好梦，快心之事为吉梦，拂逆之遭为恶梦，区区灵府，被他淹没殆尽，是可哀也"。并拿出《说梦》书稿给志莹看。志莹认为，书中援引多为松江地方故事，且"备详颠末"，可谓有"醒梦"之义。①

无论是吉梦，恶梦，还是醒梦之说，显然在《说梦》中都有不同层面的表达。曹家驹自拟的《说梦叙言》这样讲道："人生一梦也。夜之所梦，且以告人，曰此梦也。惟人亦曰此梦也，彼此皆知为梦，而何以言之者娓娓、听之者津津也，则此一刻之顷，分明以梦缘为觉缘。夫梦既可以为觉，安见觉不可以为梦。"曹氏这样人生如梦的言说，倒也平淡无奇，但他讲到这一生的亲历，从明末至康熙年间的种

---

① 参杜怡顺：《上海清代中前期著述研究》，第135页。

种过往,都是为梦所驱役,并付啼笑间,却令人既哀且慨。他说:"试从数年后追忆数年前事,恍同一梦,而况岁月迁流,变故百出,积之既久,其为梦也,不既多乎?百年之内,劳劳攘攘,尽为梦所驱役,而为啼为笑,不克自主,亦可哀矣。余行年八十,每燕居,深念少时攻帐括,因于公车,不能博一官,又承先人之业,不能积粟帛、广田园,徒为乡间小儿所姗笑。惟是天假之年,偷生长视,使得纵观夫升沉荣瘁之变态,举所见修富贵容而炫赫耳目者,莫不化为烟云,荡为冷风,而茕茕老儒,犹得抵掌而谈其遗事,是若辈之梦境已尽,而我之听其告者犹流连而未去也。"晚年已是老儒之态的曹家驹,对年轻时不能在举业上有更高的成就,在家庭经营上无法博取更高的经济收益,虽有愧意,但毕竟已属烟云过往,升沉荣瘁,都已看淡。最后,他道出了撰写《说梦》的目的,谓可以使人对他这一代的经历与感受得以寓目,以增广旧闻,且备法戒,以为后事之师:"夫既能听之,必能说之,则何不以笔代舌,使后人得寓目焉,广其旧闻乎?间有可以备法戒者,是亦后事之师也。昔左丘明作传,羽翼《春秋》,而论者讥其失之诬,岂盲史不免耳食之过乎?余则非目睹不敢述,匪曰传信,或不至梦中说梦云尔。"①

当然,曹氏所谓的生活记忆与社会经历,多系王朝更替之际的变革或松江故事,"非目睹不敢述",令人感受良深,并有人生如梦之叹的感怀。

而在乾隆年间,松江名士蔡显(1697—1767)偶然言及曹氏的这个稿本,却评价一般,大概认为多有梦说之嫌:"《说梦》上、下卷七十三条,皆我郡事,《楚梼杌》《碧云騢》之类也。"②

到道光八年(1828)冬天,有个号称"醉沤居士"的人抄录了这个《说梦》,并作了这样的总结:

> 《说梦》一编,漕泾曹千里先生取云间旧事而著之为书者也。其名"说梦"者,盖先生身当鼎革,而追思少壮之措施与夫畴昔之交际,诚为一梦矣。然其事俱身所亲历,说之信而有征,而善善恶恶之旨,亦时时寓于其间,洵乎吾松之文献也。书仅一卷,而止有钞本,且诸家各有异同,并有号为《说梦》者。兹择其善本,录而附于《退庵志逸》之后,溯五

---

① 〔清〕曹家驹:《说梦》,曹家驹"说梦叙言",收入〔清〕雷瑨辑:《清人说荟》初集,扫叶山房1913年石印本。
② 〔清〕蔡显:《闲渔闲闲录》卷二,民国嘉业堂丛书本。

茸逸事者,庶得以互证焉。①

当中所谓的漕泾,与曹家市不远,可能传抄者并不太了解当地的聚落情况而有这样的误写,但说在《说梦》中"善善恶恶之旨,亦时时寓于其间",确实是把握到了曹家驹的真正旨趣。另外,在这个总结性的说明中,还提供出一个重要的信息,即晚至道光年间,《说梦》一直是以钞本流传,且版本多样,内容各有异同。至于"醉沤居士"提供的《说梦》,或许是其所谓的"善本"罢。

后来当地有人再次读到这个《说梦》,讲述前后世事,更令人感慨。那时已在咸丰三年(1853),太平军攻陷了南京,松江地方颇受震动,打破了江南人长久逸安的好梦。当时自称"昨非庵道人"的陈锦说:

> 癸丑之春,逆匪陷金陵,吾松骚动,城内外居民纷纷若鸟兽散,予适与耕山火子下榻旷怡草堂,为主人作守望之助,昼则扫地焚香,夜则挑灯煮茗,恬如也。主人因眷属避迹乡间,频往来其际,坐是愈形其寂。一日,偶于瞿棲翁案头检得曹千里《说梦》一集,互相翻?,觉乡先达之兴废盛衰,历历在人耳目。予因顾火子而叹曰:举世皆梦中人也。是书可以资考订,可以备劝惩。苦世无刊本,瑟居多暇,子又健于笔者,盖抄诸以供披览。火子曰:"善"。于是毕半月之力,缮写成帙,丐予数语弁其首,畀主人什袭而藏之。予故不揣梼昧,序其缘起如是。噫,烽烟屡警,危如巢幕之鸟,我辈淡焉若忘,可谓达矣。后之览者,必将谓若而人者想从邯郸道上来,参透个中消息者乎?主人为谁,盖吴兴沈子小莲也。②

陈锦与友人沈小莲躲避战乱之际,看到前贤这样的故事,自然有许多感触,让他们感到"乡先达之兴废盛衰,历历在人耳目",更触动他们要将这个抄本刊印出来,以资考订、以备劝惩。

到咸丰八年(1858)元夕,松江人、号"铁梅"的姚济作了一首《卖花声》词,专述《说梦》:"同是梦中身,欲说难真,多君直笔替传神,转漕、平徭诸大政,几费艰

---

① 〔清〕曹家驹:《说梦》,道光八年醉沤居抄本,第277页。
② 〔清〕曹家驹:《说梦》,陈锦"叙",收入〔清〕雷瑨辑:《清人说荟》初集,扫叶山房1913年石印本。

辛。有酒且重斟，望古逡巡，开编恍遇朝人，二百年前兴废事，今又身亲。"①大概身历社会巨变，仿佛有类似的感受和体悟可以暗通曹家驹的生活经历。

漕运与赋役问题"三大事"的回忆

像曹家驹这样对国家政治长期抱持关注之姿，对地方事务又秉持积极参与之态的士人，对王朝生活中最为烦杂而长期困扰地方的赋役问题，怀有极为深刻的记忆。松江地方的徭役征派、漕粮转输、田地清丈等内容，都有曹氏的亲历，在《说梦》中屡屡述及。

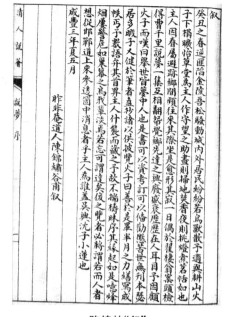

陈锦的"叙"

（据〔清〕雷瑨辑《清人说荟》初集中的《说梦》）

明王朝的漕运，历经五次大的变更而逐步稳定。在地方而言，自有其感受和比较。曹家驹清晰地指出这些变化：

首先，洪武开国，因循元朝旧例，每年海运粮七十万石，"专以饷边"。其次，从永乐建都北京后，转输遥远，海陆兼运，"陆之劳，不啻海之险也"。第三，到永乐十三年（1415），平江伯陈瑄负责开会通河，令江浙之米全部运至淮安交收，各拨官军再接运至北京，这就是所谓的"支运"。② 第四，永乐末年，根据周忱的建议③，民运止于瓜州（今扬州市南），兑与运军卫所，出给通关付缴，此称"兑运"。第五，在成化七年（1471），都御史滕昭（字自明）建议废去瓜州兑运，由官军至各州县水次仓领兑，时称"长运"，此后漕运一直沿用此法。曹家驹认为，永乐十三年至成化七年，漕运方式从十分艰险的海运到支运以迄兑运，共达五十六年之久，此时江南小民可谓"备尝劳瘁"，当中周忱等人的工作就是"移远而就近"，但

---

① 〔清〕曹家驹：《说梦》，姚济题识，收入〔清〕雷瑨辑：《清人说荟》初集，扫叶山房1913年石印本。
② 具体而言，在宣德六年（1431），陈瑄明确指出："江南民运粮诸仓，往返几一年，误农业。令民运至淮安、瓜洲，兑与卫所。官军运载至北，给与路费耗米，则军民两便。是为兑运。"参《明史》卷七十九《漕运》，第1917页。
③ 宣德五年，周忱正式以巡抚的身份被派往江南，总督税粮工作。参《明宣宗实录》卷七十，"宣德五年九月丙午"条。

不管怎样，小民的风波舟楫之苦仍未真正得以摆脱。而滕昭的官军至各地水次仓领兑之法，方便官民接运，使民间疾痛一朝尽除，其功德堪称无量，曹氏认为自当百世尸祝。可惜的是，在他生活的明末清初时代，一般人根本不知道滕昭的德政。①

确实，对于江南而言，记忆较深的，仍在周忱巡抚时期。② 松江人章鸣鹤认为：周忱巡抚十九年间，多有惠政。苏、松、常三府地区，积欠粮数十万石，周忱即疏请蠲免。因漕政渐坏，周忱莅任后推行的新举措是：正粮一石只加耗一斗，金花银一两折米四斗。另外又设济农仓，以为赈济、贷粮之储备。结果"民咸德之"。③

朝廷税收的绝大部分，当然都来自开发较好的地区。仅江苏、浙江两地的税收之和，几乎占了全国田赋收入的四分之一。④ 因而这些地方，特别是江南核心区的田地管理与赋税征解一直极受官方重视。

在田地丈量清理方面，松人更是"以周文襄称土起粮"，有"口碑百世"的赞颂。当然，所谓"称土"的做法，不过是"异人作用"罢了，但确实可以使地方确认划定上、中、下三乡的田土差异等级。至于田亩的科则，更无划一之法。曹家驹认为："昔年之粮，民间得以意为轻重，如某人有田若干亩，该粮若干石，及其欲售，人乘其急而要之曰：非五升粮，田不卖。其人迫欲得银，即书五升以付之。迨一而再，再而三，田将去尽，而存粮尚多，力不能支，因而逃亡。于是里中公分其田，代偿其税，此绝田之名所由起也。"民间随意确定粮额之轻重，严重干扰了乡民的生计安排，逼使乡民逃亡他乡。在万历初期张居正主政之际，巡抚江南的林润下决心要均划田亩科则，但碰到的实际问题，仍在地方势豪利益的平衡。⑤ 其间的私人利益与公共利益产生了鲜明的对抗。

松江地方自嘉靖、隆庆以后，最鼎盛的簪缨之族，莫如徐阶家族。徐家的衰败，一直要到易代之后。⑥ 徐阶在罢相里居时，据说所占田园最广。万历十七年（1589）进士、曾任礼部尚书等职的南浔人朱国祯（1558—1632）说徐家有良田十

---

① 〔清〕曹家驹：《说梦》，道光八年醉沤居抄本，第249页。
② 有关这方面的详细研究，可参郁维明：《明代周忱对江南地区经济社会的改革》，台湾商务印书馆1990年版。
③ 〔清〕章鸣鹤：《谷水旧闻》，收入上海市松江区博物馆、华东师范大学古籍研究所编：《明清松江稀见文献丛刊》第一辑，第8页。
④ 王业键：《清代田赋刍论(1750—1911)》，人民出版社2008年版，第116页。
⑤ 〔清〕曹家驹：《说梦》，道光八年醉沤居抄本，第249页。
⑥ 〔清〕叶梦珠：《阅世编》卷五《门祚一》，第115页。

八万亩,而且"诸子嗜利,奴仆多藉势纵横"。在苏州知府蔡国熙"清劲执法"的过程中,徐氏奴仆"出没其间,有所干请",势焰较炽。① 更厉害的批评,来自苏州人伍袁萃的笔录:"华亭(按:指徐阶)在政府久,富于分宜(按:指严嵩),有田二十四万,子弟家奴暴横闾里,一方病之,如坐水火。"② 徐家在乡间的名声较坏。当时徐家的田一般是每亩五升粮,倘要划一科则,徐家自然不乐有此举。林润就上书给张居正,据说张居正的回信中有"方今主上幼冲,仆以一身荷天下之重,倘事关国计而有扰之者,则国法具在"等语,语气严厉。林氏得此信,胆气愈壮,徐家因此慑息,而税粮始均。从此,官方丈明某号田若干,每亩该纳粮若干,"粮因田起,不复移在别则",被后人视为良法。③

其实早在嘉靖时期,深受嘉靖帝信任的松江籍官员,是嘉靖八年(1529)进士、侍御公徐宗鲁,被奉为御史界的楷模。据说他乘舟外出时,船舱口悬有一牌,上书"本职虽系云间,并非阁下徐族",虽然有趣,但彰显了不附权贵、不徇私情之志。在巡按福建时,因持法太严,下属居然以蛊毒置于安息香中,结果烟触其目,徐宗鲁因而失明,被迫告休归乡。与之交情素厚的巡抚林润,到松江拜访他,"长跪请教"。徐宗鲁裹出一帙示之,题曰"均粮拙议",林润大悦。此事为徐阶知晓,便召来宗鲁之子、太学生、曾官通判的徐绍南,说:"尊公老人但当吃白米饭,燉烂肉,如何好管闲事曰'均粮均粮'?"绍南十分紧张,归以告宗鲁。宗鲁说:"恨我今病废,若在官,即特疏请均,又何畏徐存斋哉!"根据曹家驹所述的这个故事,似可推知均田均粮的发端实在徐宗鲁。非常巧的是,在曹家驹的生活时代,徐宗鲁的孙子龙衢,是曹氏内戚,曹氏亦曾向龙衢问学,所以这段故事曹氏最熟悉。不过,曹氏知道,在他这个时代一般人已不知道林润,更不会知道有徐宗鲁,以及上述地方官绅势豪之间存在的冲突和矛盾了。④

另外,曹家驹讲了一段吴嘉胤家族的往事,值得注意。

在曹家驹一次登临秦山(在干巷与张堰二镇之间)的过程中⑤,于山巅偶然发现有废址断碑四五尺,被弃于蔓草之中。虽经仔细搜视,但碑文已湮灭不可读。

---

① 〔明〕朱国祯:《皇明史概》卷三十八《大事记》,崇祯间刻本,文海出版社有限公司1984年影印版,第6059页。
② 〔明〕伍袁萃:《林居漫录》前集卷一,万历间刻本,收入《续修四库全书》子部杂家类第1172册,上海古籍出版社2002年影印版,第108页。
③ 〔清〕曹家驹:《说梦》,道光八年醉沤居抄本,第249页。
④ 〔清〕曹家驹:《说梦》,道光八年醉沤居抄本,第249页。
⑤ 民国年间的石印本《说梦》中,秦山误作泰山。

曹家驹问及山寺僧人,也是茫然不知。后来他遇到吴含文,询及此事,因而就出现了下述这样一番对话。

曹问道:"秦山为君家输粮,必能知其遗事。"

吴答:"此毕抚台生祠基也。"

曹问:"抚台生祠何因在此?"

吴说:"当其筑海塘,予家上世有吴克平者,筑塘一百四十余里,抚公高其义,欲疏请授一官,力辞不受,乃以此山并绕山河港悉给牒归之,以为娱老计。遂建祠以报之。今河已为势家夺去,唯荒山尚存,累我赔粮耳。"曹接着问道:"君既知有毕公,能知其名乎?"

吴说:"不知也。"

曹说:"此公名亨,为成化朝名臣,松江筑塘,当以此公为开山祖,而君家上代即与其事。今君父子两世,宣力海疆,俱不愧云礽之允,但松之人不知有毕公,可谓饮水而忘源矣。"①

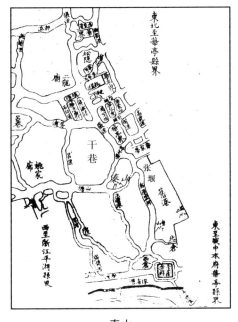

秦山

(据乾隆十六年刊《金山县志》)

---

① 〔清〕曹家驹:《说梦》,第 249—250 页。

曹、吴之间的对话,不仅讲述了秦山及绕山河港地域,是巡抚毕亨念及吴家上代人帮助官府筑塘有较多贡献,而划给吴家以为"娱老"之保障,吴家也感念毕亨的厚恩,建了毕公祠以为报答,而且揭示出了地方权势的变化与赋税的关系,也就是本属吴家的这一绕山河港区域,后来竟为地方"势家"夺去,但赋税仍由吴家承担的事实。从这个故事的叙述中,还可以探知,在地方士人的记忆中,毕亨是松江地方修筑海塘的开山之祖,到明末时,吴嘉胤与吴含文父子仍与吴家祖上一样,都为松江海塘的修护作出了积极的贡献。

在曹家驹的感觉而言,更值得书写的,是他本人在地方赋役三大事中的作为。作为当地人,年轻的曹家驹对于时政一直有着清醒的认识。他能从容地周旋于松江地方势豪之间,并且在官府与民间之间,以勇于任事之心担负着十分重要的联系媒介作用,甚至充任了基层领袖的角色。在这个过程中,面对繁重的社会工作和复杂的地方情势,曹家驹必然会引起一些人的不满,但因有了夏允彝、许霞城、吴嘉胤等人的强力支持,总体上工作还算顺利,且较有成效。

可以发现,从巡抚、知府、知县、地方权势人物到曹家驹那里,国家权力的呈现与官绅权益的交织,既明显又复杂。虽然如曹氏所言"爱、憎、毁、誉四字,即大圣贤亦脱不过,况中材以下者乎",而且坦陈"性好多言,自知憎我者众",容易得罪人,但总是有人对他特别偏爱,甚至爱得"过情",推赞他至少有"三大事"对于松江地方颇有贡献,即白粮之官收官解、漕米之官收官兑、里甲之均田均役。有趣的是,曹家驹对于这样的赞誉因恐言过其实、犯造物之忌,所以在《说梦》中对这"三大事"原委,不惮繁琐作了详细说明:①

第一,是关于官收官兑,巡按马腾升到文庙礼拜时,由曹家驹在明伦堂简要申说其措施,后到官衙中进公呈,曹氏列名在首位。结果在官收官兑工作完成之后,地方奸讼不已。曹氏颇觉苦闷,认为自己"履危涉险,不惮撄锋",很是费力,其中苦心讲求、调停布置时,又赖庄徵麒之力颇多。曹氏觉得假如没有庄徵麒的助力,他应该是孤掌难鸣的。

第二,是关于均田均役,在娄县地方的推动已有规模后,华亭县则仿而行之。② 这方面的工作,曹氏十分谦虚。他说:"予处强弩之末,不能随富人后,间有

---

① 〔清〕曹家驹:《说梦》,第250—251页。
② 有关明末至康熙年间松江地区均田均役改革的研究,可参[日]滨岛敦俊:《明代江南農村社会の研究》第六章"明末南直隷的均田均役法"与第七章"清初的均田均役法",东京大学出版会1982年版,第337—417页。

咨访,仅竭一得,以佐所不逮耳。"所以他觉得自己功劳不大,"何敢居以为功?"

第三,真正让他觉得有功而可无愧的,是白粮的官解工作,且由他一手做成,"并无有起而佐之者"。

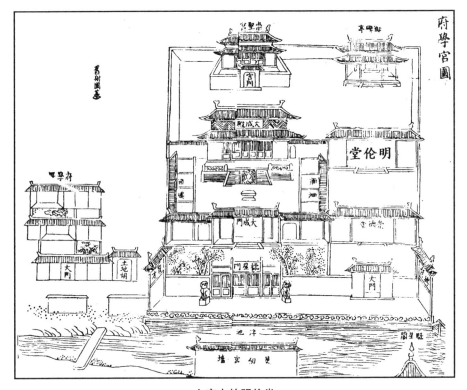

文庙中的明伦堂

(据嘉庆《松江府志》)

按曹氏的记述,江南白粮的北运至明季已然困极,粮艘到山东临清以上,就有宫中的太监来提催,"擒粮长,挞以臣梃,至不敢登舟,昼伏菽园中,终日不能得食",可谓困苦。崇祯十三年(1640)冬天,粮船冻阻于德州,巡漕使者庐世淮下令起米上岸囤储。华亭县一位龚姓的粮长,往陈不便,被责打三十棍后即死于运河岸边。自此人人以性命为忧。后来江西人、巡抚黄希宪提议白粮官解,要求府县地方讨论。曹家驹听说后,为避困扰,雇船往杭州,逍遥于西湖风光一月后,估计松江地方事情终结可以返回,不料刚入松城,即被临川人、崇祯十年进士、知县李茹春延请商议白粮解运问题。原来旧任华亭知县,后任常、镇兵备的福建人张调鼎,曾向李知县讲述江南利弊等事,而李茹春又向夏允彝请教,允彝说"此事非曹生不能了",所以才有了上述两人会面商讨之事。曹家驹自忖"此担既不可卸,而胸中未得长策",也不是简单举出二十八名粮长的累费问题就可以让官府解决的,但如果再以加派的方式来赡给粮长,彼时东北边事正在吃紧,辽饷日增,谁敢复开此口?因此辗转踌躇。在详阅苏州、常州两地的白粮解运事例过程中,曹家驹发现有夫船一项,常州地方是有米而无银,而苏州是银米相半,只有松江有银而无米。再查经赋全书,知晓松江原本是安排有夫船米的,但在万历十六年(1588)遭遇灾荒后已被改折。由此他找到了应对办法,即提出剪除夫船银四千五百余两、恢复夫船米九千余石的方案。此时正是米价腾贵之际,这一转移间,获利倍蓰,民间可以无加赋之名,协部也有了展布之地。他的方案获得巡抚的批准,但华亭县的册书向曹家驹说:"今会计久定,而减银增米,大是费手,纸张工食,从何而出?"曹氏居然拿出五十两白银,册书即欣然而去。但册书中存在婪贿舞弊分子,仍让曹氏十分愤慨,正值浙江人、巡抚周一敬莅松,曹氏揭发了这一问题,结果使诸册书大窘。当中就有天启二年(1622)进士、曾官御史的冯明玠的仆人兼任册书,就向冯氏诬言曹家驹私增粮米,于是冯氏就怂恿万历四十四年进士、曾官太仆少卿的"大老"王陞一起出面,向曹氏诘难。按照旧例,巡按在衙门处理公事完毕,诸乡绅可以公谒。当日冯明玠即手持公函告诸老:"今日进院,必要讲明曹千里擅增粮额一事。"辈份较王陞为高的万历四十一年进士、曾官都给事中的许霞城却毅然道:"此事旧冬曹生曾问予可行否,予谓请复而非请加,有何不可行;今若此,是我误曹生矣。且凡所谓公书者,必推一大老秉笔,以其稿送各绅阅之,中有未妥处,不妨改窜,然后誊真,用图记,此体也。未有写就而硬押要用图记者,且请问此稿出何人之手?"许氏强调曹家驹的方案是请复,而不是增粮,而且乡绅们的公书要经诸乡绅的公议方可。但冯明玠说:"乃管数人送稿,不佞为之润色。"许霞城大怒:"若管数人可做公书,予许霞城断不受奴才差使!"冯明玠十分难堪,不觉色变,旁有解劝者道:"此地方公事,明日当请曹生于公所会议,以定行止,何必缙绅先伤和气哉。"这份公书就被硬生生挡了回去。冯氏本是嘉靖五年(1526)进士、大理寺丞、号称"铁御史"的冯恩的仆从,本姓赵。许霞城所谓"断不受奴才差使",正是刺中了冯氏的忌讳。次日,许霞城专门写信给知府陈莲石①,终使夫船米得以恢复,协部也踊跃从事。曹家驹对此一直十分感怀:

---

① 陈莲石,名亨,福建侯官人,崇祯庚辰进士,后来在弘光初为饷科,参罢吴兴姚瞿园,以清兵将至,委印而遁。参〔清〕叶梦珠:《阅世编》卷四《士风》,第88、93页。

方始事时,合邑粮长趑趄于余户。及见冯作难,一足不顾。松人之薄,大率如此。霞老事后绝不责报,余亦不敢渎以私,此外厚有所费,且以身试风波中。由今思之,殊为多事。然三十年来,所保全实多,自谓薄有微功,故志之,且以志霞翁之高谊,今后人无忘之也。①

通过曹氏的自述,清晰地呈现出了曹氏在"三大事"中具体工作的成绩,凸显了许霞城对于曹氏的回护之态,地方权势矛盾的复杂性,以及所谓"松人之薄"、粮长们见风使舵的社会实际。同样是普通士民的上海人叶梦珠的感喟,也可为之补注:"世当叔季,政出多门,直道不容,动多掣肘……为治于盛世易,为治于衰世难,良非虚语……予生明季,旋遭鼎革,草昧之初,俗难遽改,廉吏可为而不可为也。乃有介然自守,独立不惧,泽在民生,功垂奕世者,虽诗书所称,又何以加?"②

顺治年间的变革与旷银问题

虽然清初政府确立以万历年间则例征收赋税的原则,试图使赋税征收克制在农民可以接受的范围内,同时继续采用一条鞭法,简明赋役条款与程序③,但实际情形十分复杂。

顺治二年(1645),在松江知府张铫的申请下,当地每亩开始加编八厘税收,用于修筑漴阙、柘林两地土塘,主要工作由进士陆庆衍督责修筑柘林坍塘106丈7尺4寸,而曹家驹、鞠俨基、唐大典、钱鼎新、王臣等五人则负责管筑漴阙坍塘401丈2尺6寸,共计508丈。两项工程前后一月告竣。④

至于南运粗细布各色解户以及收银总催诸役,都在这一年被罢去,改为吏收官解,不过,仍需要量亩均编经卖银,以供领解官吏役匠之费。顺治三年,巡抚土国宝根据常熟绅士许国贤的请求,仿照明末巡抚黄希宪的做法,题请改白粮为官运,使江南地方的民运之累得以停息。但在仓收兑工作,仍是佥派殷实富户主

---

① 〔清〕曹家驹:《说梦》,第250—251页。
② 〔清〕叶梦珠:《阅世编》卷四《宦迹》,第89页。
③ 陈支平:《清代赋役制度演变新探》,厦门大学出版社1988年版,第3—5页。
④ 乾隆《华亭县志》卷三《海塘志·筑修》,乾隆五十六年刊本;光绪《重修华亭县志》卷四《海塘·修筑》,光绪四年刊本。

持。到顺治四年，华亭知县潘必镜改行图收图兑，即以里长收粮兑军，但不久复故。顺治六年，巡按秦世祯再次奏请官收官兑，每正耗一百石，加米五石、钱五两，得到朝廷批准执行。有意思的是，各县地方依然阳奉阴违，仍佥民户承役。①

顺治七年，松江府知府廖文元以存库旷银，申请修筑草庵西默林泾、李市泾、邬邱泾、曲湾、周公墩等处土塘，具体工作由吴含文（钦章）总负责，曹家驹、鞠俨基、唐大典、邹瑚璧、蔡之蛟、宋道洽、陈寀、庄邻仲、张善祥、吴道光、蒋公贤、钱瑞珩、郁抑之、于益之、潘公琛、杨忆甫、王元明、单毓奇、宋子扬、陆文仁、顾孟仁、蒋文甲、叶华新、蒋宗白、蒋君选、叶元芝、顾甫、袁新臣、张绍浦、庄伯古、陆欣、董象升、吴祖、徐柱相、张襄、袁平宇等36人主持修筑患口169丈、平地塘460丈，共计629丈的工程，从正月开始，当年八月即告竣了。②

地方公共工程中被官方选择管理具体事务的这些人物，可能都是松江府境内的士民代表。像董象升，本身就出自华亭巨族，是董其昌的从曾孙、曾任刑部主事的董传策之从孙、董传史之嫡孙，但明清鼎革之后就渐趋衰落，他不过是一个华亭县学的庠生罢了。③

自顺治二年以来，守松的知府主要有张铫、傅世烈、林永盛、卢士俊、廖文元、李正华、郭启凤等人。当中据说最贤的是顺治十年莅任的李正华，号称"廉能"，在任四载，最终也以讳误积逋而去职。于此亦可见松江地方政务的烦难。④

除了李正华被认为是鼎革以来松江"最清正"的知府（顺治十年至十四年）外，后面的祖永勋、于汝翼、刘洪宗等，都是一般而言的"牧民之官"。其中，刘氏较受松人喜受，是所谓清廉中更寓浑厚；至于"不肖"的知府，就是卢士俊、廖文元、郭起凤、郭廷弼了，"皆贪婪厌"；而口碑最差的，是康熙时上任的张羽明，曾自称是平西王吴三桂部下，"贪而济以酷，杀人如草菅"，"奢侈淫纵，靡所不至"，作为知府已是斯文扫地了。⑤

正是在李正华的主导下，以华亭县积逋多而徭役繁重，提出分置新县，为巡抚张中元赞同，终于在顺治十三年（1656）分出华亭县的西半部为娄县，新的县衙

---

① 乾隆《娄县志》卷七《民赋志下·徭役》，乾隆五十三年刊本。
② 乾隆《华亭县志》卷三《海塘志·筑修》，乾隆五十六年刊本。
③ 〔明〕董宜阳、董传性等编：《董氏族谱》卷二《世谱》，康熙五十八年光训堂新刻板、雍正二年周镕元序本，页38a；〔清〕叶梦珠：《阅世编》卷五《门祚一》，第117页。
④ 〔清〕叶梦珠：《阅世编》卷四《士风》《宦迹》，第88页。
⑤ 〔清〕曾羽王：《乙酉笔记》，旧抄本，收入上海人民出版社编：《清代日记汇抄》，上海人民出版社1982年版，第8页。

最初安排在西仓城,最后移入城中的朱太史第,改造成娄县县衙。①

也许李正华的用心在当时的情境下是正确的,将松江府原属的三县分成了四县,即华亭、娄县、上海与青浦,希望解决钱粮额度大、征比难度高的华亭县,不再出现县官常常因此被参罚的局面。②尽管如此,这四县每年除漕粮负担,额征地丁银也有百万。在时人看来:"倘遇凶年,为民上者难矣,地方安得不穷?官府定必参罚,安得不坏?"③

实际上,随着新县的建立,因两县为附郭县,同城而治,举凡学宫衙署、官吏廪饩不得不因而增加,许多游手无赖投充衙门胥役,反而使弊端愈繁、民生愈困,"积逋如故"。④

这是李正华没有预见到的结果,也应该是江南地方所有增县都会遇到的难局。更有意思的是,顺治十八年进士(后被奏销斥革)、出身华亭巨族的董含,曾以民间俗谣的形式,指出履任当地的官员"往往不能廉洁":"秀野原来不入城,凤凰飞不到华亭。明星出在东关外,月到云间便不明。"董含所举的例子,就是力行增设娄县的李正华,言其"矫廉饰诈",刚来时"行李萧然",去任时却"方舟不能载"。⑤

新的娄县建立后,管辖了原来华亭县西部三百一十里的区域,里役中的收兑工作,也从原编中分隶出来。当时民户一般在水次仓(即西仓城)兑粮⑥,胥吏积蠹则与旗军勾结,对乡民横行需索。到顺治十四、十五年间,兑粮一石,加耗杂费银已多至八钱余,而米一石不到六钱,所以当时承担此役的,靡不立尽。面对这样的恶劣情势,华亭方面的曹家驹与庄徵麒、娄县方面的诸生杨金贵等人,联合到各行台衙门申诉,适逢巡按马腾升,即极力请求解决兑粮中的民困问题,最后经过朝廷的讨论才得以解决,要求地方严禁收兑工作中的加派需索。顺治十六年,松江知府祖永勋安排下属各县筹定相关条例,推行官收官兑法。在地方社会而言,前代重役之病民者,到此际似乎已厘剔无余了。另外,官方还要求禁革提

---

① 〔清〕叶梦珠:《阅世编》卷三《建设》,上海古籍出版社1981年版,第69页。
② 〔清〕姚廷遴:《历年记》,"记事拾遗",稿本,收入上海人民出版社编:《清代日记汇抄》,第166页。
③ 〔清〕姚廷遴:《历年记》,"记事拾遗",稿本,收入上海人民出版社编:《清代日记汇抄》,第166页。
④ 〔清〕董含:《三冈识略》卷二,"分县"条,清钞本,收入《四库未收书辑刊》第4辑第29册,第644页。
⑤ 〔清〕董含:《三冈识略》卷三,"谣谶"条,第655页。
⑥ 华亭水次仓在西郊跨塘桥之内,秀州塘之南,土旷水深,便于漕船停泊交运。清代析出娄县后,就以城中市河为界,北属华亭而南属娄县。参〔清〕叶梦珠:《阅世编》卷三《建设》,第65页。

充徭役以及塘长纳旷银。① 祖永勋在地方行政工作中,曾有"不支公帑,不扰民间"之说②,口碑较好。

顺治十六年官方在漕粮方面推行的官收官兑工作③,对地方影响颇深。其实,有关禁革提充徭役与塘长纳旷银之事,前后纠结颇久。在此前,巡按御史秦世祯为此已经上奏,获得朝廷允准,要求通行严禁。但实际问题依然存在,关键仍在所谓的杂费无从取办,故地方官府一般仍是阳奉阴违,照旧金派民户承值水次仓,如上文如言,乡民遭受的需索之累一直存在。巡按御史马腾升最后的解决办法,是商议添设官役,一应俸银工食、修仓、铺垫、串纸、油朱等费用,皆在漕粮耗费中支给。知府祖永勋、华亭知县张超会同上海、娄县、青浦三县知县一起酌定条例,使民间的压力得以纾缓。④ 不过像祖永勋这样的知府,在康熙年间照样以讹误及被论去职。⑤

曹家驹曾经专门撰写了《旷银说》,细述前后因革。他说:"明制,里役十年,践更通而复始,本年者曰'经催',专令罗办漕、白。于经催之中,择一历练者为一图领袖,曰'总催',至次年改经催曰'该年',改总催曰'塘长'。"这些基层赋役工作代理人的责任主要是:"该年所司者,督率一图之人夫;塘长所司者,督率一区之该年。大小相维,以供开浚修筑。此力役之征也。"在这些常年的徭役工作安排中,出现了"衙役之包侵,势要之干乞"等问题,复杂难详。而且,"间有拨派赴工者,又果委员之腹,且费无定额,强者反持其短长,弱者则诛求无厌",小民生活因而殊为困苦。方岳贡曾经要求"该年"可以输免役银十八两贮于府库,遇有兴作,再估价发银。曹家驹认为:"此法立而积弊顿清,公私两尽。流风善政,令人有遐思焉。"⑥

曹氏对前朝曾有的"流风善政",在后来确实只有"遐思"了。因为在清代初期,里役工作中的问题又出现了反弹。乾隆年间编的《娄县志》记载得十分清楚:"后以役繁,改五年或二年,二年又或临期暂金一年,但将旧役抽点,名为提充。明年又踵行之,遂为故事,民不胜困。至塘长,原为本图浚筑,其后差助远方,致

---

① 详参乾隆《娄县志》卷七《民赋志下·徭役》,乾隆五十三年刊本。
② 〔清〕叶梦珠:《阅世编》卷三《建设》,第69页。
③ 〔清〕姚廷遴:《历年记》,"历年记中",稿本,收入上海人民出版社编:《清代日记汇抄》,第81页。
④ 光绪《重修奉贤县志》卷三《赋役志·均田均役》,光绪四年刊本。
⑤ 〔清〕叶梦珠:《阅世编》卷四《士风》,第88页。
⑥ 乾隆《华亭县志》卷三《海塘志·筑修》,乾隆五十六年刊本。

各图水利不修,已非初意。"明末已然出现的"以差助为常,其不点差者,名为旷役",每名纳银若干,即称"纳旷"。山东道御史施维翰为此曾经上奏朝廷,并得以敕令抚按官禁革这种行为。① 最后,就出现了前文所述的到顺治十六年在府县地方着力禁革的实态。

均田均役的评述

对于赋役史上有重大变革的均田均役活动②,后来由曹家驹撰写前后历史,刻有《华亭县均田均役碑》,以示地方社会之舆论,并企望传述久远,成为后人的一种共同记忆。碑文内容从历史上的周忱抚吴时期的相关工作开始,直至康熙初期松江地方赋役变革工作的成功。

有意思的是,号称抚吴最久的周忱,在接到松江士人杜宗桓提出的苏、松、常、镇四府壤地相接而苏、松田赋觭重,要求周忱向朝廷上疏请求均平的上书后,却是"格其议不行",但为当地成功蠲免了数十万的积欠。所以后人对周忱的评价,是"能苏一时之困,不能系万世之思",而深以为惜。松江地方的赋役历史,自然是与整个王朝的历史变化相契合的。在曹家驹等人的概括中,松江府地区幅员狭而赋额广,民困于赋极久:"有赋则有役,赋之不均也,此极重难返之势也。役之不均也,尤官民交困之道也。"③

在明末知府方岳贡的行政指导工作中,是无论官民,都要照田编役的,并分出上、中、下三则。④ 然而均田均役工作的实际处境,决定其必然存在的难局:

> 图田之多寡不齐,小民之贫富不一,加以绅衿之优免,黠猾之规避,如理乱丝,十年践更,每遇佥审,沿习"照田编役"四字,下既以此欺官,官亦以此自欺人,遂使田连阡陌,坐享豪华。而寡妇之子,伊吾之士,与夫不辨菽麦之夫,苟有数亩,鲜不竭泽而渔矣。及届承役,号曰"年首",举一里之田赋,惟斯人是问。初则仰鼻息于里书,是制裘而与狐谋也。

---

① 乾隆《娄县志》卷七《民赋志下·徭役》,乾隆五十三年刊本。
② 〔清〕姚廷遴:《历年记》,"记事拾遗",稿本,收入上海人民出版社编:《清代日记汇抄》,第164页。
③ 〔清〕曹家驹:《说梦》,"华亭县均田均役碑记"条,收入〔清〕雷瑨辑:《清人说荟》初集,扫叶山房1913年石印本,页20b—21a。
④ 〔明〕方岳贡:《均役全书叙略》,收入崇祯《松江府志》卷十二《役议》,崇祯三年刊本。

继则寄司命于隶卒,犹委肉而当馁虎也。迫计穷而哀恳急公于豪右,犹排闾阖而叫九阍也。中人之产立消,而公家之欠如故。县官按籍贯而诛,徒闻敲扑之声,终宵达旦,犹箠楚不足,禁之圜扉,于是死不择地,缳可投也,鱼腹可葬也。求缓须臾之计,莫若背乡井,捐坟墓。而比邻姻党,下逮治其田者,兔举鹰击,鲜有遗类。白望四出,不至村落成墟、蓬蒿满眼不止也。①

再按叶梦珠的记忆,晚明以来繁重的赋役让很多人倾家荡产。在一个县域社会中,官府审役时需要慎重推求,安排的各种役类及其相关工作主要有:"一图内先要开报公正一名,管理里役。图书一名,管理册籍并稽核田之多寡。又有总催一名,管收本区钱粮。细布一名,管买官布解京。北运一名,管收白粮解北。收兑一名,管收本图漕粮。分催一名,管收本图白银,以答官府比较。总甲一名,管本图地方杂事、呈报人命强盗。塘长一名,管开河筑造及力役之征。其余谓之排年,分五年为五囤,轮年催办细户。"其他各种差徭、杂派,如辽饷练饷、沿海城垣、烟墩寨台、桥梁马路、修筑护塘、打造战舰、制合火药、置造军器,及一应匠班棘刺、弓箭棕麻、小夫水夫钻夫、图马槽刀、草豆青树梗木等项,按每亩出银五六钱的标准征派。而正额钱粮,要加二三火耗,漕、白二粮,每石是二两七八钱。在这样的处境下,"当役破家,业户受累",所以出现了空写文契,将产业送人的普遍现象。② 当然,明末至清初,均田均役还是以确保赋税徭役征收总额不变的前提下展开的,也暂时导致了以田为累的现象。③

可是,"粮役之望城邑如畏途",仍是清初社会的普遍实态。④ 而且"一人亡命,破及千家",在赋役生活中随处可见。但只要地方官吏不会激起民众的强烈反抗,或者在地方社会生活中,乡绅们享受的优惠赋税待遇,能让已经觉得不公平的乡民们保持在一个可以容忍的范围内,地方行政的秩序和府县长官的前途仍是可以有保障的。⑤

地方上所谓的有识之士常说:"吴民竭力以供惟正,此朝廷之孝子顺孙,天意

---

① 〔清〕曹家驹:《说梦》,"华亭县均田均役碑记"条,收入〔清〕雷瑨辑:《清人说荟》初集,扫叶山房1913年石印本,页20b—21a。
② 〔清〕姚廷遴:《历年记》,"记事拾遗",稿本,收入上海人民出版社编:《清代日记汇抄》,第163页。
③ 陈支平:《清代赋役制度演变新探》,厦门大学出版社1988年版,第65—66页。
④ 〔清〕叶梦珠:《阅世编》卷六《徭役》,第149页。
⑤ 王业键:《清代田赋刍论(1750—1911)》,人民出版社2008年版,第45页。

必不绝之。"①所言"天意",就是后来真的有地方官员如娄县知县李复兴推动了均田均役工作。在他之后,此项工作被勒为成格,到乾隆年间使地方民众一直蒙宽大之泽者,就是从娄县开始的。②

此前,邻近的嘉兴、湖州二府,实行均田均役之法已久,且比较成功③,松江地方士民一直希望也能在本地推行。李复兴移文嘉、湖二府,关请彼处役法举措以及能干经承、吏书二人到松江商议,採取合乎人情、宜乎土俗的办法,向上级官府提出了均田均役的具体方案。④

李复兴的办法是:"其区图里甲,仍仿旧制。惟甲田限以定数,毋盈毋啬,汇甲成图,汇图成区,汇区成保,纲举目张。较若画一,而田无不均矣。田均则役自均,且初无所谓役也。"在这样的措施推行中,可以避免很多弊端的产生,有着良好的效应:"人各自并其田,里书之弊窟,不攻而自破矣。人各自完其粮,年首之祸根,拔本而塞源矣。设按月一分之印单,以稽完欠。单去而知其为淳良,单存而责其顽抗。奸胥不得上下其手,狞差不得鸮张其威。"里书、年首、奸胥、狞差这些乡村社会中应该让民众比较痛恶的群体,在均田均役的设计下,基本没有机会上下其手、营私舞弊了。在曹家驹看来,地方上对均田均役工作苦心讲求、合理调剂的最重要者是吴含文,"厥功懋焉"。在娄县均田均役工作告成后,华亭县完全依则仿行,乡间对于知县李复兴的诵声不断,莫不称"李侯活吾"。但就在这样的情境下,地方上仍存在对均田均役工作指导或推动者的不满和诬蔑,"毒燄复炽,鼓邪说以惑上听,几几乎摇之矣。"曹家驹说,幸亏"士大夫合词以争,卒不能摇"。新任巡抚慕天颜(1624—1696)还在朝廷之上⑤,对于江南的均田均役极力疏请支持,"敷陈未尽,退而补牍,剀切淋漓,几夺敬舆之席,复请天语申饬,勒石永遵。"⑥

早在康熙十三年(1674),慕天颜的上疏中,就抛出地方赋税征收中实际存在

---

① 〔清〕曹家驹:《说梦》,"华亭县均田均役碑记"条,收入〔清〕雷瑨辑:《清人说荟》初集,扫叶山房1913年石印本,页21a—21b。
② 乾隆《娄县志》卷六《民赋志上》。
③ 具体考察,可参〔日〕滨岛敦俊:《明代江南农村社会の研究》第五章"明末浙江的均田均役法",东京大学出版会1982年版,第263—328页。
④ 〔清〕叶梦珠:《阅世编》卷六《徭役》,第150—151页。
⑤ 慕天颜于康熙十五年正式升任江苏布政使、江宁巡抚。参《清圣祖实录》卷六十二,"康熙十五年七月癸卯"条。
⑥ 〔清〕曹家驹:《说梦》,"华亭县均田均役碑记"条,收入〔清〕雷瑨辑:《清人说荟》初集,页21a—21b。

的大问题,即"无一官曾经征足,无一县可以全完,无一岁偶能及额"①。而均田均役的工作,可以解决这样的难局。当年慕天颜请求以均田均役为定制的奏疏内容,主要如下:

> 臣惟则壤定赋,各有应输之科征,而计亩当差,始无偏枯之病累。江南州县,每里为一图,每图有十甲,此历来额定之赋役也。乃民间贫富不等,所有田地多寡不齐,若田多至数十顷,而占籍止一图,或穷民仅有田几亩,而亦当差于一甲。是豪户避役,卸累小民,而隐占之弊生矣。又或贫民苦累不堪,将本名田地寄籍于豪强户下,以免差徭,而诡寄之弊生矣。又或蠹胥奸里,觇知小民不谙户役之事,包当里递,替纳钱粮,代应比较,而包揽之弊生矣。种种弊端,皆因赋役不能均平之故。夫均田均役之法,通计该州县田地总额与里甲之数,将田地均分每图若干顷,编为定制,办粮当差。田地既均,则赋役自平。此法自科臣柯耸条议,娄县故令李复兴行之,最为得宜,松民至今称便,苏、松等属仿照均编。但民间田地买卖不常,每遇编审之期,必应推收过割,□有积蠹,乘机炫惑有司,变乱成法,则贻害无穷。创□□收编审,请照均田均役,听民自相品搭,充足里甲之数,不许多田少役,则隐占、诡寄、包揽诸弊可以永清。②

每里编制固定的办粮当差田亩数额,均平赋役,允许民间自愿搭配里甲之数,不许田多而役少,并真正解决豪户的隐占、贫民的诡寄与"蠹胥奸里"的包揽之弊。就从康熙十三年开始,江南地方永行均田均役之法。③

这样看来,"天意"还在于李复兴遇到了巡抚慕天颜,也得到了知府张羽明的支持,"废旧日之区图,革前日之陋习,免诸项之苦役,禁额外之科派,任从民便,归并当差"④,使松江地方的均田均役工作得以很好的推动。

《华亭县均田均役碑》最后这样写道:

---

① 〔清〕陈其元:《庸闲斋笔记》卷六,"江苏督抚请减苏松太浮粮疏",中华书局1989年版,第142页。
② 乾隆《娄县志》卷七《民赋志下·徭役》。
③ 嘉庆《松江府志》卷二十一《田赋志下》。
④ 〔清〕姚廷遴:《历年记》,"记事拾遗",稿本,收入上海人民出版社编:《清代日记汇抄》,第163—164页。

今日均田均役,法诚尽美,而拂民从欲、违道干誉者,往往而有。慕公一疏,寝贪夫溪壑之源,束才士蹴张之气,意良深矣。余因是而重有感也。县令身司民社,间有贤者,亦奋励有为,无如事权掣肘,不免垂成而挠败,即幸而成,而法因人立,人去而法随亡矣。李侯建树虽奇,设不遇慕公,彼墨吏肆志而图逞翻局,又何能泽被邻邑,俾吾华承庥袭庆于无穷哉!信乎,慕公保护良法,再造东南,他年并文襄俎豆千秋可也。①

实际上,在地方上讨论均田均役的具体工作时,远较上述内容复杂得多。地方上的布解、北运、南运、运军等大役,制度要求是所谓五年一编审;而小役是十年一编审,编定的排年、分催等役,都需要"有土之民"充任。缙绅家庭例有优免,自然不在这个充任之列,更不要说两榜乡绅无论官阶及田之多寡,更无佥役之事。②

但官府安排的"杂差",就有所谓布解、北运、收兑与收银四大役,本来也是止编民户而不及官甲,在均田均役工作进行过程中,"奸民"们竞为诡寄,导致官甲之田日增、民户之田日减,"巧者倖脱,拙者偏累"的问题十分突出。这些内容于地方论议之时,就出现了很多矛盾和冲突。晚年的曹家驹这样回忆道:

当均田均役初行,议杂差一事,予曰:"令总甲废矣,塘长、该年废矣,将来杂差势必从图甲均派。"予意宜将缙绅另编一牌,凡有杂差,概不派及,方为稳当。庄武秋怫然曰:"彼富贵之家,即岁捐几十金,何啻太仓一粟,若小民则减其分厘,亦可苏困,何得异同乃尔?"旁有佐之者曰:兵、工两房,向以杂派为市,今得官甲亦在其内,庶有所顾忌而不敢肆。予曰:君辈未尝一考故事耳。昔年吾郡有布解、北运、收兑、收银四大役,历来止编民户,不及官甲,由是奸民竞为诡寄,以致官甲之田日增、民户之田日减,巧者倖脱,拙者偏累。徐公检吾(名民式,浦城人),初任松司理,深知此弊。后抚吴,即上疏请定官户优免之则,如文官一品,免田一万亩,台省、词林、铨部各免田四千亩,其免外之田,与民一体编役。此时常州科第最盛,乃上公函于抚公曰:"凡通仕籍者必革职,然

---

① 〔清〕曹家驹:《说梦》,"华亭县均田均役碑记"条,收入〔清〕雷瑨辑:《清人说荟》初集,页 21a—21b。
② 〔清〕叶梦珠:《阅世编》卷六《徭役》,第 146 页。

后与齐民一体当差。今吾辈俱现任,自宜优免,安得从革职之例。"抚公复书曰:"所谓优免者,免其杂泛、差徭,如排门夫之类,从烟笼户口起见,此即生员,且复其身,况缙绅乎?今之所谓役者,乃朝廷之赋役也,况既有优免,而于免外佥役,是役其田,非役其人也。"士夫之说乃绌,而其法遂行。然则杂差之当免,前贤议之详矣,而武秋坚执不可夺,后以开浚吴淞江,明伦堂哗噪,予在乡闻之,叹曰:"若早从余言,何至抢攘如此。且以贱妨贵,左氏谓为六逆之一,清平世界,何得兆此乱萌乎?如海塘一役,关系匪细,乃宵人造谤,义户受辱,士大夫莫肯出一公言者,皆因立法之不善,有以致之也。窃恐将来之贻祸地方有不可言者。余老矣,不敢复谈天下事,姑存其说,以俟后之有识者。"①

赋中有役、役中有赋的复杂状况,以图甲均派、缙绅优免工作的艰难推行等,曾使地方社会长期困苦不堪。松江司理徐民式的工作,是确认地方官户优免之则,优免外的田地,则需要与庶民一体编役。"所谓役者,乃朝廷之赋役","免外佥役是役田,并非役人。一切从田亩的额度为佥派的出发点。清初官府即与民更始,均役于田,计亩当差,但地方以此为不便者仍倚阁其事。② 在这些工作中,曹家驹与好友庄徵麒存在不同看法。曹氏的观点,是要妥善立法,并建议将缙绅另编一牌,凡有杂差,"概不派及,方为稳当",以免真的出现"以贱妨贵"的秩序悖乱。

按照当时松江府地方均田均役的原则,华亭每图均编田三千五百二十一亩,娄县每图均编田二千八百四亩,上海每图均编田四千九百四亩,青浦则照旧额二百二十三图,每图均编田三千三百八十二亩。可是此制仍是日久弊生,各届官吏最好的办法,不过是"仿其意而因时斟酌以补偏救弊而已"。③

康熙六年的措施,具体来说,是编田五十亩为一甲,一百甲为一区,三十区为一保。上海县是归入一处完粮,时人姚廷遴大赞这是大除往日之害。就这样,松江一府四县,亿万粮户及有田业者,可以俱受此项政策的优惠。④

当然,北运之役的裁革工作,从崇祯十四年就开始了,号称改民运为官运,但以收催充任,所以虽无北运之名,但仍有北运之实,民困仍未停息。在顺治三年

---

① 〔清〕曹家驹:《说梦》,道光八年醉沤居抄本,收入《四库未收书辑刊》第10辑第12册,第251页。
② 乾隆《娄县志》卷六《民赋志上》。
③ 〔清〕叶梦珠:《阅世编》卷六《徭役》,第152页。
④ 〔清〕姚廷遴:《历年记》,"记事拾遗",稿本,收入上海人民出版社编:《清代日记汇抄》,第163—164页。

巡抚土国宝的要求下,地方府县确实详细讨论过布解、北运、收催三大役的问题,并下令白粮由官收官解。可是就像叶梦珠讲的一样,表面上收兑之役全部废止,民间只剩里催之役,号称"小役无伤于民",但实际上流弊已极,里催之累更甚于大役,除了编审之际吏胥的腐败、勒索外,地方大户土豪可花钱承担轻役,最终还是要由中小户来充任,小民的负担依然很重。因此,从制度上看,大役裁革后而杂役始起,到康熙三、四年间,小民比户弃业逃遁。在巡抚韩世琦微服巡查各地实际情况后,对那些奸胥大蠹往往立置重典,"杂派差徭从此顿息"。①

松江地方总是强调,这个府域一直是饱受役困之区。董含就说:"吾乡财赋之区,困于徭役,前明编审大役,有细布、北运、南运种种名色,赔累者不乏。"但他指出,由于一般官吏较为"廉谨",且当地户口丰足,没有太多的横索与苛捐,"故民犹乐于趋事"。入清后,赋役工作不断调整,最后所谓的大役只在收兑一项,然而破家亡身者十户有九户之多。主要原因就在于兑役一名,就起码要耗费一千二百两,民生因而惴惴不安,朝不保夕。松江官方讨论后的方案,是"主户充客户贴,大户充小户贴",可是董含又明确地指出:"富足必诡寄,而充者必穷民矣,客户或殷实而免脱,主户反赤贫而承值矣。"②问题仍然得不到很好的解决。

在当地人的共有记忆中,直至康熙六年,娄县知县李复兴大力推动均田均役之法后,民困始苏,而邻近各府多有仿行者。③

比较而言,曹家驹对于这段变革的记忆,在《说梦》中写述太过简单,也不太确切。同样是身历这一时代的叶梦珠,记录稍详:

> 邑令李复兴,字应斗,山东济南府滨州人也。举顺治丙戌孝廉,屡困公车,不得已而调选。康熙四、五年间,除授娄县令。娄县故政繁赋重,又附郭满、汉大臣,不时巡历,军伍充斥,供顿迎送不遑……时吴中积逋县必数十万,令长如治乱丝,苦无其绪。民间十年并征,疲于奔命。吏胥乘间作奸,或田少而反充囤首,则一人而办十图之粮,小户而催大户之税,完课者日受鞭笞,逋赋者逍遥局外,兼之征调不时,工役不息,富以贿得脱,贫户重叠而当差,前工未竟,后役又轮,一票未销,数牌叠

---

① 〔清〕叶梦珠:《阅世编》卷六《徭役》,第148、150—151页。
② 〔清〕董含:《三冈识略》卷二,"均田均役"条,第639页。
③ 〔清〕章鸣鹤:《谷水旧闻》,收入上海市松江区博物馆、华东师范大学古籍研究所编:《明清松江稀见文献丛刊》第一辑,第14页。

至,差役势同狼虎,小民时被雷霆。民自受田三百亩以上者,即有厘头囤首之虞,中人之产无论已。黠者以遁脱,愚者以命殉,一人逃去,累及三党,故有全里举乡为瓯脱者。公向已忧之,及再来令娄,细心计之,众议佥同,谋所以救之者,莫如仿嘉兴、湖州均田均役之法。力请于郡守张公升衢羽明、抚院心康韩公世琦移咨渐属,礼聘嘉、湖精于会计者到松,仿彼成例,斟酌立法,悉除收兑、囤首、厘头、总甲、塘长诸役名色。凡有田者,各自立户完粮;自完粮外,别无杂派徭役……自公立法,而华、上、青三县皆效之,则公之利民溥矣。①

李复兴在推进具体工作时,当然是得到了地方士人的积极配合。曹家驹有补充说:"李公去官后,绅民立李公生祠于白龙潭生生阁之东。当李公建议时,王农山广心实左右之,而吴孝廉钦章、庄茂才徵儒,其赞成尤为力。"②

李复兴死于任上时,华亭与娄县两县民众呈请上台,将李复兴奉为娄县城隍神,"千百年瞻仰靡穷"。③ 显然,李复兴的赋役工作是比较成功的,而地方绅士们的襄助显得十分重要。

地方士民对上述《华亭县均田均役碑》,觉得有必要为之建立专门碑亭,以示对已成碑记的均田均役大事的维护态度。而兴建费用是需要由民间自愿捐助的。曹家驹希望当地人"各捐昔年里催一限之费",便可共襄这一美举,以完聚沙成塔的功德。他为此又撰写了《募建均田均役碑亭小引》。小引的内容略显啰嗦,但曹氏反复强调的,是推进均田均役工作的艰难,华亭县即历时七年之久,而民间的疑问仍在"将来如何而永无苦"。所以,对于当时"创始之贤父母,调剂之贤孝廉"等官绅,更值得纪念和宣扬,也不必过于计较其间的利益得失了。④

地方归入新朝的漫长进程

在明清中国地方社会的日常生活中,赋役问题一直缠结不清,令人困扰不

---

① 〔清〕叶梦珠:《阅世编》卷四《宦迹》,第94页。
② 〔清〕章鸣鹤:《谷水旧闻》,第14页。
③ 〔清〕姚廷遴:《历年记》,"记事拾遗",稿本,收入上海人民出版社编:《清代日记汇抄》,第164页。
④ 〔清〕曹家驹:《说梦》,"募建均田均役碑亭小引"条,收入〔清〕雷瑨辑:《清人说荟》初集,页22a。

安。① 当明清交替之际,新王朝伊始,其实并未在这方面有太多的减免工作②,制度上的所谓祛除明末弊政,常停留在言说的层面,倘有实际的禁革举措,地方上往往会出现阳奉阴违甚至阻挠的现象,也让底层民众深感紧张。但由于顺治末年奏销案的爆发,竟使绅士们强化了钱粮必须早完的观念③,并积极付诸行动,"新旧白银,完足无余,以后置田之家,须早以钱粮为计"。④ 地方新的权力结构与士人的经世实践,使新王朝的秩序得以稳固,社会经济进一步发展。

曹家驹所述故事的时段,基本在崇祯至顺治朝。但曹家驹在《说梦》中并未讲述明清鼎革对于江南社会的打击程度。顺治五年,江南的抗清活动被大清洗后,巡抚土国宝坐在松江西仓城内,对当地有反清嫌疑的,仍是"日杀百人,半月方止"⑤,令人惊怖,民情依然紧张。

曹家驹也未说明顺治末年与康熙初年奏销案对于地方社会的影响问题。像为亲友所累而也在奏销之列的叶梦珠,所言"人心震惧""功名之志亦衰"的感受⑥,在曹氏那儿基本看不到,或许是故意回避了这段史事。

但是,由曹家驹参与地方政治与赋役工作的经历与记忆,可以探知很多关乎地方社会赋役问题的艰难与复杂,及其背后人事的影响,特别是其论述的均田均役改革,完全是在奏销案影响后的财政制度大调整。⑦ 有关曹家驹的社会活动表现,主要见诸清代松江地区若干方志的零星记述。在这些资料的记录中,涉及曹氏的记述与评判,从清初至清末,形象表达基本一致。

从明末至清初,松江地方的杰出乡绅,如吴嘉胤、夏允彝、沈犹龙、李待问、陈子龙等,都在鼎革之际殉节或死难。⑧ 这一世代,很快过渡到了康熙朝。很多人确实在政治的高压打击下,有绝意仕进或退隐江湖的表现。他们内心之压抑、心灵之苦痛,都可想见。但在曹氏等人身上,还没表现出因王朝更替而产生政治上

---

① [日]滨岛敦俊:《明代江南農村社會の研究》第四章"明末的均困——均田均役法的前提",第209—253页。
② 这方面的相关考察,参冯贤亮:《清初的地方社会危机与官吏活动——以〈武塘野史〉的记述为中心》,《江海学刊》2016年第一期,第161—172页。
③ [清]陆文衡:《啬庵随笔》卷三《时事》,光绪二十三年吴江陆同寿刻本,台湾广文书局1969年影印版。
④ [清]曾羽王《乙酉笔记》,旧抄本,收入上海人民出版社编:《清代日记汇抄》,第11、25页。
⑤ [清]姚廷遴:《历年记》,"历年记上",稿本,收入上海人民出版社编:《清代日记汇抄》,第65页。
⑥ [清]叶梦珠《阅世编》卷六《赋税》,第138页。
⑦ 邓尔麟在论及奏销案问题时谈及均田均役新法在娄县的试验情况,举出的参与人员就有吴钦章、徐孚远的侄子徐允贞、杜登春的兄弟杜及春与杜恒春,但没有提及曹家驹等人。参[美]邓尔麟:《嘉定忠臣——十七纪中国士大夫之统治与社会变迁》,宋华丽译,中央编译出版社2012年版,第298页。
⑧ [清]曾羽王《乙酉笔记》,旧抄本,收入上海人民出版社编:《清代日记汇抄》,第32页。

鲜明的断裂感,并深入至社会生活的日常轨道中。

实际上,地方士人的大多数,并不太在乎王朝的更替,也并未切实遭受1644至1645年间因王朝鼎革带来的大冲击,且怀揣着新希望,从顺治三年开始,又充满热情地投身至新王朝的科举之途①,依然企望像晚明一样,可以参与地方公事,热衷于地方公议,在地方政治场域中保持活跃的身影,在乡间日常生活中尽力依循公议诸事的习惯,借此获得比较尊崇的社会地位,总体上对于历史大变动后的现实生活没有呈现太多的消沉和放弃之举。

曹家驹交游范围相当广泛,与松江地方的不少权贵势豪有着良好的关系,时或得以在地方社会的重大事件与重要的政治场合中施展其经济之才,且表现极为活跃,与一般生员的处境颇有不同。像这样的生员,可能已自认为有强大责任感的地方士大夫中的一员,而且社会上也认可他们是士大夫中的一分子。

事实上,在乡村舆论宣传、公共工程监督、官民之间的调停和行使影响力以及凑集必要的劳力或经费等工作方面,他们确实履行着极重要的职责。② 也可以说,江南地区包含着中国社会总体变革的早期因子,以及所处的整个明清两朝的国家体系之演变,特别是因赋役之困而在江南地区表现出更多的调整或抗议之态③,会隐含于曹家驹等人的社会活动中。

《说梦》中可以窥见的曹家驹等人的心理,在赋役生活中仍多以"前朝"为比照,并检选出那些重视地方民生的官绅代表、有利于纾缓民困的策略,作为他们努力维护地方社会利益的理论凭借。

一方面,绅士阶层虽与州县官僚集团会存在形似相互依存的关系,但又各自以不同的方式行使着自己的权利。④ 他们的政治参与程度或政治竞争的能力,会威胁到州县官员的施政权威,压缩官府权力的影响范围。而且从明末以来,衙门官吏如叶梦珠所言:"其才之长短,品之贪廉,心之邪正,政之仁暴,学之博陋,或人人各殊,或一人而始终异辙,要皆座未及暖,参罚随至,因催科拙者之十之七、八,因不职劾者十之二、三,从未有一人报最升迁。"⑤州县官流动得太快,对地方

---

① 冯贤亮:《清初地方士人的生活空间与场景变换——以董含与三冈董氏为例》,《学术月刊》2016年第五期,第143—161页。
② [韩]吴金成:《明、清时代绅士层研究的诸问题》,收入[韩]朴元熇主编:《韩国的中国史研究成果与展望》,中国社会科学出版社2015年版,第181、195页。
③ 赵轶峰:《明清江南研究的问题意识》,《探索与争鸣》2016年第四期,第90—94页。
④ 瞿同祖:《清代地方政府》,法律出版社2003年版,第282页。
⑤〔清〕叶梦珠:《阅世编》卷四《士风》,第87页。

另一方面,自永乐朝以后,王朝政治中心远离了江南,路途遥远,控制力当相应弱化。为了保持这种与距离远近不相关的控制力度,王朝政治生活中制定与调整了相应措施,维持了原有的赋役压力,并通过比较严密的垂直控制系统,使这种压力持续渗透至基层社会,强力维续中央与地方的赋役关系。据叶梦珠从地方"故老"们那里得来的口述,至少在隆庆、万历年间,地方上可谓"物阜民熙,居官无逋赋之罚,百姓无催科之扰",且终明之世,"官以八分为考成,民间完至八分者便称良户,完六、七分者亦不甚顽梗也。"①但此后赋役关系的紧张感,越益普遍,时人都在设法予以消弭,以免在财政责任的分配中产生新的利益纠葛或矛盾冲突。比较妥当的,就是适时而必要地进行赋役调整,使制度施行具有一定的弹性。江南地区长期存在的重赋,具体亦如"生长田间,深知其苦"的冯桂芬所言,"大抵一亩之税,苏、松、太最重者几及二斗,轻者犹一斗,视常州六七升、镇江五升相悬绝。"②重赋问题带来的积困,从明末至清代中期,在逐步改善,特别是太平天国战争危机之后,在李鸿章等人的努力下,朝廷同意苏州、松江、太仓减三分之一,常州、镇江二府与杭州、嘉兴、湖州三府均减十分之一。③

虽然清初王朝统治江南的力度远较晚明为大,但地方社会的重心仍在绅士阶层,并且是以城市生活为中心的。

曹家驹的《说梦》就提供出很多这方面的史事,充分表现出在地方政治场域,在官绅阶层的协调下,王朝统治亟需的赋役工作才得到了有力的推行。具体工作中,人事的因素又起了较大的作用。地方官中的最重要而具代表者,仍是娄县知县李复兴,他能够广泛采纳舆论,实力倡行均田均役之法,使地方百年之弊基本得以一朝而革,直到康熙晚期,城乡殷实人家与故宦子孙仍能得以各保其产、各安其生,李知县的功德可谓大矣。④

总体而观,从明末转换至康熙时代,不到百年,确实令时人有"废兴显晦,如浮云之变幻,俯仰改观,几同隔世"之感。⑤复明士人的"残山梦最真,旧境丢难

---

① 〔清〕叶梦珠:《阅世编》卷六《赋税》,第135页。
② 〔清〕冯桂芬:《显志堂稿》卷四《江苏减赋记》,光绪二年校邠庐刻本,收入《续修四库全书》集部第1535册,上海古籍出版社2002年影印版,第543—547页。
③ 〔清〕陈其元:《庸闲斋笔记》卷六,"江苏督抚请减苏松太浮粮疏",中华书局1989年版,第140—141页。
④ 〔清〕董含:《三冈识略》卷二,"均田均役"条,第639页。
⑤ 〔清〕叶梦珠:《阅世编》卷五《门祚一》,第114页。

掉,不信这舆图换稿"的言说与情绪表达①,也已不再。

  一个旧王朝影响的影子,逐渐消逝于地方归入新朝的漫长进程中。那些与赋役问题、地方政治、文化控制等相关的思想与行动,也成了历史故事,凝结于像曹氏这样知识人的经历和记忆之中。

---

① 〔清〕孔尚任:《桃花扇》卷四《续四十出·余韵》,第260页。

后　　记

丁酉年底,居于平川北乡,拂却城市的喧嚣,耐住乡居的岑寂,费时多日,终于厘定了本书的初稿。

既然是乡居,有些无所用心,但想起北行不远,与大湾荡隔河相对,就是明末言官魏大中的家乡所在南早浜。而东行曲折,稍远些的,位于祥符荡边的北玉圩,是晚明兵部吴志远的故居地荻秋,现在荒落不堪。相比南早浜的寂寂无名,明末的荻秋要热闹一些。在吴志远乡居时期,常与高攀龙、归有光的儿子归子慕等辈在这里诗酒相聚、讲学论道。从我乡居的所在,经由水路,直北可达路程也不远的芦墟,那边就有袁黄的养子叶绍袁家的午梦堂,还有袁黄晚年的隐居地赵田村。至于西行稍远些,就是袁黄的祖居地陶庄,北隔汾湖,与吴江相望。这些地方,或多或少,都与本书的论述有些关联。

环绕在同乡先贤的旧居故地之中,那些明末耀眼一时的人物与故事,早已烟逝于历史的长河之中。当代人并不关心,甚至完全不知道本乡本土历史上的荣光,更无兴趣去了解近四百年前的王朝更替,那种风云激荡下的生活故事。

河山邈邈生刍阔,可以反映我这个历史从业者的感慨。河山邈邈这句话,是从明末书画家兼诗人程嘉燧(1565—1643)而来。

程嘉燧是安徽休宁人,在科举道路上一直不顺,但曾学剑,想在武功上有所表现,也符合明末士人喜好谈兵论剑的时髦。后来他移居杭州,再寓嘉定,凭借其学识与诗画音律方面的卓越成就,与嘉定人娄坚、唐时升合称"练川三老"。在诗文成就上,这三人与李流芳一起又被尊称为"嘉定四先生",成为地方文人的重要代表。

晚年的程嘉燧皈依佛教,法号"海能"。在他居住常熟后不久,于崇祯十四年(1641)回到故乡休宁,两年后就死了。他给好友钱谦益的一首和诗中,有这样一段:"河山邈邈生刍阔,风雨绵绵别泪频。青眼新知今白首,经过何事不伤神。"读来令人感伤。

河山邈邈的意蕴,可能来自《离骚》,借河山高远,表达出如长江大河的奔涌情感,而生刍可以喻指生死之交,本意却是"菉葹"的菉,一种普通的草。

我想在明清交替那样一个历史进程中,绝大多数士民不过是这种生刍罢了。

《宋史》中讲过一个故事,言宋宁宗开禧三年(1207)正月,金兵攻破甘肃南部的阶州。信王吴璘之孙、节度使吴挺之子吴曦(1162—1207),曾任四川宣抚副使、兴州知州等职,开禧二年时叛宋降金,并请求金国封他为蜀王。此时,他欲招降通判兴元府、大安军事主管杨震仲,震仲不愿屈从而死。不久,吴曦于兴州僭位称蜀王。到二月份,金兵退去,宋王朝取消了对江、浙、荆湖、福建地区的招军。四川宣抚副使司随军转运安丙与兴州中军正将李好义、监四川总领所兴州合江仓杨巨源等人,发兵共诛吴曦,并将其首级传送到杭州,献于庙社,枭示三日。四川之乱平定后,吴曦的妻、子被杀,其他家属被流放岭南。

这对持正统论的官绅们来说,是一件值得庆贺的大事。曾经向朝廷上疏,强调"国之命在民,民之命在士大夫"的进士危昭德,撰写了《贺诛吴曦》,其中有一句:"河山有誓,敢尔负恩,天地不容,竟兹授首,人神愤雪。"

恩、义的申张与重视,成为这个故事的重点。明代大学士、兵部尚书杨士奇的《东里续集》中,有一篇《奉天靖难推诚宣力武臣特进荣禄大夫右柱国太子太傅成国公追封东平王谥武烈朱公神道碑铭》,最后一段话是:"忠存社稷,勋载简编。伟哉嗣兴,显显象贤。河山有誓,追崇有诏。皇明万年,永祀清庙。"

这种强调忠孝、重视恩义的论说,似乎可以用"河山有誓"四字来涵括形容。这是本书取名的由来,也较契合本书中绝大部分的论述内容。

本书中的许多故事,来自于地方,也关联国家与宏大历史的进程,以及从"大明"到"大清"等问题的思考与讨论。处于明清变革之际的每一个人物,虽然都脱离不了其时代的束缚,但以最大努力,在历史的洪流中,发出了照耀其时代的光芒。

对于这些地方历史与人物的体察,我以为近几年来故乡魏塘地方的档案收藏与历史研究的师友们,做得最好。他们一直致力于地方文物与历史的收集与整理,定期举行沙龙活动和出版刊物,极大地推动了当地的文史研究。我从中获益良多,希望将来能完成一本明清时期魏塘绅士家族与人物的专题研究小书。

当然,本书的完成与出版,完全有赖编辑李又顺先生的鼓励与督促。承又顺先生的好意,我临时改变了手头的写作计划,抽调出一个主题,从而形成了这本小书。内容并不宏富,但涉及的人物线索,却是比较复杂的。

书中论述的时段,集中于明代嘉靖至清代康熙年间,各篇章的主题各有侧重,但相互之间都有所关联。其中,最早完成的是第五章,原本是在2005年12月华东师范大学历史系主办"现代中国都市大众文化与社会变迁国际研讨会"上的报告论文,核心内容后来承周奇兄雅意,发表于《学术月刊》2006年第九期。不过,最早涉及写作的,应该是第四章有关陈龙正的研究。早在1998年夏天,滨岛敦俊先生就提示我阅读陈龙正的《几亭全书》,后来完成了一篇小文《陈龙正:晚明士绅社会生活的一个侧面》(载《浙江学刊》2001年第六期),近二十年后,重读《几亭全书》,当然有些新感受,因此就形成了第四章。至于最新完成的,则是第三章,是继2016年初步探索袁黄家世与地方社会的后续成果。特别需要说明的,是第二章有关顾鼎臣家庭生活的论述,最初发表于《中国社会历史评论》2016年第十七卷。

近因目力急剧下降,书稿的文字校订,得到陈岭、陈懿人、吴丹华诸君的帮助,最大限度地减少错讹。小艾对我在生活与工作上的关心与照顾,尤使我感动!

最后,想用万历二十一年在官场政治斗争中遭受重创而被削职为民的袁黄,黯然南归故乡、绝意仕途,向朋友吴海舟写信,表达了忽然得以释怀而比较愉悦的心境,来结束这个后记。他说:

> 五月十八日我回到故乡,稚子欢迎,室人交慰,宾朋故旧络绎前来看望慰问。在家中,可以采蔬烹鱼,斗酒相劳了。虽然已是大暑时节,但在乡间,可以散发裸体,无所拘束。闷势潮湿的气候中,忽然有薰风徐来,令人极为爽适。我觉得什么轩冕之耀,都比不上丘壑为安了。

作　者

2019年4月10日于复旦大学光华楼

图书在版编目(CIP)数据

河山有誓:明清之际江南士人的生活世界/冯贤亮著. —上海:复旦大学出版社,2019.5
ISBN 978-7-309-14265-5

Ⅰ.①河… Ⅱ.①冯… Ⅲ.①文化史-中国-明清时代-通俗读物 Ⅳ.①K248.03-49

中国版本图书馆 CIP 数据核字(2019)第 069802 号

河山有誓:明清之际江南士人的生活世界
冯贤亮 著
责任编辑/李又顺 杜怡顺

复旦大学出版社有限公司出版发行
上海市国权路 579 号 邮编:200433
网址:fupnet@fudanpress.com http://www.fudanpress.com
门市零售:86-21-65642857 团体订购:86-21-65118853
外埠邮购:86-21-65109143
江阴金马印刷有限公司

开本 787×1092 1/16 印张 20.5 字数 328 千
2019 年 5 月第 1 版第 1 次印刷

ISBN 978-7-309-14265-5/K·695
定价:65.00 元

如有印装质量问题,请向复旦大学出版社有限公司出版部调换。
版权所有 侵权必究